国家出版基金项目
NATIONAL PUBLICATION FOUNDATION

"十四五"国家重点出版物出版规划项目
中国经济转型历史与思想研究文库
上海财经大学创新团队支持计划资助项目

传统中国与欧洲经济思想中的制造业、创新与国家干预

赵 萱◎著

上海财经大学出版社
SHANGHAI UNIVERSITY OF FINANCE & ECONOMICS PRESS

图书在版编目(CIP)数据

传统中国与欧洲经济思想中的制造业、创新与国家干预/赵萱著.
—上海:上海财经大学出版社,2024.5
(中国经济转型历史与思想研究文库)
ISBN 978-7-5642-4350-0/F·4350

Ⅰ.①传…　Ⅱ.①赵…　Ⅲ.①世界经济学-经济思想史
Ⅳ.①F091

中国国家版本馆 CIP 数据核字(2024)第 070077 号

本书出版获得"上海财经大学中央高校双一流引导专项资金"和"中央高校基本科研业务费"资助

□ 策划编辑　江　玉
□ 责任编辑　温　涌
□ 封面设计　贺加贝
□ 封面篆刻　林　健

传统中国与欧洲经济思想中的
制造业、创新与国家干预
赵　萱　著

上海财经大学出版社出版发行
(上海市中山北一路 369 号　邮编 200083)
网　　址:http://www.sufep.com
电子邮箱:webmaster@sufep.com
全国新华书店经销
上海华业装璜印刷厂有限公司印刷装订
2024 年 5 月第 1 版　2024 年 5 月第 1 次印刷

710mm×1000mm　1/16　22.75 印张(插页:2)　384 千字
定价:98.00 元

中国经济转型历史与思想研究文库

主　编

程霖

副主编

王昉

燕红忠

总　序

当今世界正经历百年未有之大变局。中国经济也已经进入新发展阶段，正从高速增长阶段转向高质量发展阶段，经济发展方式正从规模速度型粗放增长转向质量效率型集约增长，经济发展结构正从增量扩能为主转向调整存量、做优增量并存的深度调整，经济发展动力正从传统增长点转向新的增长点。党的二十大报告指出，高质量发展是全面建设社会主义现代化国家的首要任务。立足新发展阶段，把握新发展理念，构建新发展格局，成为当前和今后一个时期我国经济发展的大逻辑。

"一切历史，都是当代史。"《中国经济转型历史与思想研究文库》正是顺应中国经济与世界经济的发展方向，以历史进程和思想演变为切入点，穿透纷繁的历史表象，对相关领域的学理脉络和思想线索进行梳理，对经济脉动的内在逻辑与规律进行总结，从而全方位、多视角地解析中国经济转型的路径与发展脉络。这对于当下正处在新的转型发展和中国式现代化伟大征程之上的中国经济的涅槃更生，无疑具有极强的启示意义与现实价值。

文库以经济史与经济思想史作为主要研究基质，依据问题导向，以 11 部原创学术著作展开相关专题的研究。选题内容广博丰富，时间横跨中国古代、近代和当代，涵盖中国传统经济思想与新时期中国经济学构建、前现代经济范式、大萧条与战争背景下的中国经济、土地经济思想、铁路经济思想、货币思想、公债思想、近现代经济社会转型、中国特色经济发展思想、国有经济与民营经济思想、创新与企业家精神、特定时期地方社会经济等方面的主题。每部专著的作者都在各自研究领域有着比较深厚的学术功底和研究积累。

在详尽搜集各领域相关经济思想和经济史料的基础上，学者们深入研究了中国经济相关领域制度变迁和转型升级的经验及教训，为在新时代实现中华优秀传统文化的创造性转化和创新性发展，构建中国经济学学科体系、学术体系和话语体系提供了可靠的立足点，同时有助于与现当代中国经济转型实践对接，为中国经济转型的未来方向提供经验借鉴，从而在全球化与“逆全球化”浪潮交织的时代背景下，为当下中国经济提供保持自身发展路径和“战略定力”的历史智慧与逻辑支持！

丛书主编　程　霖

目　录

第一章　引　言

本书旨在提供一项对于历史上的“大分流”现象在经济思想层面的观察。本书将呈现一种对于16—18世纪中国与欧洲在经济思想层面差异的观察，而这种差异有关于“大分流”现象，即传统中国没有像近代欧洲一样产生工业资本主义并在18世纪后期产生“工业革命”。本书中所研究的“经济思想”主要是指那些符合熊彼特(Joseph A. Schumpeter)关于“政治经济学体系”(system of political economy)定义的经济思想，即思想者根据某种规范性的原则建立的关于经济政策的阐释。[1] 本书认为：在16—18世纪的欧洲，特别是西欧和中欧地区，流行一类经济思想，这类经济思想论证并鼓励了一套对于工业资本主义和“工业革命”的产生有关键推动作用的经济政策，而类似的经济思想和政策在同时代的中国并未流行，甚至受到了刻意的忽视和反对。

在最近对于“大分流”现象的学术研究中，国际上主要的流行观点基本可以由以下几部著作代表：王国斌(R. Bin Wong)的《转变的中国》(*China Transformed*, 1997)及其与吉恩—劳伦·罗森塔尔(Jean-Laurent Rosenthal)合著的《大分流之外》(*Before and Beyond the Great Divergence*, 2011)、大卫·兰德斯(David Landes)的《国富国穷》(*The Wealth and Poverty of Nation*, 1998)、安德烈·贡德·弗兰克(Andre Gunder Frank)的《白银资本》(*ReOrient: Global Economy in the Asian Age*, 1998)、彭慕兰(Kenneth Pomeranz)的《大分流》(*The Great Divergence*, 2000)、皮尔·弗里斯(Peer Vries)的《国家、经济与大

---

[1] [美]约瑟夫·熊彼特：《经济分析史》第一卷，朱泱、孙鸿敞、李宏、陈锡龄译，商务印书馆1990年版，第65—66页。

分流》(*State*, *Economy and the Great Divergence*, 2015)以及帕特里克·奥布莱恩(Patrick O'Brien)的《中华帝国与西欧的经济》(*The Economies of Imperial China and Western Europe*, 2020)。[1] 在对于"大分流"的解释中,这些流行观点基本可以分为两派:以王国斌、彭慕兰和安德烈·贡德·弗兰克为代表的"加州学派"以及由大卫·兰德斯、皮尔·弗里斯和帕特里克·奥布莱恩为代表的对于"加州学派"的反驳。

19世纪以来,西方社会对于"大分流"现象的主流认识是"欧洲中心主义"式的:中国与欧洲在19世纪走上不同发展道路的分歧是一种压抑经济发展的"东方专制主义"与鼓励经济发展的西方"自由主义"之间的分歧;传统中国在政治经济制度、意识形态、文化传统方面全面落后于近代欧洲;这些制度上的落后导致明清时期的中国在经济结构、技术水平与经济发展水平方面已经落后于欧洲;这些制度与经济发展水平的落后最终导致了"大分流"现象。[2] "加州学派"兴起于对这些"欧洲中心主义"观点的批判。在《转变的中国》中,王国斌比较了工业革命以前欧洲和中国的发展。王国斌认为,16—19世纪的中国与同时代的欧洲之间的差异远比欧洲中心主义描述的小,甚至中国在很多方面领先于欧洲。这一时期的中国和欧洲一样经历了强劲的"斯密式经济增长"。[3] 中国的国家治理在很多方面优于同时代的欧洲,比如国家对于公共教育的关注、对于促进贫民阶层福利的关心、国家在食物供应管理方面的效率以及官员和精英阶层对于社会公德教化的促进。[4] 王国斌同时也承认,16—19世纪的中国和欧洲的政府经济政策有很大不同,而这种政策的不同很大程度上导致了"大分流"。王国斌写道:"欧洲各国政府在欧洲境内和全球范围内创造了商业资本主

---

[1] Patrick Karl O'Brien, *The Economies of Imperial China and Western Europe*, London: Palgrave Macmillan, 2020, p. 10.

[2] Patrick Karl O'Brien, *The Economies of Imperial China and Western Europe*, London: Palgrave Macmillan, 2020, pp. 3—7.

[3] [美]王国斌:《转变的中国:历史变迁与欧洲经验的局限》,李伯重、连玲玲译,江苏人民出版社2005年版,第10—31页。"斯密式增长"(Smithian growth)是符合亚当·斯密在《国富论》前三章中所描述模式的经济增长:由劳动分工专业化程度提高、市场交易范围扩大、交易成本下降驱动的经济增长,"斯密式增长"是工业化前主要的经济增长方式。参见:[美]乔·莫基尔:《启蒙经济:英国经济史新论》,曾鑫、熊跃根译,中信出版集团2020年版,第5—6页。

[4] R. Bin Wong, *China Transformed*: *Historical Change and the Limits of European Experience*, London: Cornell University Press, 1997, p. 101, p. 118.

义的条件。相比之下,中国没有促进任何一种资本主义的积极性。”[1]然而,商业资本主义通过促进集中的工场式生产、获取工场需要的原材料与开发工场产品的市场等方式,为工业资本主义的产生提供了条件。[2] 因此,“中国与欧洲政治经济的关键差异在于后者对于工业可能性的更大适应性”[3]。但是,王国斌不认为这种导致“大分流”现象的政策差异是中国和欧洲有意识地、“为了稳定和发展经济的目标设计的”结果,不同的政策仅仅是由中国和欧洲国家面对的目标和环境不同导致的。[4] 欧洲国家的君主从土地获取财政收入的能力被教会和贵族限制,不得不在土地之外开辟收入来源,因此才会选择促进贸易发展的政策。[5] 相反,经过长期的发展,中国的官僚队伍早已能够有效地从农业部门动员财政收入,因此,16—19 世纪的中国政府没有必要改变其传统一贯的促进农业和家庭手工业的政治经济目标。[6] 本书同意王国斌将“大分流”现象归因于 16—19 世纪中国和欧洲各国政府经济政策差异的解释,同意王国斌对于当时中国和欧洲各国政府经济政策在促进商业资本主义和工业资本主义发展中的不同效果。但是,本书要强调一个与王国斌相反的论点,即:16—19 世纪中国和欧洲各国政府经济政策的差异在很大程度上是两者和有意识地设计的结果;当时的欧洲有意识地以经济发展为目标来促进制造业和海外贸易以及其他构成商业资本主义和工业资本主义的制度和意识形态;这种有意识的设计充分体现在当时欧洲的经济思想中;这种有意识地促进制造业、海外贸易和资本主义的思想在同时代的中国并不存在。此外,本书还要强调,不同于王国斌在《转变的中国》中将近代欧洲的经济政策视为以促进对外贸易为主的观点,近代欧洲国家有意识促进的核心经济部门是城市中的制造业。王国斌写道:“欧洲

---

[1] R. Bin Wong, *China Transformed: Historical Change and the Limits of European Experience*, London: Cornell University Press, 1997, pp. 146—147. 除引用中译本外,本书中所有外文引文由本书作者翻译。

[2] R. Bin Wong, *China Transformed: Historical Change and the Limits of European Experience*, London: Cornell University Press, 1997, pp. 57—58.

[3] R. Bin Wong, *China Transformed: Historical Change and the Limits of European Experience*, London: Cornell University Press, 1997, p. 149.

[4] R. Bin Wong, *China Transformed: Historical Change and the Limits of European Experience*, London: Cornell University Press, 1997, p. 129.

[5] R. Bin Wong, *China Transformed: Historical Change and the Limits of European Experience*, London: Cornell University Press, 1997, p. 129.

[6] R. Bin Wong, *China Transformed: Historical Change and the Limits of European Experience*, London: Cornell University Press, 1997, p. 131, p. 138.

的政治经济没有创造工业化,欧洲的政治经济也没有有意被设计为促进工业化。"[1]但是本书认为,近代欧洲的政治经济的确是被有意识地设计为促进工业化的。

王国斌在与罗森塔尔合作的《大分流之外》一书中,进一步发展了他关于"大分流"的观点。在这一著作中,王国斌和罗森塔尔进一步批评了欧洲中心主义,认为在1700年之前的中国和欧洲用不同的经济制度促进了各自的"斯密式经济增长"。[2] 当时的中国和欧洲的劳动力市场同样有效率,中国和欧洲的家庭行为模式同样有意识地规避了自然经济中人口过剩的"马尔萨斯陷阱"问题,中国的真实工资水平也没有出现所谓的"内卷化"问题。[3] 中国和欧洲不同形式的市场组织对于契约和交易提供了同等有效的保护。[4] 同样通过不同具体形式制度安排实现相同效率的还有中国和欧洲的金融市场。[5] 在维持低税收和增加公共物品供应方面,中国优于欧洲。[6] 王国斌和罗森塔尔甚至提出:"在近代早期,中国的政治经济比欧洲的政治经济更有可能推动经济发展。"[7] 不同于《转变的中国》中的观点,王国斌和罗森塔尔在《大分流之外》中开始重视制造业在"大分流"现象中的重要性。王国斌和罗森塔尔认为,"大分流"现象的关键特征是工业革命,即机械化技术的普及,出现在欧洲而非中国。[8] 机械化

---

[1] R. Bin Wong, *China Transformed: Historical Change and the Limits of European Experience*, London: Cornell University Press, 1997, p. 151.

[2] [美]王国斌、罗森塔尔:《大分流之外:中国和欧洲经济变迁的政治》,周琳译,王国斌、张萌审校,江苏人民出版社2018年版,第9页。

[3] [美]王国斌、罗森塔尔:《大分流之外:中国和欧洲经济变迁的政治》,周琳译,王国斌、张萌审校,江苏人民出版社2018年版,第34—68页。"内卷化"(involution)描述的是因为人口过剩导致工资降低、低工资削弱技术改进的动力、低技术水平导致劳动密集的生产方式、劳动密集生产方式继续鼓励人口增加、人口增加进一步降低工资的恶性循环过程。参见:David Levine, *Family Formation in an Age of Nascent Capitalism*, Cambridge: Academic Press, 1977, pp. 33—34.

[4] [美]王国斌、罗森塔尔:《大分流之外:中国和欧洲经济变迁的政治》,周琳译,王国斌、张萌审校,江苏人民出版社2018年版,第69—103页。

[5] [美]王国斌、罗森塔尔:《大分流之外:中国和欧洲经济变迁的政治》,周琳译,王国斌、张萌审校,江苏人民出版社2018年版,第138—178页。

[6] [美]王国斌、罗森塔尔:《大分流之外:中国和欧洲经济变迁的政治》,周琳译,王国斌、张萌审校,江苏人民出版社2018年版,第179—222页。

[7] [美]王国斌、罗森塔尔:《大分流之外:中国和欧洲经济变迁的政治》,周琳译,王国斌、张萌审校,江苏人民出版社2018年版,第224页。

[8] [美]王国斌、罗森塔尔:《大分流之外:中国和欧洲经济变迁的政治》,周琳译,王国斌、张萌审校,江苏人民出版社2018年版,第105页。

技术在欧洲产生于采用集中生产方式、高技能的城市制造业。[1] 在这里，王国斌和罗森塔尔很大程度上赞同了罗伯特·C. 艾伦(Robert C. Allen)利用劳动和资本的相对价格水平对于工业革命产生于英国而非其他国家的解释。[2] 也就是说，相比其他国家，18 世纪英国的资本价格水平更低而劳动工资水平更高，这种价格结构鼓励了英国厂商在生产过程中实施以增加资本密集度和节约劳动为方向的技术进步。[3] 王国斌和罗森塔尔认为，欧洲的这种高劳动工资—低资本价格的成本结构是由近代欧洲的政治背景导致的。近代欧洲频繁的战争驱使工匠和企业家离开缺乏军事防御的乡村，向防御条件更好的城市集中，这导致制造业和资本集中在城市，进而导致欧洲城市制造业中的低资本价格水平，因此形成了有利于促进工业革命的成本结构；相反，在长期和平与统一的中国，工匠和企业家将制造业分散安排在劳动工资水平更低的乡村，这导致中国乡村制造业中的低劳动工资水平，因此 19 世纪以前的中国走上了劳动密集型的制造业发展道路。[4] 正如王国斌和罗森塔尔写道："频繁的战争使企业主们纷纷涌向城市，寻求庇护，使得城市里的相对价格更有利于资本投资。"[5]"欧洲城市制造业比中国农村制造业机械化程度更高，是因为它们对机械的依赖程度更大。"[6]王国斌和罗森塔尔强调，这种因为政治环境导致的"大分流"是"来自一些并不以影响经济发展为目的的行为"[7]。本书同意王国斌和罗森塔尔将城市制造业视为"大分流"现象中关键因素的基本观点。但是，本书认为，近代欧洲城市制造业的发展并非完全是一种由战争无意识推动的偶然，而是一种由清晰的经济思想支持、国家有意识推行、以发展经济为目标的政策的结果；而

---

〔1〕 [美]王国斌、罗森塔尔：《大分流之外：中国和欧洲经济变迁的政治》，周琳译，王国斌、张萌审校，江苏人民出版社 2018 年版，第 105—106 页。

〔2〕 [美]王国斌、罗森塔尔：《大分流之外：中国和欧洲经济变迁的政治》，周琳译，王国斌、张萌审校，江苏人民出版社 2018 年版，第 108—110 页。

〔3〕 参见：[英]罗伯特·C. 艾伦：《近代英国工业革命揭秘：放眼全球的深度透视》，毛立坤译，浙江大学出版社 2012 年版。

〔4〕 [美]王国斌、罗森塔尔：《大分流之外：中国和欧洲经济变迁的政治》，周琳译，王国斌、张萌审校，江苏人民出版社 2018 年版，第 104—137 页。

〔5〕 [美]王国斌、罗森塔尔：《大分流之外：中国和欧洲经济变迁的政治》，周琳译，王国斌、张萌审校，江苏人民出版社 2018 年版，第 234 页。

〔6〕 [美]王国斌、罗森塔尔：《大分流之外：中国和欧洲经济变迁的政治》，周琳译，王国斌、张萌审校，江苏人民出版社 2018 年版，第 117 页。

〔7〕 [美]王国斌、罗森塔尔：《大分流之外：中国和欧洲经济变迁的政治》，周琳译，王国斌、张萌审校，江苏人民出版社 2018 年版，第 9 页。

这种有意识地推动城市制造业的政策思想在当时的中国并不存在。战争不能被视为欧洲城市制造业集中和发展的主要原因。相反，正如本书下一章将会呈现的，欧洲主要国家的城市制造业往往在本国内战结束之后受到国家政府的有意识促进，比如玫瑰战争和内战结束之后的英国以及宗教战争结束之后的法国和德国。

彭慕兰对于“大分流”的解释与王国斌和罗森塔尔的解释属于同一范式，即将“大分流”视为一种由偶然因素导致的结果。彭慕兰也认为，19 世纪“大分流”发生之前的中国和欧洲在很多方面并没有明显的差异。中国的农业技术和欧洲有相同的效率。〔1〕中国人的生活质量与欧洲相当。〔2〕中国部分制造业中的技术水平与欧洲相当。〔3〕中国的生产要素市场的组织甚至比欧洲市场“更接近于一种类似于新古典主义理论的市场经济”〔4〕。中国消费者和欧洲消费者对奢侈品有大体相同的欢迎和消费量。〔5〕彭慕兰认为，在“大分流”前夕，中国和欧洲都面临着因为经济扩张的资源消耗导致的本土境内土地密集型产品(食物、木材、动植物纤维等)供应不足的生态制约问题。〔6〕如果不克服这一生态制约，不论是中国还是欧洲，都不得不通过增加土地产品生产过程的劳动力密集度来弥补土地资源的不足，最终会导致这些经济体走上劳动密集型而非资本和资源密集型的发展道路。〔7〕彭慕兰写道：“无论是在西欧还是东亚，到 18 世纪后期，如果没有重大制度变革、节约土地的新技术和/或土地密集型商品进口的巨大增长，都几乎不会出现进一步广阔发展的余地。”〔8〕彭慕兰认为，西欧

---

〔1〕[美]彭慕兰：《大分流：欧洲、中国及现代世界经济的发展》，史建云译，江苏人民出版社 2003 年版，第 28—32 页。

〔2〕[美]彭慕兰：《大分流：欧洲、中国及现代世界经济的发展》，史建云译，江苏人民出版社 2003 年版，第 32—39 页。

〔3〕[美]彭慕兰：《大分流：欧洲、中国及现代世界经济的发展》，史建云译，江苏人民出版社 2003 年版，第 41—42 页、第 44 页。

〔4〕[美]彭慕兰：《大分流：欧洲、中国及现代世界经济的发展》，史建云译，江苏人民出版社 2003 年版，第 65 页。

〔5〕[美]彭慕兰：《大分流：欧洲、中国及现代世界经济的发展》，史建云译，江苏人民出版社 2003 年版，第 108—151 页。

〔6〕[美]彭慕兰：《大分流：欧洲、中国及现代世界经济的发展》，史建云译，江苏人民出版社 2003 年版，第 197—227 页。

〔7〕[美]彭慕兰：《大分流：欧洲、中国及现代世界经济的发展》，史建云译，江苏人民出版社 2003 年版，第 72 页。

〔8〕[美]彭慕兰：《大分流：欧洲、中国及现代世界经济的发展》，史建云译，江苏人民出版社 2003 年版，第 197—198 页。

通过海外扩张找到了突破生态制约、获取土地密集型产品供应的方法。在欧洲境内,"东欧扮演了一个生态上有能力输出大量谷物、木材和其他土地密集产品的外围贸易伙伴"[1]。对于西欧来说,更重要的土地密集型产品供应来源是可以由他们肆意掠夺的美洲大陆。彭慕兰写道:美洲大陆对于欧洲来说是"生死攸关的力量","因为它的资源帮助欧洲脱离了一条受生态制约、主要是劳动密集的发展道路"。[2] 美洲大陆的资源供养了欧洲的原始工业,而19世纪的现代工业又产生于这些近代原始工业。[3] 这种突破前现代生态瓶颈的方式是欧洲独有的,而中国则"被迫采用日益劳动密集的方法对付生态压力,并在不同程度上发现这些调整使以后实现资本密集与能源密集的工业化更为困难"[4]。除了新大陆提供的土地密集型产品这一主要原因之外,彭慕兰还认为,"大分流"起源于煤炭资源在欧洲和中国的地理分布这一偶然因素。欧洲的煤炭资源碰巧分布在接近经济发达区域的地方,而中国的煤炭资源主要分布在北方和西北,距离经济发达的江南地区太过遥远,煤炭的运输问题"无法克服",这导致江南地区燃料缺乏。[5] 此外,彭慕兰还认为,存在一个欧洲"可能有重要优势的领域",即现代科学的发展以及"弥补工匠、企业家和科学知识之间的社会距离"的制度。[6] 这三个因素构成了彭慕兰对于"大分流"的解释。彭慕兰将美洲大陆向欧洲提供的土地密集型产品称为一笔促进欧洲发展的"生态横财"[7]。彭慕兰认识到了欧洲政府推动的对于美洲"生态横财"的有意识的掠夺。[8] 同时,他也注意到,"中国政府没有兴趣为其臣民的海外掠夺提供直接的军事和政

---

[1] [美]彭慕兰:《大分流:欧洲、中国及现代世界经济的发展》,史建云译,江苏人民出版社2003年版,第245页。

[2] [美]彭慕兰:《大分流:欧洲、中国及现代世界经济的发展》,史建云译,江苏人民出版社2003年版,第105页。

[3] [美]彭慕兰:《大分流:欧洲、中国及现代世界经济的发展》,史建云译,江苏人民出版社2003年版,第267—268页。

[4] [美]彭慕兰:《大分流:欧洲、中国及现代世界经济的发展》,史建云译,江苏人民出版社2003年版,第265页。

[5] [美]彭慕兰:《大分流:欧洲、中国及现代世界经济的发展》,史建云译,江苏人民出版社2003年版,第56—61页。

[6] [美]彭慕兰:《大分流:欧洲、中国及现代世界经济的发展》,史建云译,江苏人民出版社2003年版,第40—43页、第62—63页。

[7] [美]彭慕兰:《大分流:欧洲、中国及现代世界经济的发展》,史建云译,江苏人民出版社2003年版,第256页。

[8] [美]彭慕兰:《大分流:欧洲、中国及现代世界经济的发展》,史建云译,江苏人民出版社2003年版,第177—193页。

治援助”[1]。彭慕兰意识到,在解释这种政策不同的过程中,“欧洲和中国的政治经济为扩张提供了什么样的不同背景仍然值得考虑”[2]。本书的内容将呈现一些欧洲和中国在利用海外资源突破生态瓶颈方面的政治经济背景的不同。本书将说明:欧洲对于美洲“生态横财”的掠夺是一种欧洲人有意识的安排;这种有意识的安排体现在当时欧洲的经济思想中;这些经济思想显示欧洲人已经意识到了将欧洲本土的产业结构集中在技能密集型城市制造业并将欧洲海外殖民地的产业结构锁定在土地密集型初级产业是促进欧洲发展的根本途径;而类似的意识在同时代中国的经济思想中并不存在。此外,本书还将呈现,彭慕兰提到的“弥补工匠、企业家和科学知识之间的社会距离”也是体现在近代欧洲经济思想中的一种欧洲人有意识的政策安排;同样地,这种思想也不存在于当时中国的经济思想中。

彭慕兰认为,海外殖民地对于欧洲在“大分流”中取得领先地位的主要作用是提供“生态横财”以避免劳动密集型发展道路,相比之下,海外殖民地为欧洲提供的货币利润和资本积累是次要的。[3] 但是,安德烈·贡德·弗兰克在其著作《白银资本》中则强调,海外殖民地对于“大分流”的影响主要是为欧洲提供了贵金属货币和利润。弗兰克在《白银资本》中以亚洲——特别是中国和印度——为核心,重建了对于 15—18 世纪世界经济体系的叙述。[4] 弗兰克认为,当时全世界新增的贵金属货币最终主要流向中国和印度,这体现了这两个经济体领先其他国家的生产率和产业竞争力。[5] 因此,当时以中国和印度为主体的市场是全世界的核心市场,有最先进的技术和制度。[6] 因此,弗兰克反对伊曼纽尔·沃勒斯坦(Immanuel Wallerstein)将西北欧视为 15—18 世纪世

[1] [美]彭慕兰:《大分流:欧洲、中国及现代世界经济的发展》,史建云译,江苏人民出版社 2003 年版,第 189 页。

[2] [美]彭慕兰:《大分流:欧洲、中国及现代世界经济的发展》,史建云译,江苏人民出版社 2003 年版,第 189 页。

[3] [美]彭慕兰:《大分流:欧洲、中国及现代世界经济的发展》,史建云译,江苏人民出版社 2003 年版,第 175—176 页。

[4] [美]安德烈·贡德·弗兰克:《白银资本:重视经济全球化中的东方》,刘北成译,中央编译出版社 1998 年版,第 89—186 页。

[5] [美]安德烈·贡德·弗兰克:《白银资本:重视经济全球化中的东方》,刘北成译,中央编译出版社 1998 年版,第 188—229 页。

[6] [美]安德烈·贡德·弗兰克:《白银资本:重视经济全球化中的东方》,刘北成译,中央编译出版社 1998 年版,第 231—306 页。

界体系核心的理论。[1] 弗兰克认为,15－18 世纪的欧洲从美洲大陆开辟了新的贵金属供应地,并通过对美洲的贸易积累了货币利润。[2] 这些从美洲积累的货币财富让欧洲能向当时作为世界核心的中国和印度市场提供贵金属这种当时欧洲唯一在这些市场上有竞争力的出口产品,欧洲从而有机会参与当时世界的核心市场。[3] 在亚洲市场上与领先的中国和印度的竞争,刺激了劳动力成本更高的欧洲产生通过发展机械化技术降低产品成本、提高产品竞争力的需求。[4] 18 世纪欧洲推动技术进步的决定是在与中国和印度竞争的背景下形成的。[5] 此外,弗兰克认为,1750－1800 年是亚洲以 500 年为单位长度的超长经济周期由繁荣转向衰退的转折点。[6] 正是这种 18 世纪后期亚洲由盛转衰的转折,"使当时还处于边缘的西方第一次真正有机会改善自己在世界经济体系中的相对和绝对地位"[7]。"大分流"即产生于这种欧洲对亚洲的赶超过程。如果从弗兰克的视角出发,本书将呈现 15－18 世纪世界体系内处于赶超过程中的欧洲和处于领先地位的中国的政治经济思想比较。这一比较将显示,15－18 世纪的欧洲经济思想包括呼吁政府促进城市制造业和创新的明确主张,但是类似的主张在同时代的中国经济思想中没有出现。这种比较的结论将使本书在一定程度上有助于增强弗兰克关于 15－18 世纪以中国和印度为核心的世界体系的论点。作为"赶超者"的欧洲的经济思想包含比作为"领先者"的中国的经济思想更丰富的关于促进经济发展的内容,代表了一种历史上时常出现的现象。这种现象最早由德国经济学家埃蒂埃内·拉斯贝尔(Étienne Laspeyres,

---

[1] [美]安德烈·贡德·弗兰克:《白银资本:重视经济全球化中的东方》,刘北成译,中央编译出版社 1998 年版,第 434－435 页。

[2] [美]安德烈·贡德·弗兰克:《白银资本:重视经济全球化中的东方》,刘北成译,中央编译出版社 1998 年版,第 373－374 页。

[3] [美]安德烈·贡德·弗兰克:《白银资本:重视经济全球化中的东方》,刘北成译,中央编译出版社 1998 年版,第 377 页。

[4] [美]安德烈·贡德·弗兰克:《白银资本:重视经济全球化中的东方》,刘北成译,中央编译出版社 1998 年版,第 381－393 页。

[5] [美]安德烈·贡德·弗兰克:《白银资本:重视经济全球化中的东方》,刘北成译,中央编译出版社 1998 年版,第 387 页。

[6] [美]安德烈·贡德·弗兰克:《白银资本:重视经济全球化中的东方》,刘北成译,中央编译出版社 1998 年版,第 352－355 页。

[7] [美]安德烈·贡德·弗兰克:《白银资本:重视经济全球化中的东方》,刘北成译,中央编译出版社 1998 年版,第 352－355 页。

1834—1913)在研究近代尼德兰经济思想史时注意到。[1] 拉斯贝尔认为,经济思想的繁荣不必然是经济发达的结果,现实情况时常相反。[2] 关于如何促进经济发展的思考对于已经实现经济发达的国家来说没有必要,只有在为了赶超先进国家和应对危机的时候,才会促进这些思想的产生。正如拉斯贝尔写道:

> 如果说在英格兰,资产阶级的悲惨处境和对于尼德兰的崇拜催生了最重要的经济学文献,那么在尼德兰,各产业的领先地位和财富的持续增长自然让关于它们的经济学文献和关于如何促进它们的思考显得没有用处。事实上,在我们的考察中经常会发现:一个产业越繁荣,关于这个产业的经济学文献就越少;只有在正常的产业运行受到阻碍的时候,克服阻碍的思考和提供救助的建议才会出现。很少会有只为了讨论经济问题而讨论的情况。[3]
>
> 尼德兰人对于他们的贸易领先于其他国家的原因有多清晰的认识呢?在尼德兰贸易最繁荣的时候……几乎所有[欧洲]国家都在问它繁荣的原因,但是尼德兰人很少会发问,他们只为他们的运气感到高兴并认为这是理所应当的。当尼德兰贸易开始出现问题甚至衰落的时候,关于衰落原因和解决办法的研究才频繁出现。他们发现的原因很大程度上是正确的,但是为时已晚。在这些关于后来衰落的原因的研究中,之前繁荣的原因才被发现。[4]

按照弗兰克和拉斯贝尔的观点,本书所呈现的近代欧洲与同时代中国经济思想的比较是很好理解的:作为世界体系核心的中国的思想家不需要非常关心如何促进本国已经先进的制造业和创新,而这却是作为世界体系中追赶者的欧洲的思想家们的主要兴趣。

以上"加州学派"对于西方传统的"欧洲中心主义"的批判引起了来自"欧洲

---

[1] Étienne Laspeyres, *Der Volkswirtschaftlichen Anschauungen der Niederländer und Ihrer Litteratur zur Zeit der Republik*, Leipzig: S. Hirzel, 1863.

[2] Étienne Laspeyres, *Der Volkswirtschaftlichen Anschauungen der Niederländer und Ihrer Litteratur zur Zeit der Republik*, Leipzig: S. Hirzel, 1863, pp. 1—2.

[3] Étienne Laspeyres, *Der Volkswirtschaftlichen Anschauungen der Niederländer und Ihrer Litteratur zur Zeit der Republik*, Leipzig: S. Hirzel, 1863, p. 2.

[4] Étienne Laspeyres, *Der Volkswirtschaftlichen Anschauungen der Niederländer und Ihrer Litteratur zur Zeit der Republik*, Leipzig: S. Hirzel, 1863, p. 120.

中心主义”的回击，其代表就是大卫・兰德斯的《国富国穷》。[1] 在这部著作中，兰德斯重申了一些“欧洲中心主义”对于“大分流”的主要观点。兰德斯认为，古代中国是一个“东方专制主义”政权。“中国早在国家机器尚未完善时，就起到监督、管理和压制作用。政府并不依赖良好的动机、正确的态度和个人美德。”[2]因此，兰德斯认为，古代中国的大一统不利于经济发展，因为大一统使得这种“东方专制主义”统治了整个中国，相比之下，政治上的分裂迫使欧洲政府竞相采取促进经济发展的措施。“分裂导致竞争，竞争则促使君主关心好的臣民。如果对他们不友好，他们就可能迁移到他国。”[3]这种“东方专制主义”从以下几个方面扼杀了中国的创新精神：缺乏自由市场和产权保护、保守的社会价值观、过多政府干预打击首创精神。[4] 而作为欧洲主导的犹太教－基督教意识形态则通过以下几个方面鼓励和促进了欧洲的发明和创新精神：尊重手工劳动、鼓励人类利用和开发自然、认为未来胜于过去的进步主义世界观、强调自由市场和发明精神。[5] 而犹太教－基督教意识形态中的新教又是这种促进力量的集中体现。“导致新教出现的宗教改革，使规则改变。它有力地促进了识字率，孕育出不同政见和异端主张，推动了怀疑论和否认权威的潮流，这恰是科学奋进的核心。”[6]在兰德斯看来，这种中国和欧洲在意识形态方面的差异催生了“大分流”现象。从本书的角度来看，兰德斯所代表的这种经典的“欧洲中心主义”论点可以从两个方面反驳。第一，与“东方专制主义”这一起源于19世纪的刻板形象相反，最近的研究表明，“大分流”现象发生之前的中国更接近古典自由市场模型。[7] 相比同时期的近代欧洲国家，按照人口和领土规模衡量，中国的国家干预能力更弱、国家官僚队伍更小、军队规模更小、税赋更轻、国

---

〔1〕 Patrick Karl O'Brien, *The Economies of Imperial China and Western Europe*, London: Palgrave Macmillan, 2020, p. 10.

〔2〕 [英]大卫・兰德斯:《国富国穷》,门洪华等译,程克雄译校,新华出版社 2010 年版,第 36 页。

〔3〕 [英]大卫・兰德斯:《国富国穷》,门洪华等译,程克雄译校,新华出版社 2010 年版,第 37 页。

〔4〕 [英]大卫・兰德斯:《国富国穷》,门洪华等译,程克雄译校,新华出版社 2010 年版,第 58－59 页。

〔5〕 [英]大卫・兰德斯:《国富国穷》,门洪华等译,程克雄译校,新华出版社 2010 年版,第 60－61 页。

〔6〕 [英]大卫・兰德斯:《国富国穷》,门洪华等译,程克雄译校,新华出版社 2010 年版,第 187 页。

〔7〕 [美]彭慕兰:《大分流:欧洲、中国及现代世界经济的发展》,史建云译,江苏人民出版社 2003 年版,第 65 页。

家开支更少。[1] 此外,本书将会揭示:在意识形态层面,近代欧洲有意识地主张国家对于经济社会的全面干预,而同时代的中国则有意识地减少国家的干预。第二,将自由放任视为鼓励创新的必然条件是一种经典但不一定经得起检验的新自由主义观点,很多时候越是重大的创新,越是需要国家的干预。[2] 正如本章后文将要详细说明的,很多研究已经表明,创新需要的不是自由放任而是特定的国家创新政策。本书将呈现,在“大分流”发生之前,有意识地利用国家政策促进创新的思想已经在欧洲的意识形态中有了相当水平的发展。“大分流”之前的欧洲意识形态并非将被动的自由放任作为鼓励创新的手段,而是提出了一套积极的国家创新政策,这样的思想在同一时期的中国并不存在。

在“加州学派”和“欧洲中心主义”之间,在“大分流”的研究中还出现了第三方观点,帕特里克·奥布莱恩和皮尔·弗里斯是这种观点的代表。这种观点既不同意“加州学派”将“大分流”发生之前的中国视为在经济社会的各个重要方面与欧洲一样或更先进,进而将“大分流”现象的原因归结为欧洲碰巧拥有海外殖民地等偶然的、外在于两个社会内部变量的原因;这类观点也不同意“欧洲中心主义”把历史上的中国和欧洲笼统划分为“东方专制主义”和“西方自由主义”,并简单将“大分流”视为“东方专制主义”的意识形态和制度全面落后于“西方自由主义”的结果,因为这掩盖了“大分流”的真正原因。奥布莱恩认为,“大分流”的原因在于制度和文化:中国的明清政权未能有效应对由人口增长导致的自然禀赋耗尽,并且明清中国的制度和文化未能激励科学和技术的进步以摆脱报酬递减的经济。[3] 奥布莱恩认为,“加州学派”为明清经济制度与欧洲经济制度具有相同效率的辩护是“不足以令人信服的”[4]。奥布莱恩认为,不利的气候变化和明朝开始的人口增长导致了自然资源和基础设施的供给不足,这使得古代中国依靠耕地面积增长和国内贸易扩张的发展方式在清朝建立以前

---

〔1〕 R. Bin Wong, *China Transformed: Historical Change and the Limits of European Experience*, London: Cornell University Press, 1997, p. 108. [荷]皮尔·弗里斯:《国家、经济与大分流:17 世纪 80 年代到 19 世纪 50 年代的英国和中国》,郭金兴译,中信出版集团 2018 年版,第 66—399 页。

〔2〕 [英]玛丽安妮·马祖卡托:《创新型政府:构建公共与私人部门共生共赢关系》,李磊、束东新、程单剑译,中信出版集团 2019 年版。

〔3〕 Patrick Karl O'Brien, *The Economies of Imperial China and Western Europe*, London: Palgrave Macmillan, 2020, p. 111.

〔4〕 Patrick Karl O'Brien, *The Economies of Imperial China and Western Europe*, London: Palgrave Macmillan, 2020, p. 49.

就开始出现报酬递减。[1] 面对这些危机,"1368—1911 年间的明清政府没能成功地建立和维护合适的制度,以应对当时人民和社区所面临的马尔萨斯挑战"[2]。在奥布莱恩看来,明清政府的首要缺陷是,"它们长期未能建立起必要的财政、金融与货币制度向负担得起的政策提供资金"以应对人口压力、生态危机、内乱和西方的潜在军事威胁。[3] 明清政权本可以通过清丈土地、重订田税、增强官僚的征税能力、将征税范围扩展到制造业和服务业等措施以增加财政收入,并利用增加的财力改善国内秩序、增加灌溉和交通基础设施投资以应对生态危机并增加农业和贸易的产出。[4] 但是直到太平天国运动,增强财政能力的改革都没有成功执行。[5] 明清政府保持了"几个世纪以来行之有效的传统自由放任(laissez faire)意识形态和重农主义战略",并失去了应对生态危机的能力。[6] 政府没有选择增强国家能力,而是选择鼓励过剩人口向国内尚未开发地区移民和开垦。[7] 这种策略看似仁慈、合理并且低成本,但实际上不留死角的开垦降低了山区的森林覆盖、加剧了土壤侵蚀和冲刷、增加了河流淤塞、损害了灌溉和航运基础设施,最终加速了生态危机和经济的报酬递减。[8] 因此,中国未能增加其土地密集型产品的产出以促进现代式的经济增长。[9] 同时,明清中国的制度和文化没有像欧洲的地理大发现、文艺复兴和启蒙运动

---

[1] Patrick Karl O'Brien, *The Economies of Imperial China and Western Europe*, London: Palgrave Macmillan, 2020, pp. 33—38.

[2] Patrick Karl O'Brien, *The Economies of Imperial China and Western Europe*, London: Palgrave Macmillan, 2020, p. 48.

[3] Patrick Karl O'Brien, *The Economies of Imperial China and Western Europe*, London: Palgrave Macmillan, 2020, p. 50.

[4] Patrick Karl O'Brien, *The Economies of Imperial China and Western Europe*, London: Palgrave Macmillan, 2020, p. 59.

[5] Patrick Karl O'Brien, *The Economies of Imperial China and Western Europe*, London: Palgrave Macmillan, 2020, p. 54, p. 59.

[6] Patrick Karl O'Brien, *The Economies of Imperial China and Western Europe*, London: Palgrave Macmillan, 2020, p. 58.

[7] Patrick Karl O'Brien, *The Economies of Imperial China and Western Europe*, London: Palgrave Macmillan, 2020, p. 57.

[8] Patrick Karl O'Brien, *The Economies of Imperial China and Western Europe*, London: Palgrave Macmillan, 2020, p. 41, p. 57.

[9] Patrick Karl O'Brien, *The Economies of Imperial China and Western Europe*, London: Palgrave Macmillan, 2020, p. 61.

一样促进现代科学的产生和创新精神的传播。[1] 奥布莱恩认为,地理大发现、文艺复兴和启蒙运动“在天主教和新教欧洲创造了空间,可以让受教育的精英将他们的精神信仰与制度化的对知识的追求相协调,从而将这种追求发展为可能更加有利于有用知识生产的科学宇宙观”[2]。相比之下,明清中国的有用知识的生产受制于其关注于个人行为、社会稳定和政治秩序的教育制度,这种教育制度不利于产生一种促进对于自然世界调查研究的宇宙观。[3] 本书赞同奥布莱恩将传统中国与近代欧洲在国家干预能力与科学和创新方面的差异作为解释“大分流”现象的关键因素,本书将在后续章节反映可能对于这种差异提供一定程度解释的思想上的因素,即近代欧洲在有意识地增强其推动经济发展的国家干预能力与经济中的创新能力,这反映在当时近代欧洲流行的经济思想中,而类似主张并没有出现在同时代传统中国流行的经济思想中。但是,本书不同意奥布莱恩提出的如下观点:明清中国如果将增强的国家干预能力和经济创新能力投入到促进农业中,就可以在一定程度上减缓与近代欧洲在经济发展上的分化。本书认为,城市制造业,而不是农业,才是对“大分流”起作用的关键部门,而且近代欧洲流行的经济思想中有对于建立和发展有国际竞争力的城市制造业部门的明确清晰的主张以及对其重要性的认识,而类似的思想在同时代传统中国流行的经济思想中并未出现。

皮尔·弗里斯在《国家、经济与大分流》一书中对于“大分流”的解释与奥布莱恩的解释非常相似:“大分流”产生的原因是明清中国的国家对经济的干预能力虚弱及其缺乏推动经济结构变革的经济策略。弗里斯将“大分流”现象定义为:“世界上某一特定地区出现了现代经济增长,而在世界的其他地方却没有出现。”[4]同时,弗里斯将“现代经济增长”定义为“基于大规模的能源与原材料的新应用以及新技术和新制度”的增长,并且这种增长的持续性通过“生产中的创

---

[1] Patrick Karl O'Brien, *The Economies of Imperial China and Western Europe*, London: Palgrave Macmillan, 2020, p. 80, p. 92.

[2] Patrick Karl O'Brien, *The Economies of Imperial China and Western Europe*, London: Palgrave Macmillan, 2020, p. 98.

[3] Patrick Karl O'Brien, *The Economies of Imperial China and Western Europe*, London: Palgrave Macmillan, 2020, p. 100.

[4] [荷]皮尔·弗里斯:《国家、经济与大分流:17 世纪 80 年代到 19 世纪 50 年代的英国和中国》,郭金兴译,中信出版集团 2018 年版,第 3 页。

新”维持。[1] 这种“现代经济增长”即是与前现代“斯密式增长”相对的“熊彼特式增长”。[2] 弗里斯认为,“大分流”现象源于没有产生“现代经济增长”的明清中国和第一个产生“现代经济增长”的英国在“国家的重要性、角色与功能”方面存在的重大区别。[3] 正如弗里斯所写:“中国与英国的国家在重要性、作用与功能方面存在差异,因此,对各自国家的经济发展必定产生重要影响。”[4]这种国家在重要性、作用与功能方面的差异首先体现于国家干预经济的深度与动员财政资源方面的差异。[5] 经过研究 18 世纪中国和英国的国家财政情况,弗里斯发现,当时英国人均纳税数量超过同时代中国 10 倍,而英国人均财政支出则是同时代中国的 30 倍以上,并且英国中央政府收到了全部国家税收收入的 90%,而清朝中央政府仅收到大约 25%。[6] 英国能够动员远多于中国的财政资源的原因包括:英国工人人均年收入约为中国的 5 倍、英国人均白银存量约为中国的 3 倍、英国人均财政官僚数量是中国的 25 倍、英国人均公务员数量约是中国的 30 倍。[7] 此外,英国还得到了国债制度和纸币制度的帮助,而国债在 19 世纪 50 年代之前对于中国来说依然未知,清政府直到 1835 年才开始发行纸币。[8] 18 世纪,英国和中国财政支出的绝大部分(超过 70%)是陆海军军

---

[1] Peer Vries, *Escaping Poverty: The Origins of Modern Economic Growth*, Vienna: Vienna University Press, 2013. p. 23.

[2] Peer Vries, *Escaping Poverty: The Origins of Modern Economic Growth*, Vienna: Vienna University Press, 2013, p. 25. “熊彼特式增长”(Schumpeterian growth)符合约瑟夫·熊彼特在《经济发展理论》中所描述的经济发展与增长方式,即以新产品、新生产方式、新市场、新生产组织形式为动力的经济增长;“熊彼特式增长”是工业化经济的主要增长方式。

[3] [荷]皮尔·弗里斯:《国家、经济与大分流:17 世纪 80 年代到 19 世纪 50 年代的英国和中国》,郭金兴译,中信出版集团 2018 年版,第 2 页。

[4] [荷]皮尔·弗里斯:《国家、经济与大分流:17 世纪 80 年代到 19 世纪 50 年代的英国和中国》,郭金兴译,中信出版集团 2018 年版,第 38 页。

[5] [荷]皮尔·弗里斯:《国家、经济与大分流:17 世纪 80 年代到 19 世纪 50 年代的英国和中国》,郭金兴译,中信出版集团 2018 年版,第 53—54 页、第 399—400 页。

[6] [荷]皮尔·弗里斯:《国家、经济与大分流:17 世纪 80 年代到 19 世纪 50 年代的英国和中国》,郭金兴译,中信出版集团 2018 年版,第 69—70 页、第 94 页、第 119 页、第 121 页、第 176 页。

[7] [荷]皮尔·弗里斯:《国家、经济与大分流:17 世纪 80 年代到 19 世纪 50 年代的英国和中国》,郭金兴译,中信出版集团 2018 年版,第 101—102 页、第 109—110 页、第 127 页、第 136 页、第 222 页、第 226 页、第 252 页。

[8] [荷]皮尔·弗里斯:《国家、经济与大分流:17 世纪 80 年代到 19 世纪 50 年代的英国和中国》,郭金兴译,中信出版集团 2018 年版,第 197 页、第 203—217 页、第 227—232 页、第 240—241 页。

费。[1] 但是,英国的军队数量和军事开支规模远大于中国:英国人均陆海军人数是中国的近20倍,英国人均陆海军支出是中国的10倍。[2] 弗里斯认为,英国的大规模财政动员能力和大规模军费支出促进了“现代经济增长”在英国的产生。第一,英国政府的大规模军事开支起到了一种类似“军事凯恩斯主义”的作用,为英国闲置的生产要素提供了有效需求。[3] 第二,在近代欧洲,军事实力与经济发展互为前提,欧洲国家的海外市场扩张需要军事征服协助,海外市场的安全需要军事力量保障,军费开支是一种对于海外贸易的投资。[4] 第三,军事需求促进了与大规模生产有关的技术创新和与工业资本主义有关的制度创新。[5] 英国的大规模军事投入与其重商主义经济政策不可分割[6];而重商主义是一种“强国政策”,其“注重加强制造业和贸易部门”。[7] 相比之下,同时代的清朝中国远没有如此军事化,也没有围绕军事活动建立起国家干预和动员的能力。[8] 而且清朝政府奉行经济政策“追求的是安全和某些‘传统’福利,而不是结构变革与创新”[9]。清朝“采取的财政、货币和金融政策也不是试图从根本上改变‘升级’经济的总体战略”[10]。相比之下,“英国的国家要比中国强大得多,此外也更为积极地推动并适应与现代经济增长有关的重要结构变

---

[1] [荷]皮尔·弗里斯:《国家、经济与大分流:17世纪80年代到19世纪50年代的英国和中国》,郭金兴译,中信出版集团2018年版,第173页、第176—178页。

[2] [荷]皮尔·弗里斯:《国家、经济与大分流:17世纪80年代到19世纪50年代的英国和中国》,郭金兴译,中信出版集团2018年版,第178页、第268—269页。

[3] [荷]皮尔·弗里斯:《国家、经济与大分流:17世纪80年代到19世纪50年代的英国和中国》,郭金兴译,中信出版集团2018年版,第200—202页。

[4] [荷]皮尔·弗里斯:《国家、经济与大分流:17世纪80年代到19世纪50年代的英国和中国》,郭金兴译,中信出版集团2018年版,第288—291页、第320—321页。

[5] [荷]皮尔·弗里斯:《国家、经济与大分流:17世纪80年代到19世纪50年代的英国和中国》,郭金兴译,中信出版集团2018年版,第293—299页。

[6] [荷]皮尔·弗里斯:《国家、经济与大分流:17世纪80年代到19世纪50年代的英国和中国》,郭金兴译,中信出版集团2018年版,第300—321页。

[7] [荷]皮尔·弗里斯:《国家、经济与大分流:17世纪80年代到19世纪50年代的英国和中国》,郭金兴译,中信出版集团2018年版,第406页。

[8] [荷]皮尔·弗里斯:《国家、经济与大分流:17世纪80年代到19世纪50年代的英国和中国》,郭金兴译,中信出版集团2018年版,第256页、第399—400页。

[9] [荷]皮尔·弗里斯:《国家、经济与大分流:17世纪80年代到19世纪50年代的英国和中国》,郭金兴译,中信出版集团2018年版,第400页。

[10] [荷]皮尔·弗里斯:《国家、经济与大分流:17世纪80年代到19世纪50年代的英国和中国》,郭金兴译,中信出版集团2018年版,第322页。

革”[1]。

在讨论“大分流”现象的各方观点中,本书将进一步发展和补充与奥布莱恩和弗里斯类似的观点。本书同意以奥布莱恩与弗里斯为代表的以下观点:16—18 世纪的中国与欧洲之间存在着导致后来“大分流”现象产生的差异;这些差异中很重要的一种是中国和欧洲在政治经济方面的差异,即在政府与经济之间关系方面的差异;这种差异具体体现为国家对于经济和社会的干预能力的差异以及国家奉行的经济政策的差异;具有足够国家干预能力并奉行鼓励现代特征的经济增长的经济政策的欧洲国家,比如英国,能够成功地将本国导入工业化发展道路;相比之下,同一时代的中国因为国家干预能力不足,无力推动本国实现经济结构升级和发展道路转换,并且中国奉行的经济政策也不如欧洲流行的经济政策那样重视鼓励具有现代特征的经济增长。本书将为这些观点做出的发展和补充是:本书将会提供一种对于 16—18 世纪中国和欧洲之间的上述差异在经济思想层面的观察。这种观察将会展现:欧洲国家建构其干预能力与执行鼓励具有现代特征的经济增长的经济政策的行动受到了一种经济思想的影响;这种经济思想有意识地鼓励国家采取积极的干预促进制造业和技术创新这两种“熊彼特式增长”中的关键要素;相比之下,影响同时代中国的国家建构与经济政策的经济思想并没有这些特征——甚至反对这些特征。

本书对于“大分流”现象的定义与皮尔·弗里斯的定义一致,即:“熊彼特式增长”在世界上的一些地区出现而在另一些地区没有出现。根据乔·莫基尔估计,“熊彼特式增长”替代“斯密式增长”成为欧洲经济增长的主要方式始于 1750 年左右,在此之前,“熊彼特式增长”已经出现,只是相比“斯密式增长”处于次要地位。[2]“熊彼特式增长”在欧洲的积累最终促进“工业革命”产生。正如熊彼特本人写道:“在[工业革命]中出现的工业和商业转变起源于并连通了在之前发生的那些经济发展。”[3]因此,熊彼特将“工业革命”的起源追溯到 17 世

---

〔1〕[荷]皮尔·弗里斯:《国家、经济与大分流:17 世纪 80 年代到 19 世纪 50 年代的英国和中国》,郭金兴译,中信出版集团 2018 年版,第 400 页。

〔2〕[美]乔·莫基尔:《启蒙经济:英国经济史新论》,曾鑫、熊跃根译,中信出版集团 2020 年版,第 6 页。

〔3〕Joseph Schumpeter, *Business Cycles: A Theoretical, Historical, and Statistical Analysis of the Capitalist Process*, vol. 1. New York and London: McGraw Hill, 1939, p. 253.

纪。[1] 除了为欧洲带来"工业革命"之外，以技术创新和组织创新为动力的"熊彼特增长"还催生了欧洲的工业资本主义。[2] 因此，可以至少从两个方面理解"大分流"现象："大分流"现象是欧洲领先于中国产生了以"熊彼特式增长"为主要方式的经济增长，并且这种经济增长促进了"工业革命"产生；"大分流"现象是欧洲领先于中国产生了现代工业资本主义。

很久以来，学者们都注意到，国家干预对于这种催生了"工业革命"和工业资本主义的近代欧洲经济发展的重要作用。马克思(Karl Marx，1818—1883)将国家干预视为促进工业资本主义产生的"原始积累"的重要手段。马克思写道："所有这些[原始积累]方法都利用国家权力，也就是利用集中的有组织的社会暴力，来大力促进从封建生产方式向资本主义生产方式的转变过程，缩短过渡时间。暴力是每一个孕育着新社会的旧社会的'助产婆'。暴力本身就是一种经济力。"[3]马克思认为，那些后世被称为"重商主义"的近代欧洲财政与经济政策促进了工场手工业发展并缩短了工业资本主义的产生时间。在工场手工业时代，"商业上的霸权造成了工业上的优势"，因此，海外殖民政策"促进了贸易和航运的发展"，特许垄断的贸易公司"是资本积聚的强有力的手段"，海外殖民地为工场手工业"保证了销售市场"并且"保证了通过对市场的垄断而加速的积累"。[4] 国债制度是"原始积累的最强有力的手段之一"，它"使不生产的货币具有了生殖力，这样就使它转化为资本"。[5] 国债制度又需要国家建立以消费税为轴心的现代财政制度作为支持。[6] 关税保护和工业补贴"是制造工厂主、剥夺独立劳动者、使国民的生产资料和生活资料变成资本、强行缩短从旧

---

〔1〕 Joseph Schumpeter, *Business Cycles: A Theoretical, Historical, and Statistical Analysis of the Capitalist Process*, vol. 1. New York and London: McGraw Hill, 1939, p. 254.

〔2〕 [德]马克思、恩格斯：《共产党宣言》，引自[德]马克思、恩格斯：《马克思恩格斯全集》第 4 卷，人民出版社 2016 年版，第 467 页。

〔3〕 [德]马克思：《资本论》第一卷，引自[德]马克思、恩格斯：《马克思恩格斯全集》第 23 卷，人民出版社 2016 年版，第 819 页。

〔4〕 [德]马克思：《资本论》第一卷，引自[德]马克思、恩格斯：《马克思恩格斯全集》第 23 卷，人民出版社 2016 年版，第 822 页。

〔5〕 [德]马克思：《资本论》第一卷，引自[德]马克思、恩格斯：《马克思恩格斯全集》第 23 卷，人民出版社 2016 年版，第 823 页。

〔6〕 [德]马克思：《资本论》第一卷，引自[德]马克思、恩格斯：《马克思恩格斯全集》第 23 卷，人民出版社 2016 年版，第 824—825 页。

生产方式向现代生产方式的过渡的一种人为手段”[1]。在马克思看来，重商主义式的国家干预是近代欧洲支持大工业幼年期实现“原始积累”的制度和政策。

第一，“最新德国历史学派”(the Youngest German Historical School)的代表维尔纳·桑巴特(Werner Sombart，1863—1941)认为：“现代国家生命和现代经济生命发达顺序的一致是很奇特的……两者出于同一根源，并互相形成、互相决定。”[2]桑巴特认为，“现代国家生活的表现有一大部分与现代资本主义的起源也有一种内部的联系”，而且“资本主义发展中一种有意识的直接的推进力”存在于“‘重商主义’的经济政策中”。[3] 在桑巴特看来，近代欧洲国家首先为萌芽时期的资本主义生产方式的扩张提供了需求。源于国家的军事需求和奢侈需求对于“促进资本主义起源”有“极大影响”。[4] 由国家集中统一配发标准化武器装备、规模持续扩张的军队，为以大规模集中生产为特征的工业资本主义提供了巨大的需求。[5] 奢侈需求“是专制君主国一种必然相随而至的现象”，其源头是君主和宫廷权贵们的消费需求，并且从宫廷扩散到民间的富裕阶层中。[6] 宫廷和社会的奢侈消费为以资本主义生产方式组织起来的高技能和大规模生产的经济活动提供了需求。[7] 桑巴特特别提出：“在工业生产领域，奢侈品的影响表现得最为明显，即便是最愚钝的人也能看出奢侈品需求的增长与资本主义发展之间的关系。”[8]

第二，桑巴特认为，在近代欧洲，“君主和资本主义的企业家自然是同盟者，因为它们大半追逐同一利益”[9]。这种君主政府和资本主义企业家的共同利

---

[1] [德]马克思:《资本论》第一卷，引自[德]马克思、恩格斯:《马克思恩格斯全集》第 23 卷，人民出版社 2016 年版，第 825 页。

[2] [德]维尔纳·桑巴特:《现代资本主义》第一卷，李季译，商务印书馆 1958 年版，第 220 页。

[3] [德]维尔纳·桑巴特:《现代资本主义》第一卷，李季译，商务印书馆 1958 年版，第 224 页。

[4] [德]维尔纳·桑巴特:《现代资本主义》第一卷，李季译，商务印书馆 1958 年版，第 487 页。

[5] [德]维尔纳·桑巴特:《现代资本主义》第一卷，李季译，商务印书馆 1958 年版，第 234—241 页。Werner Sombart，*Krieg und Kapitalismus*，Munich：Duncker & Humblot，1913.

[6] [德]维尔纳·桑巴特:《现代资本主义》第一卷，李季译，商务印书馆 1958 年版，第 489 页、第 493 页。

[7] [德]维尔纳·桑巴特:《现代资本主义》第一卷，李季译，商务印书馆 1958 年版，第 488—489 页。[德]维尔纳·桑巴特:《奢侈与资本主义》，王燕平、侯小河译，刘北成校，上海人民出版社 2000 年版，第 213—215 页。

[8] [德]维尔纳·桑巴特:《奢侈与资本主义》，王燕平、侯小河译，刘北成校，上海人民出版社 2000 年版，第 186 页。

[9] [德]维尔纳·桑巴特:《现代资本主义》第一卷，李季译，商务印书馆 1958 年版，第 245 页。

益的体现就是欧洲近代的重商主义政策。桑巴特写道：

> 全部重商主义政策，和我们所知道的一样，是由这种根本倾向产生出来的：许多战争需要许多人和许多金钱；许多人是由“制造业”的增加产生的；许多金钱是由对外贸易——它如果是‘主动’的话——送入国中的。制造业与对外贸易是由努力奋斗的经济元素担负的：所以在资本主义与君主之间有一种利益的共通；故资本主义的利益必须予以维护。但维护资本主义的利益就是替资本主义的企业家斩除荆棘。于是由充分理解的国家利益得到“庇护企业家”特征的重商主义政策。[1]

第三，桑巴特认为，近代欧洲的君主及其政府直接充当了“资本主义精神”的化身。在1911年熊彼特提出后世所称的“企业家精神”之前，桑巴特就提出了以执行创新为职能和发挥“创造性破坏”功能的“资本主义精神”。[2] 桑巴特认为，资本主义“是一个‘冒险的’‘进取的’人的‘创造事业’，他抱着决心，要离开向来经济行为的轨道，另辟一条新路”[3]。桑巴特写道：“资本主义企业与旧有传统的东西绝缘，他的经济中含有完全新的目的。他故意破坏旧经济方法的限制，他是一个破坏者与建设者合为一的人。”[4]桑巴特认为，具有这种精神素质的人可以出现在一切社会阶层中，包括君主和骑士。[5] 这些有“资本主义精神”的企业家可以依据其实现目标所用的手段不同，分为两类：“一群人利用他们在国家中的特殊地位造成的权力”；另一群人“运用辩才和诱惑术去代替外部的权力，力求达到自己的目的”。[6] 前者包括“从秉国政者和官吏的队伍或地主中出来的资本主义企业家”，这些人“借助于他们的地位所造成的权力来从事企业家的活动”。[7]

在桑巴特看来，近代欧洲有很多君主及其官僚属于这类资本主义企业家。桑巴特写道：在近代欧洲，“君主及其臣下为迅速发展资本主义萌芽的活跃的志愿所驱使，在无数例子中，亲自干涉经济营业，甚至于参加经济形态的建设，甚

---

〔1〕[德]维尔纳·桑巴特：《现代资本主义》第一卷，李季译，商务印书馆1958年版，第546页。

〔2〕Campagnolo, Gilles and Christel Vivel, “Before Schumpeter: Forerunners of the Theory of the Entrepreneur in 1900s German Political Economy—Werner Sombart, Friedrich von Wieser”, *The European Journal of the History of Economic Thought*, 2012, iss. 19, no. 6, pp. 908－943.

〔3〕[德]维尔纳·桑巴特：《现代资本主义》第一卷，李季译，商务印书馆1958年版，第554页。

〔4〕[德]维尔纳·桑巴特：《现代资本主义》第一卷，李季译，商务印书馆1958年版，第555页。

〔5〕[德]维尔纳·桑巴特：《现代资本主义》第一卷，李季译，商务印书馆1958年版，第557页。

〔6〕[德]维尔纳·桑巴特：《现代资本主义》第一卷，李季译，商务印书馆1958年版，第557页。

〔7〕[德]维尔纳·桑巴特：《现代资本主义》第一卷，李季译，商务印书馆1958年版，第557页。

至于自己以企业家的资格出来活动”[1]。首先,不少近代欧洲的君主“充满了企业精神和企业家才能”。“就创造的观念、广大的知识和科学的训练来讲,谁能和现代国家有天才的元首相提并论呢?”[2]桑巴特列举的此类“企业家型”君主的范例包括:瑞典国王古斯塔夫·瓦萨(Gustav Vasa,1496—1560)、17世纪与18世纪的英国君主、奥地利的玛丽亚·特蕾西娅(Maria Theresia,1717—1780)和弗朗茨一世(Franz Ⅰ,1708—1765)夫妇、从选帝侯腓特烈·威廉(Friedrich Wilhelm,1620—1688)到国王腓特烈二世(Friedrich Ⅱ,1712—1786)的普鲁士君主,以及俄罗斯的彼得一世(Peter Ⅰ,1672—1725)。[3] 其次,这些君主们往往“为一群优秀的人所围绕,此等人或为执行的代表,或为独立创造的人物,同样强度地参加早期资本主义企业家群的起源”[4]。这些人的典型代表是路易十四时代的法国财政总监、在后世有“法国重商主义之父”声誉的科尔贝(Jean-Baptiste Colbert,1619—1683)。[5] 第三,这些君主们具有执行长远经济计划和兴办资本主义大企业的能力。桑巴特写道:“谁像国家的元首及其臣下一样,获得执行眼光远大的经济计划的更完备的手段呢?在资本形成不充分的时代,只有国家有充足的资材可以开始一种大企业。”[6]国家(君主及其政府)具有如此能力的原因包括:近代国家的公务员队伍是经营大型资本主义企业的合适人力资源,“在缺乏有训练的人员的时代,人们又可判断国家在它的官吏机关上比私人企业家占怎样优势的位置”;“除君主外,没有其他地位可以期望利益于遥远的将来,因此可以草就完全远大的计划,而予以施行”;“要改良制造业,须有聪明、思索、费用和报酬”,而在近代欧洲,这些是国家擅长的领域。[7]

桑巴特列举了一些近代欧洲国家参与和促进资本主义企业创立及发展的方式:国家“用强制力和劝导、冲动并驱策他们[私人]加入资本主义”;国家“尽

---

[1] [德]维尔纳·桑巴特:《现代资本主义》第一卷,李季译,商务印书馆1958年版,第559页。
[2] [德]维尔纳·桑巴特:《现代资本主义》第一卷,李季译,商务印书馆1958年版,第559页。
[3] [德]维尔纳·桑巴特:《现代资本主义》第一卷,李季译,商务印书馆1958年版,第559—560页。
[4] [德]维尔纳·桑巴特:《现代资本主义》第一卷,李季译,商务印书馆1958年版,第560—561页。
[5] [德]维尔纳·桑巴特:《现代资本主义》第一卷,李季译,商务印书馆1958年版,第560—561页。
[6] [德]维尔纳·桑巴特:《现代资本主义》第一卷,李季译,商务印书馆1958年版,第561页。
[7] [德]维尔纳·桑巴特:《现代资本主义》第一卷,李季译,商务印书馆1958年版,第561页。

力由自己的勤勉去推进它们的私人企业家”，比如帮助私人企业销售产品；国家“用政府的费用建设企业，后来交给私人企业家”或者向私人企业家提供低息贷款，或者向私人企业提供生产要素；国家“做特有企业独立的创立者和领导者”并由此“表现为资本主义经济形态的开路者”；国家建立银行和贸易公司。[1]此外，桑巴特写道：“国家企业家活动最重要的领域自然是各项工业。”[2]桑巴特强调，国家在工业领域的“首要”企业家活动是建立国有企业，由国家直接充当工业领域的“企业家”，即执行创新的行动者，比如矿山、兵工厂以及“模范机关”(die Musteranstalt，即为私营企业在新产业中提供示范引导作用的国有企业)。[3] 桑巴特对于这些近代欧洲的国有企业促进现代资本主义发展的作用有非常高的评价。桑巴特写道：

> 这些企业[国有企业]对于现代工业产生的重要性怎么强调都不过分，因为正是它们时常扮演新生产组织的模范，甚至时常是先驱。正是它们通过它们的需求为资本主义工业的发展充当了催化剂。关于它们的讨论内容，当然属于欧洲经济史的范畴。但是，在关于现代资本主义发展历程的描述中也不能缺少它们，因为它们从上述原因出发，用无数种方式促进了资本主义的发展，尽管它们是由不同于资本主义工业的原因产生出来的。[4]

桑巴特意识到，虽然这些近代欧洲国有企业不能算是资本主义的，“然而此等企业构成资本主义发展中重要的一环，可作为资本主义的前征和指导者，它们是由资本主义的精神中产生出来的”[5]。根据桑巴特的理论，现代资本主义的产生不仅需要国家提供支持性的政策和制度环境，而且需要国家直接扮演具备“资本主义精神”的企业家的角色，为私人资本主义企业家先行开路，充当先驱和模范。

与桑巴特同时代的马克斯·韦伯(Max Weber，1864—1920)也将国家视为资本主义起源的关键要素。韦伯写道：“只有在合理的国家(der rationale Sta-

---

[1] [德]维尔纳·桑巴特：《现代资本主义》第一卷，李季译，商务印书馆1958年版，第561—563页。

[2] [德]维尔纳·桑巴特：《现代资本主义》第一卷，李季译，商务印书馆1958年版，第563页。

[3] [德]维尔纳·桑巴特：《现代资本主义》第一卷，李季译，商务印书馆1958年版，第563页。

[4] Werner Sombart, *Der moderne Kapitalismus*, bd. 2, teil. 2, Münichen und Leipzig: Duncker & Humblot, 1919, p. 847.

[5] [德]维尔纳·桑巴特：《现代资本主义》第一卷，李季译，商务印书馆1958年版，第563页。

at)中,资本主义才能发达起来。"[1]韦伯认为:"资本主义形式的工业组织,如要合理运用,就必须能依靠可预测的判断和管理。"[2]资本主义需要"可以像机器一样靠得住的法律"[3]。而只有在"合理的国家",这种稳定且可预测的制度才能实现,因为"合理的国家"的基础是"有专长的官吏阶级和合理的法律"。[4]而官僚制相比于其他行政体制的优点就是如同一套稳定运行的机器装置:"精确、迅速、明晰、档案知识、连续性、酌处权、统一性、严格的隶属关系、减少摩擦、降低物力人力成本,在严谨的——尤其是独断(monokratisch)形式的——官僚制行政中,都可以达到最佳状态。"[5]因此,官僚制的公共行政与资本主义市场经济之间有一种必然的联系。[6] 在韦伯看来,甚至"大分流"现象可以部分归因于官僚制率先在欧洲出现而没有在中国出现。[7]

除了为资本主义的发展提供官僚制公共行政和可预测的制度环境之外,"合理的国家"还提供了有支持性的"有连贯性的先后一致的经济政策",历史上的第一个此类经济政策即是重商主义。[8] 与马克思和桑巴特相同,韦伯认为重商主义的性质是资本主义的。韦伯写道:"重商主义的实质在于把资本主义工业的观点灌输到政治中去,对待国家,仿佛它只存在资本主义的企业主。"[9]重商主义作为这种"国家和资本主义利益的联盟",体现在两个方面:其一,重商主义的目的和意义在于建立一种本国资产阶级在工业和贸易中的垄断地位以保护工业和贸易;其二,重商主义是一种以本民族为单位的工业和贸易保护的政策。[10] 似乎可以说,在韦伯看来,重商主义是一种民族资本主义性质的政

---

〔1〕[德]马克斯·韦伯:《经济通史》,姚曾廙译,韦森校订,上海三联书店2006年版,第212页。

〔2〕[德]马克斯·韦伯:《经济通史》,姚曾廙译,韦森校订,上海三联书店2006年版,第174页。

〔3〕[德]马克斯·韦伯:《经济通史》,姚曾廙译,韦森校订,上海三联书店2006年版,第215页。

〔4〕[德]马克斯·韦伯:《经济通史》,姚曾廙译,韦森校订,上海三联书店2006年版,第212页。

〔5〕[德]马克斯·韦伯:《经济与社会》第二卷(上册),阎克文译,上海人民出版社2010年版,第1113页。

〔6〕[德]马克斯·韦伯:《经济与社会》第二卷(上册),阎克文译,上海人民出版社2010年版,第1113页。

〔7〕[德]马克斯·韦伯:《经济通史》,姚曾廙译,韦森校订,上海三联书店2006年版,第212页。[德]马克斯·韦伯:《经济与社会》第二卷(上册),阎克文译,上海人民出版社2010年版,第1193—1195页。

〔8〕[德]马克斯·韦伯:《经济通史》,姚曾廙译,韦森校订,上海三联书店2006年版,第215页。

〔9〕[德]马克斯·韦伯:《经济通史》,姚曾廙译,韦森校订,上海三联书店2006年版,第217页。

〔10〕[德]马克斯·韦伯:《经济通史》,姚曾廙译,韦森校订,上海三联书店2006年版,第218—219页。[德]马克斯·韦伯:《经济与社会》第二卷(上册),阎克文译,上海人民出版社2010年版,第1246—1248页。

策。韦伯认为,重商主义政策"常常能促进或者唤醒'经营精神'(der Unternehmungsgeist)"[1]。此外,韦伯也基本同意桑巴特的"战争与资本主义"和"奢侈与资本主义"的观点,认为国家的军事和奢侈需求对于资本主义的发展提供了支持。[2]

当代学者依然强调国家在现代资本主义形成和早期发展中的重要意义。法国年鉴学派第二代的代表费尔南·布罗代尔(Fernand Braudel,1902—1985)在关于国家和资本主义的问题上,持有与桑巴特和韦伯相似的观点。布罗代尔认为:"资本主义的推进与成功需要一定的社会条件。它要求社会秩序有某种安定,要求国家政权的某种中立,或某种宽容,或某种殷勤。"[3]布罗代尔注意到,在近代欧洲的"经济世界"中,强势的国家政府总是伴随着最发达的经济和发展最先进的资本主义同时出现,弱势的国家政府总是伴随欠发达经济出现。在经济世界体系的核心国家,比如16世纪的威尼斯、17世纪的尼德兰和18世纪的英国"确实存在强有力的政府,它们在国内能够做到令行禁止,强制城市居民服从纪律,必要时加重税收负担,保障信贷和商业自由"[4]。在这些国家,"政府和资本家平分权力"[5]。在经济世界体系中的半中心国家,比如法国,"君主不得不与周围的贵族一起,并且违背贵族的意愿,勉强进行统治"[6]。这些国家中,资产阶级的地位"显然在上升",并且"国家审慎地给予支持",但是进展缓慢;同时,这些国家的政府往往怀有追赶核心国家的目标。[7] 布罗代尔认为,这些国家采取的赶超政策就是所谓的"重商主义","推行重商主义政策的君主或国家无疑在迎合一种时尚,但在更大程度上是承认有一种劣势需要加以弥

---

[1] [德]马克斯·韦伯:《经济与社会》第二卷(上册),阎克文译,上海人民出版社2010年版,第1248页。

[2] [德]马克斯·韦伯:《经济通史》,姚曾廙译,韦森校订,上海三联书店2006年版,第193—195页。

[3] [法]费尔南·布罗代尔:《资本主义的动力》,杨起译,生活·读书·新知三联书店1997年版,第50页。

[4] [法]费尔南·布罗代尔:《15至18世纪的物质文明、经济和资本主义(第三卷):世界的时间》,施康强、顾良译,生活·读书·新知三联书店2002年版,第38页。

[5] [法]费尔南·布罗代尔:《15至18世纪的物质文明、经济和资本主义(第三卷):世界的时间》,施康强、顾良译,生活·读书·新知三联书店2002年版,第38页。

[6] [法]费尔南·布罗代尔:《15至18世纪的物质文明、经济和资本主义(第三卷):世界的时间》,施康强、顾良译,生活·读书·新知三联书店2002年版,第39页。

[7] [法]费尔南·布罗代尔:《15至18世纪的物质文明、经济和资本主义(第三卷):世界的时间》,施康强、顾良译,生活·读书·新知三联书店2002年版,第39页。

补或缩小”[1]。在经济世界体系的边缘地区,国家则非常弱势。在作为殖民地的边缘区,比如美洲,“沦为奴隶的居民被剥夺了自己管理自己的权利”;在作为非殖民地的边缘区,比如波兰和意大利,“那里的经济被与外国相联系的某个集团所控制,因而国家只剩下一个空架子”[2]。布罗代尔也同意桑巴特的“战争与资本主义”论点。布罗代尔写道:“作为现代技术的缔造者,战争促进了资本主义制度的加速建立。”[3]但是,这种对于资本主义的形成有促进作用的战争,即调动大量社会资源、促进技术和制度创新、技术不断进步的战争,在近代只在欧洲经济世界体系的核心国家及其周边发生。[4] 在这些区域,“近代国家的强大,现代资本主义的立足生根,往往都以战争为工具”[5]。

与桑巴特类似,布罗代尔也注意到国家在资本主义形成的早期直接充当资本主义企业家的作用。在“商业资本主义鼎盛时代已经过去,并由工业资本主义所替代”的 16 世纪后期,布罗代尔使用“国家资本主义”一词,形容当时国家执行企业家职能的情况。[6] “不论国家自己是否愿意,它是 16 世纪最大的企业家。”[7]如同大规模的战争在当时取决于国家一样,“大规模的经济活动也取决于国家”[8]。布罗代尔认为,当时的国家通过税收、公债等筹集财政收入的手段,“控制着‘国民生产总值’的很大一部分”,进而通过投资创办各种大型企业,将这些收入再次投入流通中。[9] 这些大型企业包括:海外贸易公司、兵工

---

〔1〕 [法]费尔南·布罗代尔:《15 至 18 世纪的物质文明、经济和资本主义(第三卷):世界的时间》,施康强、顾良译,生活·读书·新知三联书店 2002 年版,第 39 页。

〔2〕 [法]费尔南·布罗代尔:《15 至 18 世纪的物质文明、经济和资本主义(第三卷):世界的时间》,施康强、顾良译,生活·读书·新知三联书店 2002 年版,第 41 页。

〔3〕 [法]费尔南·布罗代尔:《15 至 18 世纪的物质文明、经济和资本主义(第三卷):世界的时间》,施康强、顾良译,生活·读书·新知三联书店 2002 年版,第 45 页。

〔4〕 [法]费尔南·布罗代尔:《15 至 18 世纪的物质文明、经济和资本主义(第三卷):世界的时间》,施康强、顾良译,生活·读书·新知三联书店 2002 年版,第 45—50 页。

〔5〕 [法]费尔南·布罗代尔:《15 至 18 世纪的物质文明、经济和资本主义(第三卷):世界的时间》,施康强、顾良译,生活·读书·新知三联书店 2002 年版,第 49—50 页。

〔6〕 [法]费尔南·布罗代尔:《菲利普二世时代的地中海和地中海世界》第一卷,唐家龙、曾培耿等译,吴模信校,商务印书馆 1996 年版,第 619 页、第 642 页。

〔7〕 [法]费尔南·布罗代尔:《菲利普二世时代的地中海和地中海世界》第一卷,唐家龙、曾培耿等译,吴模信校,商务印书馆 1996 年版,第 642 页。

〔8〕 [法]费尔南·布罗代尔:《菲利普二世时代的地中海和地中海世界》第一卷,唐家龙、曾培耿等译,吴模信校,商务印书馆 1996 年版,第 642 页。

〔9〕 [法]费尔南·布罗代尔:《菲利普二世时代的地中海和地中海世界》第一卷,唐家龙、曾培耿等译,吴模信校,商务印书馆 1996 年版,第 642 页、第 643 页。

厂、造币厂、公立银行、矿工场，此外还包括国家和私人合作投资的项目，比如公共建筑。[1] 布罗代尔认为：在当时，国家进行的“战争、建设和兴办企业对经济的刺激要比人们想象的更大”[2]。

在伊曼纽尔·沃勒斯坦（Immanuel Wallerstein，1930－2019）的“世界体系”理论中，国家对于资本主义形成的意义依然得到了承认。沃勒斯坦认为：“欧洲世界中心地区强大国家的发展是近代资本主义发展的基本组成部分。”[3]在沃勒斯坦勾勒的近代欧洲世界体系中，“国家结构在各个中心地区比较强，而在边缘地区相对弱一些”[4]。沃勒斯坦写道：“似乎普遍认为，现代世界体系的早期，即至少从 16 世纪初并延续至 18 世纪，国家在欧洲世界经济体中起着经济中心的作用。”[5]沃勒斯坦认为，现代国家和资本主义互为因果，资本主义经济的发展为国家提供财政能力，而“国家机构本身就是新资本主义体系的主要经济基础（更不用说是其政治保障了）”[6]。在整个 16－18 世纪的资本主义形成阶段，国家压过国内其他政治集团的权威持续增强，“资本主义世界经济体系看来需要并且促进了这一增强中央集权与国家控制的长期过程，至少在中心国家是这样”[7]。国家通过建立官僚制的行政机器，保证了稳定的政策和制度环境，国家官僚制度的建立“确保今后经济方针的决策，非经国家机构，

---

〔1〕［法］费尔南·布罗代尔：《菲利普二世时代的地中海和地中海世界》第一卷，唐家龙、曾培耿等译，吴模信校，商务印书馆 1996 年版，第 642－643 页。

〔2〕［法］费尔南·布罗代尔：《菲利普二世时代的地中海和地中海世界》第一卷，唐家龙、曾培耿等译，吴模信校，商务印书馆 1996 年版，第 643 页。

〔3〕［美］伊曼纽尔·沃勒斯坦：《现代世界体系（第一卷）：16 世纪的资本主义农业与欧洲世界经济体的起源》，尤来寅、路爱国等译，黄席群、宋蜀碧初校，罗荣渠审校，高等教育出版社 1998 年版，第 174 页。

〔4〕［美］伊曼纽尔·沃勒斯坦：《现代世界体系（第一卷）：16 世纪的资本主义农业与欧洲世界经济体的起源》，尤来寅、路爱国等译，黄席群、宋蜀碧初校，罗荣渠审校，高等教育出版社 1998 年版，第 470 页。

〔5〕［美］伊曼纽尔·沃勒斯坦：《现代世界体系（第一卷）：16 世纪的资本主义农业与欧洲世界经济体的起源》，尤来寅、路爱国等译，黄席群、宋蜀碧初校，罗荣渠审校，高等教育出版社 1998 年版，第 173 页。

〔6〕［美］伊曼纽尔·沃勒斯坦：《现代世界体系（第一卷）：16 世纪的资本主义农业与欧洲世界经济体的起源》，尤来寅、路爱国等译，黄席群、宋蜀碧初校，罗荣渠审校，高等教育出版社 1998 年版，第 173 页。

〔7〕［美］伊曼纽尔·沃勒斯坦：《现代世界体系（第一卷）：16 世纪的资本主义农业与欧洲世界经济体的起源》，尤来寅、路爱国等译，黄席群、宋蜀碧初校，罗荣渠审校，高等教育出版社 1998 年版，第 175－176 页。

不得轻易制定”[1]。此外，官僚制行政机器有利于增强国家征收动员财政资源的能力，国家可以利用这些财政能力推进“以保证获得世界剩余中较大份额的方式进行经济改革”，进一步增加经济的纳税能力和纳税人的信心，由此一种良性循环得以建立。[2] 国家建立常备军，有利于缓解西欧因为人口增长导致的大规模失业，有利于为资本主义企业家提供需求，有利于增加税收，有利于建立和平的国内秩序。[3] 沃勒斯坦写道：在向国家的常备军提供军需方面，“资本主义的扩张就这样为国家的短期需要服务”[4]。国家利用绝对君主制建立了中央政府凌驾于官僚和地方豪强之上的绝对权威的合法性，这有利于实现政治稳定。[5] 近代欧洲世界的中心国家在建立统一民族国家的过程中，抑制了外民族的工商业资产阶级，因而促进了本民族的工商业资产阶级。[6] 沃勒斯坦认为，近代欧洲世界体系中，强势的中心国家是一个在国内各个利益集团中具有部分自主性的行动者，这种国家代表了新兴的资本家阶级和传统的贵族阶级。沃勒斯坦写道：“对于崭露头角的资本家阶层和古老的贵族统治集团这两个政治、经济和军事上最强大的集团来说，强大的国家是各种难以取舍的方案中的最佳选择。”[7]国家一方面可以通过前文所述的措施促进资产阶级的利

---

[1] [美]伊曼纽尔·沃勒斯坦：《现代世界体系(第一卷)：16世纪的资本主义农业与欧洲世界经济体的起源》，尤来寅、路爱国等译，黄席群、宋蜀碧初校，罗荣渠审校，高等教育出版社1998年版，第176页。

[2] [美]伊曼纽尔·沃勒斯坦：《现代世界体系(第一卷)：16世纪的资本主义农业与欧洲世界经济体的起源》，尤来寅、路爱国等译，黄席群、宋蜀碧初校，罗荣渠审校，高等教育出版社1998年版，第177页。

[3] [美]伊曼纽尔·沃勒斯坦：《现代世界体系(第一卷)：16世纪的资本主义农业与欧洲世界经济体的起源》，尤来寅、路爱国等译，黄席群、宋蜀碧初校，罗荣渠审校，高等教育出版社1998年版，第178—181页。

[4] [美]伊曼纽尔·沃勒斯坦：《现代世界体系(第一卷)：16世纪的资本主义农业与欧洲世界经济体的起源》，尤来寅、路爱国等译，黄席群、宋蜀碧初校，罗荣渠审校，高等教育出版社1998年版，第179页。

[5] [美]伊曼纽尔·沃勒斯坦：《现代世界体系(第一卷)：16世纪的资本主义农业与欧洲世界经济体的起源》，尤来寅、路爱国等译，黄席群、宋蜀碧初校，罗荣渠审校，高等教育出版社1998年版，第181—182页。

[6] [美]伊曼纽尔·沃勒斯坦：《现代世界体系(第一卷)：16世纪的资本主义农业与欧洲世界经济体的起源》，尤来寅、路爱国等译，黄席群、宋蜀碧初校，罗荣渠审校，高等教育出版社1998年版，第184—186页。

[7] [美]伊曼纽尔·沃勒斯坦：《现代世界体系(第一卷)：16世纪的资本主义农业与欧洲世界经济体的起源》，尤来寅、路爱国等译，黄席群、宋蜀碧初校，罗荣渠审校，高等教育出版社1998年版，第470—471页。

益，另一方面保护贵族阶级的传统。[1] 半自主的强势国家可以协调各个利益集团促进经济发展，但是"在那些国家机器软弱的国家中，国家的管理者们没有起到协调复杂的工、商、农机制的作用。他们反而变成许多领主中的一批"[2]。

以上论述表明，将国家及其经济政策视为现代资本主义形成和早期发展中的关键要素已经是一种经典的观点。这也是本书采取的立场。在近代欧洲，国家通过建立官僚制行政机构和常备军确立了自己在国内的中央集权，中央集权使国家得以建立国内和平，并有能力强势干预国内经济。官僚制行政机构可以保证稳定而可预测的国内政策环境，并且可以有效收集和动员财政资源。这些财政资源一方面可以进一步增强国家的权威和行政能力，另一方面支持了国家促进资本主义发展的经济政策。发源于国家的军事需求和奢侈品需求为正在形成中的资本主义生产方式提供了性质上适合且不断扩张的需求。国家对于本国制造业和商业的贸易保护政策、殖民政策、补贴政策等被后世统称为"重商主义"的经济政策，是站在新兴的现代资本主义立场上的政策，维护并扩张了资本主义生产方式的利益。在充满企业家精神的君主和官僚的领导之下，国家对于资本主义生产方式的兴趣甚至驱使它们直接在经济中扮演资本主义企业家的角色，投资创办带有资本主义性质的工业企业、贸易公司和银行。这些国家企业至少激励了社会上的企业家精神。通过强势的国家干预能力和激励性经济政策，国家充当了现代资本主义形成和发展的"催化剂"。因此，如果"大分流"现象可以被理解为现代工业资本主义在欧洲而非中国率先出现，那么"大分流"现象产生的原因中必然包括特定能力和功能的国家及其干预是否具备。

如果从另一个方面理解"大分流"现象，即将"大分流"现象理解为促进"工业革命"产生、以创新为动力的经济增长率先在欧洲而非中国成为主要的经济增长方式，那么特定能力和功能的国家及其干预是否具备将依然是一个可以解释"大分流"现象的重要变量。国家的干预也是实现以创新为动力的经济增长以及推动类似"工业革命"的技术革命的重要变量。上文提到，桑巴特和布罗代尔都强调，在近代欧洲，国家会在经济中直接扮演企业家的角色，投资创办资本

---

〔1〕[美]伊曼纽尔·沃勒斯坦:《现代世界体系(第一卷):16世纪的资本主义农业与欧洲世界经济体的起源》,尤来寅、路爱国等译,黄席群、宋蜀碧初校,罗荣渠审校,高等教育出版社1998年版,第471页。

〔2〕[美]伊曼纽尔·沃勒斯坦:《现代世界体系(第一卷):16世纪的资本主义农业与欧洲世界经济体的起源》,尤来寅、路爱国等译,黄席群、宋蜀碧初校,罗荣渠审校,高等教育出版社1998年版,第471页。

主义式企业。在这种情况下,国家也在促进创新的产生和扩散,因为,正如桑巴特所强调的,这些国家企业本身就代表着创新,它们的功能是破坏旧的生产方式,创造新的生产方式。

首次将创新和技术革命作为核心解释变量引入现代经济理论的约瑟夫·熊彼特承认国家扮演企业家在经济中执行创新的功能,并且注意到这种功能在近代欧洲的发挥。在熊彼特的理论中,"企业家是那些执行新组合的人"[1]。熊彼特认为,虽然在现代大工业中企业家和创新"有了显著的发展",但是"企业家不仅仅是个现代经济中的现象"。[2]"在存在改变陈旧的经济水平的地方,不论是贝都因人的经济,还是德意志农民的经济,或是现代大工业的经济",都存在执行创新的行为和企业家的角色。[3]因此,熊彼特写道:"我们相信可以在更早的时代发现那些构成企业家本质特征和职能的要素。"[4]哪怕在原始部落,"如果新组合被执行的话,我们也可以说那里有企业家"[5]。"这一点也不荒唐。那里只是没有企业家的名字,不是没有企业家的事实。"[6]在熊彼特看来,"并不是每一个拥有企业的人和每一个领导企业的人都是我们意义上的企业家",只有那些执行了创新的人,即建立了新企业、引进了新产品、改变了生产过程、开辟了新市场、用新生产方式和旧生产方式竞争的人,才算是熊彼特意义上的企业家。[7]熊彼特认为,企业家需要其他社会成员的合作才能执行创新,"为了实现更多目标和执行规模更大的计划,旁人的合作是必需的"[8]。企业家需要其他社会成员提供的劳动、土地、工具、原料、消费品,社会

---

〔1〕 Joseph Schumpeter, *Theorie der wirtschaftlichen Entwicklung*, Leipzig: Duncker & Humblot, 1911, p. 172.

〔2〕 Joseph Schumpeter, *Theorie der wirtschaftlichen Entwicklung*, Leipzig: Duncker & Humblot, 1911, p. 171, p. 173.

〔3〕 Joseph Schumpeter, *Theorie der wirtschaftlichen Entwicklung*, Leipzig: Duncker & Humblot, 1911, p. 171.

〔4〕 Joseph Schumpeter, *Theorie der wirtschaftlichen Entwicklung*, Leipzig: Duncker & Humblot, 1911, p. 173.

〔5〕 Joseph Schumpeter, *Theorie der wirtschaftlichen Entwicklung*, Leipzig: Duncker & Humblot, 1911, p. 173.

〔6〕 Joseph Schumpeter, *Theorie der wirtschaftlichen Entwicklung*, Leipzig: Duncker & Humblot, 1911, p. 173.

〔7〕 Joseph Schumpeter, *Theorie der wirtschaftlichen Entwicklung*, Leipzig: Duncker & Humblot, 1911, p. 174.

〔8〕 Joseph Schumpeter, *Theorie der wirtschaftlichen Entwicklung*, Leipzig: Duncker & Humblot, 1911, p. 182.

成员与企业家的合作意味着“将这些货物转交给企业家自由支配”[1]。如果新企业规模巨大，那么这种合作甚至还需要“现有生产方向与消费组合的放弃”[2]。企业家可以通过说服其他社会成员以实现上述合作，但是，企业家之外的社会成员往往缺乏企业家精神，担心创新的风险，因此，“企业家之外的社会成员总是不情愿地合作并且经常激烈地抗拒创新”[3]。如果企业家只通过说服其他社会成员来执行创新，那么创新很难实现。[4] 熊彼特认为，社会成员们往往不是被说服向创新提供合作的，“他们是被强迫的”[5]。虽然熊彼特认为，并不是所有的企业领袖都是企业家，但企业家一定“是经济的领袖，是真正的而不仅仅是像静态经济中一样的表面上的领袖”[6]。工厂主(Fabrikherr)不必然是企业家。[7] 股份公司的股东，“单凭持有股票，绝不是企业家”[8]。相反，大工业企业中技术研发部门的负责人却符合熊彼特对企业家的定义。[9]

熊彼特注意到，企业家的经济领袖身份时常与政治领袖身份重合。在产生创新的原始部落的例子中，“创新通过首领的权力实现”，因为只有他们可以命令部落成员配合他们的创新，“在这里，[执行创新的]行动者既是社会中的领袖，也是我们意义上的企业家”[10]。熊彼特写道：“我们的原始酋长不仅仅是经

---

[1] Joseph Schumpeter, *Theorie der wirtschaftlichen Entwicklung*, Leipzig: Duncker & Humblot, 1911, p. 187.

[2] Joseph Schumpeter, *Theorie der wirtschaftlichen Entwicklung*, Leipzig: Duncker & Humblot, 1911, p. 183.

[3] Joseph Schumpeter, *Theorie der wirtschaftlichen Entwicklung*, Leipzig: Duncker & Humblot, 1911, p. 184.

[4] Joseph Schumpeter, *Theorie der wirtschaftlichen Entwicklung*, Leipzig: Duncker & Humblot, 1911, p. 184.

[5] Joseph Schumpeter, *Theorie der wirtschaftlichen Entwicklung*, Leipzig: Duncker & Humblot, 1911, p. 184.

[6] Joseph Schumpeter, *Theorie der wirtschaftlichen Entwicklung*, Leipzig: Duncker & Humblot, 1911, p. 172.

[7] Joseph Schumpeter, *Theorie der wirtschaftlichen Entwicklung*, Leipzig: Duncker & Humblot, 1911, p. 174.

[8] Joseph Schumpeter, *Theorie der wirtschaftlichen Entwicklung*, Leipzig: Duncker & Humblot, 1911, p. 174. [美]约瑟夫·阿洛伊斯·熊彼特：《经济发展理论——对于利润、资本、信贷、利息和经济周期的考察》，叶华译，中国社会科学出版社 2009 年版，第 96 页脚注。

[9] Joseph Schumpeter, *Business Cycles: A Theoretical, Historical, and Statistical Analysis of the Capitalist Process*, vol. 1. New York and London: McGraw Hill, 1939, p. 440.

[10] Joseph Schumpeter, *Theorie der wirtschaftlichen Entwicklung*, Leipzig: Duncker & Humblot, 1911, p. 184.

济上的企业家,还是部落的领袖。类似地,这种事情在早期经济发展的阶段也成立,并且将企业家功能从其他的重要活动中清楚地认识出来并不容易。"[1]熊彼特认为,这种企业家功能与政治领袖身份重合的情况"持续到很晚,即便是纯经济性质的企业家的角色,比如商人,变得越来越明显"[2]。对于这些发挥企业家功能的政治领袖,"他们的[经济]权力地位是靠法律建立并组织的"[3]。作为政治领袖,这些企业家可以利用政治权力"使那些社会大众服务于他的目标,不论大众是否理解其目标或者是否愿意"[4]。"他命令,他们必须服从。"[5]这种允许政治领袖利用政治权力执行企业家职能的社会组织形式从古代持续到近代,正如熊彼特写道:"这种使多数人屈服于领袖并强制他们按照领袖的意志行动的社会组织存在于整个中世纪直到最新时代的开始。"[6]熊彼特认为,19 世纪是"完整资本主义"(Intact Capitalism)的时代。[7] 在这个时代,"工商业资产阶级的利益和态度控制了政策以及文化的所有方面"[8]。在这个时代,"经济发展不仅倾向于专业化为单独的经济功能,并且越来越与特定的经济主体类型联系"[9]。在这种经济中,之前那种"囊括社会生活全部方面的社会组织崩溃了","企业家已经与政治权威分离并且被限制在经济领域",此时企业家身份与政治领袖身份总体上分离了,企业家不能再依靠权力强制其他社会

---

〔1〕 Joseph Schumpeter, *Theorie der wirtschaftlichen Entwicklung*, Leipzig: Duncker & Humblot, 1911, p. 179.

〔2〕 Joseph Schumpeter, *Theorie der wirtschaftlichen Entwicklung*, Leipzig: Duncker & Humblot, 1911, p. 184.

〔3〕 Joseph Schumpeter, *Theorie der wirtschaftlichen Entwicklung*, Leipzig: Duncker & Humblot, 1911, p. 185.

〔4〕 Joseph Schumpeter, *Theorie der wirtschaftlichen Entwicklung*, Leipzig: Duncker & Humblot, 1911, p. 185.

〔5〕 Joseph Schumpeter, *Theorie der wirtschaftlichen Entwicklung*, Leipzig: Duncker & Humblot, 1911, p. 185.

〔6〕 Joseph Schumpeter, *Theorie der wirtschaftlichen Entwicklung*, Leipzig: Duncker & Humblot, 1911, p. 185.

〔7〕 Joseph Schumpeter, *Essays of J. A. Schumpeter*, Cambridge: Addison-Wesley Press, 1951, p. 188.

〔8〕 Joseph Schumpeter, *Business Cycles: A Theoretical, Historical, and Statistical Analysis of the Capitalist Process*, vol. 1. New York and London: McGraw Hill, 1939, p. 305.

〔9〕 Joseph Schumpeter, *Theorie der wirtschaftlichen Entwicklung*, Leipzig: Duncker & Humblot, 1911, p. 179.

成员配合其创新计划,只能利用货币在市场上换取需要的物品和服务。[1] 但是,熊彼特认为,利用货币的企业家与利用政治权力的企业家本质上是相同的。"货币是企业家在成熟的市场经济中获得所需生产手段支配权的一种手段。由此,企业家完成那些在不同组织形式的经济中由直接命令权力与物理压力完成的功能。"[2]熊彼特认为,这种企业家和政治领袖身份明确分离的状态并不能持续很长时间,在19世纪末之后,"完整的资本主义"逐渐衰落,一种被熊彼特称为"社会主义"的经济形态将会取代"完整的资本主义"。[3] 19世纪资本主义的发展"创造出资本主义不能生存下去并强烈地指定社会主义为其继承人的条件"[4]。需要注意的是,熊彼特对于"社会主义"的定义是"生产手段和生产本身的控制权都授予中央当局",或者"原则上社会的经济事务属于公共范围而不是属于私人范围"。[5] 进入"社会主义",即意味着"国家征服私人企业"。[6] 这一定义仅仅是对于经济体制中国家机器与经济之间关系的定义,熊彼特并没有将这种经济体制与特定阶级属性联系,因此熊彼特的"社会主义"并非马克思的"科学社会主义"。熊彼特认为,这种"社会主义"与"国家指导的资本主义"(guided capitalism)基本是同义词,而且预测这种经济体制将是第二次世界大战后资本主义的形态。[7] 因此,熊彼特的"社会主义"更接近于所谓的"国家垄断资本主义"。[8] 在这种"社会主义"中,政治领袖和企业家的身份再一次重合。熊彼特写道:"在这里[社会主义经济]企业家活动落在了国家身上。从根

---

[1] Joseph Schumpeter, *Theorie der wirtschaftlichen Entwicklung*, Leipzig: Duncker & Humblot, 1911, pp. 186—187.

[2] Joseph Schumpeter, *Theorie der wirtschaftlichen Entwicklung*, Leipzig: Duncker & Humblot, 1911, p. 188.

[3] Joseph Schumpeter, *Essays of J. A. Schumpeter*, Cambridge: Addison-Wesley Press, 1951, pp. 190—191.

[4] [美]约瑟夫·熊彼特:《资本主义、社会主义与民主》,吴良健译,商务印书馆1999年版,第120页。

[5] [美]约瑟夫·熊彼特:《资本主义、社会主义与民主》,吴良健译,商务印书馆1999年版,第258页。

[6] [美]约瑟夫·熊彼特:《资本主义、社会主义与民主》,吴良健译,商务印书馆1999年版,第26页。

[7] Joseph Schumpeter, *Essays of J. A. Schumpeter*, Cambridge: Addison-Wesley Press, 1951, p. 204.

[8] 参见:[法]法共中央经济部等:《国家垄断资本主义》上下册,宇泉、沈一民等译,商务印书馆1983年版。

本上讲,这是不言自明的。”[1]“如果那种情况[具备企业家精神的社会主义国家]不存在,那么社会主义经济就不会有进步。”[2]熊彼特认为,“国家指导的资本主义”的关键特征就是“政府在国内外企业中的首创性”(government initiative in domestic and foreign enterprise)。[3] 并且,熊彼特认为,在这种“国家征服私人企业”的体制中,由国家作为企业家有超过私人企业家的优越性,因为国家比私人更适合执行高风险、高投入、长周期的大规模创新计划。[4]

综上所述,在熊彼特看来,在历史上的大多数时候,不论是资本主义发展之前还是之后,企业家与“国家”,即掌握政治权力的社会管理者,经常重合。私人企业家作为执行创新的行动者的主要类型仅仅是 19 世纪的一种特殊情况。熊彼特强调,他所建立的理论仅用于分析一些特定问题(即经济演化与周期问题),所以“其中的‘原因’与‘结果’不必然是其他层面的分析以及其他问题中的原因和结果”[5]。因此,熊彼特写道:“我不认为企业家是社会事务的第一动力……为了其他的研究目标,强调其他因素,包括国家的因素,可能是更正确的。”[6]

企业家身份与政治领袖身份的重合,意味着国家将成为执行创新的行动者。上文提到,在熊彼特看来,允许政治领袖利用政治权力执行企业家职能的社会组织形式从古代持续到 19 世纪。虽然利用权力的政治领袖不必然是具有企业家精神的行动者,而且“如果他不是执行创新的行动者而是某种模仿者……那么他也不会带来进步:经济会停滞、静态地不停重复”[7]。但是,这种身份重合的情况为国家执行企业家的功能提供了机会。熊彼特也在近代欧洲

---

[1] Joseph Schumpeter, *Theorie der wirtschaftlichen Entwicklung*, Leipzig: Duncker & Humblot, 1911, p. 173.

[2] Joseph Schumpeter, *Theorie der wirtschaftlichen Entwicklung*, Leipzig: Duncker & Humblot, 1911, p. 185.

[3] Joseph Schumpeter, *Essays of J. A. Schumpeter*, Cambridge: Addison-Wesley Press, 1951, p. 182.

[4] [美]约瑟夫·熊彼特:《资本主义、社会主义与民主》,吴良健译,商务印书馆 1999 年版,第 152—155 页、第 297 页。

[5] Joseph Schumpeter, *Business Cycles: A Theoretical, Historical, and Statistical Analysis of the Capitalist Process*, vol. 1. New York and London: McGraw Hill, 1939, p. 235.

[6] Joseph Schumpeter, *Business Cycles: A Theoretical, Historical, and Statistical Analysis of the Capitalist Process*, vol. 1. New York and London: McGraw Hill, 1939, p. 235.

[7] Joseph Schumpeter, *Theorie der wirtschaftlichen Entwicklung*, Leipzig: Duncker & Humblot, 1911, p. 185.

注意到了这种国家发挥企业家的作用促进以创新为动力的经济发展的情况。熊彼特认为,16—18世纪末是“重商资本主义”(Mercantilist Capitalism)时代,这个时代是资产阶级与以君主为首的贵族阶级共生的时代。[1] 这种共生是“积极的共生”:资产阶级在经济上支持君主和贵族阶级;君主和贵族阶级反过来在政治上支持资产阶级。[2] 熊彼特认为,这种共生模式“是资本主义图式的基本模式”[3]。在这个时代,作为国家政治领导的君主与贵族阶级为了增加收入的目标在意并促进资产阶级的利益,因此“国内国外政策的制定和制度的改革也在越来越大的程度上合适并推进这个发展[资本主义发展]”[4]。这种共生关系“解释了有名的所谓重商主义时代的经济政策”[5]。“资产阶级在其经济利益的刺激下,是重商主义政策背后的推动力量。”[6]熊彼特认为,重商主义政策体现了“一种特殊的企业家精神”[7]。这种情况在德国和意大利等地区尤其明显。[8] “特别在德国,君主及其官僚在几个世纪内一直是经济生活中的支配性因素。”[9]“三十年战争”(1618—1648年)在德国创造了一种社会环境,“在这种环境中,国家的活动几乎是一切”[10]。但是,熊彼特也强调:“考虑各国各自的环境,其他国家的情况也类似。”[11]在德国的例子中,国家“在许多情况下

---

〔1〕 Joseph Schumpeter, *Essays of J. A. Schumpeter*, Cambridge: Addison-Wesley Press, 1951, p. 186.

〔2〕 [美]约瑟夫·熊彼特:《资本主义、社会主义与民主》,吴良健译,商务印书馆1999年版,第152—155页、第217页。

〔3〕 [美]约瑟夫·熊彼特:《资本主义、社会主义与民主》,吴良健译,商务印书馆1999年版,第152—155页、第220页。

〔4〕 [美]约瑟夫·熊彼特:《资本主义、社会主义与民主》,吴良健译,商务印书馆1999年版,第152—155页、第216页。

〔5〕 Joseph Schumpeter, *Essays of J. A. Schumpeter*, Cambridge: Addison-Wesley Press, 1951, p. 187.

〔6〕 Joseph Schumpeter, *Essays of J. A. Schumpeter*, Cambridge: Addison-Wesley Press, 1951, p. 187.

〔7〕 Joseph Schumpeter, *Business Cycles: A Theoretical, Historical, and Statistical Analysis of the Capitalist Process*, vol. 1. New York and London: McGraw Hill, 1939, p. 235.

〔8〕 Joseph Schumpeter, *Business Cycles: A Theoretical, Historical, and Statistical Analysis of the Capitalist Process*, vol. 1. New York and London: McGraw Hill, 1939, p. 234.

〔9〕 Joseph Schumpeter, *Business Cycles: A Theoretical, Historical, and Statistical Analysis of the Capitalist Process*, vol. 1. New York and London: McGraw Hill, 1939, p. 234.

〔10〕 Joseph Schumpeter, *Business Cycles: A Theoretical, Historical, and Statistical Analysis of the Capitalist Process*, vol. 1. New York and London: McGraw Hill, 1939, p. 235.

〔11〕 Joseph Schumpeter, *Business Cycles: A Theoretical, Historical, and Statistical Analysis of the Capitalist Process*, vol. 1. New York and London: McGraw Hill, 1939, p. 235.

直接发挥企业家的作用”,此外,国家还通过改革法律制度和改善基础设施环境为企业家活动创造条件,并且采取很多措施促进企业家活动,“这些措施中的一些属于我们经常认为的重商主义政策”[1]。国家能够发挥企业家功能的原因是:“为公共管理提供人员的社会阶层……在智力、眼界、训练、干劲方面都远远优于私人工业的人员。”[2]熊彼特认为,在拿破仑战争之后到19世纪40年代德国的“工业革命”中,国家,即君主及其官僚队伍,发挥了重要的企业家功能。在当时的德国,国家修建了运河和收费公路,而这些当时重要的新兴基础设施在英国由私人企业建设。[3] 国家在矿业及其相关产业中发挥了企业家功能,而这些产业“是带动当时的繁荣的‘大事业’(great thing)”[4]。“在这里,[创新的]首创与执行几乎完全来自君主及其官僚……他们接管了矿山的开发和运作并且着手于重工业中的企业家活动,因此不仅指导而且取代了私人的首创精神。”[5]在这些国家企业中,“企业家是公务员并由官方任命授权行动,但是在精神类型和行为方面完全与‘工业领袖’一致”[6]。熊彼特关于作为创新执行者的企业家的理论支持国家发挥企业家功能的可能性并承认了其历史上的存在,并且熊彼特在现实中识别了以德国为代表的国家发挥企业家功能,促进德国近代以创新为动力的发展和实现“工业革命”的成功实践。如同桑巴特的观点一样,熊彼特也认为,在16－18世纪的欧洲,推动创新引导的经济发展的一种重要的企业家类型是,作为其组成部分的君主和官僚具有企业家精神并拥有与执行创新相配的能力的国家。

很多学者认为,熊彼特对于其经济理论的政策用途比较冷漠。“从公共政

---

[1] Joseph Schumpeter, *Business Cycles: A Theoretical, Historical, and Statistical Analysis of the Capitalist Process*, vol. 1. New York and London: McGraw Hill, 1939, p. 235.

[2] Joseph Schumpeter, *Business Cycles: A Theoretical, Historical, and Statistical Analysis of the Capitalist Process*, vol. 1. New York and London: McGraw Hill, 1939, p. 283.

[3] Joseph Schumpeter, *Business Cycles: A Theoretical, Historical, and Statistical Analysis of the Capitalist Process*, vol. 1. New York and London: McGraw Hill, 1939, p. 283.

[4] Joseph Schumpeter, *Business Cycles: A Theoretical, Historical, and Statistical Analysis of the Capitalist Process*, vol. 1. New York and London: McGraw Hill, 1939, p. 283.

[5] Joseph Schumpeter, *Business Cycles: A Theoretical, Historical, and Statistical Analysis of the Capitalist Process*, vol. 1. New York and London: McGraw Hill, 1939, p. 284.

[6] Joseph Schumpeter, *Business Cycles: A Theoretical, Historical, and Statistical Analysis of the Capitalist Process*, vol. 1. New York and London: McGraw Hill, 1939, p. 284. 根据熊彼特的定义,“工业领袖”(captain of industry)是“企业家”的同义词,参见:Joseph Schumpeter, *Theorie der wirtschaftlichen Entwicklung*, Leipzig: Duncker & Humblot, 1911, p. 180。

策的适用性角度出发，熊彼特体系的局限性是明显的。”[1]熊彼特似乎因为其1918－1919年在奥地利的不愉快的从政经历而有意识地疏远实际政策问题。[2] 因此，提出熊彼特式经济政策以填补熊彼特本人留下的空缺就成为20世纪末兴起的“新熊彼特经济学”(Neo-Schumpeterian economics)关注的重要问题。[3] 新熊彼特经济学认为，国家是以创新为动力的经济发展与技术革命的重要推动力量。当代最重要的新熊彼特经济学学者玛丽安妮·马祖卡托(Mariana Mazzucato)写道：“在那些创新驱动增长的国家以及那些国家的一些地区(如硅谷)，在财富创造的过程中，政府不仅是管理者和管控者，还是关键的参与者，而且通常更勇敢、更愿意承担企业不愿承担的风险。”[4]从19世纪的铁路一直到21世纪的制药，国家一直在创新和技术革命中发挥这种作用。[5] 新熊彼特经济学将“国家创新体系”(national innovation system)视为一个国家产生创新和技术革命的机制。国家创新体系“由在互动中生产、扩散以及使用新的、经济上的有用知识的要素和关系组成”，并且这些要素和关系位于或发源于一个国家的边界之内。[6] 狭义的国家创新体系包括与科学和技术直接有关的研发部门、技术机构以及高校；广义的国家创新体系包括经济结构与制度体系中所有关于新产品和新生产方式的产生与扩散的部分。[7] 新熊彼特经济学认为，民族国家是产生创新的重要单位，因为创新——特别是那些难以标准化文字表达的技能和知识——的产生和传播需要复杂的沟通交流，具有统一文化

---

〔1〕 Richard v. Clemence, *The Schumpeterian System*, New York: Augustus M. Kelley, 1966, p. 101.

〔2〕 [日]金指基：《熊彼特经济学》，林俊男、金全民编译，北京大学出版社1996年版，第13－17页。

〔3〕 Hanusch, Horst and Andreas Pyka, “Principles of Neo-Schumpeterian Economics”, *Cambridge Journal of Economics*, 2007, no. 31, iss. 2, pp. 275－289.

〔4〕 [英]玛丽安妮·马祖卡托：《创新型政府：构建公共与私人部门共生共赢关系》，李磊、束东新、程单剑译，中信出版集团2019年版，第5页。

〔5〕 Mariana Mazzucato, *The Entrepreneurial State: Debunking Public vs. Private Sector Myths*, London: Anthem Press, 2013, p. 2.

〔6〕 Bengt-Åke Lundvall, “Introduction”, in *National Systems of Innovation: Toward a Theory of Innovation and Interactive Learning*, ed. by Bengt-Åke Lundvall, London: Anthem, 2010, p. 2.

〔7〕 Bengt-Åke Lundvall, “Introduction”, in *National Systems of Innovation: Toward a Theory of Innovation and Interactive Learning*, ed. by Bengt-Åke Lundvall, London: Anthem, 2010, p. 13. Christopher Freeman, “Formal Scientific and Technical Institutions in the National System of Innovation”, in *National Systems of Innovation: Toward a Theory of Innovation and Interactive Learning*, ed. by Bengt-Åke Lundvall, London: Anthem, 2010, p. 174.

和规范的民族国家为这种复杂的交流提供了基础。[1] 此外,国家创新体系也需要积极干预的政府。[2] 在促进创新产生和扩散的需求侧,国家"是由私营部门产生的创新的单一最重要的需求者"[3]。国家"是那些支持生产和人类基本需求所必需的各种产品的庞大而重要的用户,特别地,在技术不确定和市场不确定的结合限制了新产品和新工艺的开发的时候,一种以创新为导向、反映合格用户需求的公共采购政策的潜在影响会很大"[4]。在创新的供给侧,国家创新体系是机构和制度构成的系统网络,而国家作为一个社会中的制度提供者,可以通过制度创新来革新国家创新体系。历史经验表明,"技术中的重大系统性改变经常引起相应的制度中的重大改变,并且,反过来,一些制度创新格外有助于新技术的产生与扩散"[5]。因此,"正是科学与技术系统中的制度创新伴随着技术中的重大改变,技术与制度创新的紧密互动是当代经济发展以及过去技术变革的基本特征"[6]。

新熊彼特经济学认为,国家创新体系的思想可以至少追溯到 19 世纪上半叶的德国经济学家弗里德里希·李斯特(Friedrich List,1789—1846)。[7] "第一个系统的、以理论为基础的、关注国家创新体系的尝试,追溯到弗里德里希·

---

[1] Bengt-Åke Lundvall,"Introduction",in *National Systems of Innovation:Toward a Theory of Innovation and Interactive Learning*,ed. by Bengt-Åke Lundvall,London:Anthem,2010,p. 4.

[2] Bengt-Åke Lundvall,"Introduction",in *National Systems of Innovation:Toward a Theory of Innovation and Interactive Learning*,ed. by Bengt-Åke Lundvall,London:Anthem,2010,pp. 2—3.

[3] Bengt-Åke Lundvall,"Introduction",in *National Systems of Innovation:Toward a Theory of Innovation and Interactive Learning*,ed. by Bengt-Åke Lundvall,London:Anthem,2010,p. 15.

[4] Birgitte Gregersen,"The Public Sector as a Pacer in National Systems of Innovation",in *National Systems of Innovation:Toward a Theory of Innovation and Interactive Learning*,ed. by Bengt-Åke Lundvall,London:Anthem,2010,p. 134.

[5] Christopher Freeman,"Formal Scientific and Technical Institutions in the National System of Innovation",in *National Systems of Innovation:Toward a Theory of Innovation and Interactive Learning*,ed. by Bengt-Åke Lundvall,London:Anthem,2010,p. 189.

[6] Christopher Freeman,"Formal Scientific and Technical Institutions in the National System of Innovation",in *National Systems of Innovation:Toward a Theory of Innovation and Interactive Learning*,ed. by Bengt-Åke Lundvall,London:Anthem,2010,p. 174.

[7] 参见:Bengt-Åke Lundvall,"National Innovation Systems:From List to Freeman",*Elgar Companion to Neo-Schumpeterian Economics*,eds. by Horst Hanusch and Andreas Pyka,Cheltenham:Edward Elgar,2007,p. 873;Freeman,Chris,"The 'National System of Innovation' in historical perspective",*Cambridge Journal of Economics*,1995,no. 19,iss. 1,p. 5。

李斯特。"[1]从新熊彼特经济学的视角出发,李斯特的代表作《政治经济学的国民体系》(1841)甚至可以被称为《国家创新体系》。[2] 在这部著作中,李斯特将"精神资本"或者"智力资本"视为经济发展的核心动力;"智力资本"的生产和增加需要以国家为单位的产业和制度体系;积极的国家干预是建立国家创新体系的必需力量;国家要保护幼稚工业并鼓励制造业中的投资、要慷慨投资于交通和通信基础设施、要建立促进科学和技术进步与传播的制度网络。[3] "李斯特指出,必须建立促进'精神资本'积累并将其用于刺激经济发展的国家基础设施和制度,不能不采取行动并相信'看不见的手'可以解决问题。"[4]在借鉴近代欧洲国家历史的基础上,李斯特认为,"工业主义",即主张建立农业－工业－商业一体化发展的经济体以及输出工业品与输入原料及生活必需品的政策和学说,是一个农业国家进一步发展的"唯一正确的准则"。[5] 李斯特主张建立一个包括幼稚工业关税保护、交通与通信基础设施公共投资、工业技术学院、工业博览会、激励技术进步的奖金、吸引外国技术输入、激励工业中的高工资、公共信贷机构的工业化政策体系。[6] 李斯特的理论与政策主张建立在对于西方国家经济发展及经济政策历史总结与借鉴的基础上。[7] 李斯特写道:"历史本身无可否认地为未来的需要提供了帮助。"[8]从新熊彼特经济学的角度出发,李

---

[1] Bengt-Åke Lundvall, "Introduction", in *National Systems of Innovation: Toward a Theory of Innovation and Interactive Learning*, ed. by Bengt-Åke Lundvall, London: Anthem, 2010, p. 17.

[2] [英]克利斯・弗里曼、罗克・苏特:《工业创新经济学》,华宏勋、华宏慈等译,柳卸林审校,北京大学出版社2004年版,第372页。

[3] Bengt-Åke Lundvall, "National Innovation Systems: From List to Freeman", *Elgar Companion to Neo-Schumpeterian Economics*, eds. by Horst Hanusch and Andreas Pyka, Cheltenham: Edward Elgar, 2007, p. 873. [英]克里斯托夫・弗里曼:《技术政策与经济绩效:日本国家创新系统的经验》,张宇轩译,东南大学出版社2008年版,第80－81页。

[4] Bengt-Åke Lundvall, "National Innovation Systems: From List to Freeman", *Elgar Companion to Neo-Schumpeterian Economics*, eds. by Horst Hanusch and Andreas Pyka, Cheltenham: Edward Elgar, 2007, p. 873.

[5] [德]弗里德里希・李斯特:《政治经济学的国民体系》,陈万煦译,蔡受百校,商务印书馆1983年版,第287页。

[6] [德]弗里德里希・李斯特:《政治经济学的自然体系》,杨春学译,王进邦校,商务印书馆1997年版,第119－121页。

[7] [德]弗里德里希・李斯特:《政治经济学的国民体系》,陈万煦译,蔡受百校,商务印书馆1983年版,第9－105页。[德]弗里德里希・李斯特:《政治经济学的自然体系》,杨春学译,王进邦校,商务印书馆1997年版,第129－180页。

[8] Friedrich List, *Das nationale System der Politischen Oekonomie*, Stuttgart and Tübingen: J. G. Cotta, 1841, p. 5.

斯特的"国民体系"理论与政策主张可以被看作以近代西方的国家创新体系为背景。新熊彼特经济学认为:"科学和发明活动在工业资本主义的最早时期就已经相当重要。"[1]新熊彼特经济学发现了近代的西方国家创新体系。这一国家创新体系的主要特征是:通过国家研究院和科学院鼓励科学与发明;通过发明家和商业企业家的合作关系执行创新;通过科学与工程学学会、工业技术教育机构、专利法支持与鼓励技术传播;通过技术工人的移民实现技术转移;等等。[2] 因此,按照新熊彼特经济学的理论,近代西方的"熊彼特式增长"由国家创新体系促进,国家通过建设与维护国家创新体系来促进这种增长。

由此可见,熊彼特本人以及新熊彼特经济学都认可了国家在促进以创新为动力的经济增长和技术革命方面的重要作用。熊彼特本人的经济理论承认了国家发挥执行创新的企业家功能的情况。在 19 世纪之前,国家和企业家的身份经常重合,国家利用其非经济的权力命令社会成员配合国家的创新计划。熊彼特预见到,在 20 世纪中期以后国家全面领导和干预经济的时代,国家必将发挥相当一部分的企业家功能。只有在 19 世纪的部分时间,国家和企业家身份才分化得比较清晰,企业家的功能集中在私人企业领袖身上。虽然国家具有发挥企业家功能的能力不必然意味着国家一定拥有利用这种能力的企业家精神,但是熊彼特发现近代欧洲历史上的重商主义国家总体上直接在经济中扮演了企业家的角色,特别是在公务员队伍能力出众的德国。在熊彼特看来,欧洲的"工业革命"是由充满企业家精神并能够有效领导本国经济的国家推动的。新熊彼特经济学进一步将国家视为历史上技术革命背后的关键因素。创新和技术革命发源于国家创新体系,而国家作为制度的提供者,是建设和革新国家创新体系以使之适应技术革命的必需力量,同时国家还是创新的最重要的需求者。国家从创新的供给和需求两个方面为技术革命提供动力。新熊彼特经济学也认为,近代欧洲的国家建立了国家创新体系,这些创新政策促进了"工业革命"在 18 世纪末的发生。这些观点也是本书所采取的立场。在近代欧洲历史上,国家及其对于经济和社会的特定干预方式是"熊彼特式增长"替代"斯密式增长"、"工业革命"的兴起以及前文所述的工业资本主义的兴起等一些"大分

---

〔1〕 Christopher Freeman, "Formal Scientific and Technical Institutions in the National System of Innovation", in *National Systems of Innovation: Toward a Theory of Innovation and Interactive Learning*, ed. by Bengt-Åke Lundvall, London: Anthem, 2010, p. 174.

〔2〕 [英]克利斯·弗里曼、罗克·苏特:《工业创新经济学》,华宏勋、华宏慈等译,柳卸林审校,北京大学出版社 2004 年版,第 81 页。

流”现象中至关重要的历史进程背后的关键促进力量。

如果国家及其干预对于近代欧洲的创新、技术革命、工业资本主义兴起以及“大分流”来说是重要的因素,那么这些干预是近代欧洲国家在何种思想的指导之下执行的?同时代中国的国家又是在何种思想的指导之下行动的?指导近代欧洲国家的思想与指导同时代中国的思想相比,是否能更明确、更强烈地促进国家采取鼓励创新和工业资本主义的政策?回答以上问题将是本书的主要工作。本书同意凯恩斯提出的关于思想与政策之间关系的著名观点,即:“讲求实际的人自认为他们不受任何学理的影响,可他们经常是某个已故经济学家的俘虏。在空中听取灵感的当权的狂人,他们的狂乱想法不过是从若干年前学术界拙劣作家的作品中提炼出来的。”[1]这种观点并非凯恩斯独有。事实上,这种观点代表了一种19世纪德国历史学派中的方法论视角。19世纪后期“新德国历史学派经济学”(Young German Historical School)的代表古斯塔夫·冯·施穆勒(1838—1917)认为:“国民经济现象的原因就有各自独立的两组:一方面是物理的、生物的原因;另一方面是心理的原因。”[2]因此,施穆勒认为,对于经济现象的解释,可以从物理、自然和生物的角度出发,考虑经济现象背后来自气候、地理、自然资源、生态环境以及技术水平的影响。[3] 这种解释的方法“把国民经济看作一个由自然力量组成并受自然规律的因果关系支配的系统”[4]。但是,另一方面,“国民经济也是一个以心理力量以及这些力量的凝聚、协调为基础的统一体”[5]。对于这种视角下的经济,“它的产生主要归因于人类的精神力量。这些力量首先表现为感觉和欲望、观念和目的,进而表现为行为、意志的倾向”[6]。施穆勒认为:“文化的发展程度越高,[经济现象背后

---

〔1〕[英]约翰·梅纳德·凯恩斯:《就业、利息和货币通论》,高鸿业译,商务印书馆1999年版,第396—397页。

〔2〕[德]古斯塔夫·冯·施穆勒:《国民经济、国民经济学及其方法》,黎岗译,商务印书馆2017年版,第64页。

〔3〕[德]古斯塔夫·冯·施穆勒:《国民经济、国民经济学及其方法》,黎岗译,商务印书馆2017年版,第64—65页。

〔4〕[德]古斯塔夫·冯·施穆勒:《国民经济、国民经济学及其方法》,黎岗译,商务印书馆2017年版,第65页。

〔5〕[德]古斯塔夫·冯·施穆勒:《国民经济、国民经济学及其方法》,黎岗译,商务印书馆2017年版,第12页。

〔6〕[德]古斯塔夫·冯·施穆勒:《国民经济、国民经济学及其方法》,黎岗译,商务印书馆2017年版,第65页。

的]心理一伦理原因就可能变得越重要。”[1]生产是一个技术和物质的过程,但是,“生产也受到刻苦、勤劳、进取心等伦理因素,以及知识的进步或类似因素的影响”[2]。根据施穆勒的观点,从心理的原因解释经济现象可以按照以下的一般性框架进行:

> 我们必须一并考察逐利的欲望和其他的欲望,尤其要探索高层和低层欲望的本质;我们必须确定纯粹的欲望生活在心理因果关系系统内的位置,并指出全部的欲望是如何被理智和高级情感的力量驯服的;我们也要确定欲望与美德,尤其是经济上的美德的关系。只有当我们弄清道德的本质和它的准则、弄清道德习俗和法律时,这些问题才能得到回答。而为了这个目的,我们又有必要了解社会中的心理过程、共同感情的起源、特定圈子内的观念和行为倾向,以及语言、文字等心理一伦理媒介的作用——各种集体精神力量正是通过这些媒介产生的。这种集体力量的状态,使我们能够理解社会的集合现象:社会和国家制度——它们产生于特定人种、民族、阶级、社区成员中的共同感情、欲望、看法和追求。如此,我们达到某种形式的阶段序列:首先是简单和个别的,然后是结合在一起的一些复杂心理一伦理原因,它们能解释一切社会事件,无论是对国民经济生活,还是在法律、政治、教会和社会福利方面,它们都是决定性的。

本书将通过这种解释视角来看待促使“大分流”现象发生的欧洲和中国的国家干预。理解这些国家干预,需要理解这些国家的行动背后的“心理一伦理原因”,即指导这些国家的行动并为这些行动提供逻辑和伦理的思想。理解并比较这些思想将是本书的主要内容。

自文艺复兴开始,欧洲出现了一种类型的经济思想。这种经济思想首先发源于文艺复兴时期的意大利。[3] 李斯特写道:“在政治经济学的理论与实践方面,意大利是一切近代国家中的先驱者。”[4]这种经济思想在意大利的代表是

[1] [德]古斯塔夫·冯·施穆勒:《国民经济、国民经济学及其方法》,黎岗译,商务印书馆 2017 年版,第 70 页。

[2] [德]古斯塔夫·冯·施穆勒:《国民经济、国民经济学及其方法》,黎岗译,商务印书馆 2017 年版,第 70 页。

[3] [挪威]埃里克·S. 赖纳特、阿诺·曼·达斯特:《替代性教规:文艺复兴经济学史——论以非物质和生产为基础的教规在经济思想史和经济政策史中的作用》,引自[挪威]埃里克·S. 赖纳特、[中国]贾根良主编:《穷国的国富论:演化发展经济学论文选》上卷,高等教育出版社 2007 年版,第 10—11 页。

[4] [德]弗里德里希·李斯特:《政治经济学的国民体系》,陈万煦译,蔡受百校,商务印书馆 1983 年版,第 276 页。

16世纪的乔万尼·博泰罗(Giovanni Botero,1543—1617)和17世纪早期的安东尼奥·舍拉(Antonio Serra,约1580—1613)。[1] 之后,伴随着17世纪至18世纪欧洲各国在制造业和贸易方面的竞争,这种经济思想从意大利传播到英国、法国、德国、美国。[2] 这种经济思想在英国就表现为所谓的"重商主义"(Mercantilism)、在法国表现为"科尔贝主义"(Le colbertisme)、在德国表现为"官房主义"(Kameralismus)、在美国表现为"美国体系"(The American System)。[3] 这种经济思想在英国的代表是17世纪的托马斯·孟(Thomas Mun,1571—1641)和18世纪的詹姆斯·斯图亚特(James Steuart,1712—1780),在法国的代表是16世纪末的巴泰勒米·德·拉菲玛斯(Barthélemy de Laffemas,1545—1612)和17世纪后期的让·巴普蒂斯塔·科尔贝(Jean-Baptiste Colbert,1619—1683),在德国和奥地利的代表是17世纪的菲利普·威廉·冯·霍尼克(Philipp Wilhelm von Hörnigk,1638—1712)、威廉·冯·施罗德(Wilhelm von Schröder,1640—1688)以及18世纪的约翰·海因里希·戈特莱布·尤斯蒂(Johann Heinrich Gottlob von Justi,1717—1771),在美国的典型代表是18世纪的亚历山大·汉密尔顿(Alexander Hamilton,1755/57—1804)。[4] 这些人物及其思想将在本书中关于西方的部分经常出现。虽然上述经济思想流派的代表性人物远比这里列举出来的多,但是因为篇幅限制,所以本书只能把注意力限制在上述几位在本书作者看来最重要的人物范围内。当然,这些人物在他们所属的经济思想流派内无疑也属于最有代表性人物的范畴。

从文艺复兴时期兴起的这些欧洲经济思想流派有一些共同的特点:以国家而非个人为思考经济问题的单位;强调技术复杂的、高附加值的城市制造业在生产国民财富中的核心地位;强调这些制造业与创新、技术进步、人力资本之间

[1] [挪威]埃里克·S.赖纳特、阿诺·曼·达斯特:《替代性教规:文艺复兴经济学史——论以非物质和生产为基础的教规在经济思想史和经济政策史中的作用》,引自[挪威]埃里克·S.赖纳特、[中国]贾根良主编:《穷国的国富论:演化发展经济学论文选》上卷,高等教育出版社2007年版,第12—13页。

[2] [挪威]埃里克·S.赖纳特:《富国为什么富,穷国为什么穷》,杨虎涛、陈国涛等译,杨虎涛校,贾根良审订,中国人民大学出版社2010年版,第53—77页。

[3] [挪威]埃里克·S.赖纳特、阿诺·曼·达斯特:《替代性教规:文艺复兴经济学史——论以非物质和生产为基础的教规在经济思想史和经济政策史中的作用》,引自[挪威]埃里克·S.赖纳特、[中国]贾根良主编:《穷国的国富论:演化发展经济学论文选》上卷,高等教育出版社2007年版,第15页。

[4] [挪威]埃里克·S.赖纳特:《富国为什么富,穷国为什么穷》,杨虎涛、陈国涛等译,杨虎涛校,贾根良审订,中国人民大学出版社2010年版,第25页。

的紧密关系；强调创新、技术进步、知识增加作为经济发展和增长的根本动力的地位；强调国家公共利益的存在和重要性；强调国家积极干预经济以主动促进公共利益的重要性；强调国家干预在落后经济体追赶先进经济体中的重要性；强调国家通过公共投资和再分配促进经济发展和社会福利的职能。〔1〕在政策方面，这些经济思想流派认为，国家除了作为制度的提供者和收入的再分配者之外，还需要履行推动经济增长的职能，这些职能包括：将经济引入恰当的产业；在这些产业中建立国际比较优势；提供交通和通信基础设施；制定技术和法律标准；提供有技能的劳动力和有能力的企业家；创造需求，特别是为高级的、处于创新过程中的产品提供需求；提供知识产生和传播的制度与机构；促进国民工资的最大化；充当经济中的最后企业家和银行家，在私人企业家行动踟蹰时发挥作用。〔2〕长期以来，这些经济思想流派被认为是指导近代欧洲国家采取那些促进"熊彼特式增长"、技术革命以及工业资本主义发展的思想，现在这种看法已经在国际范围内成为利用第一手文献专门研究这些思想的学者之间

---

〔1〕［挪威］埃里克·S. 赖纳特、阿诺·曼·达斯特：《替代性教规：文艺复兴经济学史——论以非物质和生产为基础的教规在经济思想史和经济政策史中的作用》，引自［挪威］埃里克·S. 赖纳特、［中国］贾根良主编：《穷国的国富论：演化发展经济学论文选》上卷，高等教育出版社 2007 年版，第 18－23 页。

〔2〕［挪威］埃里克·S. 赖纳特：《国家在经济增长中的作用》，引自［英］杰弗里·M. 霍奇逊主编：《制度与演化经济学现代文选：关键性概念》，贾根良、徐尚、王晓蓉、马国旺译，贾根良校，高等教育出版社 2005 年版，第 235－239 页。

的共识。[1]

---

〔1〕 参见:[德]弗里德里希·李斯特:《政治经济学的自然体系》,杨春学译,王进邦校,商务印书馆 1997 年版。[德]弗里德里希·李斯特:《政治经济学的国民体系》,陈万煦译,蔡受百校,商务印书馆 1983 年版。W. Cunningham, *The Growth of English Industry and Commerce*, 2 vols., Cambridge: Cambridge University Press, 1882. Schmoller, Gustav von, "Studien über die wirtschaftliche Politik Friedrichs des Großen und Preußens überhaupt von 1680—1786, Ⅰ und Ⅱ", *Jahrbuch für Gesetzgebung, Verwaltung und Volkswirtschaft im Deutschen Reich*, 1884, bd. 8, pp. 15—61. Eli F. Heckscher, *Mercantilism*, 2 vols., London: Routledge, 1935. William O. Henderson, *The State and the Industrial Revolution in Prussia, 1740—1870*, Liverpool: Liverpool University Press, 1958. Ulrich Peter Ritter, *Die Rolle des Staates in den Frühstadien der Industrialisierung: Die preußische Industriebeförderung in der ersten Hälfte des 19. Jahrhunderts*, Berlin: Duncker & Humbolt, 1961. William O. Henderson, *The Industrial Revolution in Europe: Germany, France, Russia*, Chicago: Quadrangle. William O. Henderson, *Studies in the Economic Policy of Frederick the Great*, London: Routledge, 1963. Eric Dorn Brose, *The Politics of Technological Change in Prussia*, Princeton: Princeton University Press, 1992. Lars Magnusson, *Mercantilism: The Shaping of an Economic Language*, London and New York: Routledge, 1994. Erik S. Reinert, ed. *Globalization, Economic Development and Inequality*, Cheltenham: Edward Elgar, 2004. [挪威]埃里克·S. 赖纳特、[中国]贾根良主编:《穷国的国富论:演化发展经济学论文选》上下卷,高等教育出版社 2007 年版。[美]理查德·富兰克林·本塞尔:《美国工业化的政治经济学,1877—1900》,吴亮、张安、商超、田启家译,长春出版社 2008 年版。[英]张夏准:《富国陷阱:发达国家为何踢开梯子》,肖炼、倪延硕等译,社会科学文献出版社 2009 年版。[英]张夏准:《富国的伪善:自由贸易的迷思与资本主义秘史》,严荣译,社会科学文献出版社 2009 年版。Lars Magnusson, *Nation, State and the Industrial Revolution: The Visible Hand*, London: Routledge, 2009. [挪威]埃里克·S. 赖纳特:《富国为什么富,穷国为什么穷》,杨虎涛、陈国涛等译,杨虎涛校,贾根良审订,中国人民大学出版社 2010 年版。[美]迈克尔·赫德森:《保护主义:美国经济崛起的秘诀(1815—1914)》,贾根良、马学亮、邓郎、黄阳华等译校,中国人民大学出版社 2010 年版。Lars Magnusson, *The Political Economy of Mercantilism*, London and New York: Routledge, 2015. [英]张夏准:《经济学的谎言:为什么不能迷信自由市场主义》,孙建中译,新华出版社 2015 年版。Erik S. Reinert, Jayati Ghosh, Rainer Kattel, eds. *Handbook Alternative Theories of Economic Development*, Cheltenham: Edward Elgar, 2016. Philipp R. Rössner, ed. *Economic Growth and the Origins of Modern Political Economy: Economic Reasons of State, 1500—2000*, London: Routledge, 2016. Marten Seppel and Keith Tribe, eds. *Cameralism in Practice: State Administration and Economy in Early Modern Europe*, Woodbridge: The Boydell Press, 2017. Erik S. Reinert, *The Visionary Realism of German Economics*, London: Anthem, 2019. Philipp Robinson Rössner, *Freedom and Capitalism in Early Modern Europe: Mercantilism and the Making of the Modern Economic Mind*, London: Palgrave, 2020. Rössner, Philipp Robinson, "The Political Economies of Happiness: Cameralism, Capitalism, and the Making of the Modern Economic Mind", *History of Political Economy*, 2021, vol. 53, iss. 3, pp. 371—387. Zhao, Xuan, "Public Happiness through Manufacturing and Innovation: The Theory of Industrialization of Johann Heinrich Gottlob von Justi", *History of Political Economy*, 2021, vol. 53, iss. 3, pp. 461—478. Philipp Robinson Rössner, *Managing the Wealth of Nations: Political Economies of Change in Preindustrial Europe*, Bristol: Bristol University Press, 2023. Erik S. Reinert and Ingrid Harvold Kvangraven, eds. *A Modern Guide to Uneven Economic Development*, Cheltenham: Edward Elgar, 2023. Zhao, Xuan, "Cameralism in Practice and Prussian Industrialization Policies", *History of Political Economy*, vol. 55, iss. 4, pp. 963—997.

在与近代欧洲同时代的中国，占主导地位的经济思想是儒家经济思想。胡寄窗写道："从汉武帝罢黜百家、独尊儒术起，儒家的经济观点，严格地说是孔、孟的经济观点日益取得支配地位，到鸦片战争前夕还未发生根本性的动摇。"[1]赵靖写道：

> 在春秋中后期（约在公元前7世纪至前5世纪初）到西汉中期，有明显民族特色的中国经济思想才逐渐产生和日益成熟起来。自此至清代中叶鸦片战争前夕，中国的传统经济思想继续有所发展和丰富。不过，在长达一千七八百年的时间中，经济思想的发展主要表现为量的增长和部分内容的深化，而没有能够在整体上出现质的飞跃，因而从其基本特点来说，仍然属于传统经济思想的范畴。这种状况，直到鸦片战争后才逐渐发生了变化。[2]

但是，在先秦以后的"儒家经济思想"不再仅仅是孔子（公元前372—前289）、孟子（公元前372—前289）和荀子（公元前340—前245）等先秦儒家创始人的思想，而是融合了在先秦时期属于"诸子百家"中其他流派的经济思想。在汉武帝独尊儒术之后，"高据着思想支配地位的儒者势非对许多新的经济现象或问题做出自己的解答不可，于是先秦各家的经济观点大凡能有助于现实经济问题的解答的，都可能被借用来粉饰自己的门面"[3]。儒家经济思想发源于先秦时期，在汉武帝独尊儒术之后仅在国家机构中成为具有垄断地位的思想，在唐朝才开始成为社会中的支配性教条，在宋朝以后开始受到反对，但是一直到鸦片战争，"在众多的封建士大夫的思想意识中，仍保持着它的势力"[4]。在这一过程中，指导国家经济政策的思想经历了三个阶段的演化。第一阶段是战国时期，传统中国的经济政策思想在这时形成。[5] 在这一时期，商鞅（约公元前390—前338）和荀子开启了关于国家管理经济思想的端倪。[6] 第二阶段是秦朝到盛唐，传统中国的国家经济政策思想开始回应关于如何在经济上组织一个统一帝国的问题。[7] 在西汉中期，朝廷组织了讨论国家经济政策的"盐铁会

---

[1] 胡寄窗：《中国经济思想史》下卷，上海财经大学出版社1998年版，第695页。

[2] 赵靖主编：《中国经济思想通史》第4卷，北京大学出版社2002年版，第2212页。

[3] 胡寄窗：《中国经济思想史》下卷，上海财经大学出版社1998年版，第696页。

[4] 胡寄窗：《中国经济思想史》下卷，上海财经大学出版社1998年版，第696页。

[5] 赵靖：《中国古代经济管理思想概论》，广西人民出版社1986年版，第22页。

[6] 赵靖：《中国古代经济管理思想概论》，广西人民出版社1986年版，第23—24页。

[7] 赵靖：《中国古代经济管理思想概论》，广西人民出版社1986年版，第24—25页。

议”,这次会议代表着传统中国经济政策思想中两个基本流派的出现:以桑弘羊(公元前155—前80)为代表、以《管子》和《商君书》为主要思想来源的一派,以及以所谓“贤良”“文学”为代表、以儒家经典为思想来源的反对派。[1] 这两派的核心分歧包括:桑弘羊一派重视城市制造业和商业对于生产财富的意义并且主张国家对于经济的强势干预,“贤良”“文学”一派则认为只有农业是生产性部门并且反对国家对于经济的干预。[2] 这两派思想及其冲突奠定了传统中国经济政策思想的基调。这两派思想“是中国传统经济管理思想的两种基本模式,成为此后两千年封建社会中的国民经济管理思想的出发点和基本依据”[3]。传统中国经济政策思想发展的第三个阶段是从唐朝安史之乱(755—763年)之后到鸦片战争之前。[4] “盐铁会议”中桑弘羊一派和“贤良”“文学”一派在经济政策中的分歧继续存在。虽然桑弘羊关于重视城市制造业和商业的思想没有传承,但是桑弘羊主张国家干预经济的思想被以北宋的王安石(1021—1086)为代表的经济政策设计者和实践者继续在新的背景中奉行。[5] 同样在这一阶段,很多有影响力的思想家也继承了“贤良”“文学”一派的经济政策思想,主张政府尽量减少对于经济的干预,这其中的代表性人物是明朝的丘浚(1421—1495)。[6]

不论是“盐铁会议”中桑弘羊代表的一派经济政策思想还是它的对立面,传统中国经济政策思想有一些统一的特征。首先,传统中国经济政策思想是“重农主义”的。“重本轻末思想的演变也是贯穿整个中国经济思想发展过程的线索之一。”[7]重本即重农,轻末即轻制造业和商业。农业是传统中国经济思想最重视的经济活动。胡寄窗认为:“我国历史上[传统经济思想中]除桑弘羊一人有意地夸大(但仍承认农业是‘本’)外,所有思想家莫不首先肯定农业的首要地位。”[8]“重本轻末”的原则形成于战国时代末期,但是到明末已经出现了主张“工商皆本”的反对主流的思想。[9] 但是,这些反主流的思想的出现“绝不意

---

〔1〕 赵靖:《中国古代经济管理思想概论》,广西人民出版社1986年版,第25页。

〔2〕 胡寄窗:《中国经济思想史》中卷,上海财经大学出版社1998年版,第107—108页。

〔3〕 赵靖:《中国古代经济管理思想概论》,广西人民出版社1986年版,第25页。

〔4〕 赵靖:《中国古代经济管理思想概论》,广西人民出版社1986年版,第25页。

〔5〕 赵靖:《中国古代经济管理思想概论》,广西人民出版社1986年版,第26页。

〔6〕 赵靖:《中国古代经济管理思想概论》,广西人民出版社1986年版,第26页。

〔7〕 胡寄窗:《中国经济思想史》下卷,上海财经大学出版社1998年版,第705页。

〔8〕 胡寄窗:《中国经济思想史》下卷,上海财经大学出版社1998年版,第706页。

〔9〕 胡寄窗:《中国经济思想史》下卷,上海财经大学出版社1998年版,第707—708页。

味着反轻末思想在社会思想意识领域已取得绝对优势。事实上，轻末轻商的教条仍有众多的人在经常地背诵”[1]。其次，随着传统中国经济思想的演化，其中关于国家干预的内容在逐渐变弱。传统中国经济思想中关于国家干预的思想兴起于先秦时期，这些先秦时期的思想中“绝大部分成为传统的财政教条”[2]。在西汉出现的以桑弘羊为代表的经济政策思想与实践，包括官营产业、均输、平准、常平、屯田等，“在许多方面具有首创意义，对以后各个封建王朝的财政起了相当大的指导作用”，但西汉出现的这些经济政策思想与政策实践都是先秦思想的延续和具体化。[3] 但是，到了明清时期，中国经济政策思想中出现的最重要的变化之一就是“国家专卖和经济干涉政策倾向的日益削弱”[4]。

如同对待近代欧洲经济思想的处理方式一样，本书不得不在对传统中国经济思想的讨论中，将讨论对象限制在一些有代表性的人物和文本中。上文提到的中国传统经济思想的人物和文本将是本书讨论的重点。如上文所述，在本书主要关心的历史时期，即16世纪和18世纪的中国，虽然其支配地位已经开始动摇，但是“儒家”经济思想依然保持着支配地位。因此，在本书将要建立的关于近代欧洲和中国的比较中，这些占统治地位、对于国家经济政策有指导作用的“儒家”经济思想自然是本书在这一比较中的中国一方所重点关注的。从上文的简要描述可以大体看出，在16—18世纪的中国和那些在19世纪将与中国产生经济发展上的“大分流”的主要欧洲国家，国家对于经济的干预受到了非常不同的经济思想的指导。欧洲的经济政策思想是重视城市制造业的，是主张国家积极干预的；中国的经济政策思想是重视农业的，是主张减少国家干预的。本书将在后续章节中更细致地呈现这种差异的具体体现及其意义。通过这种具体的比较，本书希望具体地呈现这些思想之间差异的巨大程度，这种巨大的差异足以支持本书的以下观点：在16—18世纪，欧洲各国流行的经济政策思想相比在中国占支配地位的经济政策思想更加能促进政府发挥上文所述的那些促进“熊彼特式增长”、技术革命以及工业资本主义兴起的作用。胡寄窗写道：

从17世纪到19世纪我国的经济思想发展水平就日渐落后了，因为

[1] 胡寄窗：《中国经济思想史》下卷，上海财经大学出版社1998年版，第708页。
[2] 胡寄窗：《中国经济思想史》下卷，上海财经大学出版社1998年版，第723页。
[3] 胡寄窗：《中国经济思想史》下卷，上海财经大学出版社1998年版，第723页。
[4] 胡寄窗：《中国经济思想史》下卷，上海财经大学出版社1998年版，第725页。

> 此时期内的欧洲已经突破中世纪经济思想的沉寂,由资产阶级政治经济学的建立和支配进一步发展到无产阶级科学的政治经济学的诞生……而我国经济思想的发展到19世纪前半期仍未超过“前资产阶级……经济学”的阶段,到19世纪后半期才有愈来愈多的人译述和传播资产阶级经济思想。[1]

本书将为这一观点补充一些更具体的论据。在本章的引言之后,本书将由以下五章组成。第二章将研究16—18世纪欧洲和中国的政治经济。根据思想史中的“历史语境主义”(historical contextualism)方法,理解思想的文本需要结合文本的背景:阅读文本只能确定文本所表达的意义的可能范围,通过建构文本的背景,可以尽可能确定文本的作者意图表达的真实意义。[2] 这种方法同样适用于经济思想史的研究,因为经济思想必然受到其形成时期的其他社会思想、人类认知方式以及价值规范的限制,虽然这种限制对于不同类型的经济思想有不同的影响力度。[3] 这种方法特别适用于研究熊彼特定义的“政治经济学”,即思想者根据某种规范性的原则建立的关于经济政策的阐释,因为这些思想的形成以那些关于国家与经济之间关系的规范、目标、利益为导向。[4] 因此,为了理解16—18世纪欧洲和中国的经济政策思想,需要重建在当时欧洲主要国家和中国所面对的政治经济问题、经济结构与经济政策,这些构成了欧洲和中国的“政治经济学”的背景。

第三章将比较16—18世纪的欧洲与中国的占支配地位的经济政策思想对于城市制造业的态度及认识。城市制造业是现代经济增长中的动力部门。这具体表现在:在现代经济增长中,国民生产总值或国内生产总值中,第一产业的份额显著下降,第二产业的份额显著上升,而第二产业份额的上升“主要是由制

---

〔1〕 胡寄窗:《中国经济思想史》下卷,上海财经大学出版社1998年版,第701页。

〔2〕 Skinner, Quentin, “Meaning and Understanding in the History of Ideas”, *History and Theory*, 1969, vol. 8, iss. 1, pp. 3—53. Gilbert, Felix, “Intellectual History: Its Aims and Methods”, *Daedalus*, 1971, vol. 100, iss. 1, pp. 80—97.

〔3〕 Samuels, Warren J., “The History of Economic Thought as Intellectual History”, *History of Political Economy*, 1973, vol. 6, iss. 3, pp. 305—323.

〔4〕 Schefold, Bertram, “Economics without Political Economy: Is the Discipline Undergoing Another Revolution?”, *Social Research: An International Quarterly*, 2014, vol. 81, iss. 3, pp. 613—636. Bertram Schefold, “History of Economic Thought and Economic History: Who Will Bring the Past to Life?”, in *Economic Thought and History: An Unresolved Relationship*, eds. by Monika Poettinger and Gianfranco Tussent, London: Routledge, 2016, pp. 17—42.

造业促成的”;在劳动力总数中,第一产业的份额急速下降,第二产业的份额和缓上升,而第二产业份额上升“主要是由于制造业份额的和缓上升”。[1] 而且,这种以制造业为主导的经济增长是现代经济增长与前现代经济增长的重要区别。欧洲老牌发达国家的第一产业的产值份额在现代经济增长的一百多年时间里下降了 30 个百分点,而在现代经济增长之前,这一数值下降 20 个百分点需要几百年。[2] 第一产业的劳动力份额在现代经济增长期间下降了 35～50 个百分点,在现代经济之前,这一数值下降 20～30 个百分点同样需要几百年。[3] 因此,制造业,特别是城市制造业,自然是本书的一个核心主题。本章将试图证明以下论点:在 16—18 世纪欧洲的经济政策思想中,存在明确的对于城市制造业的极端重视、对于城市制造业带动经济增长能力的清晰认识,以及对于执行推动农业国家向制造业国家升级的政策的强烈支持,而这些内容在当时中国占支配地位的经济政策思想中几乎都不存在。

第四章将比较 16—18 世纪的欧洲与中国占支配地位的经济政策思想中对于创新和与创新有关的智力资本以及奢侈品生产和消费的态度和认识。现代经济增长的另一个特征是以科学进步和技术创新为动力。“劳动力和资本质量的改进——不是由资源的任何额外投入所引起的改进——是近代经济增长具有突出特征的人均产值高增长率的主要原因。这些‘不花成本’的改进是和有用知识宝库的巨大增长相关联的。它大多可归因于科学的增长。”[4]这种特征与上述以制造业为动力的现代经济增长的特征是密切相关的。“工业技术高度的和加速的变动率是现代时期人均产值和生产率的高增长的主要源泉,也是引起生产结构惊人的改变的主要因素。”[5]本书同意皮尔·弗里斯的观点,即不能因为明清时代的中国和欧洲有同样的“斯密式增长”,就认为当时的中国和欧洲有相同的经济表现,因为对于“大分流”来说,重要的是打破“斯密式增长”的

[1] [美]西蒙·库兹涅茨:《各国的经济增长》,常勋等译,石景云校,商务印书馆 2005 年版,第 389—390 页、第 391—392 页。

[2] [美]西蒙·库兹涅茨:《各国的经济增长》,常勋等译,石景云校,商务印书馆 2005 年版,第 390 页。

[3] [美]西蒙·库兹涅茨:《各国的经济增长》,常勋等译,石景云校,商务印书馆 2005 年版,第 392—393 页。

[4] [美]西蒙·库兹涅茨:《各国的经济增长》,常勋等译,石景云校,商务印书馆 2005 年版,第 386—387 页。

[5] [美]西蒙·库兹涅茨:《各国的经济增长》,常勋等译,石景云校,商务印书馆 2005 年版,第 396 页。

"熊彼特式增长",即通过以创新为动力的结构改变实现的经济增长。[1] 因此,创新自然是本书另一个核心主题。本章将试图证明的观点是:在16—18世纪欧洲的经济政策思想中,存在对于创新在经济发展中作用的高度重视、对于创新和制造业密切联系的清晰认识,以及对于国家通过积极的政策促进技术创新和科学进步的强烈主张;同样地,这些内容在当时中国占支配地位的经济政策思想中几乎都不存在。

第五章将比较16—18世纪的欧洲与中国占支配地位的经济政策思想中对于国家干预经济的态度和认识。上文已经详细论述了国家干预在近代推动"熊彼特式增长"、技术革命以及工业资本主义兴起中可以发挥且必须发挥的重要作用。因此,国家干预也是与制造业和创新密切相关的本书另一自然的核心主题。本书将试图证明:在16—18世纪欧洲的经济政策思想中,存在对于国家积极干预经济以促进城市制造业发展和创新、促进经济结构向以城市制造业为核心的方向转变,但是在同时代中国占支配地位的经济政策思想中,国家对于经济结构转型的积极干预和领导却被有意识地压制了。

本书的最后一章将是总结全书的结论。这一章将简要提及一些对17—18世纪中国传统经济思想的本土批判者的经济思想。这些批判者注意到占支配地位的经济政策思想的一些问题,并且提出了更接近同时代欧洲经济政策思想的主张。这些思想的出现有助于论证本书在前几章提出的核心论点,即在16—18世纪中国占支配地位的经济思想出现了一些问题,而这些问题则使得当时中国并未像同时代的欧洲一样积极地走向以城市制造业和创新为动力的发展道路。这些本土批判者的出现还证明了本书的论点并非后人以欧洲经验对于先人的苛责。相反,16—18世纪的部分中国经济思想家们已经开始意识到长期占支配地位的传统经济策略中的一些问题,并且主张做出相应的突破,而这种突破的方向与当时欧洲经济政策思想中已经取得突破的方向非常相似。

---

〔1〕[荷]皮尔·弗里斯:《国家、经济与大分流:17世纪80年代到19世纪50年代的英国和中国》,郭金兴译,中信出版集团2018年版,第402—403页。

第二章　16—18世纪中国与欧洲的政治经济

根据《新帕尔格雷夫经济学大辞典》的解释，"正如通常所描述的，重商主义是大约从1500年到1800年简单连贯的欧洲经济思想史和国民经济政策史的漫长篇章"[1]。按照这种非常流行但同样非常不精确的定义，本书所研究的对于16—18世纪欧洲的经济政策实践有影响的经济思想可以被宽泛地视为广义上的"重商主义"。[2] 理解这种意义上的"重商主义"的重要背景是近代欧洲专制主义君主国(absolute monarchy)的兴起和发展。"专制主义君主国的形成与重商主义的形成携手并行"(die Ausbildung der absoluten Monarchie geht Hand in Hand mit der Ausbildung des Merkantilsystems)。[3] 在专制主义君主国中，君主及其中央政府集中了国家的最高权力，组建了维护这种最高权力的常备军，建立了为行使最高权力和维持常备军提供经费支持的财政体系。[4]

---

〔1〕[美]威廉·艾伦：《重商主义》，引自[英]约翰·伊特韦尔、默里·米尔盖特、彼得·纽曼：《新帕尔格雷夫经济学大辞典》第三卷，经济科学出版社1996年版，第477—478页。

〔2〕需要强调的是，这种角度非常流行，但同时非常不准确。英国的"重商主义"与法国的"科尔贝主义"和德国的"官房主义"并不相同，也没有互为变种的关系。关于"重商主义"与"科尔贝主义"的区别，参见：[英] D. C. 科尔曼：《柯尔培尔主义》[即"科尔贝主义"]，引自[英]约翰·伊特韦尔、默里·米尔盖特、彼得·纽曼：《新帕尔格雷夫经济学大辞典》第一卷，经济科学出版社1996年版，第514—515页。关于"重商主义"与"官房主义"的区别，参见：Lars Magnusson, "Was Cameralism Really the German Version of Mercantilism?", in *Economic Growth and the Origins of Modern Political Economy: Economic Reasons of State, 1500—2000*, ed. by Philipp R. Rössner, London: Routledge, 2016, pp. 57—71。

〔3〕Kurt Zielenziger, *Die alten deutschen Kameralisten*, Jena: Gustav Fischer, 1914, p. 28.

〔4〕Rudolf Braun, "Taxation, Sociopolitical Structure, and State-Building: Great Britain and Brandenburg-Prussia", in *The Formation of National States in Western Europe*, ed. by Charles Tilly, Princeton: Princeton University Press, 1975, pp. 254—255.

因此，专制主义君主国是以垄断国内合法暴力、统治权和税收为特征的欧洲现代民族国家形成过程中的一个环节。[1] 由此，“重商主义”也成为民族国家形成过程的组成部分。施穆勒写道：“只有这样认识重商主义才能理解它：从其最内在的核心来看，它只不过是国家形成——不是狭义的国家形成，而是国家形成和国民经济形成同时进行。该体系的本质不在于货币学说或贸易平衡学说，不在于贸易壁垒、保护性关税或者航海法，而在于更伟大的事情，即在于社会与其组织以及国家与其制度的转型，在于用民族国家的经济政策替代地方和领地经济政策。”[2]在16—18世纪，欧洲各个主要国家之中形成不同形式的专制主义，在绝大部分国家是君主专制主义，而在英国则是“议会专制主义”(parliamentary absolutism)[3]。“在以人民的名义行使主权和国家理由的观念的帮助下，1640年之后，[英格兰的]议会行使了国王梦寐以求的专断、绝对、真正的主权权力。”[4]专制主义国家的政治经济问题是16—18世纪欧洲经济政策及其背后的思想所回应的首要问题。

专制主义国家的核心理论家有两位：法国人让·博丹(Jean Bodin，1530—1596)与佛罗伦萨人马基雅维利(Niccolò Machiavelli，1469—1527)。[5] 专制主义君主国的结构特征最早由让·博丹讨论。[6] 专制主义君主国的最典型特征是君主集中国家之中的全部权力。在这种政体中，君主掌握首先体现为立法权的国家主权，君主可以“在没有任何更高级的、平等的或者更低级的存在的同

---

〔1〕 [荷]皮尔·弗里斯：《国家、经济与大分流：17世纪80年代到19世纪50年代的英国和中国》，郭金兴译，中信出版集团2018年版，第38—39页。

〔2〕 Gustav Schmoller, *The Mercantile System and Its Historical Significance*, New York: Macmillan, 1896, pp. 50—51.

〔3〕 R. Mousnier, "The Exponents and Critics of Absolutism", in *The New Cambridge Modern History, vol. 4, The Decline of Spain and the Thirty Years War, 1609—48/59*, ed. by J. P. Cooper, Cambridge: Cambridge University Press, 1971, p. 104.

〔4〕 R. Mousnier, "The Exponents and Critics of Absolutism", in *The New Cambridge Modern History, vol. 4, The Decline of Spain and the Thirty Years War, 1609—48/59*, ed. by J. P. Cooper, Cambridge: Cambridge University Press, 1971, p. 127.

〔5〕 R. Mousnier, "The Exponents and Critics of Absolutism", in *The New Cambridge Modern History, vol. 4, The Decline of Spain and the Thirty Years War, 1609—48/59*, ed. by J. P. Cooper, Cambridge: Cambridge University Press, 1971, p. 104.

〔6〕 M. J. Tooley, "Introduction", in *Six Books of Commonwealth*, by Jean Bodin, trans. by M. J. Tooley, Oxford: Basil Blackwell, 1967, pp. xiv—xxxix.

意的条件下"制定法律。[1] 在此基础上,君主在不依靠任何人物或者社会等级和集团的情况下掌握国内全部行政权、外交权与司法权。[2] 因此,君主有权力按照自己的意志治理国家,君主的这种权力免于任何由其本人或先人制定的法律的限制,也免于任何社会等级和集团的意志的限制。[3] 博丹的理论是欧洲近代专制主义君主国的理想型。并非每个欧洲君主国都在现实中成功实现了博丹的理论。现实中,欧洲君主们的权力往往受到一些力量的限制。根据君主权力受到的限制的不同类型,德国经济思想史奠基人以及"老德国历史学派"经济学(Old German Historical School)代表人物威廉·罗雪尔(Wilhelm Roscher,1817—1894)将近代欧洲君主专制主义政体的发展分成三个阶段:第一阶段是"宗教专制主义"(konfessioneller Absolutismus),其代表人物是西班牙国王菲利普二世(Philip Ⅱ,1527—1598),这种政体的原则是"教随君定"(cuius regio,eius religio);第二阶段是"宫廷专制主义"(höfischer Absolutismus),其代表人物是法国国王路易十四(Louis ⅩⅣ,1638—1715),其原则是"朕即国家"(l'état c'est moi);第三阶段是"开明专制主义"(aufgeklärter Absolutismus),其代表人物是普鲁士国王腓特烈二世(Friedrich Ⅱ,1712—1786),其原则是"国王是国家的头号公仆"(le roi c'est le premier serviteur de l'état)。[4] 在"宗教专制主义"中,君主的权力需要教会的支持,因此君主同时受到宗教权力的促进与限制;在"宫廷专制主义"中,君主已经不再需要教会和宗教界的权力,但是需要侍臣、权臣和宫廷礼仪规范的支持并同时受到它们的限制,这些官员和仪式是由君主创立的,因此相比"宗教专制主义",君主的权力变大了;在"开明专制主义"中,君主的权力受到的限制最少,因为"以国家的名义,'头号公仆'可以无限制地使用人民的财富和鲜血,就好像这些是他自己的东西"。[5]

罗雪尔总结,专制主义君主政体的本质是消灭中世纪的世俗与宗教贵族,

---

[1] Jean Bodin, trans. by M. J. Tooley, *Six Books of Commonwealth*, Oxford: Basil Blackwell, 1967, p. 43.

[2] Jean Bodin, trans. by M. J. Tooley, *Six Books of Commonwealth*, Oxford: Basil Blackwell, 1967, pp. 43—49.

[3] Jean Bodin, trans. by M. J. Tooley, *Six Books of Commonwealth*, Oxford: Basil Blackwell, 1967, pp. 25—36.

[4] Wilhelm Roscher, *Politik: Geschichtliche Naturlehre der Monarchie, Aristokratie und Demokratie*, Stuttgart: J. C. Cotta, 1908, pp. 250—251.

[5] Wilhelm Roscher, *Politik: Geschichtliche Naturlehre der Monarchie, Aristokratie und Demokratie*, Stuttgart: J. C. Cotta, 1908, p. 251.

将各地方与各社会等级的权力集中到君主及其中央政府手中，因此君主成为国家中所有权力的来源，“所有官位、特权以及地方权力都必须得到君主的再次确认才能存在”〔1〕。罗雪尔认为，相比中世纪时代的封建君主国，近代欧洲的专制主义君主国有以下特征：第一，国家主权和领土的不可分割原则代替了中世纪继承法中子嗣有权瓜分领土的原则；第二，君主在其家族中掌握了绝对的权力，君主及其家族从中世纪的贵族之首的地位上升到超越所有贵族的至高地位；第三，君主及其宫廷的驻地有了固定的首都城市，首都和宫廷成为吸引贵族为君主服务的地理中心，宫廷活动有繁复的礼仪装饰，这些礼仪的目的是将君主塑造为国家的至高中心；第四，由君主征召或雇佣的常备军替代了中世纪非常备的贵族军和农民军，除君主外的其他个人和集团的军队被废除，君主及其政府的权威在国内无人可以抵抗；第五，中世纪的世袭官职被废除，由君主通过出售或者考试的方式任命，部门化组织的中央政府以及在地方代表君主的政府建立；第六，相比中世纪以君主的地产收入为主的财政，政府专卖、官营企业、间接税和出售官职扩大了近代君主的财政收入；第七，君主的官僚和顾问队伍建立。〔2〕在近代欧洲的背景下，具有上述特征的专制主义政体对于经济发展可以发挥以下积极作用。首先，专制主义政体有利于推行国家对于经济与社会的深度干预。常备军保证了专制主义君主对于贵族和城镇的权威。〔3〕其次，专制主义君主的财政动员能力及其官僚队伍可以执行超越各个贵族领地、城镇和社会集团的经济与社会干预。〔4〕这些来自国家政府级别的干预可以替代并统一不同领地和城镇自己的政策和管制，由此可以避免由于封建制度下国内各地政治权力和经济权力分裂导致的国内市场中的交易成本、领地和城镇滥用权力的寻租，以及统一国内市场中的“一体化危机”。〔5〕这也是施穆勒所说的“国民

〔1〕 Wilhelm Roscher, *Politik*: *Geschichtliche Naturlehre der Monarchie*, *Aristokratie und Demokratie*, Stuttgart: J. C. Cotta, 1908, p. 194.

〔2〕 Wilhelm Roscher, *Politik*: *Geschichtliche Naturlehre der Monarchie*, *Aristokratie und Demokratie*, Stuttgart: J. C. Cotta, 1908, pp. 217—250.

〔3〕 Bruce D. Porter, *War and the Rise of the State*: *The Military Foundations of Modern Politics*, New York: The Free Press, 1994, pp. 113—114.

〔4〕 参见：Marc Raeff, *The Well-Ordered Police State*: *Social and Institutional Change through Law in Germanies and Russia 1600—1800*, London: Yale University Press, 1983, pp. 11—42。

〔5〕 参见：［美］S. R. 爱泼斯坦：《自由与增长：1300—1750 年欧洲国家与市场的兴起》，宋丙涛译，商务印书馆 2011 年版。关于近代欧洲民族国家经济中的“一体化危机”，参见：Stephan R. Epstein, “The Late Medieval Crisis as an ‘Integration Crisis’”, in *Early Modern Capitalism*: *Economic and Social Change in Europe*, ed. by Maarten Prak, London: Routledge, 2000, pp. 25—50。

经济形成”的意义。[1] 专制主义君主可以通过中央集权化的政策，废除国内领地之间的关税，缓和领地之间的敌对关系，建立统一的经济制度和标准，在此基础之上，可以降低交易成本，扩大市场范围，实现更大范围的地理分工，促进生产要素的流动。需要注意的是，如同专制主义政体在现实中的建立相比其理想型经常受到制约，其促进经济发展作用的发挥也同样受到各地不同的制约，并且需要在很长的时间中生效。

关于专制主义君主国行为模式的理论，由马基雅维利提出。马基雅维利将专制主义君主国视作在当时变革社会的工具。马基雅维利认为，政体应当是民主制的、贵族制的或是君主制的，取决于人民、贵族与君主中谁掌握“美德”，即一种可以激发促进国家的实力、团结与稳定的行为的精神品质。当人民掌握“美德”的时候，政体可以是民主制度的。但是，当人民普遍腐化丧失美德的时候，当“自由沦为放肆”“[人民]于私于公同样无所忌惮，人人自行其是，祸殃无日无之”的时候，政体需要变成君主制以恢复人民的美德。[2] 这是因为，“腐败到连法律也无法匡时济俗的地方，需要有法律，需要在法律之外再加上更大的力量才建立得起制度，以绝对的王权扼制权贵之辈没有节制的野心和腐败”[3]。马基雅维利提出了六种政体的循环理论：当一个政权最初建立的时候，人民往往会推举最强大明智的人充当领袖，此时的政体是君主制；君主的不肖子孙在丧失美德之后，会将人民赋予的权力滥用于享乐和自私，于是君主制腐化为暴君制；不甘压迫的人民会推翻暴君，之后在新建政权的时候，人民吸取由君主一人掌权带来的教训，会推举一群贤者掌权，贵族制由此建立；贵族的后人在丧失美德之后会不思忧患、垄断贵族身份，腐化堕落，以权谋私，贵族制腐化为寡头制；之后人民再次反抗，此时的人民会选择自己集体掌权，民主制将建立；但是承平日久，人民自行其是，不在乎法律和公共利益，民主制会腐化为无政府状态；为了将社会从无政府状态中恢复，强大而明智的伟大人物会出现，君主制又会重建，循环再次开始。[4] 为了消灭普遍的腐化并重建美德，马基雅维利认为，君主的权力必须是专制主义的，即君主要使“掌握官阶、地位、职称、财

---

〔1〕 参见：Gustav Schmoller, *The Mercantile System and Its Historical Significance*, New York: Macmillan, 1896。

〔2〕 [意]马基雅维利：《论李维罗马史》，吕健忠译，商务印书馆2013年版，第15页。

〔3〕 [意]马基雅维利：《论李维罗马史》，吕健忠译，商务印书馆2013年版，第156页。

〔4〕 [意]马基雅维利：《论李维罗马史》，吕健忠译，商务印书馆2013年版，第14—15页。

富的人没有一个不知道是从你[君主]得来的"〔1〕。马基雅维利将建立专制主义君主国视为从当时的混乱、分裂和外国入侵中拯救整个意大利的方式。〔2〕在马基雅维利看来,建立专制主义君主政权的首要条件是君主能够亲自统帅与指挥军队。"如果由于人口众多或者财力充裕能够募集足够的军队,同任何入寇者决战于疆场,他们[君主们]就是能够依靠自己的力量屹立不倒的人。"〔3〕在马基雅维利眼中,君主的首要——甚至唯一的——职责是军队的统帅和指挥官。"君主除了战争、军事制度和训练之外,不应该有其他的目标、其他的思想,也不应该把其他事情作为自己的专业,因为这是进行统帅的人应有的唯一的专业。"〔4〕而且,马基雅维利认为,"君主应当亲自出征"〔5〕。

马基雅维利的理论提出了近代欧洲专制主义君主国本性中的军事至上,也由此预言了专制主义君主国活跃的近代欧洲是一个充满战争的时代。在1500—1750年间,每个欧洲大国有50%的时间处于战争之中,整个欧洲绝对和平的时间在16世纪有10年、在17世纪只有4年、在18世纪有12年。〔6〕除了战争的密度很大之外,近代欧洲战争的成本在不断增加。根据英国国际关系史专家保罗·肯尼迪(Paul Kennedy)的估计:"在16世纪[的欧洲]打一场战争只要几百万英镑,到了17世纪末,打一场战争要几千万英镑;而在拿破仑战争末期,主要交战国的开支有时一年就达上亿英镑。"〔7〕沉重的战争负担占用了欧洲国家财政支出的绝大部分。根据桑巴特的估计,军事开支占法国总国家财政开支的比例在1639年达到60%,在1784年达到66%;在普鲁士,军事开支在1739—1740年占总国家财政开支的86%,在1797—1798年占71%。〔8〕18世纪,军事开支占英国总国家财政开支的75%~85%。〔9〕战争促使近代欧洲各国扩充

〔1〕[意]马基雅维利:《论李维罗马史》,吕健忠译,商务印书馆2013年版,第86页。

〔2〕[意]尼科洛·马基雅维利:《君主论》,潘汉典译,商务印书馆1986年版,第121—125页。

〔3〕[意]尼科洛·马基雅维利:《君主论》,潘汉典译,商务印书馆1986年版,第50页。

〔4〕[意]尼科洛·马基雅维利:《君主论》,潘汉典译,商务印书馆1986年版,第69页。

〔5〕[意]马基雅维利:《论李维罗马史》,吕健忠译,商务印书馆2013年版,第94页。

〔6〕Silvia A. Conca Messina, *A History of States and Economic Policies in Early Modern Europe*, London: Routledge, 2019, p. 26.

〔7〕[英]保罗·肯尼迪:《大国的兴衰:1500—2000年的经济变迁与军事冲突》,国际文化出版社2005年版,第73页。

〔8〕[德]维尔纳·桑巴特:《现代资本主义》第一卷,李季译,商务印书馆1958年版,第514—515页。

〔9〕[荷]皮尔·弗里斯:《国家、经济与大分流:17世纪80年代到19世纪50年代的英国和中国》,郭金兴译,中信出版集团2018年版,第173页。

军队。1450－1650 年，西班牙军队增加了 4 倍；1600－1700 年，荷兰军队增加了 5 倍，瑞典军队增加了 9 倍；1650－1750 年，法国和英国的军队增加了 2 倍，普鲁士和奥地利的军队增加了 5 倍。[1] 1514－1749 年间，英国海军舰船总吨位增加了近 26 倍。[2] 军队的快速扩张也为近代欧洲国家增加了极大的财政压力，因为当时欧洲军队中大部分由需要按合同支付贵金属货币的外国雇佣军组成。在 18 世纪，外国雇佣军人数占军队总人数的比例在英国达到 32％～54％，在法国达到 25％～33％，甚至在最早建立征兵制度的普鲁士，这一比例也达到了 34％～66％。[3] 在近代欧洲，各国政府，特别是人口较少国家的政府，更愿意在外国甚至敌国人民而非本国人民中招募军队，这样做的目的是，尽量减少对于本国经济中的有用劳动力的消耗，并尽量减少敌国可能获得的兵源。[4] 用普鲁士国王腓特烈二世的话可以总结当时的这种风气："有用的、勤劳的人应像眼珠一样受到保护。在战时，只有在绝对必要时才从国内招兵。"[5]密集而昂贵的战争除了意味着沉重的国家财政经费负担之外，还意味着沉重的经济产出负担。英国军事学家与军事史学家约翰・富勒(John F. C. Fuller，1878－1966)认为，16－18 世纪欧洲战争的主要形式是消耗战："那时，战略的手段是要消耗敌人，而不是歼灭敌人；是要耗尽敌人的精力，而不是杀死他。所以，战略打击的目标，通常是敌人的补给线和他的要塞，不是敌人的军队。"[6]富勒写道："在有限战争年代[即 16－18 世纪]，所有一切拖延行动都是以消耗对方为基本原则。由于资金不足，而常备军又不像民兵，一年 12 个月都得付给他们薪饷，所以很明显，对于当时有见识的军人来说，消耗敌人的财源是赢得一场战争的有效方法，而就其本身来说，这也要比在战斗中消灭敌人所受的损失小得多。因此，当时的决定性因素是钱，而不是血。"[7]总而言之，在

---

[1] Silvia A. Conca Messina, *A History of States and Economic Policies in Early Modern Europe*, London: Routledge, 2019, p. 28.

[2] Werner Sombart, *Krieg und Kapitalismus*, Munich: Duncker & Humblot, 1913, pp. 47－49.

[3] [荷]皮尔・弗里斯：《国家、经济与大分流：17 世纪 80 年代到 19 世纪 50 年代的英国和中国》，郭金兴译，中信出版集团 2018 年版，第 258 页。

[4] [英]埃里克・罗布森：《武装力量与战争艺术》，引自[英]J. O. 林赛编：《新编剑桥世界近代史(第 7 卷)：旧制度(1713－1763 年)》，中国社会科学出版社 1999 年版，第 225 页。

[5] [英]埃里克・罗布森：《武装力量与战争艺术》，引自[英]J. O. 林赛编：《新编剑桥世界近代史(第 7 卷)：旧制度(1713－1763 年)》，中国社会科学出版社 1999 年版，第 231 页。

[6] [英]J. F. C. 富勒：《战争指导》，绽旭译，周驰校，解放军出版社 2005 年版，第 11－12 页。

[7] [英]J. F. C. 富勒：《战争指导》，绽旭译，周驰校，解放军出版社 2005 年版，第 13 页。

16－18世纪,密集而昂贵的战争要求欧洲国家的经济活动必须为应对战争的消耗生产足够多的物质产出,必须为支付国家的军事经费提供足够多的货币产出和财政资源。满足国家战争的需要、在战争中保卫国家的生产甚至扩张国家的利益,是16－18世纪的欧洲国家面对的首要政治经济问题。

与满足专制主义君主国的战争需求相关,16－18世纪欧洲经济政策及其背后的思想必须应对的第二个问题是贵金属货币的供应问题。在寻常观点中,贵金属货币的供应甚至被认为是“重商主义”思想和政策唯一关注的问题。亚当·斯密(Adam Smith,1723－1790)对于“重商主义”的解读是至今依然流行的关于“重商主义”的观点。斯密认为,“商业体系”(commercial or mercantile system,即重商主义)的基本观点是:“一切财富在于金银,增加那些金属是国家工商业的巨大目标。”[1]斯密用“谬论”来形容这种观点。[2] 首先,很多“重商主义”者并没有将一切财富视为金银。例如,被斯密视为英国重商主义代表的托马斯·孟在《论英国东印度贸易》(*A Discourse of Trade from England unto the East Indies*,1621)中明确写道:“众所周知,一个王国、国家之所以成其为丰裕和富足,是由于它拥有文明生活需要的东西。财富可分为两种:一种是天然的,国土本身的产物;另一种是人造的,靠人们的辛勤劳动创造。”[3]在孟的另一部著作、被斯密视为英国重商主义代表著作的《英国得自对外贸易的财富》(*England's Treasure by Forraign Trade*,1664)中,用不同的表达方式复述了这种观点。[4] 可见,最有代表性的英国重商主义者并没有主张斯密所声称的“谬论”。此外,孟在其著作中为英国对外贸易进行辩护的理由就是,英国通过对外贸易输入了所需的各种生活必需品和便利品。[5] 这与斯密关于一国对外贸易的意义在于“输出他们所不需要的土地和劳动生产物的剩余部分,换回他

---

〔1〕 [英]亚当·斯密:《国民财富的性质和原因的研究》下卷,郭大力、王亚南译,商务印书馆1983年版,第22页。

〔2〕 [英]亚当·斯密:《国民财富的性质和原因的研究》下卷,郭大力、王亚南译,商务印书馆1983年版,第22页。

〔3〕 [英]托马斯·孟:《论英国东印度贸易:答对这项贸易的常见的各种反对意见》,引自[英]托马斯·孟、尼古拉斯·巴尔本、达德利·诺斯:《贸易论(三种)》,商务印书馆1982年版,第36页。

〔4〕 [英]托马斯·孟:《英国得自对外贸易的财富》,袁南宇译,商务印书馆1981年版,第6－7页。斯密对于该著作的评价参见:[英]亚当·斯密:《国民财富的性质和原因的研究》下卷,郭大力、王亚南译,商务印书馆1983年版,第6－7页。

〔5〕 [英]托马斯·孟:《论英国东印度贸易:答对这项贸易的常见的各种反对意见》,引自[英]托马斯·孟、尼古拉斯·巴尔本、达德利·诺斯:《贸易论(三种)》,商务印书馆1982年版,第7－11页。

们所需要的其他物品”的认识接近。[1] 斯密也注意到，一些“优秀”的“重商主义”者并没有关于“财富就是金银”的表述，但是斯密依然认为这些“重商主义”者就是在主张那种“谬论”。[2]

此外，贵金属货币的供应问题对于16—18世纪的欧洲国家而言，的确是一个值得政策关注的问题。后世公认的历史上最能代表德意志官房主义的思想家约翰·海因里希·戈特莱布·尤斯蒂(关于尤斯蒂的历史地位，将在下一章详细介绍)为贵金属货币对于欧洲各国的重要性提供了一个解释。尤斯蒂认为，经济中以物易物的困难促使人们接受一种公认的商品价值的衡量尺度(Maasstab)以比较不同商品的价值以及一种公认的支付手段(Vergütungsmittel)以方便流通，货币由此产生。[3] “只要一个人类社会可以仅仅通过成员之间的交换满足其需求，那么这两种手段[价值尺度与支付手段]的产生仅仅依赖于这个社会的意志。”[4]在这种自给自足的社会，“这种支付手段的效力仅仅取决于每个人都确信它可以维持交易，并且凭借这一支付手段可以获得所有需要的东西”[5]。因此，这个社会的成员可以任意决定以什么物质来充当这种支付手段，而“每种东西都可以为所有货物提供支付手段”[6]。因此，贝壳、树叶、树皮、石头、牲畜、皮革都曾经被一些社会用作货币。[7] “只有[这些材料的]数量、稀缺性以及获得它的难易程度对于支付手段的选择有影响。”[8]因此，尤斯蒂认为，只要管理得当，以纸币为交换媒介的经济完全可

[1] [英]亚当·斯密：《国民财富的性质和原因的研究》下卷，郭大力、王亚南译，商务印书馆1983年版，第19页。

[2] [英]亚当·斯密：《国民财富的性质和原因的研究》下卷，郭大力、王亚南译，商务印书馆1983年版，第22页。

[3] Johann Heinrich Gottlob von Justi, *Die Grundfeste Macht und Glückseeligkeit der Staaten*, bd. 1, Königsberg and Leipzig: seeligen Johann Heinrich Hartungs Erben, 1760, pp. 596—597.

[4] Johann Heinrich Gottlob von Justi, *Die Grundfeste Macht und Glückseeligkeit der Staaten*, bd. 1, Königsberg and Leipzig: seeligen Johann Heinrich Hartungs Erben, 1760, p. 597.

[5] Johann Heinrich Gottlob von Justi, *Die Grundfeste Macht und Glückseeligkeit der Staaten*, bd. 1, Königsberg and Leipzig: seeligen Johann Heinrich Hartungs Erben, 1760, p. 598.

[6] Johann Heinrich Gottlob von Justi, *Die Grundfeste Macht und Glückseeligkeit der Staaten*, bd. 1, Königsberg and Leipzig: seeligen Johann Heinrich Hartungs Erben, 1760, pp. 597—598.

[7] Johann Heinrich Gottlob von Justi, *Die Grundfeste Macht und Glückseeligkeit der Staaten*, bd. 1, Königsberg and Leipzig: seeligen Johann Heinrich Hartungs Erben, 1760, p. 598.

[8] Johann Heinrich Gottlob von Justi, *Die Grundfeste Macht und Glückseeligkeit der Staaten*, bd. 1, Königsberg and Leipzig: seeligen Johann Heinrich Hartungs Erben, 1760, p. 598.

行。[1] 但是,在开放经济中,货币的情况就不同了。“只要不同的人类社会彼此之间贸易,以自己的剩余产品换取相比之下更必需的产品,那么那些手段[价值尺度与支付手段]将不再依赖于单个国家的意志,人们必须选择共同认可的那些手段;特别地,人们必须接受一种所有参与贸易的国家都承认有效的通用支付手段(allgemein Vergütungsmittel)。”[2]尤斯蒂认为,欧洲就是这种情况:“没有国家,特别是在我们这片大洲,有那种[自给自足的]情况。每个国家都需要其他国家提供的很多东西以满足他们的生活方式对于生活必需品和便利品的需求,这些东西要么是他们自己国内没有的,要么是在国内的产量不足的。”[3]在这种情况下,一国的货币不再能任选一种物品来充当。[4] 尤斯蒂认为,作为通用支付手段的东西必须外表美观,“因此可以被每个人珍视”;必须耐用,因此不易销毁磨损;必须稀缺,很少的数量就可以代表比较高的价值,“因此方便运输携带”。[5] 金和银由此被接受为国际通用支付手段。[6] “通过这些论述,可以得出关于货币本质的结论:金和银仅仅在对外贸易中对于商品的定价才是必需的。”[7]

确如尤斯蒂所言,在近代欧洲,没有哪个国家可以做到自给自足,对外贸易对于欧洲国家来说是至关重要的。一位英国历史学家以如下方式总结对外贸易对于18世纪欧洲国家的重要性:

> [在18世纪]对外贸易和国家利益之间的关系,各国多有不同……[在荷兰]劳动人口中很大一部分人的就业和资本家的财富,都依赖从世界各地源源不断运来的原料。甚至全国的粮食也大多是从波罗的海国家进口的……在另一些国家,外贸并未如此直接影响国家利益,然而促进和

---

[1] Ulrich Adam, *The Political Economy of J. H. G. Justi*, Oxford: Peter Lang, 2007, p. 194.

[2] Johann Heinrich Gottlob von Justi, *Die Grundfeste Macht und Glückseeligkeit der Staaten*, bd. 1, Königsberg and Leipzig: seeligen Johann Heinrich Hartungs Erben, 1760, p. 598.

[3] Johann Heinrich Gottlob von Justi, *Staatswirthschaft, oder Systematische Abhandlung aller Oeconomischen und Cameral-Wissenschaft*, bd. 1, Leipzig: Bernhard Christoph Breitkopf, 1755, p. 131.

[4] Johann Heinrich Gottlob von Justi, *Die Grundfeste Macht und Glückseeligkeit der Staaten*, bd. 1, Königsberg and Leipzig: seeligen Johann Heinrich Hartungs Erben, 1760, pp. 598—599.

[5] Johann Heinrich Gottlob von Justi, *Die Grundfeste Macht und Glückseeligkeit der Staaten*, bd. 1, Königsberg and Leipzig: seeligen Johann Heinrich Hartungs Erben, 1760, p. 599.

[6] Johann Heinrich Gottlob von Justi, *Die Grundfeste Macht und Glückseeligkeit der Staaten*, bd. 1, Königsberg and Leipzig: seeligen Johann Heinrich Hartungs Erben, 1760, p. 599.

[7] Johann Heinrich Gottlob von Justi, *Die Grundfeste Macht und Glückseeligkeit der Staaten*, bd. 1, Königsberg and Leipzig: seeligen Johann Heinrich Hartungs Erben, 1760, p. 599.

> 保护对外贸易仍是许多国家的政治家极为关心的问题,取得贸易上的顺差则成了政策上的主要目标……更有甚者,在某些特定地区,贸易的中止会造成失业,甚至危及社会秩序,乃至威胁国家安全。在英国,兰开夏的棉纺工业愈来愈多地使用牙买加的棉花。西印度群岛的染料对于约克郡和西部地区在印染深颜色的布匹时是不可缺少的。瑞典的钢铁对于伯明翰制造剑和枪的工匠是必要的。从士麦拿和莱戈恩来的生丝对于英国中部地区的缫丝工人和斯皮特菲尔德的纺织工人是必需的。尤其是进口的木材,建造商船,特别是建造海军舰船都需要它。市场也必须考虑进去:美洲各殖民地是中部地区生产的铁钉的市场;德国则是约克郡的呢绒市场;西部地区同西班牙和意大利的贸易同样十分重要,因为西班牙和意大利的修女都用黑绒布和长厄尔斯布做头巾。[1]

这段文字重点描述了对外贸易对于18世纪的英国至关重要的意义。需要注意的是,在同时代人的眼中,英国还被视作欧洲各国中自给自足能力最强的。[2] 按照地理区域划分,近代欧洲大体上有四种贸易:地中海贸易、北欧贸易、大西洋沿岸与通过大西洋的远洋贸易以及跨越欧洲大陆南北的陆地贸易。在地中海贸易区,西班牙、葡萄牙和意大利北部在16世纪出现谷物短缺,需要靠西西里、尼罗河平原以及黑海沿岸供应生存必需的谷物,需要靠威尼斯供应同样必需的食盐。[3] 在作为欧洲制造业中心地区之一的意大利北部,羊毛纺织业需要靠西班牙供应羊毛;丝织业需要靠西班牙、那不勒斯和地中海东部地区供应生丝;皮革加工业需要靠北非和东欧供应生皮;这些产业都需要靠西亚供应清洗工序必需的明矾。[4] 同时,这些纺织业、皮革业,还有米兰的金属加工业、威尼斯的玻璃加工业以及北意大利地区的陶瓷业,都需要整个地中海地

---

[1] [英]C. H. 威尔逊:《海外贸易的增长和欧洲制造业的发展》,引自[英]J. O. 林赛编:《新编剑桥世界近代史(第7卷):旧制度(1713—1763年)》,中国社会科学出版社1999年版,第57页。

[2] Philipp Wilhelm Hörnigk, ed. by Philipp R. Rössner, trans. by Keith Tribe, *Austria Supreme (If It So Wishes) (1684)*, London: Anthem, 2018, p. 153.

[3] [美]J. H. 帕里:《运输与贸易线路》,引自[英]E. E. 里奇、C. H. 威尔逊编:《剑桥欧洲经济史(第四卷):16世纪、17世纪不断扩张的欧洲经济》,经济科学出版社2003年版,第140—142页。[丹麦]克里斯托夫·格莱曼:《改变中的商业模式》,引自[英]E. E. 里奇、C. H. 威尔逊编:《剑桥欧洲经济史(第五卷):近代早期的欧洲经济组织》,经济科学出版社2002年版,第201—202页。

[4] [美]J. H. 帕里:《运输与贸易线路》,引自[英]E. E. 里奇、C. H. 威尔逊编:《剑桥欧洲经济史(第四卷):16世纪、17世纪不断扩张的欧洲经济》,经济科学出版社2003年版,第143—145页。[丹麦]克里斯托夫·格莱曼:《改变中的商业模式》,引自[英]E. E. 里奇、C. H. 威尔逊编:《剑桥欧洲经济史(第五卷):近代早期的欧洲经济组织》,经济科学出版社2002年版,第201页。

区提供市场,甚至需要通过地中海向亚洲开辟市场。[1] 更重要的是,东南亚国家出产的香料、中国和波斯制造的丝绸、印度制造的棉布以及药材和宝石等对于满足当时欧洲人的奢侈需求必需的产品,需要通过海路从出产地运输到红海和霍尔木兹海峡,再转陆路运到地中海沿岸,最终以海路运到南欧各大港口,比如威尼斯和马赛,再分散到欧洲各国。[2] 虽然葡萄牙在15世纪末就建立了避开地中海、绕过好望角通往亚洲的航线,但是直到17世纪的荷兰和18世纪的英国建立它们通过大西洋和好望角的亚洲贸易路线之前,地中海地区依然是亚洲产品供应欧洲的重要中转站。[3] 在北欧贸易区,除了英格兰之外,以尼德兰为核心的西北欧地区同样面临本地出产的谷物短缺的问题,需要靠东欧国家从波罗的海和松德海峡供应的谷物生存。[4] 西北欧同样需要由北德意志的吕讷堡和汉堡供应食盐。[5] 丹麦、斯堪的纳维亚以及东欧平原繁育的牛会运送到西北欧以及北意大利和南德意志的大城市附近,在那里经过育肥以后满足这些区域对于食用肉的需求。[6] 造船工业发达、船舶需求旺盛的英格兰、尼德兰、法国、西班牙,依靠北德意志、斯堪的纳维亚和东欧供应造船必需的木材。[7] 英格兰和尼德兰是欧洲另一最重要的制造业中心,它们的羊毛制造业需要北欧

---

〔1〕[美]J. H. 帕里:《运输与贸易线路》,引自[英]E. E. 里奇、C. H. 威尔逊编:《剑桥欧洲经济史(第四卷):16世纪、17世纪不断扩张的欧洲经济》,经济科学出版社2003年版,第145页。[丹麦]克里斯托夫·格莱曼:《改变中的商业模式》,引自[英]E. E. 里奇、C. H. 威尔逊编:《剑桥欧洲经济史(第五卷):近代早期的欧洲经济组织》,经济科学出版社2002年版,第201页。

〔2〕[美]J. H. 帕里:《运输与贸易线路》,引自[英]E. E. 里奇、C. H. 威尔逊编:《剑桥欧洲经济史(第四卷):16世纪、17世纪不断扩张的欧洲经济》,经济科学出版社2003年版,第146页。[丹麦]克里斯托夫·格莱曼:《改变中的商业模式》,引自[英]E. E. 里奇、C. H. 威尔逊编:《剑桥欧洲经济史(第五卷):近代早期的欧洲经济组织》,经济科学出版社2002年版,第201页。

〔3〕[美]J. H. 帕里:《运输与贸易线路》,引自[英]E. E. 里奇、C. H. 威尔逊编:《剑桥欧洲经济史(第四卷):16世纪、17世纪不断扩张的欧洲经济》,经济科学出版社2003年版,第146—150页。

〔4〕[美]J. H. 帕里:《运输与贸易线路》,引自[英]E. E. 里奇、C. H. 威尔逊编:《剑桥欧洲经济史(第四卷):16世纪、17世纪不断扩张的欧洲经济》,经济科学出版社2003年版,第151页。[丹麦]克里斯托夫·格莱曼:《改变中的商业模式》,引自[英]E. E. 里奇、C. H. 威尔逊编:《剑桥欧洲经济史(第五卷):近代早期的欧洲经济组织》,经济科学出版社2002年版,第214—215页。

〔5〕[丹麦]克里斯托夫·格莱曼:《改变中的商业模式》,引自[英]E. E. 里奇、C. H. 威尔逊编:《剑桥欧洲经济史(第五卷):近代早期的欧洲经济组织》,经济科学出版社2002年版,第207页。

〔6〕[丹麦]克里斯托夫·格莱曼:《改变中的商业模式》,引自[英]E. E. 里奇、C. H. 威尔逊编:《剑桥欧洲经济史(第五卷):近代早期的欧洲经济组织》,经济科学出版社2002年版,第208—210页、第224—225页。

〔7〕[美]J. H. 帕里:《运输与贸易线路》,引自[英]E. E. 里奇、C. H. 威尔逊编:《剑桥欧洲经济史(第四卷):16世纪、17世纪不断扩张的欧洲经济》,经济科学出版社2003年版,第159—160页。

贸易区提供需求。[1]

在欧洲南北两大贸易区之间,还有跨越欧洲大陆的贸易区。欧洲大陆的贸易路线沿欧洲内陆的大河展开,这些大河从东方到西方主要包括:伏尔加河、顿河、第聂伯河、多瑙河、维斯瓦河、奥得河、易北河、威悉河、莱茵河。[2] 这些贸易路线连通了地中海贸易区和北欧贸易区,并将欧洲腹地的产出运向这两个贸易区。以德意志为核心的中欧和东欧地区在欧洲市场中最重要的产出是金属矿物、木材、金属制品和亚麻纺织品。[3] 但是,"中欧地区的巨大贸易的基础是金属与金属制品"[4]。铜是近代欧洲最重要的金属之一,是用于制造火炮和火枪零件以及铸造货币的必需材料,而欧洲各地对于铜的需求都依赖德意志、奥地利以及匈牙利供应。[5] 威尼斯的船舶制造业使用的木材需要从东南欧内陆获得。[6] 欧洲内陆对于羊毛纺织品、东欧产品、丝织品和亚洲产品的需求,沿着大河从北欧贸易区和地中海贸易区获得供应,这两大贸易区也从中欧获得对于金属制的工具、武器以及亚麻纺织品需求的供应。[7] 在大西洋贸易区,北海周边的西北欧国家需要比斯开湾周边的伊比利亚半岛供应食盐。[8] 东欧出产

---

〔1〕[美]J. H. 帕里:《运输与贸易线路》,引自[英]E. E. 里奇、C. H. 威尔逊编:《剑桥欧洲经济史(第四卷):16世纪、17世纪不断扩张的欧洲经济》,经济科学出版社2003年版,第157—158页。[丹麦]克里斯托夫·格莱曼:《改变中的商业模式》,引自[英]E. E. 里奇、C. H. 威尔逊编:《剑桥欧洲经济史(第五卷):近代早期的欧洲经济组织》,经济科学出版社2002年版,第207页。

〔2〕[丹麦]克里斯托夫·格莱曼:《改变中的商业模式》,引自[英]E. E. 里奇、C. H. 威尔逊编:《剑桥欧洲经济史(第五卷):近代早期的欧洲经济组织》,经济科学出版社2002年版,第209—210页。

〔3〕[丹麦]克里斯托夫·格莱曼:《1500—1750年欧洲的贸易》,引自[意]卡洛·M. 奇波拉主编:《欧洲经济史(第二卷):十六和十七世纪》,商务印书馆1988年版,第376—377页。

〔4〕[丹麦]克里斯托夫·格莱曼:《1500—1750年欧洲的贸易》,引自[意]卡洛·M. 奇波拉主编:《欧洲经济史(第二卷):十六和十七世纪》,商务印书馆1988年版,第376页。

〔5〕[丹麦]克里斯托夫·格莱曼:《改变中的商业模式》,引自[英]E. E. 里奇、C. H. 威尔逊编:《剑桥欧洲经济史(第五卷):近代早期的欧洲经济组织》,经济科学出版社2002年版,第229页。

〔6〕[美]J. H. 帕里:《运输与贸易线路》,引自[英]E. E. 里奇、C. H. 威尔逊编:《剑桥欧洲经济史(第四卷):16世纪、17世纪不断扩张的欧洲经济》,经济科学出版社2003年版,第168页。

〔7〕[美]J. H. 帕里:《运输与贸易线路》,引自[英]E. E. 里奇、C. H. 威尔逊编:《剑桥欧洲经济史(第四卷):16世纪、17世纪不断扩张的欧洲经济》,经济科学出版社2003年版,第157页。[丹麦]克里斯托夫·格莱曼:《改变中的商业模式》,引自[英]E. E. 里奇、C. H. 威尔逊编:《剑桥欧洲经济史(第五卷):近代早期的欧洲经济组织》,经济科学出版社2002年版,第237页、第241页。

〔8〕[美]J. H. 帕里:《运输与贸易线路》,引自[英]E. E. 里奇、C. H. 威尔逊编:《剑桥欧洲经济史(第四卷):16世纪、17世纪不断扩张的欧洲经济》,经济科学出版社2003年版,第166页。[丹麦]克里斯托夫·格莱曼:《改变中的商业模式》,引自[英]E. E. 里奇、C. H. 威尔逊编:《剑桥欧洲经济史(第五卷):近代早期的欧洲经济组织》,经济科学出版社2002年版,第203页。

的谷物运到西北欧之后，沿着大西洋沿岸向南，供应谷物短缺的西地中海。[1]此外，法国出产的谷物则通过大西洋沿岸向北供应到同样谷物短缺的西北欧。[2]北欧出产的铜通过大西洋沿岸进入地中海，在东地中海找到市场。[3]尼德兰的羊毛纺织业对于原材料需求的满足，主要依靠通过大西洋运输的西班牙优质羊毛；此外，西班牙出产的羊毛对于英格兰羊毛纺织业的意义随着后者规模扩张也变得越来越重要；在此过程中，西班牙也通过从尼德兰和英格兰的进口满足自己对于羊毛纺织品的需要。[4]西地中海出产的葡萄酒通过大西洋出口到北方，成为欧洲北部各国重要的奢侈品。[5]大西洋沿岸贸易是连通欧洲两个经济中心——西北欧与北意大利——的重要通道。英格兰出产的铅和锡、英格兰与尼德兰制造的羊毛纺织品沿大西洋海路出口到地中海地区，在东地中海向亚洲开辟市场，在此过程中交换北意大利制造的丝织品以及经由地中海输入的亚洲产品。[6]大西洋贸易更大的重要性在于为欧洲供应亚洲和美洲的产品：美洲的木材、糖、毛皮、棉花、烟草、咖啡、羊毛；亚洲的丝绸、茶叶、香料。[7]这些都是构成当时欧洲物质生活方式的必需品、便利品以及奢侈品。欧洲的制造业产品也通过大西洋在美洲和部分亚洲国家开辟市场。[8]

欧洲各国以及与它们联系紧密的北非、西亚、美洲以及非洲的部分地区通

---

〔1〕［丹麦］克里斯托夫·格莱曼：《改变中的商业模式》，引自［英］E. E. 里奇、C. H. 威尔逊编：《剑桥欧洲经济史（第五卷）：近代早期的欧洲经济组织》，经济科学出版社2002年版，第203页。

〔2〕［丹麦］克里斯托夫·格莱曼：《改变中的商业模式》，引自［英］E. E. 里奇、C. H. 威尔逊编：《剑桥欧洲经济史（第五卷）：近代早期的欧洲经济组织》，经济科学出版社2002年版，第220页。

〔3〕［丹麦］克里斯托夫·格莱曼：《改变中的商业模式》，引自［英］E. E. 里奇、C. H. 威尔逊编：《剑桥欧洲经济史（第五卷）：近代早期的欧洲经济组织》，经济科学出版社2002年版，第232页。

〔4〕［美］J. H. 帕里：《运输与贸易线路》，引自［英］E. E. 里奇、C. H. 威尔逊编：《剑桥欧洲经济史（第四卷）：16世纪、17世纪不断扩张的欧洲经济》，经济科学出版社2003年版，第156页。［丹麦］克里斯托夫·格莱曼：《改变中的商业模式》，引自［英］E. E. 里奇、C. H. 威尔逊编：《剑桥欧洲经济史（第五卷）：近代早期的欧洲经济组织》，经济科学出版社2002年版，第240－241页。

〔5〕［美］J. H. 帕里：《运输与贸易线路》，引自［英］E. E. 里奇、C. H. 威尔逊编：《剑桥欧洲经济史（第四卷）：16世纪、17世纪不断扩张的欧洲经济》，经济科学出版社2003年版，第165－166页。

〔6〕［丹麦］克里斯托夫·格莱曼：《改变中的商业模式》，引自［英］E. E. 里奇、C. H. 威尔逊编：《剑桥欧洲经济史（第五卷）：近代早期的欧洲经济组织》，经济科学出版社2002年版，第238－242页。

〔7〕［美］J. H. 帕里：《运输与贸易线路》，引自［英］E. E. 里奇、C. H. 威尔逊编：《剑桥欧洲经济史（第四卷）：16世纪、17世纪不断扩张的欧洲经济》，经济科学出版社2003年版，第164页。［丹麦］克里斯托夫·格莱曼：《改变中的商业模式》，引自［英］E. E. 里奇、C. H. 威尔逊编：《剑桥欧洲经济史（第五卷）：近代早期的欧洲经济组织》，经济科学出版社2002年版，第204－205页。

〔8〕［丹麦］克里斯托夫·格莱曼：《改变中的商业模式》，引自［英］E. E. 里奇、C. H. 威尔逊编：《剑桥欧洲经济史（第五卷）：近代早期的欧洲经济组织》，经济科学出版社2002年版，第204页。

过密集的贸易结成了一个“经济世界”，这种经济世界“在经济上独立，基本能自给自足，内部的联系和交流赋予它某种有机的整体性”[1]。贸易是这个经济世界内部联系的纽带，“贸易在 1500 年至 1750 年间所发挥的重要作用在欧洲历史上是罕见的”[2]。欧洲各国本身不能自给自足，它们需要和身处的经济世界发生贸易才能维持生活，它们需要从外国进口以满足必需和奢侈的需求，它们需要向外国出口为本国产业找到市场。相比之下，同时代的中国本身就构成了一个基本自给自足的经济世界的绝大部分。[3] 中国这个经济世界在政治上统一，维系其内部贸易运转的统一货币自秦朝开始由中央政府创造(虽然自明朝开始政府不得不接受白银作为货币，但是政府铸造的铜钱依然与白银并行流通)。[4] 相比之下，政治上高度分裂的欧洲经济世界中，没有凌驾于各国之上的统一货币发行机关，因此欧洲各国必须共同接受用于对外贸易的统一国际货币。[5] 公元 7 世纪，法兰克人的墨洛温王朝和加洛林王朝发行了一种银币，这种银币在欧洲流行了 500 多年，在此期间“实际上是[欧洲]唯一通用的硬币”[6]。这种银币在加洛林王朝灭亡之后依然被欧洲各国铸造，但是除了英格兰之外，这些银币越来越粗制滥造，快速贬值，每块银币几乎等同于一块贱金属的价值。[7] 这是因为，在 13 世纪之前，欧洲经济基本上是自给自足的农业经济，地租与税收经常以实物的形式存在，货币并不是当时欧洲经济中的重要部分。[8] 但是从 1250 年开始，欧洲的贸易开始重新繁荣，货币的重要性开始提

---

〔1〕 [法]费尔南·布罗代尔:《15 至 18 世纪的物质文明、经济和资本主义(第三卷):世界的时间》，施康强、顾良译，生活·读书·新知三联书店 2002 年版，第 2 页。

〔2〕 [丹麦]克里斯托夫·格莱曼:《1500—1750 年欧洲的贸易》，引自[意]卡洛·M. 奇波拉主编:《欧洲经济史(第二卷):十六和十七世纪》，商务印书馆 1988 年版，第 365 页。

〔3〕 [法]费尔南·布罗代尔:《15 至 18 世纪的物质文明、经济和资本主义(第三卷):世界的时间》，施康强、顾良译，生活·读书·新知三联书店 2002 年版，第 5 页。[美]伊曼纽尔·沃勒斯坦:《现代世界体系(第一卷):16 世纪的资本主义农业与欧洲世界经济体的起源》，尤来寅、路爱国等译，黄席群、宋蜀碧初校，罗荣渠审校，高等教育出版社 1998 年版，第 14 页。

〔4〕 参见:彭信威:《中国货币史》，上海人民出版社 2015 年版。

〔5〕 [英]P. 斯普弗德:《硬币与通货》，引自[英]M. M. 波斯坦、E. E. 里奇、爱德华·米勒编:《剑桥欧洲经济史(第三卷):中世纪的经济组织和经济政策》，经济科学出版社 2002 年版，第 517—518 页。

〔6〕 [英]彼得·施普福特:《铸币与通货》，引自[英]M. M. 波斯坦、爱德华·米勒主编:《剑桥欧洲经济史(第二卷):中世纪的贸易和工业》，经济科学出版社 2003 年版，第 660 页。

〔7〕 [英]约翰·F. 乔恩:《货币史:从公元 800 年起》，李广乾译，商务印书馆 2002 年版，第 36—37 页。

〔8〕 [英]约翰·F. 乔恩:《货币史:从公元 800 年起》，李广乾译，商务印书馆 2002 年版，第 47 页。

高,于是"此时欧洲急需更多、更稳定的铸币以满足贸易日益扩张的需要"[1]。13世纪初,威尼斯开始铸造一种高纯度的新银币;1252年,佛罗伦萨开始铸造金币;之后,"金与银高值货币名称各异,充斥欧洲全境",欧洲各国纷纷效仿威尼斯和佛罗伦萨的高纯度贵金属铸币制度,欧洲近现代的金银复本位制度开始建立。[2] 黄金和白银由此成为欧洲各国共同接受的货币材料和欧洲经济世界的流通媒介。

中世纪欧洲的金银主要从中欧的矿山获得。"德意志君主的疆土是美洲被发现以前的墨西哥和秘鲁。"[3]从15世纪末到17世纪初,欧洲获得的金银大为增加,新增的金银供应来自三个产地:在奥地利、萨克森和波西米亚新发现的银矿;葡萄牙在亚洲和非洲抢占的金矿;西班牙在墨西哥和秘鲁占领的金矿和银矿。[4] 根据桑巴特的估计,全世界范围内的黄金平均年产量在1520—1544年间为7 160千克,白银平均年产量为90 200千克;而在1600—1620年间,黄金平均年产量为8 520千克,白银平均年产量为422 900千克;从1520年到1620年,黄金年生产水平增加了近20%,而白银年生产水平增加了超过3倍。[5] 英国历史学家威廉·阿瑟·肖(William Arthur Shaw,1865—1943)估计,欧洲及其海外矿山在1493—1520年间黄金年平均产量按价值衡量为800 000马克,白银平均年产量为600 000马克;在1601—1620年间,黄金年产量为1 190 000马克,白银年产量为4 820 000马克;从1493年到1620年,黄金年产量增加将近50%,白银年产量增加约7倍。[6] 但是,欧洲的贵金属供应的

---

[1] [英]约翰·F.乔恩:《货币史:从公元800年起》,李广乾译,商务印书馆2002年版,第48页。

[2] [英]约翰·F.乔恩:《货币史:从公元800年起》,李广乾译,商务印书馆2002年版,第50—61页。[英]威廉·阿瑟·肖:《货币大历史(1252—1894):金融霸权与大国兴衰六百年》,张杰译,华文出版社2020年版,第1—22页。[法]让·里瓦尔:《货币史》,任婉筠、任驰译,商务印书馆2001年版,第23—25页。[英]彼得·施普福特:《铸币与通货》,引自[英]M. M. 波斯坦、爱德华·米勒主编:《剑桥欧洲经济史(第二卷):中世纪的贸易和工业》,经济科学出版社2003年版,第667—691页。

[3] [德]维尔纳·桑巴特:《现代资本主义》第一卷,李季译,商务印书馆1958年版,第341页。

[4] [德]维尔纳·桑巴特:《现代资本主义》第一卷,李季译,商务印书馆1958年版,第345—349页。[英]威廉·阿瑟·肖:《货币大历史(1252—1894):金融霸权与大国兴衰六百年》,张杰译,华文出版社2020年版,第79—80页。[法]让·里瓦尔:《货币史》,任婉筠、任驰译,商务印书馆2001年版,第30—31页。

[5] [德]维尔纳·桑巴特:《现代资本主义》第一卷,李季译,商务印书馆1958年版,第349—352页。

[6] [英]威廉·阿瑟·肖:《货币大历史(1252—1894):金融霸权与大国兴衰六百年》,张杰译,华文出版社2020年版,第81页。

增长没有一直持续，欧洲控制的金银矿最终"屈从于残酷的边际收益递减法则"，金银的产出逐渐减少。[1] 从16世纪末开始直到17世纪末，欧洲能够获得的贵金属产量停止了快速增长，甚至出现产量下降。根据桑巴特的估计，全世界范围内黄金的年平均产量从1600—1621年的8 520千克增加到1661—1680年的9 260千克，仅仅增加了不到9%；而白银的年均产量从1600—1621年的422 900千克下降到1661—1680年的337 000千克，下降了20%。[2] 根据肖的估计，黄金年均产量从1601—1620年的1 190 000马克增加到1641—1660年的1 223 400马克，增加了不到3%；在同一时期，白银年均产量从4 820 000马克下降到3 516 500马克，下降了27%。[3] 在西班牙对美洲贸易的关键口岸塞维利亚，1591—1600年，黄金的年均进口量为1 945千克，白银的年均进口量为270 763千克；但是在1641—1650年，黄金年均进口量下降到155千克，白银年均进口量下降到105 643千克。[4]

金银年产量的增速减慢和下降意味着欧洲经济中流动性增加的减速，"然而，尽管金银货币存量的增加下降，但是随着繁荣的延续、交易的扩大和价格水平的上升，对于流通手段的需求持续增加，在一些场合，这种情况一直持续到'三十年战争'"[5]。金银流动性的减少构成了从1620年到1734年的欧洲经济长期萧条的一部分。[6] 在这种背景下，如何满足扩张中的欧洲经济对于流动性的需求，构成了欧洲各国政府必须面对的一个政治经济问题。政府开始利用

[1] F. C. Spooner, "The European Economy, 1609—50", in *The Cambridge Modern History, vol. 4, The Decline of Spain and the Thirty Years War*, 1609—48/59, ed. by J. P. Cooper, Cambridge: Cambridge University Press, 1971, p. 79. [法]费尔南·布罗代尔：《菲利普二世时代的地中海和地中海世界》第一卷，唐家龙、曾培耿等译，吴模信校，商务印书馆1996年版，第780页。

[2] [德]维尔纳·桑巴特：《现代资本主义》第一卷，李季译，商务印书馆1958年版，第352页。

[3] [英]威廉·阿瑟·肖：《货币大历史(1252—1894)：金融霸权与大国兴衰六百年》，张杰译，华文出版社2020年版，第81页。

[4] F. C. Spooner, "The European Economy, 1609—50", in *The Cambridge Modern History, vol. 4, The Decline of Spain and the Thirty Years War*, 1609—48/59, ed. by J. P. Cooper, Cambridge: Cambridge University Press, 1971, p. 79.

[5] F. C. Spooner, "The European Economy, 1609—50", in *The Cambridge Modern History, vol. 4, The Decline of Spain and the Thirty Years War*, 1609—48/59, ed. by J. P. Cooper, Cambridge: Cambridge University Press, 1971, p. 79.

[6] [美]伊曼纽尔·沃勒斯坦：《现代世界体系(第一卷)：16世纪的资本主义农业与欧洲世界经济体的起源》，尤来寅、路爱国等译，黄席群、宋蜀碧初校，罗荣渠审校，高等教育出版社1998年版，第81—82页。

铜币和金银成色更低的“劣币”增加流动性的供应。[1] 成立发行汇票的公共银行也是一种流行的应对措施。[2] 更重要的是,如何为国家获得足够的金银流动性构成了欧洲近代“重商主义”经济思想——特别是17世纪的“重商主义”经济思想——需要回应的重要问题。[3] “重商主义”对于输入贵金属和贸易顺差的重视需要在欧洲各国的国际支付手段供应减缓的背景下理解。对于不得不接受金银作为货币材料的那些没有丰富金银矿藏的近代欧洲国家,当经济中存在就业不足时,贸易顺差的积累是为国内获得充足货币流动性的几乎唯一的方式,这恰如凯恩斯对于重商主义的理解。[4] 18世纪的欧洲经济思想很少再为贵金属的供应担心,也未必是因为对于“国民财富”的理解更深刻,因为通过上文引用的托马斯·孟的文字可以看到,17世纪的“重商主义”对于“国民财富”的理解也并非“谬论”,而是因为巴西的金矿和墨西哥新发现的银矿的开采为欧洲恢复了金银供应的快速增加,欧洲“经济世界”中通行的国际支付手段的供应不再面临短缺的问题。[5] 因此,解决国家的贵金属供应问题构成了近代欧洲的经济政策及其思想——特别是17世纪的政策及其思想——需要回应的第二个政治经济问题。

使得贵金属供应问题在16—18世纪的欧洲变得更重要的一个背景是当时欧洲各国普遍存在的人民失业和贫困问题,这也构成了当时的经济政策及其指导思想面对的第三个政治经济问题。熊彼特认为,从16世纪开始,欧洲各国政府面对的首要政治经济问题之一就是普遍的失业和贫困现象,“到处是不断增

---

〔1〕 F. C. Spooner, “The European Economy, 1609—50”, in *The Cambridge Modern History, vol. 4, The Decline of Spain and the Thirty Years War*, 1609—48/59, ed. by J. P. Cooper, Cambridge: Cambridge University Press, 1971, pp. 81—83. [法]费尔南·布罗代尔:《菲利普二世时代的地中海和地中海世界》第一卷,唐家龙、曾培耿等译,吴模信校,商务印书馆1996年版,第781—786页。

〔2〕 F. C. Spooner, “The European Economy, 1609—50”, in *The Cambridge Modern History, vol. 4, The Decline of Spain and the Thirty Years War*, 1609—48/59, ed. by J. P. Cooper, Cambridge: Cambridge University Press, 1971, pp. 84—85.

〔3〕 F. C. Spooner, “The European Economy, 1609—50”, in *The Cambridge Modern History, vol. 4, The Decline of Spain and the Thirty Years War*, 1609—48/59, ed. by J. P. Cooper, Cambridge: Cambridge University Press, 1971, p. 86.

〔4〕 [英]约翰·梅纳德·凯恩斯:《就业、利息和货币通论》,高鸿业译,商务印书馆1999年版,第346—351页。

〔5〕 [德]维尔纳·桑巴特:《现代资本主义》第一卷,李季译,商务印书馆1958年版,第353—354页。[英]威廉·阿瑟·肖:《货币大历史,1252—1894:金融霸权与大国兴衰六百年》,张杰译,华文出版社2020年版,第180页。[法]费尔南·布罗代尔:《菲利普二世时代的地中海和地中海世界》第一卷,唐家龙、曾培耿等译,吴模信校,商务印书馆1996年版,第787页。

加的乞丐和流浪者,人数之多,超过了私人慈善机构救济的可能性,因而到处要由公共的救济组织来替代"[1]。熊彼特认为,这种严重失业和贫困问题是中世纪社会解体的不可避免的结果。熊彼特写道:

> 总的来说,中世纪社会为每一个它所承认的成员提供了安身立命之所,因为它在结构的设计上就排除了失业与贫困。然而实际上,非自愿失业的威胁并没有完全消除。手工业行会中在师傅手下干活的工匠常常具有雇佣性质,而农业劳动者则一向具有雇佣性质,其就业是没有保障的。不过一般来说,这两种人找工作都不太困难。正常情况下失业人数有限,而只限于脱离了其环境或者为环境所抛弃的个人,这些人于是沦为乞丐、流浪汉和盗匪。人们常常残酷对付盗匪,收效却不大,而对于其他几种人,天主教会责成举办和直接举办的慈善事业是完全可以应付的。记住这种情况很重要,因为它形成了人们对失业与失业者的一种态度,在中世纪的社会环境已经消逝后还延续了几个世纪之久。我们要特别记住,除了社会灾难如战争、世仇和瘟疫造成的后果之外,与失业者个人缺点绝对无关的大规模失业在中世纪是不存在的。
>
> 这种情况在15世纪和15世纪以后开始发生改变。中世纪世界的解体与伴随而来的社会骚动,其本身就足以造成我们所看到的大规模灾难与贫困。土地革命不仅摧毁了本来可以庇护灾区难民的环境,而且使农业无产者的增加快于对劳动力的有效需求。有组织的手工业者对这种变革的抵制虽然保护了人口中的某些部分,却使其他部分的情况更趋恶化。兴起中的资本主义工业从长期来说是吸收失业而不是制造失业的。然而,许多"瓶颈"阻碍着这些新机会的发展与劳动力的流入。而且当18世纪后半叶工业发展的步伐加快时,技术性的失业呈现为一种大量存在的现象,往往掩盖了长期的影响。这就解释了为什么工厂制度的兴起与这么多的苦难结合在一起:很多年中劳动力不是被工厂较高的工资和较好的生活条件吸引进去的,而是尽管实际工资很低,生活条件恶劣,也被赶到厂里去的。旧的保护条例(old protective regulations)遭到了破坏,与其说是受到了自由放任哲学的影响,倒不如说是受了实际失业或即将来临的失业的重压。有一段时期,虽然程度不是都到处一样,但所有防止工

---

[1] [美]约瑟夫·熊彼特:《经济分析史》第一卷,朱泱、孙鸿敞、李宏、陈锡龄译,商务印书馆1990年版,第408页。

人状况恶化的力量都只好屈从于现实……那些热烈拥护人口主义的政府与作家，对于如何“叫穷人去干活”或者如何战胜“无事可做的现象”，从来都没有停止过忧虑。〔1〕

桑巴特与熊彼特有类似的观点。桑巴特认为：“在15至18世纪的一切[欧洲]国家中，有大批无产的和有工作能力的穷人，借助一种营业的活动，不能或不能充分维持他们的生活，结果或沦为乞丐，或挨饥受饿，终至于饿死。在早期资本主义的一切世纪和欧洲一切国家中，群众贫穷的事实是由大批的证据证明的。”〔2〕桑巴特认为，近代欧洲各国的普遍失业和贫困现象的成因有九种：第一，贵族领主扩大私人地产的圈地运动以及相关的将谷物种植业改为畜牧业的行为将农民与土地剥离，变成无产者；第二，宗教改革对于天主教会的打击削弱了教会在中世纪执行过的提供社会救济的能力；第三，伴随着经济扩张出现的过剩人口增长；第四，农民和手工业者的破产；第五，在资本主义的早期就已经出现的周期性经济萧条；第六，农奴制的废除释放了曾经被束缚在土地上的过剩农业人口；第七，由失势封建贵族解散的扈从成为失业人口；第八，频繁的战争导致的经济萧条；第九，国家为了筹集财政资源的横征暴敛。〔3〕这九种成因在不同国家的具体表现和重要性有所不同。

在这种背景下，16—18世纪的欧洲国家将解决失业和贫困问题视作一种政府的职责。这种情况集中体现在18世纪欧洲的“开明专制主义”(enlightened absolutism)政策中。欧洲大陆的启蒙运动“在开明专制主义政策被推行时达到顶峰”〔4〕。相比更早的君主专制主义，“开明专制主义”的重要特征包括：“君主在法律之下”的宪政观念；“君主是国家的头号公仆”的观念；“社会契约”的观念；以人民的“公共福利”或“公共幸福”为君主执政的目标。〔5〕“开明专制主义”政策在18世纪后期欧洲大陆的很多君主和权臣中流行，包括普鲁士国王腓特烈·威廉一世(Friedrich Wilhelm I，1688—1740)和腓特烈二世、神圣罗马帝

〔1〕［美］约瑟夫·熊彼特：《经济分析史》第一卷，朱泱、孙鸿敞、李宏、陈锡龄译，商务印书馆1990年版，第407—408页。

〔2〕［德］维尔纳·桑巴特：《现代资本主义》第一卷，李季译，商务印书馆1958年版，第538页。

〔3〕［德］维尔纳·桑巴特：《现代资本主义》第一卷，李季译，商务印书馆1958年版，第538—541页。

〔4〕H. M. Scott，“Introduction：The Problem of Enlightened Absolutism”，in *Enlightened Absolutism：Reform and Reformers in Later Eighteenth-Century Europe*，ed. by H. M. Scott，London：Macmillan，1990，p. 2.

〔5〕Peter H. Wilson，*Absolutism in Central Europe*，London：Routledge，2000，pp. 112—113.

国皇帝兼哈布斯堡王朝中欧各领地君主约瑟夫二世(Joseph Ⅱ,1741—1790)和列奥波德二世(Leopold Ⅱ,1747—1792)、西班牙国王卡洛斯三世(Carlos Ⅲ,1716—1788)、瑞典国王古斯塔夫三世(Gustav Ⅲ,1746—1792)、俄罗斯皇帝叶卡捷琳娜二世(Catherine Ⅱ,1729—1796)、葡萄牙王国首相蓬巴尔侯爵(Marquês de Pombal,1699—1782)、两西西里王国首相贝尔纳多·塔努奇(Bernardo Tanucci,1698—1783)、丹麦的两任首相约翰·弗里德里希·施特林泽(Johann Friedrich Struensee,1737—1772)与安得烈亚斯·彼得·伯恩斯托夫(Andreas Peter Bernstorff,1735—1797),以及诸多德意志中小邦国的朝廷中,包括巴登、巴伐利亚、萨克森、帕拉丁、科隆、明斯特、美因茨、萨尔茨堡等。[1]相比之下,18世纪的法国在路易十四之后两任软弱国王的统治之下,并未加入当时欧洲大陆上"开明专制主义"的潮流,这可能是法国会爆发大革命的原因之一。[2] 1799年,一位普鲁士大臣说道:"在法国自下而上以暴力推行的革命,在霍亨索伦君主国[即普鲁士王国]中自上而下和平地推行了。"[3]近代欧洲"开明专制主义"政策的一个重要方面就包括了对于贫困和失业人口等弱势群体的照顾。[4]

"开明专制主义"时代的欧洲专制主义国家的行为方式与马基雅维利描述的君主国的行为方式有所不同。"开明专制主义"一词最初由罗雪尔提出,而罗雪尔认为:"开明专制主义在普鲁士取得了最高程度的发展和最重要的影响。"[5]"最重要和最有影响力"的欧洲"开明专制主义"君主是普鲁士国王腓特烈二世。[6] 在成为普鲁士国王的前一年冬天,腓特烈二世以普鲁士王太子的身份用法语写成了政治哲学著作《反马基雅维利》(*Anti-Machiavel*,1740),这部著作随后寄给了腓特烈二世的笔友、法国启蒙运动思想家伏尔泰(Voltaire,

[1] H. M. Scott,"Introduction:The Problem of Enlightened Absolutism",in *Enlightened Absolutism:Reform and Reformers in Later Eighteenth-Century Europe*,ed. by H. M. Scott,London:Macmillan,1990,p. 1. Weis,Eberhard,"Enlightenment and Absolutism in the Holy Roman Empire:Thoughts on Enlightened Absolutism in Germany",*The Journal of Modern History*,1986,vol. 58,pp. 182—183.

[2] Weis,Eberhard,"Enlightenment and Absolutism in the Holy Roman Empire:Thoughts on Enlightened Absolutism in Germany",*The Journal of Modern History*,1986,vol. 58,pp. 181—182.

[3] 引自 Peter H. Wilson,*Absolutism in Central Europe*,London:Routledge,2000,p. 111。

[4] John G. Gagliardo,*Enlightened Despotism*,London:Routledge,1968,p. 59,p. 81.

[5] Wilhelm Roscher,*Politik:Geschichtliche Naturlehre der Monarchie,Aristokratie und Demokratie*,Stuttgart:J. C. Cotta,p. 280.

[6] [英]德里克·比尔斯:《哲学王与开明专制》,引自[英]马克·戈尔迪、罗伯特·沃克勒主编:《剑桥十八世纪政治思想史》,商务印书馆2017年版,第486页。

1694—1778)，并于 1740 年以伏尔泰的名义首次出版。[1] 这是一部受到当时欧洲启蒙运动思想影响的作品，因为在写作这部作品之前，腓特烈二世已经通过其加尔文派家庭教师接受了启蒙运动思想的教育，研读了孟德斯鸠的作品，并与伏尔泰建立了交流思想的笔友关系。[2] 这部作品旨在反驳马基雅维利在《君主论》中提出的君主的行为方式，并在此过程中提出了关于"开明专制主义"君主政体的行为理论。[3]

《反马基雅维利》的理论从一个问题展开："是什么使得自由的人民为自己确立了统治者?"[4]腓特烈二世认为，当人民发觉有必要联合结社并拥有一个解决纷争的裁判者、一个抵御外敌的保护者以及一个将不同利益团结为共同利益的领导者时，人民会从他们自己之中选择"最智慧、公正、无私、仁慈与勇敢的人"去治理他们。[5] 因此，正义应当是君主的首要目标，人民的福利应当是君主的首要关注点，君主应当为人民获得并增加幸福。[6] 因此，"君主绝不是其治下人民的绝对主宰，而仅仅是他们的第一仆人以及实现他们幸福的工具，而他们则是他的荣耀"[7]。这就是"开明专制主义"君主与人民之间的社会契约。因此，只要君主承担其对于公共福利的职责，那么篡位就是一种恶行，因为篡位者破坏了君主和人民之间的社会契约，以违背人民意志的方式掌权。[8] 成为君主的合法方式只有通过继承、通过人民的选举，以及"在正义战争中"征服敌

[1] Paul Sonnino, "Introduction", in *Anti-Machiavel*, by Friedrich Ⅱ of Prussia, trans. by Paul Sonnino, Athens: Ohio University Press, 1981, p. 14.

[2] Paul Sonnino, "Introduction", in *Anti-Machiavel*, by Friedrich Ⅱ of Prussia, trans. by Paul Sonnino, Athens: Ohio University Press, 1981, pp. 9—14.

[3] [英]德里克·比尔斯:《哲学王与开明专制》，引自[英]马克·戈尔迪、罗伯特·沃克勒主编:《剑桥十八世纪政治思想史》，商务印书馆 2017 年版，第 487 页。

[4] Friedrich Ⅱ of Prussia, trans. by Paul Sonnino, *Anti-Machiavel*, Athens: Ohio University Press, 1981, p. 34.

[5] Friedrich Ⅱ of Prussia, trans. by Paul Sonnino, *Anti-Machiavel*, Athens: Ohio University Press, 1981, p. 34.

[6] Friedrich Ⅱ of Prussia, trans. by Paul Sonnino, *Anti-Machiavel*, Athens: Ohio University Press, 1981, p. 34.

[7] Friedrich Ⅱ of Prussia, trans. by Paul Sonnino, *Anti-Machiavel*, Athens: Ohio University Press, 1981, pp. 34—35.

[8] Friedrich Ⅱ of Prussia, trans. by Paul Sonnino, *Anti-Machiavel*, Athens: Ohio University Press, 1981, p. 35.

人的领土。[1] “开明专制主义”君主的权力来源是促进人民幸福的行为和能力，因为“满足的人民不会想到造反”而且“幸福的人民对于失去他们的君主和造福者的恐惧大于他们的君主对于失去权力的恐惧”[2]。如果君主不能使人民幸福，那么战争就会是一种惩罚。征服一个治理无道的国家是非常容易的，因为这种国家中的人民总是希望“寻找解放者作为他们新的君主”[3]。因此，在“开明专制主义”国家中，除了作为军队统帅之外，君主应当担任人民幸福的首要促进者。君主有两种可以“扩张”(agrandir)的方式：其一是通过战争兼并领土，即马基雅维利式专制君主的行动目标；其二是“勤奋的君主通过促进国中的技艺和科学繁荣的活动使国家强大并文明”。[4] “技艺”(les arts)主要是指农业、工业、商业等“对人类生活有用的”活动，“科学”(les sciences)主要是指“几何学、哲学、天文学、修辞学、诗歌、绘画、音乐、雕塑、建筑及所有可以被命名为精细技艺(beaux arts)的事物”。[5] 促进“技艺和科学繁荣”本质上指的是促进国内的经济发展、科学进步和艺术繁荣。在上述两种“扩张”方式中，促进技艺和科学繁荣是“更清白(plus innocente)、更正义的”[6]。第一，“一个君主征服的新领土不会让他的旧领土更富有，他的人民不会从新征服中获益，如果他认为新征服会让他更幸福，那他是在骗他自己”[7]。第二，如果君主征服了广大的领土以至于“他几乎不记得各省的名字”，那么“不论他是一个多么伟大的君主，他都仅仅是一个小人物、一个原子、一个可悲的人，不起眼地爬行在地球表面”。[8] 第三，一个国家的实力不在于“广袤的荒野”和“无际的沙漠”，而在

---

[1] Friedrich Ⅱ of Prussia, trans. by Paul Sonnino, *Anti-Machiavel*, Athens: Ohio University Press, 1981, p. 35.

[2] Friedrich Ⅱ of Prussia, trans. by Paul Sonnino, *Anti-Machiavel*, Athens: Ohio University Press, 1981, p. 37.

[3] Friedrich Ⅱ of Prussia, trans. by Paul Sonnino, *Anti-Machiavel*, Athens: Ohio University Press, 1981, p. 37.

[4] Friedrich Ⅱ of Prussia, trans. by Paul Sonnino, *Anti-Machiavel*, Athens: Ohio University Press, 1981, p. 133; Voltaire, *Anti-Machiavel*, Amsterdam: Jaques la Caze, 1741, p. 166.

[5] Friedrich Ⅱ of Prussia, trans. by Paul Sonnino, *Anti-Machiavel*, Athens: Ohio University Press, 1981, p. 134; Voltaire, *Anti-Machiavel*, Amsterdam: Jaques la Caze, 1741, pp. 167—168.

[6] Friedrich Ⅱ of Prussia, trans. by Paul Sonnino, *Anti-Machiavel*, Athens: Ohio University Press, 1981, p. 133; Voltaire, *Anti-Machiavel*, Amsterdam: Jaques la Caze, 1741, p. 167.

[7] Friedrich Ⅱ of Prussia, trans. by Paul Sonnino, *Anti-Machiavel*, Athens: Ohio University Press, 1981, p. 40.

[8] Friedrich Ⅱ of Prussia, trans. by Paul Sonnino, *Anti-Machiavel*, Athens: Ohio University Press, 1981, p. 40.

于“其居民的人数与财富”(dans la richesse des habitans & dans leur nombre)。[1] 但是,在腓特烈二世的观点中,“开明专制主义”君主不是和平主义者,只要君主拥有“发动战争的正当理由”,兼并领土的战争依然是君主扩张的手段。[2]《反马基雅维利》专门讨论了如何治理新征服的领土:通过“在要地建立强大的要塞保持控制”,或者通过“让[新领土的]人民享有完全的自由”。[3] 腓特烈二世本人在即位之初就在奥地利王位继承战争(1740—1748 年)中吞并了原属哈布斯堡王朝领地的西里西亚,但是腓特烈二世自称吞并资源丰富、制造业发达的西里西亚是为了发展普鲁士经济,而且在对于这块新征服领土的治理中,信仰加尔文派基督新教的腓特烈二世尊重西里西亚信仰天主教的自由,以更有效率的普鲁士政府制度替代了更低效的哈布斯堡政府制度,鼓励西里西亚矿产资源开发和制造业的发展,将西里西亚建设为中欧地区的工业中心之一。[4] 这一切似乎都符合腓特烈二世对于“发动战争的正当理由”和以“开明”方式治理被征服领土的定义。在“开明专制主义”时代,专制主义国家并没有放弃好战的性格,只不过战争的发动变得更基于现实经济利益的考虑。促进“技艺和科学”虽然比领土扩张“更清白”“更正义”,但是对于君主而言,无非与扩张新领土“一样有用”。[5] 但是,在“开明专制主义”国家中,发展经济的理由除了支持战争的开销之外,还增加了为了促进人民的幸福和公共福利。在作为近代欧洲“开明专制”代表的普鲁士,政府表现出对于解决贫困和失业问题的重视。腓特烈·威廉一世在 1722 年写给普鲁士中央政府的指示中明确提出,普鲁士政府“应当注意以最大的勤奋和努力照顾我们的臣民,保证他们一直生活在繁荣与福利中”[6]。其继承人腓特烈二世在给普鲁士政府的指示中继续保留了

---

[1] Friedrich Ⅱ of Prussia, trans. by Paul Sonnino, *Anti-Machiavel*, Athens: Ohio University Press, 1981, p. 51. Voltaire, *Anti-Machiavel*, Amsterdam: Jaques la Caze, 1741, p. 39.

[2] Friedrich Ⅱ of Prussia, trans. by Paul Sonnino, *Anti-Machiavel*, Athens: Ohio University Press, 1981, p. 52.

[3] Friedrich Ⅱ of Prussia, trans. by Paul Sonnino, *Anti-Machiavel*, Athens: Ohio University Press, 1981, p. 52.

[4] Leopold Ranke, *Neun Bücher Preußischer Geschichte*, bd. 2, Berlin: Veit und Comp, 1848, pp. 347—490. W. O. Henderson, *Economic Policy of Frederick the Great*, London: Frank Cass & Co. LTD., 1963, pp. 141—142.

[5] Friedrich Ⅱ of Prussia, trans. by Paul Sonnino, *Anti-Machiavel*, Athens: Ohio University Press, 1981, p. 133.

[6] G. Schmoller, D. Krauske, and D. Loewe, *Die Behördenorganisation und die allgemeine Staatsverwaltung Preußens im 18. Jahrhundert*, bd. 3, Berlin: Paul Parey, 1901, pp. 589—590.

这一原则。[1] 在成为普鲁士国王之前，腓特烈二世曾经说道："当我成为国王，我将会是穷人的国王"(Quand je serai roi，je serai un vrai roi des gueux)。[2] 在 1794 年颁布的普鲁士王国的宪法性文件《普鲁士国家基本法》(Allgemeines Landrecht für die Preußischen Staaten)中，有 89 项条文规定了国家在救济贫困和失业中的职责，这些条文"劝阻懒惰，承认每个公民工作的权利，并且宣布国家是贫困阶级的天然保护者"[3]。因此，有 19 世纪末的学者认为，诞生在 19 世纪后期的现代德国社会福利制度发源于近代普鲁士的经济与社会政策。[4] 由此可见，人民的失业与贫困问题构成了近代欧洲经济政策及其思想需要回应的另一政治经济问题。

综上所述，在本书所涉及的时代，欧洲国家的经济政策及其指导思想需要回应至少以下三个重要的政治经济问题：为兴起中的专制主义国家日益昂贵的战争供应人力、物资以及财政经费；为经济获得作为国际支付手段的金银供应；为普遍存在的失业和贫困的人口提供就业和收入。为了实现这些目标，当时欧洲国家需要促使自己的经济具有以下特征：货币和物质产出的规模尽可能大；为劳动力提供尽可能多的、收入尽可能高的就业机会；如果境内没有金银矿藏，那么要确保足够的金银输入；如果境内或海外殖民地内有金银矿藏，那么要确保金银产出中有足够的数量留在国内以提供货币。

面对上述经济建设目标，16－18 世纪欧洲各国的政治家和思想家普遍注意到现实中存在实现那些目标的范例：威尼斯与荷兰的经济形态。自文艺复兴以来，欧洲最早实现经济发达的区域是位于北意大利的城邦地区和位于西北欧的低地地区。[5] 在这些地区的城市经济中出现了现代"熊彼特式增长"最初的萌芽：这些城市中的经济活动证明了财富的生产率是可以提高的，财富的规模不

---

〔1〕 G. Schmoller and O. Hintze, *Die Behördenorganisation und die allgemeine Staatsverwaltung Preußens im 18. Jahrhundert*, bd. 7, Berlin: Paul Parey, 1904, p. 558.

〔2〕 Annie Ashley, *The Social Policy of Bismarck*, New York: Longmans, Green and Co., 1912, p. 40.

〔3〕 William Harbutt Dawson, *Bismarck and State Socialism*, London: Swan Sonnenschein & Co., 1891, pp. 18－19. ——(未注明作者), *Allgemeines Landrecht für die Preussischen Staaten*, Berlin: Gottfried Carl Nauck, 1804, pp. 476－488.

〔4〕 William Harbutt Dawson, *Bismarck and State Socialism*, London: Swan Sonnenschein & Co., 1891, pp. 14－22.

〔5〕 [法]费尔南·布罗代尔：《15 至 18 世纪的物质文明、经济和资本主义(第三卷)：世界的时间》，施康强、顾良译，生活·读书·新知三联书店 2002 年版，第 33－115 页。

是静态的，而是可以扩张的；城市制造业行业种类的多样化可以产生促进财富增长的协同效果；地理与科学上的新发现和创造力可以促进财富生产率提高；产出规模扩大也可以促进经济效率的提高，而大规模产出需要大规模劳动力投入，大规模劳动力投入需要大规模人口基础，因此密集的人口不是负担而是资源。〔1〕北意大利城邦地区和低地国家，特别是分别作为这两个地区最发达经济体的威尼斯和荷兰，为近代欧洲各大国提供了追赶和模仿的目标。〔2〕“为了致富，像英格兰和法国这样的国家就不得不模仿并复制威尼斯和荷兰的经济结构。”〔3〕近代欧洲各大国经济政策的目标就是在更大的地理范围和更大规模的人口基础上，即以民族国家为单位而非以城邦和领地国家为单位，复制使威尼斯和荷兰经济发达的那些机制和力量。“最初在城邦中建立的协同效应被扩展到了更大的地理区域。这才是欧洲重商主义经济政策的实质。”〔4〕

威尼斯最初兴起于亚德里亚海北部的一片潟湖，由 60 多个大小不一的岛屿组成，“没有淡水，没有食物，有的是盐，太多的盐！”〔5〕耕地资源不足决定了威尼斯无法依靠农业谋生，所有谷物、牲畜、蔬菜、木材、石料甚至饮用水都要靠外部供应。〔6〕威尼斯“是一个纯而又纯的城市，不属于城市的东西在那里尽付阙如”〔7〕。因此，威尼斯的居民不得不放弃农业和其他第一产业的经济活动，被迫以经营工业和贸易等第二和第三产业维生，但是这在客观上将威尼斯居民集中在效率和利润率更高的经济活动中，“把利润较少的活计留给别人”〔8〕。

---

〔1〕[挪威]埃里克·S. 赖纳特：《富国为什么富，穷国为什么穷》，杨虎涛、陈国涛等译，杨虎涛校，贾根良审订，中国人民大学出版社 2010 年版，第 53—58 页。

〔2〕[挪威]埃里克·S. 赖纳特：《评价成功的基准：同时代的欧洲经济学家对荷兰共和国(1500—1750)的观点》，引自[挪威]埃里克·S. 赖纳特、[中国]贾根良主编：《穷国的国富论：演化发展经济学论文选》下卷，高等教育出版社 2007 年版，第 72—74 页。Silvia A. Conca Messina, *A History of States and Economic Policies in Early Modern Europe*, London: Routledge, 2019, p. 74.

〔3〕[挪威]埃里克·S. 赖纳特：《富国为什么富，穷国为什么穷》，杨虎涛、陈国涛等译，杨虎涛校，贾根良审订，中国人民大学出版社 2010 年版，第 61 页。

〔4〕[挪威]埃里克·S. 赖纳特：《富国为什么富，穷国为什么穷》，杨虎涛、陈国涛等译，杨虎涛校，贾根良审订，中国人民大学出版社 2010 年版，第 59 页。

〔5〕[法]费尔南·布罗代尔：《15 至 18 世纪的物质文明、经济和资本主义(第三卷)：世界的时间》，施康强、顾良译，生活·读书·新知三联书店 2002 年版，第 105 页。

〔6〕[法]费尔南·布罗代尔：《15 至 18 世纪的物质文明、经济和资本主义(第三卷)：世界的时间》，施康强、顾良译，生活·读书·新知三联书店 2002 年版，第 105 页。

〔7〕[法]费尔南·布罗代尔：《15 至 18 世纪的物质文明、经济和资本主义(第三卷)：世界的时间》，施康强、顾良译，生活·读书·新知三联书店 2002 年版，第 105 页。

〔8〕[法]费尔南·布罗代尔：《15 至 18 世纪的物质文明、经济和资本主义(第三卷)：世界的时间》，施康强、顾良译，生活·读书·新知三联书店 2002 年版，第 105—106 页。

此外，潟湖在限制威尼斯的农业资源供应的同时，也提供了一种很有价值的自然资源——盐。盐为威尼斯提供了与其他地区交易生活物资并赚取贸易利润的初始资源。历史学家称“食盐贸易给威尼斯带来的收益不可胜数”，因此威尼斯有意识地控制了亚德里亚海的全部盐场。[1]

威尼斯的地理位置特别有利于它经营贸易：它靠近地中海东部，便于获取亚洲向欧洲输送的商品；它邻近中欧，是中欧腹地进入地中海的便利港口。[2]从9世纪起，威尼斯就在拜占庭帝国的势力范围内经营远程贸易。[3] 12世纪开始的欧洲十字军远征为威尼斯和其他意大利城邦创造了巨大的商业机会：为欧洲军队提供运输服务并借助军事力量获得更多亚洲产品。[4] 十字军运动在13世纪平息后，已经通过地中海贸易发展壮大的威尼斯和热那亚围绕黑海和爱琴海的贸易控制权爆发了长期战争，最终威尼斯在14世纪末取得胜利。[5] 自此之后，威尼斯成为欧洲地中海贸易区甚至整个欧洲经济的核心。[6] 威尼斯的海外贸易以“大舰队”的形式组织。组成这些舰队的是桨帆商船；这些商船由威尼斯政府在规模巨大、技术先进的著名的威尼斯兵工厂建造；舰队建造完毕后，威尼斯政府向商人招标，由商人提议舰队的使用方式；中标的商人组织货运装船，领导舰队的远航；“大舰队”类似后来欧洲各国的“海外贸易公司”，由国家建立、私人联合经营，目的是以国家和私人联合的力量加强本国商人的竞争力。[7] “大舰队”的第一次航行似乎是在1314年，途径西地中海、大西洋以及

---

〔1〕[法]费尔南·布罗代尔：《15至18世纪的物质文明、经济和资本主义(第三卷)：世界的时间》，施康强、顾良译，生活·读书·新知三联书店2002年版，第122页。

〔2〕[美]詹姆斯·W. 汤普逊：《中世纪晚期欧洲经济社会史》，徐家玲等译，商务印书馆1996年版，第329页。

〔3〕[法]费尔南·布罗代尔：《15至18世纪的物质文明、经济和资本主义(第三卷)：世界的时间》，施康强、顾良译，生活·读书·新知三联书店2002年版，第106页。

〔4〕[法]费尔南·布罗代尔：《15至18世纪的物质文明、经济和资本主义(第三卷)：世界的时间》，施康强、顾良译，生活·读书·新知三联书店2002年版，第107—108页。

〔5〕[法]费尔南·布罗代尔：《15至18世纪的物质文明、经济和资本主义(第三卷)：世界的时间》，施康强、顾良译，生活·读书·新知三联书店2002年版，第117—119页。[美]詹姆斯·W. 汤普逊：《中世纪晚期欧洲经济社会史》，徐家玲等译，商务印书馆1996年版，第327—328页。

〔6〕[法]费尔南·布罗代尔：《15至18世纪的物质文明、经济和资本主义(第三卷)：世界的时间》，施康强、顾良译，生活·读书·新知三联书店2002年版，第125—126页。

〔7〕[法]费尔南·布罗代尔：《15至18世纪的物质文明、经济和资本主义(第三卷)：世界的时间》，施康强、顾良译，生活·读书·新知三联书店2002年版，第127—128页。[美]詹姆斯·W. 汤普逊：《中世纪晚期欧洲经济社会史》，徐家玲等译，商务印书馆1996年版，第333页。

英格兰,最终目的地是西北欧的低地国家。[1] 此后,“大舰队”扩张,目的地覆盖了北非、黑海和东地中海,并且在15世纪中期发展到鼎盛,最终在16世纪衰落。[2] 通过“大舰队”的航行,威尼斯将亚洲的丝绸、香料、药材、棉布和地中海的染料、酒、糖卖到西北欧,再将西北欧的木材、金属制品、羊毛纺织品卖到地中海。[3] 欧洲南北方的贸易以此方式由威尼斯连通。

威尼斯远程贸易的内容不仅仅是经营外国产品的转口贸易,还包括威尼斯自己的制造业产品。制造业与远程贸易并列,是威尼斯最重要的经济部门,甚至制造业的重要性超过远程贸易,关乎威尼斯的兴衰。布罗代尔用“工业至上”形容威尼斯,并且写道:“我倾向于承认,考虑到当时工业活动的范围、工业技术的发达和早熟程度(狄德罗在《百科全书》中讲到的各种工艺技术早在200年前已在威尼斯出现),15世纪的威尼斯大概居欧洲工业中心之首;确认这个事实对威尼斯的命运至关重要,这意味着威尼斯工业繁荣在16世纪末和17世纪头20年遭到破坏,决定了威尼斯的衰落。”[4]威尼斯“最负盛名”的制造业是玻璃制造加工业。[5] 威尼斯的玻璃制造加工业主要包括:用作念珠装饰物的玻璃珠制造业、玻璃器皿制造业、玻璃镜与透镜制造业,以及与玻璃制造相关的搪瓷制造业。[6] 威尼斯拥有多样化的制造业部门,除了玻璃制造业外,造纸与图书印刷业,主要满足奢侈需要的丝织业、羊毛纺织业以及家具制造业都具有强大的国际竞争力。[7]

从16世纪开始,大西洋贸易开始将欧洲的经济中心从威尼斯转向他处,但是在大西洋贸易替代地中海贸易之前,威尼斯有欧洲最富裕、最发达的经济,并

---

〔1〕[美]詹姆斯·W. 汤普逊:《中世纪晚期欧洲经济社会史》,徐家玲等译,商务印书馆1996年版,第333—334页。

〔2〕[法]费尔南·布罗代尔:《15至18世纪的物质文明、经济和资本主义(第三卷):世界的时间》,施康强、顾良译,生活·读书·新知三联书店2002年版,第129页。

〔3〕[美]詹姆斯·W. 汤普逊:《中世纪晚期欧洲经济社会史》,徐家玲等译,商务印书馆1996年版,第334页。

〔4〕[法]费尔南·布罗代尔:《15至18世纪的物质文明、经济和资本主义(第三卷):世界的时间》,施康强、顾良译,生活·读书·新知三联书店2002年版,第139页。

〔5〕[美]詹姆斯·W. 汤普逊:《中世纪晚期欧洲经济社会史》,徐家玲等译,商务印书馆1996年版,第337页。

〔6〕[美]詹姆斯·W. 汤普逊:《中世纪晚期欧洲经济社会史》,徐家玲等译,商务印书馆1996年版,第338—339页。

〔7〕Silvia A. Conca Messina, *A History of States and Economic Policies in Early Modern Europe*, London: Routledge, 2019, p. 123.

且依托其经济实力,威尼斯同时拥有强大的军事与外交实力。[1] 根据布罗代尔的估计,威尼斯共和国(即威尼斯城及其所辖周边领土与海外领地)在 15 世纪的财政收入总额在欧洲居首位,人均财政收入是同时代法国的 15 倍。[2] 16 世纪的威尼斯城是欧洲人口规模最大的城市之一。[3] 在当时的威尼斯城中,除了特权贵族之外,"几乎全体居民都以劳动为生"[4]。而且威尼斯的工资水平较高,这是威尼斯社会安定的原因之一。[5] 以威尼斯为核心的意大利在 16 世纪可能是全欧洲甚至全世界人均 GDP 最高的地区。[6]

在 17 世纪,全欧洲与全世界人均 GDP 最高的地区可能转移到了荷兰,同时荷兰可能也是 16—17 世纪全欧洲与全世界人均 GDP 增长速度最快的地区。[7] 与威尼斯类似,荷兰面临的自然生存条件也非常恶劣。荷兰的国土狭窄、河网密集、地势低平,经常发生水灾,适合耕作的土地面积非常小。[8] "荷兰的经济中心阿姆斯特丹与威尼斯相同,都是在由河道和倒灌进陆地的海水分割的一群小岛上建立的城市。"[9]"简单来说,这是个穷地方:出产的小麦很少,质量又差,另有少量黑麦、燕麦和绵羊,没有葡萄架……没有树木。"[10]因此,与威尼斯人相同,荷兰人被迫放弃以农业为主的生活方式。荷兰地处北海南岸,北海丰富的渔业资源是荷兰发展的起点。在北海,荷兰人"学会了捕鱼、近海航

---

[1] [法]费尔南·布罗代尔:《15 至 18 世纪的物质文明、经济和资本主义(第三卷):世界的时间》,施康强、顾良译,生活·读书·新知三联书店 2002 年版,第 140—142 页。

[2] [法]费尔南·布罗代尔:《15 至 18 世纪的物质文明、经济和资本主义(第三卷):世界的时间》,施康强、顾良译,生活·读书·新知三联书店 2002 年版,第 121 页。

[3] [英]安格斯·麦迪森:《世界经济千年史》,伍晓鹰、许宪春、叶燕斐、施发启译,北京大学出版社 2003 年版,第 44 页。

[4] [法]费尔南·布罗代尔:《15 至 18 世纪的物质文明、经济和资本主义(第三卷):世界的时间》,施康强、顾良译,生活·读书·新知三联书店 2002 年版,第 136 页。

[5] [法]费尔南·布罗代尔:《15 至 18 世纪的物质文明、经济和资本主义(第三卷):世界的时间》,施康强、顾良译,生活·读书·新知三联书店 2002 年版,第 139 页。

[6] [英]安格斯·麦迪森:《世界经济千年史》,伍晓鹰、许宪春、叶燕斐、施发启译,北京大学出版社 2003 年版,第 82 页。

[7] [英]安格斯·麦迪森:《世界经济千年史》,伍晓鹰、许宪春、叶燕斐、施发启译,北京大学出版社 2003 年版,第 82 页。

[8] [法]费尔南·布罗代尔:《15 至 18 世纪的物质文明、经济和资本主义(第三卷):世界的时间》,施康强、顾良译,生活·读书·新知三联书店 2002 年版,第 188—189 页。

[9] [法]费尔南·布罗代尔:《15 至 18 世纪的物质文明、经济和资本主义(第三卷):世界的时间》,施康强、顾良译,生活·读书·新知三联书店 2002 年版,第 193 页。

[10] [法]费尔南·布罗代尔:《15 至 18 世纪的物质文明、经济和资本主义(第三卷):世界的时间》,施康强、顾良译,生活·读书·新知三联书店 2002 年版,第 189 页。

行、远程运输和海战”[1]。对于荷兰而言,“捕鱼为国民生计的根本”[2]。北海的渔业为荷兰提供了替代陆地农业的食物来源,也提供了大量商业利润。[3]荷兰在北海的渔业至少有四种:近海杂鱼捕捞业、北海捕鲸业、鳕鱼捕捞业以及鲱鱼捕捞业。[4]其中,规模最大、经济地位最重要的是鲱鱼捕捞业。1380 年,荷兰发明了鲱鱼腌制方法,鲱鱼的市场由此扩大,腌鲱鱼成为行销欧洲的重要商品。[5]在大约 1400 年,荷兰发明了一种捕捞鲱鱼的大型渔船,这种渔船是漂浮在海上的腌鱼工厂,从拖网中捕捞的鲱鱼可以直接在宽大的甲板上完成从去除内脏到腌制装桶的全部工序,并且因为运载量大,这种渔船可以在外海连续作业 6～8 周,持续追踪鱼群的迁徙进行捕捞。[6]鲱鱼的捕捞和加工由此成为一种具有规模经济性质的活动。桶装的鲱鱼在欧洲各国出售,产值极大,因此 17 世纪的英国人称鲱鱼捕捞业为荷兰的“金矿”[7]。从 18 世纪 20 年代开始,荷兰的渔业开始衰落,原因是成本和工资水平上涨,难以与北海沿岸其他国家的渔业竞争。[8]

荷兰生产的腌制鲱鱼的一个最重要的市场是波罗的海沿岸的东欧国家,在那里,荷兰人通过出售鲱鱼换取谷物供应。[9]大规模的鲱鱼腌制需要大量的

---

[1] [法]费尔南·布罗代尔:《15 至 18 世纪的物质文明、经济和资本主义(第三卷):世界的时间》,施康强、顾良译,生活·读书·新知三联书店 2002 年版,第 202 页。

[2] [法]费尔南·布罗代尔:《15 至 18 世纪的物质文明、经济和资本主义(第三卷):世界的时间》,施康强、顾良译,生活·读书·新知三联书店 2002 年版,第 202 页。

[3] [荷]马尔滕·波拉:《黄金时代的荷兰共和国》,金海译,中国社会科学出版社 2013 年版,第 94 页。

[4] [法]费尔南·布罗代尔:《15 至 18 世纪的物质文明、经济和资本主义(第三卷):世界的时间》,施康强、顾良译,生活·读书·新知三联书店 2002 年版,第 202 页。

[5] [美]房龙:《荷兰共和国兴衰史》,施诚译,河北教育出版社 2001 年版,第 31 页。

[6] [美]伊曼纽尔·沃勒斯坦:《现代世界体系(第二卷):重商主义与欧洲世界经济体的巩固(1600—1750)》,吕丹、刘海龙、侯树栋、王勇译,庞卓恒主译兼总审校,高等教育出版社 1997 年版,第 46 页。

[7] [美]伊曼纽尔·沃勒斯坦:《现代世界体系(第二卷):重商主义与欧洲世界经济体的巩固(1600—1750)》,吕丹、刘海龙、侯树栋、王勇译,庞卓恒主译兼总审校,高等教育出版社 1997 年版,第 46 页。[法]费尔南·布罗代尔:《15 至 18 世纪的物质文明、经济和资本主义(第三卷):世界的时间》,施康强、顾良译,生活·读书·新知三联书店 2002 年版,第 203 页。

[8] [美]房龙:《荷兰共和国兴衰史》,施诚译,河北教育出版社 2001 年版,第 31 页。[法]费尔南·布罗代尔:《15 至 18 世纪的物质文明、经济和资本主义(第三卷):世界的时间》,施康强、顾良译,生活·读书·新知三联书店 2002 年版,第 203 页。

[9] [荷]马尔滕·波拉:《黄金时代的荷兰共和国》,金海译,中国社会科学出版社 2013 年版,第 95 页。

盐，荷兰本地通过海水蒸馏可以生产一些盐，但是依然短缺，由此鲱鱼贸易带动了盐的贸易，鲱鱼和盐的贸易带动了荷兰对波罗的海的贸易，因此可以说，荷兰的海外贸易发源于其渔业。[1] 自 15 世纪开始，荷兰的商船就开始载着鱼和盐与德意志的汉萨同盟在波罗的海贸易中竞争。[2] 汉萨同盟在这场竞争中败落。到 1560 年，包括后来荷兰在内的尼德兰已经控制了波罗的海货运量的 70%。[3] 自此之后，欧洲北部的波罗的海贸易区由荷兰掌握，东欧的产物：谷物、木材、柏油、松脂等向阿姆斯特丹集中。[4] 荷兰除了向波罗的海出口本国产物之外，还连通了南欧的伊比利亚半岛和波罗的海之间的贸易。“如果不开发遥远的伊比利亚半岛，波罗的海贸易便不能兴旺发达。”[5]荷兰将东北欧的谷物和木材以及西北欧的制造业产品沿大西洋运到伊比利亚，换取盐、油、羊毛、葡萄酒以及美洲输入西班牙的金银，然后再将这些货物运到西北欧和东北欧出售。[6] 包括荷兰在内的尼德兰船只在 16 世纪前期就在连通欧洲南北贸易区的大西洋航线上占据多数的地位，负责运输伊比利亚和北大西洋之间货运量的六分之五。[7] 在 1581 年宣布从尼德兰独立之后，荷兰继承了对这一贸易的控制。[8] 荷兰代替了威尼斯连通欧洲南北贸易区的事业。与波罗的海的贸易对于荷兰非常重要。根据 1636 年的估计，波罗的海的货物占运到荷兰经济

---

[1] [美]房龙：《荷兰共和国兴衰史》，施诚译，河北教育出版社 2001 年版，第 31 页。[美]伊曼纽尔·沃勒斯坦：《现代世界体系(第二卷)：重商主义与欧洲世界经济体的巩固(1600－1750)》，吕丹、刘海龙、侯树栋、王勇译，庞卓恒主译兼总审校，高等教育出版社 1997 年版，第 47 页。

[2] [法]费尔南·布罗代尔：《15 至 18 世纪的物质文明、经济和资本主义(第三卷)：世界的时间》，施康强、顾良译，生活·读书·新知三联书店 2002 年版，第 224 页。

[3] [法]费尔南·布罗代尔：《15 至 18 世纪的物质文明、经济和资本主义(第三卷)：世界的时间》，施康强、顾良译，生活·读书·新知三联书店 2002 年版，第 224 页。

[4] [法]费尔南·布罗代尔：《15 至 18 世纪的物质文明、经济和资本主义(第三卷)：世界的时间》，施康强、顾良译，生活·读书·新知三联书店 2002 年版，第 224 页。

[5] [法]费尔南·布罗代尔：《15 至 18 世纪的物质文明、经济和资本主义(第三卷)：世界的时间》，施康强、顾良译，生活·读书·新知三联书店 2002 年版，第 224－225 页。

[6] [法]费尔南·布罗代尔：《15 至 18 世纪的物质文明、经济和资本主义(第三卷)：世界的时间》，施康强、顾良译，生活·读书·新知三联书店 2002 年版，第 225 页。[荷]马尔滕·波拉：《黄金时代的荷兰共和国》，金海译，中国社会科学出版社 2013 年版，第 95 页。

[7] [法]费尔南·布罗代尔：《15 至 18 世纪的物质文明、经济和资本主义(第三卷)：世界的时间》，施康强、顾良译，生活·读书·新知三联书店 2002 年版，第 225 页。

[8] [法]费尔南·布罗代尔：《15 至 18 世纪的物质文明、经济和资本主义(第三卷)：世界的时间》，施康强、顾良译，生活·读书·新知三联书店 2002 年版，第 225－227 页。

中心阿姆斯特丹货物总量的40%以上。〔1〕荷兰人将波罗的海贸易视为“贸易之母”。〔2〕对波罗的海贸易的独占为荷兰的造船业和船运业效率的提高提供了足够大的市场，而依靠在波罗的海贸易中培养的效率，荷兰商人在其他地区的贸易中也获得了竞争优势，由此孕育了其他贸易。〔3〕

荷兰经营的贸易中，范围最大、利润最高的是亚洲的贸易。〔4〕在16世纪，欧洲绕过好望角与亚洲的贸易由葡萄牙控制，荷兰于1595年首次派舰队绕过好望角到达印度之后，开始在军事手段的支持下与葡萄牙竞争对亚洲贸易的控制权，到1641年，荷兰攻克马六甲，葡萄牙的亚洲贸易体系崩溃。〔5〕荷兰对亚洲的贸易由东印度贸易公司组织。荷兰东印度公司于1602年由荷兰政府在合并原有多家贸易公司的基础上成立，同时被授予好望角以东所有贸易的垄断特权，以消除原有的过于激烈的毁灭性竞争。〔6〕东印度公司不仅是贸易机构还是政治权力机构，它有权以荷兰议会的名义招募并指挥军队、决定开战与媾和、兼并领土并任命荷兰在亚洲领地的总督及其他文武官员。〔7〕东印度公司统一安排荷兰的亚洲贸易，在它成立之后，“[荷兰]对亚洲的商业活动从此只有一项政策、一种意志和一个领导”〔8〕。荷兰东印度公司的主要利润来源是对于东南

〔1〕[荷]马尔滕·波拉：《黄金时代的荷兰共和国》，金海译，中国社会科学出版社2013年版，第97页。

〔2〕[荷]马尔滕·波拉：《黄金时代的荷兰共和国》，金海译，中国社会科学出版社2013年版，第97页。

〔3〕[美]伊曼纽尔·沃勒斯坦：《现代世界体系（第二卷）：重商主义与欧洲世界经济体的巩固（1600—1750）》，吕丹、刘海龙、侯树栋、王勇译，庞卓恒主译兼总审校，高等教育出版社1997年版，第47页。

〔4〕[荷]马尔滕·波拉：《黄金时代的荷兰共和国》，金海译，中国社会科学出版社2013年版，第98页。[美]房龙：《荷兰共和国兴衰史》，施诚译，河北教育出版社2001年版，第32页。

〔5〕[法]费尔南·布罗代尔：《15至18世纪的物质文明、经济和资本主义（第三卷）：世界的时间》，施康强、顾良译，生活·读书·新知三联书店2002年版，第229—235页。

〔6〕[法]费尔南·布罗代尔：《15至18世纪的物质文明、经济和资本主义（第三卷）：世界的时间》，施康强、顾良译，生活·读书·新知三联书店2002年版，第231页。[荷]马尔滕·波拉：《黄金时代的荷兰共和国》，金海译，中国社会科学出版社2013年版，第99—100页。[美]房龙：《荷兰共和国兴衰史》，施诚译，河北教育出版社2001年版，第32页。[美]伊曼纽尔·沃勒斯坦：《现代世界体系（第二卷）：重商主义与欧洲世界经济体的巩固（1600—1750）》，吕丹、刘海龙、侯树栋、王勇译，庞卓恒主译兼总审校，高等教育出版社1997年版，第52—53页。

〔7〕[美]房龙：《荷兰共和国兴衰史》，施诚译，河北教育出版社2001年版，第33—34页。

〔8〕[法]费尔南·布罗代尔：《15至18世纪的物质文明、经济和资本主义（第三卷）：世界的时间》，施康强、顾良译，生活·读书·新知三联书店2002年版，第231页。

亚与欧洲之间香料贸易的垄断。[1] 这种垄断来源于控制种植各种香料的地区并阻止其他地区种植同种香料。[2] 亚洲的香料贸易为荷兰带来了巨大的财富，其利润率可能达到 1 200%。[3]

荷兰繁荣的海外贸易为远洋船舶提供了巨大需要。从 1500 年到 1700 年，荷兰商船队规模扩大了 10 倍；1670 年，荷兰商船队总吨位比英格兰、法国、葡萄牙、西班牙和德意志商船队吨位总和还要多。[4] 如此大规模的船队为荷兰造船业规模的扩大和生产率的提高提供了巨大的需求支持。荷兰造船业所用的原材料从波罗的海进口；加工这些原材料的生产过程按大规模生产的方式组织：专业化分工、可互换零件、标准化重复操作、机械化生产等特征已经在荷兰造船厂中出现。[5] 荷兰的国土经常遭受涝灾，多有沼泽，为了排干积水、开垦沼泽，荷兰人发明了由风力驱动的泵，即风车，荷兰人由此掌握了风力驱动木制机器的技术。[6] 1582 年，工业风车发明，风力驱动机器开始从排干沼泽用途向工业生产用途扩散，而这些工业风车中大多数用于造船业：锯木、输送物料、起重。[7] 除了造船过程生产率较高之外，荷兰的造船业在节约材料、节约劳动、通过批发采购节约材料成本、节约材料运输成本方面都在欧洲领先。17 世纪中期，荷兰造船成本比英国低 40%～50%。[8] 此外，荷兰设计的商船比其他国家

---

〔1〕［美］房龙：《荷兰共和国兴衰史》，施诚译，河北教育出版社 2001 年版，第 32 页。

〔2〕［法］费尔南·布罗代尔：《15 至 18 世纪的物质文明、经济和资本主义（第三卷）：世界的时间》，施康强、顾良译，生活·读书·新知三联书店 2002 年版，第 238 页。

〔3〕［美］房龙：《荷兰共和国兴衰史》，施诚译，河北教育出版社 2001 年版，第 32 页。

〔4〕［美］伊曼纽尔·沃勒斯坦：《现代世界体系（第二卷）：重商主义与欧洲世界经济体的巩固（1600—1750）》，吕丹、刘海龙、侯树栋、王勇译，庞卓恒主译兼总审校，高等教育出版社 1997 年版，第 52 页。

〔5〕［美］伊曼纽尔·沃勒斯坦：《现代世界体系（第二卷）：重商主义与欧洲世界经济体的巩固（1600—1750）》，吕丹、刘海龙、侯树栋、王勇译，庞卓恒主译兼总审校，高等教育出版社 1997 年版，第 49—50 页。［法］费尔南·布罗代尔：《15 至 18 世纪的物质文明、经济和资本主义（第三卷）：世界的时间》，施康强、顾良译，生活·读书·新知三联书店 2002 年版，第 206—207 页。

〔6〕［美］伊曼纽尔·沃勒斯坦：《现代世界体系（第二卷）：重商主义与欧洲世界经济体的巩固（1600—1750）》，吕丹、刘海龙、侯树栋、王勇译，庞卓恒主译兼总审校，高等教育出版社 1997 年版，第 47 页。［荷］马尔滕·波拉：《黄金时代的荷兰共和国》，金海译，中国社会科学出版社 2013 年版，第 94 页。

〔7〕［荷］马尔滕·波拉：《黄金时代的荷兰共和国》，金海译，中国社会科学出版社 2013 年版，第 101 页。［美］伊曼纽尔·沃勒斯坦：《现代世界体系（第二卷）：重商主义与欧洲世界经济体的巩固（1600—1750）》，吕丹、刘海龙、侯树栋、王勇译，庞卓恒主译兼总审校，高等教育出版社 1997 年版，第 49—50 页。

〔8〕［美］伊曼纽尔·沃勒斯坦：《现代世界体系（第二卷）：重商主义与欧洲世界经济体的巩固（1600—1750）》，吕丹、刘海龙、侯树栋、王勇译，庞卓恒主译兼总审校，高等教育出版社 1997 年版，第 59 页。

的商船效率更高:操纵同等吨位的船只,荷兰商船需要的船员数量比欧洲其他国家的商船少 20%;荷兰商船船身尺寸大一倍,造价却能节约一半。[1] 因此,除了供应本国商船队外,荷兰制造的商船还成为一种出口商品,向地中海国家供应。[2] 高效率的商船和造船业进一步提高了荷兰航运业和海外贸易的竞争力,构成了丹尼尔·笛福(Daniel Defoe,1660—1731)将荷兰称为“世界马车夫、贸易中间商”的基础。[3] 除造船业外,荷兰的另一最大制造业部门是纺织业,而荷兰纺织业的中心在莱顿。[4] 莱顿的纺织业以羊毛为主要原料,在 17 世纪是欧洲最重要的工业中心之一。[5] 荷兰的另一个重要的纺织业中心哈勒姆,以亚麻为原材料。[6] 除了纺织业与造船业外,烟草加工业、蔗糖加工业、皮革加工业、啤酒酿造业、肥皂制造业、染料制造业、军火制造业都是有国际竞争力的重要制造业。[7] 荷兰的制造业和海外贸易之间存在良性协同关系:海外贸易的效率依赖船运业的效率,高效的船运业是发达制造业的结果,制造业产品的出口扩大了海外贸易,海外贸易带来大量就业,大量就业扩大了制造业产品的国内市场,更大的国内市场促进制造业效率和竞争力进一步提高。[8]

荷兰发达的制造业和海外贸易促进了城市的发展。17 世纪,荷兰的一半居

---

〔1〕[法]费尔南·布罗代尔:《15 至 18 世纪的物质文明、经济和资本主义(第三卷):世界的时间》,施康强、顾良译,生活·读书·新知三联书店 2002 年版,第 204—205 页。

〔2〕[法]费尔南·布罗代尔:《15 至 18 世纪的物质文明、经济和资本主义(第三卷):世界的时间》,施康强、顾良译,生活·读书·新知三联书店 2002 年版,第 206 页。

〔3〕[美]伊曼纽尔·沃勒斯坦:《现代世界体系(第二卷):重商主义与欧洲世界经济体的巩固(1600—1750)》,吕丹、刘海龙、侯树栋、王勇译,庞卓恒主译兼总审校,高等教育出版社 1997 年版,第 52 页、第 59 页。

〔4〕[美]伊曼纽尔·沃勒斯坦:《现代世界体系(第二卷):重商主义与欧洲世界经济体的巩固(1600—1750)》,吕丹、刘海龙、侯树栋、王勇译,庞卓恒主译兼总审校,高等教育出版社 1997 年版,第 48 页。

〔5〕[荷]马尔滕·波拉:《黄金时代的荷兰共和国》,金海译,中国社会科学出版社 2013 年版,第 106 页。

〔6〕[荷]马尔滕·波拉:《黄金时代的荷兰共和国》,金海译,中国社会科学出版社 2013 年版,第 106 页。

〔7〕[美]伊曼纽尔·沃勒斯坦:《现代世界体系(第二卷):重商主义与欧洲世界经济体的巩固(1600—1750)》,吕丹、刘海龙、侯树栋、王勇译,庞卓恒主译兼总审校,高等教育出版社 1997 年版,第 50 页。[荷]马尔滕·波拉:《黄金时代的荷兰共和国》,金海译,中国社会科学出版社 2013 年版,第 100—101 页。

〔8〕[美]伊曼纽尔·沃勒斯坦:《现代世界体系(第二卷):重商主义与欧洲世界经济体的巩固(1600—1750)》,吕丹、刘海龙、侯树栋、王勇译,庞卓恒主译兼总审校,高等教育出版社 1997 年版,第 50 页、第 61 页。

民是城市人口。[1] 荷兰繁荣的城市经济为农业的发展提供了需求支持。荷兰的国土不适合种植谷物,却适合牧草和经济作物的生长。[2] 海外贸易和城市制造业的扩张增加了对于经济作物的需要,这为荷兰土地的利用提供了方向,为城市制造业服务的经济作物种植业和畜牧业由此兴起并成为荷兰农业的主体。亚麻种植业为荷兰强大的亚麻纺织业提供原料;大麻种植业为缆绳制造业提供原料并最终为造船业服务;茜草是一种适合在荷兰生长的天然红色染料,茜草种植业为纺织业的印染工序服务,供应具有国际竞争力的染料,大量英国生产的未经染色的布运往荷兰完成染色工序;蛇麻草种植业为啤酒酿造业供应必需的啤酒花;烟草种植业的产品在城市中加工成鼻烟、嚼烟、烟丝;牧草种植业支持了向城市供应乳制品的奶牛养殖业,并且为从东欧进口的肉牛提供了育肥的饲料,这些牛经过育肥后向城市提供牛肉,乳制品和牛肉为谷物短缺的荷兰扩大了食物来源。[3] 在发达的城市的需求支持下,在荷兰经济鼎盛的17世纪,"荷兰在农业技术方面越来越有效率,而欧洲其他大部分地区却相对静止,差距越来越大"[4]。

通过发达的城市制造业和海外贸易,荷兰获得了大量贵金属货币,阿姆斯特丹成为欧洲货币市场的中心。[5] 由于积累了大量贵金属货币库存,阿姆斯特丹的银行总是可以兑现其信用票据,因此阿姆斯特丹也成为欧洲国际信用支

[1] [法]费尔南·布罗代尔:《15至18世纪的物质文明、经济和资本主义(第三卷):世界的时间》,施康强、顾良译,生活·读书·新知三联书店2002年版,第192页。

[2] [法]费尔南·布罗代尔:《15至18世纪的物质文明、经济和资本主义(第三卷):世界的时间》,施康强、顾良译,生活·读书·新知三联书店2002年版,第188—189页。

[3] [法]费尔南·布罗代尔:《15至18世纪的物质文明、经济和资本主义(第三卷):世界的时间》,施康强、顾良译,生活·读书·新知三联书店2002年版,第189—191页。[美]伊曼纽尔·沃勒斯坦:《现代世界体系(第二卷):重商主义与欧洲世界经济体的巩固(1600—1750)》,吕丹、刘海龙、侯树栋、王勇译,庞卓恒主译兼总审校,高等教育出版社1997年版,第48页。[荷]马尔滕·波拉:《黄金时代的荷兰共和国》,金海译,中国社会科学出版社2013年版,第91—93页。

[4] [美]伊曼纽尔·沃勒斯坦:《现代世界体系(第二卷):重商主义与欧洲世界经济体的巩固(1600—1750)》,吕丹、刘海龙、侯树栋、王勇译,庞卓恒主译兼总审校,高等教育出版社1997年版,第48页。

[5] [美]伊曼纽尔·沃勒斯坦:《现代世界体系(第二卷):重商主义与欧洲世界经济体的巩固(1600—1750)》,吕丹、刘海龙、侯树栋、王勇译,庞卓恒主译兼总审校,高等教育出版社1997年版,第61页。

付体系的中心。[1] 在17世纪,荷兰的利息率下降了一半以上,达到欧洲最低的水平。[2] 在18世纪,荷兰是欧洲最大的金融资本供应者,欧洲各国公债的最大债权人。[3] 依靠丰厚的金融资源和发达的工商业,荷兰政府总能清偿其债务并以很低的利息动员财政资源,这促成了荷兰在17—18世纪的多次战争中的胜利。[4] 荷兰繁荣的经济为其居民提供了充足的就业,并且与宗教宽容政策一并成为追求财富和庇护的外国移民的强大吸引力。[5] 阿姆斯特丹的人口在17世纪增加了3倍。[6] 荷兰经济在欧洲的领先地位一直维持到18世纪末,之后,荷兰在欧洲经济中的地位由英国取代。[7]

综上所述,威尼斯和荷兰是16—18世纪欧洲最发达的经济体,是摆在其他欧洲各国面前的学习模版。威尼斯与荷兰的经济结构非常相似,它们都至少有以下三个特征:第一,"两个城邦都有规模较大且种类繁多的制造业和手工业部门";第二,"每个城邦都控制着一种重要的原材料市场,威尼斯控制着盐,荷兰控制着鱼类";第三,"它们都建立了利润非常丰厚的海外贸易市场"。[8] 作为其他国家的学习模版,这种经济结构意味着城市产业而不是乡村产业,即为国内外广阔市场服务的城市制造业和海外贸易而不是自然经济中的农业与乡村

---

[1] [美]伊曼纽尔·沃勒斯坦:《现代世界体系(第二卷):重商主义与欧洲世界经济体的巩固(1600—1750)》,吕丹、刘海龙、侯树栋、王勇译,庞卓恒主译兼总审校,高等教育出版社1997年版,第62页。[法]费尔南·布罗代尔:《15至18世纪的物质文明、经济和资本主义(第三卷):世界的时间》,施康强、顾良译,生活·读书·新知三联书店2002年版,第263—271页。

[2] [美]伊曼纽尔·沃勒斯坦:《现代世界体系(第二卷):重商主义与欧洲世界经济体的巩固(1600—1750)》,吕丹、刘海龙、侯树栋、王勇译,庞卓恒主译兼总审校,高等教育出版社1997年版,第63页。

[3] [法]费尔南·布罗代尔:《15至18世纪的物质文明、经济和资本主义(第三卷):世界的时间》,施康强、顾良译,生活·读书·新知三联书店2002年版,第271—275页。[美]房龙:《荷兰共和国兴衰史》,施诚译,河北教育出版社2001年版,第23—24页。

[4] [美]伊曼纽尔·沃勒斯坦:《现代世界体系(第二卷):重商主义与欧洲世界经济体的巩固(1600—1750)》,吕丹、刘海龙、侯树栋、王勇译,庞卓恒主译兼总审校,高等教育出版社1997年版,第61页。

[5] [法]费尔南·布罗代尔:《15至18世纪的物质文明、经济和资本主义(第三卷):世界的时间》,施康强、顾良译,生活·读书·新知三联书店2002年版,第196—201页。

[6] [法]费尔南·布罗代尔:《15至18世纪的物质文明、经济和资本主义(第三卷):世界的时间》,施康强、顾良译,生活·读书·新知三联书店2002年版,第201页。

[7] [法]费尔南·布罗代尔:《15至18世纪的物质文明、经济和资本主义(第三卷):世界的时间》,施康强、顾良译,生活·读书·新知三联书店2002年版,第296—310页。

[8] [挪威]埃里克·S.赖纳特:《富国为什么富,穷国为什么穷》,杨虎涛、陈国涛等译,杨虎涛校,贾根良审订,中国人民大学出版社2010年版,第58—59页。

手工业,是实现经济发展的关键:威尼斯几乎没有乡村产业,荷兰也只有由城市需求催生的商品农业。近代欧洲的经济思想家与政策家都注意到了这种情况。"欧洲的'财富之岛'通常也是地理意义上的岛屿,早期的经济学家也注意到这一点。一个城市或国家的财富与它们的自然财富似乎是负相关的,这好像有些出乎意料。最典型的地区,就像荷兰和威尼斯,它们几乎没什么适于耕作的土地。因此,它们被迫实行专业化的工业生产并进行海外贸易。"[1]

对于当时的欧洲国家而言,"经济政策的目标就变成对荷兰和威尼斯的经济结构的模仿"[2]。英格兰对于威尼斯与荷兰经济结构的模仿始于都铎王朝的国王亨利七世(Henry Ⅶ,1457—1509)执政的时代,丹尼尔·笛福将亨利七世称为"第一个让英国人想到加工他们自己的羊毛的君主"[3]。成为国王之前,亨利七世曾经在勃艮第公国躲避当时英格兰发生的内乱,而当时低地国家处于勃艮第公国治下。在这里,亨利七世目睹了低地国家繁荣的贸易、富裕的城市以及就业充分的人民;同时亨利七世也注意到,这种经济繁荣建立的基础是进口英格兰出产的羊毛,并将这些羊毛加工成纺织品之后出口。[4] 亨利七世认为,英格兰允许未经加工的羊毛出口是一个错误:拱手将通过制造并出口羊毛纺织品致富的机会让给外国人,反倒使本国人民失业受穷。因此,亨利七世从登基之后,即着手纠正这个错误。[5] 亨利七世通过支付补贴鼓励英格兰人民经营羊毛纺织业,并通过补贴吸引精通羊毛纺织工艺的外国工匠前往英格兰传播这种技艺。[6] 随着英格兰羊毛加工能力的逐渐进步,逐步提高对羊毛出口征收的关税,逐步减少羊毛出口。[7] 到伊丽莎白一世(1533—1603)统治时期,英格兰的羊毛纺织业已经成长到足够消化国内羊毛产量的规模,于是英格兰完全禁止未经加工的羊毛出口。[8] 此外,为了开辟英格兰羊毛纺织品的海外市场,伊丽莎白一世建立了俄罗斯公司和土耳其公司,向俄罗斯与地中海

---

〔1〕［挪威］埃里克·S. 赖纳特:《富国为什么富,穷国为什么穷》,杨虎涛、陈国涛等译,杨虎涛校,贾根良审订,中国人民大学出版社 2010 年版,第 58 页。

〔2〕［挪威］埃里克·S. 赖纳特:《富国为什么富,穷国为什么穷》,杨虎涛、陈国涛等译,杨虎涛校,贾根良审订,中国人民大学出版社 2010 年版,第 73 页。

〔3〕Daniel Defoe, *A Plan of the English Commerce*, London: Charles Rivington, 1728, p. 126.

〔4〕Daniel Defoe, *A Plan of the English Commerce*, London: Charles Rivington, 1728, p. 126.

〔5〕Daniel Defoe, *A Plan of the English Commerce*, London: Charles Rivington, 1728, p. 127.

〔6〕Daniel Defoe, *A Plan of the English Commerce*, London: Charles Rivington, 1728, p. 129.

〔7〕Daniel Defoe, *A Plan of the English Commerce*, London: Charles Rivington, 1728, p. 129.

〔8〕Daniel Defoe, *A Plan of the English Commerce*, London: Charles Rivington, 1728, p. 131.

出口羊毛纺织品，建立了美洲殖民地，并建立了与西非海岸和荷兰之间的贸易。[1] 伊丽莎白一世还颁布了国家对于羊毛纺织业中的产品质量、生产工艺、工资以及劳动关系的规章。[2] 都铎王朝的羊毛纺织业政策非常成功，英格兰的羊毛纺织品具有国际竞争力，一直到17世纪后期，羊毛纺织品都是英格兰唯一出口的制造业产品。[3] 都铎王朝还有意识地利用政策培育英格兰的船运业，尽量利用英格兰自己的商船队运输进出口产品。[4] 都铎王朝之后，培育船运业的政策继续执行。在1651年与1660年，英格兰颁布《航海法》，规定英格兰及其领地进出口的货物只能由属于英格兰、船员大部分是英格兰人、在英格兰及其领地制造的船只运输。[5]

光荣革命之后，英格兰开始执行全面的制造业促进政策，将羊毛纺织业政策扩展到其他制造业。[6] 这套政策使英格兰制造业快速发展，"为工业革命开辟了道路"[7]。第一任英国首相罗伯特·沃波尔(Robert Walpole，1676－1745)是这套政策的奠基人。[8] 这套政策的核心关切是英格兰制造业的扩张与国际市场竞争力的提高；为此目标，制造业被给予各种优待；制造业需要的食物、原材料与劳动力的价格被降低以降低生产成本；来自外国制造业的竞争被排除在英格兰国内市场之外；制造业产品的自由出口被保证；补贴在适当的时

[1] Daniel Defoe, *A Plan of the English Commerce*, London: Charles Rivington, 1728, pp. 136－140.

[2] Norris A. Brisco, *The Economic Policy of Robert Walpole*, New York: The Columbia University Press, 1907, p. 167. E. Lipson, *The Economic History of England*, *vol. Ⅲ*, *The Age of Mercantilism*, London: Adam and Charles Black, 1943, pp. 252－257, pp. 283－284, pp. 321－323, p. 329.

[3] Silvia A. Conca Messina, *A History of States and Economic Policies in Early Modern Europe*, London: Routledge, 2019, pp. 171－172.

[4] E. Lipson, *The Economic History of England*, *vol. Ⅲ*, *The Age of Mercantilism*, London: Adam and Charles Black, 1943, pp. 116－120.

[5] E. Lipson, *The Economic History of England*, *vol. Ⅲ*, *The Age of Mercantilism*, London: Adam and Charles Black, 1943, pp. 121－128.

[6] Norris A. Brisco, *The Economic Policy of Robert Walpole*, New York: The Columbia University Press, 1907, p. 19. [英]张夏准：《富国陷阱：发达国家为何踢开梯子》，肖炼、倪延硕等译，社会科学文献出版社2009年版，第22页。

[7] Norris A. Brisco, *The Economic Policy of Robert Walpole*, New York: The Columbia University Press, 1907, p. 20.

[8] Norris A. Brisco, *The Economic Policy of Robert Walpole*, New York: The Columbia University Press, 1907, p. 20. [英]张夏准：《富国陷阱：发达国家为何踢开梯子》，肖炼、倪延硕等译，社会科学文献出版社2009年版。Silvia A. Conca Messina, *A History of States and Economic Policies in Early Modern Europe*, London: Routledge, 2019, pp. 177－178.

候被用于鼓励制造业;各种监管规章被执行以促进制造业的国际竞争力。[1] 在沃波尔执政时期,几乎所有制造业产品的出口关税被免除。[2] 用于纺织业的染料、用于生产帽子的毛皮、饮食医药使用的香料、用于鱼类加工的盐等原材料的进口关税被免除或降低以降低制造业生产成本。[3] 与英格兰制造业有竞争关系的外国制造业产品的进口关税没有废除,并且相比 1690 年的水平增加了三倍。[4] 补贴被授予生产帆布、丝绸、火药、精糖、烈酒的制造业,以鼓励这些产业的生产和出口的扩张。[5] 欧洲大陆各种制造业技术人员,特别是金属加工和化学品制造的技术人员,被政策吸引而移民英格兰。[6] 但是,英格兰的制造业技术人员以及他们使用的生产工具却被立法禁止离开英格兰。[7] 国家对于制造业生产过程和劳动关系的管理规章被扩展到羊毛纺织业之外的制造业,以提高制造业产品的质量和竞争力。[8] 通过促进以制造业为核心的经济发展,沃波尔希望巩固光荣革命以后新建立的英格兰议会君主制政权的财政基础。沃波尔"持续执行一套清晰的经济政策,其基本原则是将国家的财政置于一种坚实的基础之上,刺激贸易,促进制造业"[9]。

从 16 世纪中期到 17 世纪中期,法国连续处于由宗教内战、贵族叛乱、新教

---

〔1〕 Norris A. Brisco, *The Economic Policy of Robert Walpole*, New York: The Columbia University Press, 1907, pp. 129—130.

〔2〕 Norris A. Brisco, *The Economic Policy of Robert Walpole*, New York: The Columbia University Press, 1907, p. 131.

〔3〕 Norris A. Brisco, *The Economic Policy of Robert Walpole*, New York: The Columbia University Press, 1907, pp. 131—138.

〔4〕 Norris A. Brisco, *The Economic Policy of Robert Walpole*, New York: The Columbia University Press, 1907, p. 139. Silvia A. Conca Messina, *A History of States and Economic Policies in Early Modern Europe*, London: Routledge, 2019, p. 177.

〔5〕 Norris A. Brisco, *The Economic Policy of Robert Walpole*, New York: The Columbia University Press, 1907, pp. 148—152.

〔6〕 Norris A. Brisco, *The Economic Policy of Robert Walpole*, New York: The Columbia University Press, 1907, pp. 166—167. Silvia A. Conca Messina, *A History of States and Economic Policies in Early Modern Europe*, London: Routledge, 2019, p. 172.

〔7〕 E. Lipson, *The Economic History of England*, *vol. Ⅲ*, *The Age of Mercantilism*, London: Adam and Charles Black, 1943, pp. 49—50.

〔8〕 Norris A. Brisco, *The Economic Policy of Robert Walpole*, New York: The Columbia University Press, 1907, pp. 169—177.

〔9〕 Norris A. Brisco, *The Economic Policy of Robert Walpole*, New York: The Columbia University Press, 1907, p. 207.

徒叛乱、“三十年战争”与市民叛乱造成的政治动荡中。[1] 趁着法国国内的动荡以及地理位置的接近，荷兰通过向法国出口制造业产品与控制法国进出口贸易的船运积累了大量财富，因此荷兰被法国视为经济上掠夺财富的敌人与必须赶超的对手。[2] 荷兰造成的经济压力非常大，以至于法国甚至直接以军事手段进攻荷兰，希望武力吞并这块土地上发达的经济结构。[3] 此外，由都铎王朝的经济政策成功培育的英格兰羊毛纺织业也向法国大量出口，造成法国羊毛纺织业的衰落。[4] 因此，建立有国际竞争力的经济结构以赶超荷兰和英格兰，成为当时法国经济政策的核心。[5] 在16世纪末，宗教内战结束，波旁王朝建立，法国国王亨利四世(Henri Ⅳ，1553－1610)以及路易十三的宰相黎塞留(Richelieu，1585－1642)开始执行政策以发展丝织业、亚麻纺织业、精细羊毛纺织业、金银器制造业、玻璃镜制造业、玻璃器皿制造业、织毯业等制造业，以及连通法国与亚洲、非洲和美洲的海外贸易与船运业。[6] 亨利四世与黎塞留为新建立的制造业企业提供了补贴、贷款、免税待遇、进口原材料免关税、免于行会管制的地位以及产品销售市场上的垄断特权。[7] 他们开始统一各城市的手工行会规章，将行会师傅的授予权收归国家。[8] 对于制造业产品质量和生产工艺的国家规定和监督开始建立。[9] 模仿英格兰和荷兰各自东印度公司的远洋贸易

---

〔1〕 Silvia A. Conca Messina, *A History of States and Economic Policies in Early Modern Europe*, London: Routledge, 2019, p. 162.

〔2〕 A. J. Sargent, *The Economic Policy of Colbert*, London: Longmans, Green and Co., 1899, pp. 75－76.［法］伊奈丝·谬拉：《科尔贝：法国重商主义之父》，梅俊杰译，上海远东出版社2012年版，第138－147页。

〔3〕 ［法］伊奈丝·谬拉：《科尔贝：法国重商主义之父》，梅俊杰译，上海远东出版社2012年版，第147－151页。

〔4〕 Charles Woolsey Cole, *Colbert and A Century of French Mercantilism*, vol. I, New York: Columbia University Press, 1939, pp. 89－90.

〔5〕 Charles Woolsey Cole, *Colbert and A Century of French Mercantilism*, vol. I, New York: Columbia University Press, 1939, pp. 83－109.

〔6〕 Charles Woolsey Cole, *Colbert and A Century of French Mercantilism*, vol. I, New York: Columbia University Press, 1939, pp. 45－75, pp. 157－208. Silvia A. Conca Messina, *A History of States and Economic Policies in Early Modern Europe*, London: Routledge, 2019.

〔7〕 Charles Woolsey Cole, *Colbert and A Century of French Mercantilism*, vol. I, New York: Columbia University Press, 1939, pp. 51－52, pp. 55－56, pp. 59－64, pp. 157－161.

〔8〕 Charles Woolsey Cole, *Colbert and A Century of French Mercantilism*, vol. I, New York: Columbia University Press, 1939, pp. 51－52, pp. 65－66, pp. 162－164.

〔9〕 Charles Woolsey Cole, *Colbert and A Century of French Mercantilism*, vol. I, New York: Columbia University Press, 1939, pp. 51－52, pp. 66－67.

公司也开始建立。[1]

在法国大规模执行政策以建立以制造业和海外贸易为核心的经济结构，要等到路易十四的财政总监科尔贝的执政时期。科尔贝的经济政策主要包括以下方面。第一，建成戈贝兰(Gobelins)国营工场。戈贝兰工场在1607年由两名弗拉芒(大体相当于今天的比利时)制造商在国王亨利四世提供的补贴和特权的支持下在巴黎东南部原属戈贝兰家族所有的印染工场的基础上建立，最初是一座挂毯织造工场。[2] 1664年，已经担任法国财政总监的科尔贝为法国政府收购了萧条中的戈贝兰工场，将其改为国营工场，并扩展了它的业务范围。[3]在科尔贝的管理下，戈贝兰工场不再只是挂毯织造场，“它也变成了各种依赖于将艺术应用于工艺的奢侈品的生产中心”[4]。戈贝兰工场的正式名称是“国王家庭用具手工工场”，它集中了各种艺术家和工匠：画工、雕刻师、金匠、铸工、细木工、宝石工等。[5] 戈贝兰工场“只按路易十四的意旨，为装饰其宫殿和增加其宫廷的富丽而生产”，工场的产品“用来装饰凡尔赛、圣日耳曼和马尔利等宫殿：挂毡、木刻、雕刻、铜器、纪念物以及镶镂精美的银器”。[6] 桑巴特将戈贝兰工场视为近代欧洲一类专门为促进经济发展而建立的国营企业的典型代表，这类企业往往由国家在私人企业无力或无意经营的那些重要的新产业中建立，除了经营这些新产业之外，这类企业“还充当私人企业家的学习场所”，为私人企业在新产业中的建立起到模范作用。[7] 第二，从制造业发达国家，特别是荷兰和威尼斯，吸引技工和制造商移民法国以建立新制造业，同时禁止本国技工和

---

[1] Charles Woolsey Cole, *Colbert and A Century of French Mercantilism*, vol. I, New York: Columbia University Press, 1939, pp. 51—52, pp. 68—69, pp. 165—194.

[2] Charles Woolsey Cole, *Colbert and A Century of French Mercantilism*, vol. I, New York: Columbia University Press, 1939, pp. 57—58.

[3] Charles Woolsey Cole, *Colbert and A Century of French Mercantilism*, vol. Ⅱ, New York: Columbia University Press, 1939, p. 287.

[4] Charles Woolsey Cole, *Colbert and A Century of French Mercantilism*, vol. Ⅱ, New York: Columbia University Press, 1939, p. 287.

[5] Charles Woolsey Cole, *Colbert and A Century of French Mercantilism*, vol. Ⅱ, New York: Columbia University Press, 1939, p. 288. [法]保尔·芒图：《十八世纪产业革命》，杨人楩、陈希秦、吴绪译，商务印书馆1983年版，第14—15页。

[6] [法]保尔·芒图：《十八世纪产业革命》，杨人楩、陈希秦、吴绪译，商务印书馆1983年版，第15页。Charles Woolsey Cole, *Colbert and A Century of French Mercantilism*, vol. Ⅱ, New York: Columbia University Press, 1939, pp. 287—291.

[7] Werner Sombart, *Der moderne Kapitalismus*, bd. 2, teil. 2, Münichen und Leipzig: Duncker & Humblot, 1919, p. 849.

制造商移出法国。[1] 第三,向新工场提供特权,以鼓励这些工场制造尚未出现在法国的新产品或采用法国制造商尚未掌握的新工艺,这些特权包括:国内市场中部分地区的暂时销售垄断权、为领导工场的企业家提供贵族身份、为新工场授予“皇家工场”(manufacture royale)的头衔并允许它们在厂房与产品上使用王室徽章、产品的销售与原材料的进口免税、为新工场提供补贴和低息贷款以鼓励产量和出口量扩张、降低甚至免除制造业产品出口关税。[2] 值得注意的是,这些特权和补贴不是永久的,它们仅是为了帮助新制造业度过幼年期的成长而非永久庇护新制造业。[3] 第四,颁布关于制造业产品质量与生产工艺的规章,并成立执行这些规章的官员队伍,以促进制造业产品的质量提高和标准化,传播效率更高的新工艺,进而促进制造业产品的销路扩大。[4] 科尔贝非常重视制造业规章的制定和执行,因为这种政策可以使同类的法国制造业产品不论产地和厂商,质量标准一致,由此扩大国内外销路,科尔贝认为与制造业规章政策相比“没有更重要的事”。[5] 第五,由国家成立行会将制造业组织起来,通过行会保证制造业规章执行、维持制造业生产中的秩序和纪律、培养学徒并管理制造业中的劳动关系。[6] 通过这些政策,科尔贝在法国建立并促进了精细羊毛纺织业、亚麻纺织业、丝织业、织毯业、制镜业、玻璃制造业、瓷器制造业、制铁与制钢业、黄铜与青铜加工业、海军装备制造业,以及染料与肥皂等化学品

---

〔1〕 A. J. Sargent, *The Economic Policy of Colbert*, London: Longmans, Green and Co., 1899, pp. 46—47. [法]伊奈丝·谬拉:《科尔贝:法国重商主义之父》,梅俊杰译,上海远东出版社 2012 年版,第 166 页。

〔2〕 A. J. Sargent, *The Economic Policy of Colbert*, London: Longmans, Green and Co., 1899, pp. 48—49. Charles Woolsey Cole, *Colbert and A Century of French Mercantilism*, vol. Ⅱ, New York: Columbia University Press, 1939, pp. 134—137. [法]伊奈丝·谬拉:《科尔贝:法国重商主义之父》,梅俊杰译,上海远东出版社 2012 年版,第 165—166 页。

〔3〕 A. J. Sargent, *The Economic Policy of Colbert*, London: Longmans, Green and Co., 1899, p. 54. [法]伊奈丝·谬拉:《科尔贝:法国重商主义之父》,梅俊杰译,上海远东出版社 2012 年版,第 165—166 页。

〔4〕 A. J. Sargent, *The Economic Policy of Colbert*, London: Longmans, Green and Co., 1899, pp. 50—51. Charles Woolsey Cole, *Colbert and A Century of French Mercantilism*, vol. II, New York: Columbia University Press, 1939, pp. 382—441. [法]伊奈丝·谬拉:《科尔贝:法国重商主义之父》,梅俊杰译,上海远东出版社 2012 年版,第 167—168 页。

〔5〕 [德]维尔纳·桑巴特:《现代资本主义》第一卷,李季译,商务印书馆 1958 年版,第 257 页。

〔6〕 Charles Woolsey Cole, *Colbert and A Century of French Mercantilism*, vol. II, New York: Columbia University Press, 1939, pp. 441—457.

制造业。[1] 为了建立法国的船运业和海外贸易，打破荷兰船运业的垄断，科尔贝为法国本国商船队提供补贴和免税待遇；以王室和国家经费为主成立东印度公司、西印度公司、黎凡特公司、北海公司，分别负责亚洲、美洲、地中海与北海的贸易，用法国商船队运输法国的进出口产品。[2]

科尔贝的经济政策奠定了法国走上工业化发展道路的基础。18世纪法国启蒙运动思想家伏尔泰写道："毫无疑问，法国全靠这位大臣[即科尔贝]才有自己的工商业。因此，法国国家富足，也归功于他。战争期间，国家财源有时虽然减少，但在和平时期国家又财路广开，富裕起来。"[3]法国古典自由主义政治经济学家让—巴普蒂斯塔·萨伊(Jean-Baptiste Say，1767—1832)对国家干预产业结构的政策提出了很多批评，但是，即便如此，萨伊也不得不承认：

> 他们[法国重农主义者]说科伯特[即科尔贝]把法国弄得山穷水尽，这并不符合事实。事实是，在科伯特的管理下，法国却从两个摄政和一个庸懦无能的君主所造成的穷困中挣脱出来。不错，法国之后又破产了，但这是由于路易十四的穷奢极侈和穷兵黩武。不但如此，路易十四的挥霍，恰恰反映科伯特曾蓄积有大笔资财供他使用。[4]

萨伊相当赞许科尔贝的制造业补贴政策：

> 法国现在拥有世界上最完善的丝织厂和毛织厂。这些工厂似乎是科伯特政府明智扶植的结果。他对每架织机贷给两千法郎。顺便说一下，这种扶植具有很特殊的利益。在一般情况下，政府对个人劳动产品所征课的任何捐税，全部不用于将来生产，但在这一次，一部分捐税用以进行再生产，一部分个人收入投入国家的总生产资本。这是人们几乎料想不

---

[1] Charles Woolsey Cole, *Colbert and A Century of French Mercantilism*, vol. II, New York: Columbia University Press, 1939, pp. 141—362.

[2] A. J. Sargent, *The Economic Policy of Colbert*, London: Longmans, Green and Co., 1899, pp. 65—86. Charles Woolsey Cole, *Colbert and A Century of French Mercantilism*, vol. II, New York: Columbia University Press, 1939, pp. 383—532. [法]伊奈丝·谬拉：《科尔贝：法国重商主义之父》，梅俊杰译，上海远东出版社2012年版，第182—196页。[法]伏尔泰：《路易十四时代》，吴模信、沈怀洁、梁守锵译，吴模信校，商务印书馆1996年版，第420—422页。

[3] [法]伏尔泰：《路易十四时代》，吴模信、沈怀洁、梁守锵译，吴模信校，商务印书馆1996年版，第442页。

[4] [法]萨伊：《政治经济学概论：财富生产、分配和消费》，陈福生、陈振骅译，商务印书馆1997年版，第68页。

到的高度的智慧,就是从利己立场出发,也很难料想到这样明智的办法。[1]

在近代欧洲,很多新兴资本主义工商业企业家是基督新教加尔文派的信徒。[2] 因此,科尔贝发展法国制造业和海外贸易的事业很大程度上依赖于加尔文派信徒的配合以及作为新兴信仰的加尔文派与作为传统信仰的天主教之间的和平。[3] 这种配合与和平由《南特敕令》(The Edict of Nantes)保证,这份由亨利四世在1598年颁布的法令是16世纪法国宗教内战的结果,它保护了加尔文派信徒的信仰自由和政治权利,并且授予加尔文派信徒一些特权。[4] 但是,路易十四对于加尔文派没有好感,他更重视国家政治和宗教统一,所以在科尔贝去世之后,他在1685年撤销了《南特敕令》,并开始纵容天主教徒对于加尔文教徒的迫害。[5] 这对于法国的制造业、航运业与海外贸易是一场灾难。大量加尔文派的制造商、贸易商、技工、海员带着他们的技术、产业以及财富离开法国。[6] 路易十四派出军队驻守边境,试图阻拦他们离开,但是成效不彰。[7] 这些工商业人才被英格兰与荷兰等法国在制造业和国际贸易中的竞争对手招揽,将先进的产业和技术带到这些国家。[8] 科尔贝通过政策为法国努力积累的工商业人力资源自此流散。

从《南特敕令》的撤销中获得最大好处的可能是当时经济落后的德意志诸

---

〔1〕 [法]萨伊:《政治经济学概论:财富生产、分配和消费》,陈福生、陈振骅译,商务印书馆1997年版,第190页。

〔2〕 [德]维尔纳·桑巴特:《现代资本主义》第一卷,李季译,商务印书馆1958年版,第585—590。[德]马克斯·韦伯:《新教伦理与资本主义精神》,袁志英译,上海译文出版社2018年版。

〔3〕 [法]伏尔泰:《路易十四时代》,吴模信、沈怀洁、梁守锵译,吴模信校,商务印书馆1996年版,第527—528页。

〔4〕 [法]伏尔泰:《路易十四时代》,吴模信、沈怀洁、梁守锵译,吴模信校,商务印书馆1996年版,第521—523页。

〔5〕 [法]伏尔泰:《路易十四时代》,吴模信、沈怀洁、梁守锵译,吴模信校,商务印书馆1996年版,第534—535页。

〔6〕 [法]伏尔泰:《路易十四时代》,吴模信、沈怀洁、梁守锵译,吴模信校,商务印书馆1996年版,第535—536页。[法]伊奈丝·谬拉:《科尔贝:法国重商主义之父》,梅俊杰译,上海远东出版社2012年版,第276页。

〔7〕 [法]伏尔泰:《路易十四时代》,吴模信、沈怀洁、梁守锵译,吴模信校,商务印书馆1996年版,第533页、第535页。

〔8〕 Norris A. Brisco, *The Economic Policy of Robert Walpole*, New York: The Columbia University Press, 1907, p. 166—167. [法]伏尔泰:《路易十四时代》,吴模信、沈怀洁、梁守锵译,吴模信校,商务印书馆1996年版,第536页。

侯国。“几乎整个德国北部原是朴野无文之乡，毫无工业可言，因为这大批移民[法国加尔文派信徒]涌来而顿然改观。他们住满整个城市。布匹、饰带、帽子、袜子等过去要购自法国的东西，如今全由他们自己制造。”[1]这些德意志诸侯国中最大的得益者可能是当时的勃兰登堡选帝侯国(Electorate of Brandenburg)，即普鲁士王国的前身。在路易十四正式宣布撤销《南特敕令》之后不到一个月，勃兰登堡选帝侯的腓特烈·威廉发布了《波茨坦敕令》(The Edict of Potsdam)，欢迎被法国驱逐的新教徒定居。[2] 在《南特敕令》撤销之后的三年内，大约5万户加尔文派信徒离开法国。[3] 其中大约14 000人在勃兰登堡选帝侯国定居。[4] 腓特烈·威廉成长于“三十年战争”时期，他的童年在四处躲避战乱的奔波中度过，后来他被荷兰世袭执政的奥兰治家族接到荷兰成长与学习，在此期间，他熟悉了当时正处于鼎盛时期的荷兰。[5] 但是，同一时代的勃兰登堡以及其他德意志诸侯国因为“三十年战争”的打击却非常贫困，有些地区甚至因为战争而损失了高达70%的人口。[6] 因此，在1640年回国继位以后，腓特烈·威廉注意到了落后的勃兰登堡与发达的荷兰的强烈对比。“他发现，他世袭的领地各部分裂，国力损耗殆尽，时刻处于[尚未结束的“三十年战争”中]交战各方的暴力摧残之下，没有长久的国策。”[7]近代勃兰登堡—普鲁士的经济政策也起源于对于荷兰的借鉴和追赶。腓特烈·威廉将其执政的多数时间和精力忙于应付“三十年战争”和“北方战争”、对抗法国的战争、创设国家行

---

〔1〕 [法]伏尔泰:《路易十四时代》,吴模信、沈怀洁、梁守锵译,吴模信校,商务印书馆1996年版,第535—536页。

〔2〕 F. L. Carsten, “The Rise of Brandenburg”, in *The New Cambridge Modern History*, *vol. 5*, *The Ascendancy of France*, *1648 — 88*, ed. by F. L. Carsten, Cambridge: Cambridge University Press, 1961, p. 554.

〔3〕 [法]伏尔泰:《路易十四时代》,吴模信、沈怀洁、梁守锵译,吴模信校,商务印书馆1996年版,第535页。

〔4〕 F. L. Carsten, “The Rise of Brandenburg”, in *The New Cambridge Modern History*, *vol. 5*, *The Ascendancy of France*, *1648 — 88*, ed. by F. L. Carsten, Cambridge: Cambridge University Press, 1961, p. 558.

〔5〕 Leopold Ranke, *Neun Bücher Preußischer Geschichte*, bd. 1, Berlin: Veit und Comp, 1847, p. 40.

〔6〕 [挪威]埃里克·S. 赖纳特:《作为发展经济学的德国经济学:从“三十年战争”到第二次世界大战》,引自[挪威]埃里克·S. 赖纳特、[中国]贾根良主编:《穷国的国富论:演化发展经济学论文选》下卷,高等教育出版社2007年版,第218页。

〔7〕 Leopold Ranke, *Neun Bücher Preußischer Geschichte*, bd. 1, Berlin: Veit und Comp, 1847, pp. 40—41.

政与财政制度以及平定贵族叛乱，因此，改进勃兰登堡经济结构的政策在他执政的后期才开始有机会执行，并且内容非常有限。[1] 战争的摧残使恢复人口成为当时勃兰登堡的首要经济问题，腓特烈·威廉鼓励外国移民迁入以增加人口，特别是外国制造商和技工的迁入，这些外国人力资源与制造业资本促进了勃兰登堡各种制造业的发展，特别是各类纺织业。[2]《波茨坦敕令》的颁布就属于此类政策。腓特烈·威廉在荷兰的成长经历使他意识到海外贸易的意义，因此他建立了勃兰登堡自己的东印度公司、美洲公司以及非洲公司，开始拓展海外贸易。[3]

直到国王腓特烈·威廉一世与腓特烈二世父子执政的时代，勃兰登堡选帝侯国(1701 年 1 月之后升格为普鲁士王国)的制造业政策与海外贸易政策才得到全面推行。[4] 这两位普鲁士君主的经济政策旨在将以柏林为中心的普鲁士腹地建设成一个工业区。羊毛纺织业是普鲁士君主关注的第一种制造业，因为这种产业可以保证普鲁士军队的羊毛军服供给。[5] 腓特烈·威廉一世在柏林建立了一座名叫“皇家仓库”(das Königliche Lagerhaus)的国营羊毛加工场，雇佣行会中的技工，并将生产羊毛布的全部工序集中在这座工场中。[6] 这座工场规模极大，桑巴特估计它是 18 世纪德意志各邦国中规模最大的织布工

---

〔1〕 F. L. Carsten, “The Rise of Brandenburg”, in *The New Cambridge Modern History, vol. 5, The Ascendancy of France, 1648－88*, ed. by F. L. Carsten, Cambridge: Cambridge University Press, 1961, pp. 545—551. “北方战争”是 1655—1660 年在瑞典入侵波兰的战争，战争波及德意志北部诸邦国。参见:[美]R. E. 杜派与 T. N. 杜派:《哈珀—柯林斯世界军事历史全书》，传海等译，中国友谊出版公司 2005 年版，第 466—467 页。

〔2〕 F. L. Carsten, “The Rise of Brandenburg”, in *The New Cambridge Modern History, vol. 5, The Ascendancy of France, 1648－88*, ed. by F. L. Carsten, Cambridge: Cambridge University Press, 1961, p. 551.

〔3〕 F. L. Carsten, “The Rise of Brandenburg”, in *The New Cambridge Modern History, vol. 5, The Ascendancy of France, 1648－88*, ed. by F. L. Carsten, Cambridge: Cambridge University Press, 1961, pp. 553—554.

〔4〕 关于勃兰登堡选帝侯国升格为普鲁士王国，参见:F. L. Carsten, “The Rise of Brandenburg”, in *The New Cambridge Modern History, vol. 5, The Ascendancy of France, 1648－88*, ed. by F. L. Carsten, Cambridge: Cambridge University Press, 1961, pp. 555—557。

〔5〕 Carl Hinrichs, *Die Wollindustrie in Preußen unter Friedrich Wilhelm I.*, Berlin and Hamburg: Paul Parey, 1933, pp. 1—12, pp. 194—211.

〔6〕 Carl Hinrichs, *Die Wollindustrie in Preußen unter Friedrich Wilhelm I.*, Berlin and Hamburg: Paul Parey, 1933, pp. 12—30, pp. 139—167.

场。[1] 腓特烈·威廉一世还规定:未经加工的羊毛禁止出口、普鲁士军队的军服必须由本国生产、外国羊毛制品禁止进口。[2] 腓特烈·威廉一世还颁布了规范羊毛纺织品产品质量和生产工艺的国家规章,建立了俄罗斯贸易公司专门向俄罗斯出口羊毛军服,建立了羊毛仓库作为稳定羊毛价格的缓冲库存。[3] 腓特烈·威廉一世的羊毛纺织业政策非常成功,以至于腓特烈二世认为不需要对羊毛纺织业制定更多政策。[4] 在腓特烈二世时代,柏林的"皇家仓库"工场成为普鲁士最主要的羊毛制品生产商,它生产了普鲁士全国六成以上(按价值计算)的羊毛制品。[5] 羊毛纺织业政策的成功为普鲁士的其他制造业政策提供了模版。为了向普鲁士军队供应武器,腓特烈·威廉一世依靠从比利时招募的技工,在柏林附近的斯潘道(Spandau)建立了火枪零件和刀剑制造工场,在波茨坦建立了火枪装配工场。[6] 随后,这些国营武器工场以及其他几座配套的国营金属冶炼场、加工场和工具制造场被移交给由几个柏林商人组成的合伙公司(the company of Splitgerber and Daum)经营,这家公司还被授予了一些金属制品在普鲁士国内市场上的销售垄断权,外国生产的武器进口被禁止,本国生产武器的出口受到鼓励。[7] 腓特烈二世招募外国技工在柏林附近建立了一座刀具制造场,之后也将其转交给上述的商人公司,并授予其国内市场刀具销售

---

[1] Werner Sombart, *Der moderne Kapitalismus*, bd. 2, teil. 2, Münichen und Leipzig: Duncker & Humblot, 1919, p. 771.

[2] Carl Hinrichs, *Die Wollindustrie in Preußen unter Friedrich Wilhelm I.*, Berlin and Hamburg: Paul Parey, 1933, p. 10, p. 41, p. 43—44, p. 58—107, p. 195.

[3] Carl Hinrichs, *Die Wollindustrie in Preußen unter Friedrich Wilhelm I.*, Berlin and Hamburg: Paul Parey, 1933, pp. 211—252, pp. 287—299, pp. 336—344.

[4] Friedrich II of Prussia, ed. by Gustav Berthold Volz, *Die Werke Friedrichs des Großen*, bd. 7, Berlin: Reimar Hobbing, 1913, p. 138.

[5] Conrad Matschoss, *Friedrich der Grosse als Beförderer des Gewerbfleisses*, Berlin: Leonhard Simion, 1912, p. 39, p. 57.

[6] W. O. Henderson, *Studies in the Economic Policy of Frederick the Great*, New York: Augustus M. Kelley, 1965, p. 6. Erika Herzfeld, *Preußische Manufakturen*, Berlin: Verlag der Nation, 1994, pp. 149—159.

[7] W. O. Henderson, *Studies in the Economic Policy of Frederick the Great*, New York: Augustus M. Kelley, 1965, p. 1, pp. 6—7. Erika Herzfeld, *Preußische Manufakturen*, Berlin: Verlag der Nation, 1994, pp. 159—170. Conrad Matschoss, *Friedrich der Grosse als Beförderer des Gewerbfleisses*, Berlin: Leonhard Simion, 1912, pp. 72—73. Wilhelm Treue, *Wirtschafts-und Technik-Geschichte Preussens*, Berlin: Walter de Gruyter, 1984, pp. 43—44.

的垄断权。[1]

腓特烈二世最重视的制造业是丝织业，因为他注意到外国丝织品的进口让普鲁士支付了大量金钱。[2] 腓特烈二世将建立和扩张丝织业视为普鲁士政府的首要经济政策目标。[3] 腓特烈二世从法国和萨克森等丝织业发达的国家招募丝织业技工与制造商，向他们提供生产工具、补贴、免税待遇等特权，鼓励他们在普鲁士建立丝织业。[4] 腓特烈二世还禁止外国丝制品进口，并模仿腓特烈·威廉一世的羊毛纺织业政策，建立了织造丝带的国营工场，颁布了关于丝织业的产品质量和生产工艺的国家规章，建立了生丝仓库作为稳定丝价的缓冲库存。[5] 此外，腓特烈二世从欧洲大陆最早建立瓷器制造业的萨克森招募技工，建立了生产瓷器的国营工场；从瑞士招募技工并为他们提供补贴和特权，以鼓励他们发展钟表制造业；以国家资金建立了机械化棉纺织国营工厂并将其交给从法国招募的制造商经营，并授予其在国内市场上销售棉纺织品的垄断权。[6]

腓特烈·威廉一世建立了禁止外国羊毛制品和棉制品进口的政策，腓特烈二世将这种制造业产品进口禁令扩展到几乎所有普鲁士自己能够生产的制造

---

[1] W. O. Henderson, *Studies in the Economic Policy of Frederick the Great*, New York: Augustus M. Kelley, 1965, pp. 13－14. Erika Herzfeld, *Preußische Manufakturen*, Berlin: Verlag der Nation, 1994, pp. 170－174.

[2] Wilhelm Treue, *Wirtschafts-und Technik-Geschichte Preussens*, Berlin: Walter de Gruyter, 1984, p. 71.

[3] Conrad Matschoss, *Friedrich der Grosse als Beförderer des Gewerbfleisses*, Berlin: Leonhard Simion, 1912, p. 41. Otto Hintz, *Die Preußische Seidenindustrie im 18. Jahrhundert*, bd. 3. Berlin: Paul Parey, 1892, pp. 104－105.

[4] Otto Hintz, *Die Preußische Seidenindustrie im 18. Jahrhundert*, bd. 3. Berlin: Paul Parey, 1892, pp. 110－112, pp. 114－117, pp. 122－127. Conrad Matschoss, *Friedrich der Grosse als Beförderer des Gewerbfleisses*, Berlin: Leonhard Simion, 1912, pp. 43－45. W. O. Henderson, *Studies in the Economic Policy of Frederick the Great*, New York: Augustus M. Kelley, 1965, pp. 22－31.

[5] Otto Hintz, *Die Preußische Seidenindustrie im 18. Jahrhundert*, bd. 3. Berlin: Paul Parey, 1892, pp. 138－141, pp. 149－151, pp. 172－183. Conrad Matschoss, *Friedrich der Grosse als Beförderer des Gewerbfleisses*, Berlin: Leonhard Simion, 1912, p. 50, p. 53. W. O. Henderson, *Studies in the Economic Policy of Frederick the Great*, New York: Augustus M. Kelley, 1965, pp. 23－24.

[6] Matchoss, *Friedrich der Grosse*, p. 66, p. 98. W. O. Henderson, *Studies in the Economic Policy of Frederick the Great*, New York: Augustus M. Kelley, 1965, pp. 30－31, p. 151. Erika Herzfeld, *Preußische Manufakturen*, Berlin: Verlag der Nation, 1994, p. 131, pp. 221－224, pp. 234－246.

业产品范围。[1] 腓特烈·威廉一世的经济政策集中于制造业,他认为普鲁士太贫困,难以经营成本高昂的远洋贸易,因此他停止了由他祖父选帝侯腓特烈·威廉启动的远洋贸易,并将普鲁士唯一的海外据点出售给荷兰。[2] 腓特烈二世恢复了国家促进远洋贸易的政策:他在 1772 年出资成立了"海商公司"(Seehandlung),其中八分之一的股份向私人投资者出售;在成立之初,海商公司的经营范围主要是将普鲁士生产的亚麻纺织品运到拉丁美洲出售,努力控制波罗的海贸易中的盐、蜡、木材以及谷物。[3] 腓特烈·威廉一世和腓特烈二世的制造业政策与贸易政策促使普鲁士从一个人口稀疏的贫瘠国家成长为欧洲列强之一。[4] 经过这两位国王的治理,普鲁士的人口规模从 200 万人增加到 560 万人,人口密度从低于 18 人/平方公里增加到超过 30 人/平方公里,军队规模从 4 万人增加到 20 万人,财政年收入从 2 400 万马克增加到超过 6 000 万马克,国库积蓄从 800 万泰勒(thaler)增加到 5 000 万泰勒,普鲁士的经济从对外贸易规模微小、出口谷物与木材、收入仅供维持生计、只有最基本手工业的完全农业经济,成长为每年贸易顺差达到 400 万泰勒、以出口各类纺织品和金属制品为主、工业产值达到 3 000 万泰勒的半制造业经济。[5] 在取得以上成就的同时,普鲁士保持了"不高于奥地利并远低于法国的人均税负水平"[6]。腓特烈·威廉一世与腓特烈二世的经济政策是普鲁士工业化的奠基,考虑到普鲁士

---

[1] Anto Zottmann, *Die Wirtschaftspolitik Friedericks des Großen*, Leipzig and Vienna: Franz Deuticke, 1937, pp. 67—68.

[2] F. L. Carsten, "The Rise of Brandenburg", in *The New Cambridge Modern History, vol. 5, The Ascendancy of France, 1648—88*, ed. by F. L. Carsten, Cambridge: Cambridge University Press, 1961, p. 554.

[3] W. O. Henderson, *Studies in the Economic Policy of Frederick the Great*, New York: Augustus M. Kelley, 1965, pp. 121—122. Wolfgang Radkte, *Die Preussische Seehandlung*, Berlin: Nicolai, 1987, pp. 5—6.

[4] Karl Kaufhold, "Preußische Staatswirtschaft-Konzept und Realität, 1640—1806: Zum Gedenken an Wilhelm Treue", *Jahrbuch für Wirtschaftsgeschichte*, 1994, bd. 35, no. 2, p. 48.

[5] [英]W. H. 布拉福德:《普鲁士的组成与崛起》,引自[英]J. O. 林赛编:《新编剑桥世界近代史(第 7 卷):旧制度(1713—1763 年)》,中国社会科学出版社 1999 年版,第 372—373 页、第 401—402 页。F. L. Carsten, "The Rise of Brandenburg", in *The New Cambridge Modern History, vol. 5, The Ascendancy of France, 1648—88*, ed. by F. L. Carsten, Cambridge: Cambridge University Press, 1961, p. 552. Gustav von Schmoller, *Grundriß der Allgemeinen Volkswirtschaftslehre*, bd. 1, Leipzig: Duncker & Humblot, 1908, p. 295. W. O. Henderson, "Die Struktur der Preussischen Wirtschaft um 1786", *Zeitschrift für die gesamte Staatswissenschaft*, 1961, vol. 117, iss. 2, pp. 292—293, pp. 302—313.

[6] Dorn, Walter L., "The Prussian Bureaucracy in Eighteenth Century, Ⅰ", *Political Science Quarterly*, 1931, vol. 46, iss. 3, p. 404.

在后来现代德国政治经济中的领导地位，这些政策甚至在很大程度上也可以说是德国工业化的奠基。[1]

英国、法国与德国在19世纪以后成为世界上最早的一批工业化国家。[2]在近代，这些国家的政府都曾经执行过改造这些国家经济结构的政策，以效仿和追赶威尼斯与荷兰的经济结构，通过城市制造业和海外贸易积累财富。需要注意的是，城市制造业和海外贸易并非这些国家唯一关注的领域。它们也执行促进农业发展的政策。沃波尔为过剩谷物的出口提供了补贴，以刺激土地开垦和农业扩张。[3]科尔贝为了减少对于外国原材料的依赖，鼓励良种羊和蚕的养殖以及桑树与靛蓝等经济作物的种植。[4]腓特烈二世为了开发普鲁士的国土，投资开垦沼泽，补贴马铃薯、烟草和甜菜的种植。[5]但是，这些政策的存在没有使农业取代城市制造业与海外贸易作为这些国家经济政策关注中心的地位，鼓励农业的政策往往也存在为城市制造业和海外贸易服务的目标，即为制造业提供更稳定、价格更低、质量更高的食物与原材料供应。此外，也需要注意到，发展城市制造业与海外贸易以效仿和追赶威尼斯与荷兰的经济结构的政策并非仅出现在近代的英格兰、法国与普鲁士，在同一时代的中欧哈布斯堡领地(以奥地利、捷克、匈牙利为核心)、瑞典与俄罗斯，政府也在同样积极地执行相似的政策。[6]这些政策一般包括以下措施：通过吸引外国制造商与技工移民、激励本国制造商投资甚至国家直接投资的方式建立新制造业；通过补贴、减税、销售特权、限制竞争性产品进口的方式鼓励制造业规模扩张；通过建立规定产品质量和生产工艺的国家规章以提高制造业产品的竞争力；通过补贴和免税鼓

---

〔1〕 W. O. Henderson, "Die Struktur der Preussischen Wirtschaft um 1786", *Zeitschrift für die gesamte Staatswissenschaft*, 1961, vol. 117, iss. 2, p. 292.

〔2〕 [英]大卫·兰德斯：《解除束缚的普罗米修斯》，谢怀筑译，华夏出版社2007年版，第41—193页。

〔3〕 Norris A. Brisco, *The Economic Policy of Robert Walpole*, New York: The Columbia University Press, 1907, pp. 182—184.

〔4〕 伊奈丝·谬拉：《科尔贝：法国重商主义之父》，梅俊杰译，上海远东出版社2012年版，第156—157页。A. J. Sargent, *The Economic Policy of Colbert*, London: Longmans, Green and Co., 1899, p. 152.

〔5〕 W. O. Henderson, "Die Struktur der Preussischen Wirtschaft um 1786", *Zeitschrift für die gesamte Staatswissenschaft*, 1961, vol. 117, iss. 2, pp. 295—301.

〔6〕 参见：Philipp Robinson Rössner, *Managing the Wealth of Nations: Political Economies of Change in Preindustrial Europe*, Bristol: Bristol University Press, 2023, pp. 180—193。Silvia A. Conca Messina, *A History of States and Economic Policies in Early Modern Europe*, London: Routledge, 2019, pp. 181—206.

励制造业产品出口；通过国家和私人联合投资建立海外贸易公司，用本国商船队经营本国的进出口贸易；通过禁止原材料出口、原材料进口免税、补贴国内原材料和食物生产的方式降低制造业生产成本。这些政策的目标在于建立并扩张本国原本没有的制造业和海外贸易，促进经济结构不断向以城市制造业和海外贸易为核心的方向转变。

在本书讨论的时代，中国经历了从明朝正德皇帝(1491—1521)到清朝乾隆皇帝(1711—1799)的统治。在这个时代，中国经济政策所依据的蓝图是一个自给自足的农业经济，以种植业和乡村家庭手工业为主体与核心。在明朝建立之初，这种经济形态就是明太祖朱元璋(1328—1398)的理想。"很明显，朱元璋的明朝带着不少乌托邦的色彩，它看来好像一座大村庄而不像一个国家。"[1]朱元璋对于明朝的设计所具有的特征是："中国为世界上最大的农村集团，它大可以不需要商业而得意称心。"[2]而关于这个经济蓝图中的农业部分，"洪武帝对农村生活的想象是自给自足的村落经济。男耕女织，一切需要都能从菜园或山坡采集"[3]。在明朝建立之前，尚为一方割据势力的朱元璋就说过："理财之道，莫先于农。"[4]而且当时的朱元璋特别推崇"寓兵于农，有事则战，无事则耕，暇则讲武"，将农业视为军事力量的基础。[5] 朱元璋认为，在元末的战乱中，"民无宁居，连年饥馑，田地荒芜"，因此，军队应当屯田，"及时开垦以收地利"，"且耕且战"，通过开发农业供给军费。[6] 此外，朱元璋也命令各级官吏"劝民农事，勿夺其食"，通过扩张农业维持"军国之费"，并且认为这是"立国之根本"。[7] 在称王之后，朱元璋认为，政府有两项最重要的任务："所急者衣食""所重者教化"，而"足衣食者在于劝农桑"[8]。在朱元璋看来，对农业的重视不仅是一种战时措施，而且是一种长久策略，他将农业提供的收入视为国家财政资源的来源，为了向国家供应财政资源，必须扩张农业。朱元璋告诫太子朱标：

---

〔1〕［美］黄仁宇：《中国大历史》，生活·读书·新知三联书店1997年版，第183页。

〔2〕［美］黄仁宇：《中国大历史》，生活·读书·新知三联书店1997年版，第184页。

〔3〕［加］蒂莫西·布鲁克：《交通通信和商业》，引自［美］牟复礼、［英］崔瑞德编：《剑桥中国明代史：1368—1644年》下卷，中国社会科学出版社2006年版，第639页。

〔4〕《大明太祖高皇帝实录》卷6。

〔5〕《大明太祖高皇帝实录》卷6。

〔6〕《大明太祖高皇帝实录》卷12。

〔7〕《大明太祖高皇帝实录》卷19。

〔8〕《大明太祖高皇帝实录》卷26。

“国家经费皆其[农业]所出。”[1]他对侍从说：“农为国本，百需皆其所出。”[2]朱元璋在称帝的第一年就命令举行天子籍田礼，“以为天下劝”，因为“欲财用之不竭、国家之常裕、鬼神之常享，必也务农乎”[3]。朱元璋在重视农业的同时，明确表达了对于工商业的反感。在1385年，朱元璋在对户部的命令中写道：

先王之世，野无不耕之民，室无不蚕之女，水旱无虞，饥寒不至。自什一之途开，奇巧之技作，而后农桑之业废，一农执耒而百家待食，一女事织而百夫待衣，欲人无贫，得乎？朕思足食在于禁末作，足衣在于禁华靡，尔宜申明天下四民，各守其业，不许游食，庶民之家不许衣锦绣，庶几可以绝其弊。[4]

由此可见，朱元璋的经济理想是“野无不耕之民，室无不蚕之女”的农业经济，而工商业是对于这种经济理想的损害，因为不参与农业生产的人是对于财富的损耗。因此，朱元璋的基本经济政策是“禁末作”“禁华靡”。“不论明初的法律给予商业什么承认，洪武帝在小农基础上重振经济的计划都没有把它考虑进去。”[5]过去战时的军队屯田制度也被保留下来以配合这种理想的农业经济。朱元璋认为，“养兵而不病于农者，莫若屯田”，虽然“海宇宁谧，边境无虞”，但是如果“使兵坐食于农”，那么“农必受弊”，因此，朱元璋命令，“天下卫所督兵屯种”，以实现“兵农兼务，国用以舒”。[6] 朱元璋的农业经济蓝图奠定了明朝经济政策的基本方向。他的重农政策由明初的几位皇帝持续执行。“明朝开国者的最初几位继位者还继续实施太祖的社会和经济的政策——这些政策就是要建立一个广大的农业经济的和平与安定的秩序。”[7]之后，这些重农政策被继续保持，“至宣德、正统、成化、弘治、正德，一百年间，仅因循守成而已。嘉靖、万历已走下坡路，更是一代不如一代了”[8]。

这种农业经济的蓝图同样也是清朝经济政策的参照目标。“清朝把兴农当

[1] 《大明太祖高皇帝实录》卷27。

[2] 《大明太祖高皇帝实录》卷42。

[3] 《大明太祖高皇帝实录》卷36。

[4] 《大明太祖高皇帝实录》卷175。

[5] [加]蒂莫西·布鲁克：《交通通信和商业》，引自[美]牟复礼、[英]崔瑞德编：《剑桥中国明代史：1368—1644年》下卷，中国社会科学出版社2006年版，第640页。

[6] 《大明太祖高皇帝实录》卷193。

[7] [美]陈学霖：《建文、永乐、洪熙和宣德之治：1399—1435年》，引自[美]牟复礼、[英]崔瑞德编：《剑桥中国明代史：1368—1644年》上卷，中国社会科学出版社1992年版，第202页。

[8] 朱伯康、施正康：《中国经济史》下卷，复旦大学出版社2005年版，第56页。

作头等大事。”[1]清朝自康熙皇帝开始执行重农政策。[2] 清朝前期的重农政策主要包括以下内容。第一,激励垦荒,扩大耕地面积,增加农业产出。皇帝命令各地政府将无主荒地分给流民耕种,将劳动力投入农业;由政府向农民提供耕牛、农具与种子,以补贴垦荒;暂时免除新开垦耕地的税赋,免税期限一般是三年,在康熙皇帝时期曾经延长到十年。[3] 第二,建设水利工程,改善农业生产条件,减少水旱灾害对于农业生产的干扰。清朝前期的几位皇帝动用中央政府的财政资源投资建设了几个大型水利工程:在黄河沿线建设大型水利工程,控制泛滥,疏通河道,直到咸丰朝黄河未有大害;在东南沿海修建捍海塘堤,以抵御海潮与调节洪涝;在淮河与大运河流域建设水利工程,治理苏北洪水;在京畿周边疏通永定河与海河,修筑堤坝,防御洪水,并建设灌溉工程,营建良田。[4] 此外,在清朝中央政府无力直接投资水利工程的地区,朝廷命令地方政府调动各种社会资源,通过地方民间领袖募集经费,修建水利工程。[5] 第三,向农民传播最先进的农业技术信息,推广各类农书,向农民传播关于农作物习性与种植方法以及农业工具制造与使用方法的技术,特别是关于木棉、红薯、玉米、烟草等新出现的农作物。[6] 这些新农作物以效率更高的方式供应了原材料与食物,它们的普及是支持清朝前期经济扩张与人口增长的关键。[7] 熊彼特将经济中新农作物的引进与扩散视为“非商业部门的企业家活动”(extra-commercial entrepreneurial activity),并认为这些现象也属于其描述的作为经

[1] [美]马若孟、[中国]王业键:《经济发展(1644—1800)》,引自[美]裴德生编:《剑桥中国清代前中期史:1644—1800年》上卷,中国社会科学出版社2020年版,第581页。

[2] 侯家驹:《中国经济史》下卷,新星出版社2010年版,第687页。

[3] 朱伯康、施正康:《中国经济史》下卷,复旦大学出版社2005年版,第221—223页、第230—231页。侯家驹:《中国经济史》下卷,新星出版社2010年版,第687页。[美]马若孟、[中国]王业键:《经济发展(1644—1800)》,引自[美]裴德生编:《剑桥中国清代前中期史:1644—1800年》上卷,中国社会科学出版社2020年版,第599页。

[4] 朱伯康、施正康:《中国经济史》下卷,复旦大学出版社2005年版,第232—238页。

[5] [美]马若孟、[中国]王业键:《经济发展(1644—1800)》,引自[美]裴德生编:《剑桥中国清代前中期史:1644—1800年》上卷,中国社会科学出版社2020年版,第599—600页。

[6] 侯家驹:《中国经济史》下卷,新星出版社2010年版,第688—689页。[美]马若孟、[中国]王业键:《经济发展(1644—1800)》,引自[美]裴德生编:《剑桥中国清代前中期史:1644—1800年》上卷,中国社会科学出版社2020年版,第601页。

[7] 朱伯康、施正康:《中国经济史》下卷,复旦大学出版社2005年版,第241—245页。侯家驹:《中国经济史》下卷,新星出版社2010年版,第689页。

济发展根本动力的创新现象。[1] 第四,除了为鼓励垦荒的目的专门减税之外,在整个经济范围内普遍减免赋税,减轻农业经济的负担,减少对于农业产出的消耗。清朝免除了明朝末年为支持战争开支征收的加税"三饷"。[2] 1712 年,康熙皇帝发现国内人口显著增加,但是耕地面积并没有同等增加,于是将国家每年征收的人头税("丁银")总数固定,不再增减,人口增加将不会增加人头税的征收规模,由此减轻人民的负担("滋生人丁,永不加赋")。[3] 第五,建立仓储与救济机构以帮助农业经济渡过灾荒,保持农业经济运行稳定。顺治皇帝命令全国各省建立常平仓以调节粮价,稳定粮食生产。[4] 此外,为青黄不接的农户提供救助性谷物借贷的社仓与义仓,以及在灾荒时提供救济的粮仓也在各地建立。[5] 上述清朝前期的重农政策并不是清朝的原创,明朝初期的几位皇帝也是通过类似的政策实现并巩固朱元璋的农业经济蓝图。[6] 明朝皇帝们的重农政策主要包括"扩大帝国总的纳税耕地面积,给贫困民众减税或免税,在粮食失收和自然灾害时期采用各种不同的救济措施和福利计划"[7]。这些也都是清朝前期重农政策的覆盖范围。

需要注意的是,虽然明朝和清朝经济政策的参考蓝图是农业经济,但是在本书讨论的时代,中国的城市制造业有了很大发展。明朝与清朝中央政府都建立了很多官营制造业以供给皇室与国家需要的各种物资:服饰、家具、军器、车船等。明朝政府在南京、苏州、杭州等江南城市有纺织工场;在景德镇有陶瓷工场;在河北、山西、辽东、广东等地有制铁工场;在南京和淮安有造船工场,这些工场建造了郑和远航使用的宝船,这些宝船是当时世界上最大、最先进的船舶。[8] 相比之下,清朝政府减少了很多官营工场,但是依然保留了江南各地的

---

〔1〕 Joseph Schumpeter, *Business Cycles: A Theoretical, Historical, and Statistical Analysis of the Capitalist Process*, vol. 1. New York and London: McGraw Hill, 1939, pp. 237-239.

〔2〕 侯家驹:《中国经济史》下卷,新星出版社 2010 年版,第 644 页。

〔3〕 朱伯康、施正康:《中国经济史》下卷,复旦大学出版社 2005 年版,第 227 页。

〔4〕 侯家驹:《中国经济史》下卷,新星出版社 2010 年版,第 675-676 页。[美]马若孟、[中国]王业键:《经济发展(1644-1800)》,引自[美]裴德生编:《剑桥中国清代前中期史:1644-1800 年》上卷,中国社会科学出版社 2020 年版,第 602-603 页。

〔5〕 侯家驹:《中国经济史》下卷,新星出版社 2010 年版,第 676 页。

〔6〕 参见:朱伯康、施正康:《中国经济史》下卷,复旦大学出版社 2005 年版,第 53-56 页。

〔7〕 [美]陈学霖:《建文、永乐、洪熙和宣德之治:1399-1435 年》,引自[美]牟复礼、[英]崔瑞德编:《剑桥中国明代史:1368-1644 年》上卷,中国社会科学出版社 1992 年版,第 203 页。

〔8〕 朱伯康、施正康:《中国经济史》下卷,复旦大学出版社 2005 年版,第 80-83 页。

纺织工场与景德镇的陶瓷工场。[1] 这些工场的规模很大。乾隆初年的江宁、苏州、杭州三处织造局共有织机 1 800 张、工匠 7 000 余人,平均一处有织机 600 张、工匠 2 300 多人。[2] 这种纺织工场放在当时的欧洲也是规模巨大的。上文提到的桑巴特认为,普鲁士的“皇家仓库”是当时德意志诸国中规模最大的纺织工场,在 1777 年只拥有 231 张织机。[3] 而被誉为“通过科尔贝的干预建立的最早、最成功、最著名的织布工场”在 1680 年则只有 80 张织机与 1 690 名工匠。[4] 在官营制造业之外,明清时期也有一些由私人经营的制造业,其规模已经发展到以全国市场为基础。这些制造业中,最重要的似乎是棉纺织业与丝织业。在棉纺织业中,出产于河南、山东、江西与湖广的原棉会被运到江南地区——特别是松江、苏州与无锡三座城市,卖给散户纺织工,织成原色棉布后卖给布商,布商将原色棉布卖给城市中的印染工坊,印染过的棉布再卖给布商,之后卖给长途商人,卖到山西、陕西、湖广、江西、广西等各地。[5] 棉布是明清时代在全国市场流通中仅次于粮食的第二重要的商品与最重要的制造业产品。[6] 原色棉布的织造最初是农村副业与城市家庭手工业,随着市场规模的扩大,在清朝中期,生产的组织形式开始向大型制造工场转变。[7] 在全国贸易中,重要性仅次于棉布的制造业产品是丝织品。在太湖平原和四川出产的生丝被卖到江南的苏州、杭州、湖州以及山西的潞安,个体织工或者由丝绸商人组织

---

[1] 朱伯康、施正康:《中国经济史》下卷,复旦大学出版社 2005 年版,第 254—255 页。

[2] 朱伯康、施正康:《中国经济史》下卷,复旦大学出版社 2005 年版,第 254 页。

[3] Werner Sombart, *Der moderne Kapitalismus*, bd. 2, teil. 2, Münichen und Leipzig: Duncker & Humblot, 1919, p. 771.

[4] Charles Woolsey Cole, *Colbert and A Century of French Mercantilism*, vol. II, New York: Columbia University Press, 1939, p. 142, p. 147.

[5] 侯家驹:《中国经济史》下卷,新星出版社 2010 年版,第 695—696 页。[美]马丁·海德拉:《明代中国农村的社会经济发展》,引自[美]牟复礼、[英]崔瑞德编:《剑桥中国明代史:1368—1644 年》下卷,中国社会科学出版社 2006 年版,第 480—481 页。[美]马若孟、[中国]王业键:《经济发展(1644—1800)》,引自[美]裴德生编:《剑桥中国清代前中期史:1644—1800 年》上卷,中国社会科学出版社 2020 年版,第 621—624 页。

[6] [美]马丁·海德拉:《明代中国农村的社会经济发展》,引自[美]牟复礼、[英]崔瑞德编:《剑桥中国明代史:1368—1644 年》下卷,中国社会科学出版社 2006 年版,第 480 页。[美]马若孟、[中国]王业键:《经济发展(1644—1800)》,引自[美]裴德生编:《剑桥中国清代前中期史,1644—1800 年》上卷,中国社会科学出版社 2020 年版,第 623 页。

[7] 童书业:《中国手工业商业发展史》,中华书局 2005 年版,第 285 页。侯家驹:《中国经济史》下卷,新星出版社 2010 年版,第 696 页。

的工场从市场上获得这些生丝并将其加工成各类丝织品。[1] 相比棉纺织业，丝织业中使用水力动力与复杂机器的制造工场出现得更早。[2] 棉纺织业与丝织业这两种明清时代依赖全国市场的制造业是资本主义萌芽主要出现的领域。[3] 除了以上两种制造业外，景德镇的陶瓷制造业、福建的蔗糖精炼业、佛山的铁器制造业都是在全国市场广泛销售产品的制造业。[4] 除了制造业产品，粮食与茶叶等农产品也是在全国市场广泛流通的货物。[5] 这意味着当时中国的农业并非与市场隔绝的自给自足农业，农民在乡村集市和城镇市场上出售剩余产品，以获得货币和自己不生产的农产品与制造业产品。[6] 在全国范围内，长江流域、大运河以及长三角与珠三角之间的海上交通构成了全国市场中的主要商路。[7]

需要注意的是，面对上述官营与私营制造业，明清时代的朝廷并没有将城市制造业的发展纳入自己的经济理想蓝图以作为一种值得通过政策手段促进的对象。黄仁宇写道："明代的统治者缺乏远见，他们不能预见到工业和商业在现代国家形成中的重要作用……在明代统治者自己看来，他们没有必要修改他们的政策。相反，他们有理由继续推行传统的方针，不折不扣地以儒家学说为

---

〔1〕 侯家驹：《中国经济史》下卷，新星出版社 2010 年版，第 696－697 页。[美]马丁·海德拉：《明代中国农村的社会经济发展》，引自[美]牟复礼、[英]崔瑞德编：《剑桥中国明代史：1368－1644 年》下卷，中国社会科学出版社 2006 年版，第 481 页。[美]马若孟、[中国]王业键：《经济发展(1644－1800)》，引自[美]裴德生编：《剑桥中国清代前中期史：1644－1800 年》上卷，中国社会科学出版社 2020 年版，第 625－627 页。

〔2〕 侯家驹：《中国经济史》下卷，新星出版社 2010 年版，第 696 页。童书业：《中国手工业商业发展史》，中华书局 2005 年版，第 208－215 页。

〔3〕 童书业：《中国手工业商业发展史》，中华书局 2005 年版，第 209 页。

〔4〕 童书业：《中国手工业商业发展史》，中华书局 2005 年版，第 220－226 页、第 287－293 页。[美]马丁·海德拉：《明代中国农村的社会经济发展》，引自[美]牟复礼、[英]崔瑞德编：《剑桥中国明代史：1368－1644 年》下卷，中国社会科学出版社 2006 年版，第 481 页。

〔5〕 [美]马丁·海德拉：《明代中国农村的社会经济发展》，引自[美]牟复礼、[英]崔瑞德编：《剑桥中国明代史：1368－1644 年》下卷，中国社会科学出版社 2006 年版，第 479－480 页。[美]马若孟、[中国]王业键：《经济发展(1644－1800)》，引自[美]裴德生编：《剑桥中国清代前中期史：1644－1800 年》上卷，中国社会科学出版社 2020 年版，第 612－617 页、第 627－629 页。

〔6〕 [美]马丁·海德拉：《明代中国农村的社会经济发展》，引自[美]牟复礼、[英]崔瑞德编：《剑桥中国明代史：1368－1644 年》下卷，中国社会科学出版社 2006 年版，第 477－478 页。[美]马若孟、[中国]王业键：《经济发展(1644－1800)》，引自[美]裴德生编：《剑桥中国清代前中期史：1644－1800 年》上卷，中国社会科学出版社 2020 年版，第 649－650 页。

〔7〕 [美]马丁·海德拉：《明代中国农村的社会经济发展》，引自[美]牟复礼、[英]崔瑞德编：《剑桥中国明代史：1368－1644 年》下卷，中国社会科学出版社 2006 年版，第 478－479 页。

指导,认为农业是国家的根本。"[1]这段评论也完全适用于清朝前期的统治者们。与欧洲同时代的君主与权臣不同,明清的皇帝对于城市制造业非常冷漠,农业经济才是他们的理想与政策促进的对象。

在本书讨论的时代,现实中的政治经济形势与中国统治者们的农业经济理想之间出现了一些偏差,这导致一些政治经济问题出现。首先是财政问题。明朝最初建立在国家财政开支尽可能节俭的原则基础上。朱元璋为其理想的农业经济建立的配套财政原则是"从君主直到最底层的百姓,每个人都应厉行节约"[2]。上文已经提到,朱元璋认为国家财政资源由农业提供,同时,朱元璋注意到农业的生产过程非常艰苦,农民的生活水平很低。朱元璋叮嘱朱标:"夫农勤四体,务五谷,身不离畎亩,手不离耒耜,终岁勤动,不得休息,其所服不过练裳布衣,所饮食不过菜羹粝饭,而国家经费皆其所出。"因此,朱元璋认为,君主必须时刻"念农之劳","为上之道"应当是"取之有制,用之有节,使之不至于饥寒"。[3] 为了尽量节省从农业经济中征收财政资源,朱元璋宣布了大明周边的15个邻国为"不征之国",以此断绝了明朝进行军事征服的机会;军队应当尽量通过屯田获得财政供给;文官的俸禄被维持在非常低的水平;政府利用自己印发的纸币而不是征收的钱币支付许多费用。[4] 在明成祖永乐皇帝(1360—1424)时代,对外战争、郑和远航、修建新京城、修复大运河等大型财政支出项目改变了朱元璋的财政支出原则,为了支持这些项目,永乐皇帝增发纸币、扩大军屯以及增加劳役和附加税。[5] 在之后的洪熙和宣德两朝(1425—1435年),大规模的财政支出被停止,增加的赋役被减免,欠缴的赋税被免除,国家财政向朱

---

〔1〕[美]黄仁宇:《十六世纪明代中国之财政与税收》,生活·读书·新知三联书店2001年版,第2页。

〔2〕[美]黄仁宇:《明代的财政管理》,引自[美]牟复礼、[英]崔瑞德编:《剑桥中国明代史:1368—1644年》下卷,中国社会科学出版社2006年版,第94页。

〔3〕《大明太祖高皇帝实录》卷27。

〔4〕[美]黄仁宇:《中国大历史》,生活·读书·新知三联书店1997年版,第181页。[美]黄仁宇:《明代的财政管理》,引自[美]牟复礼、[英]崔瑞德编:《剑桥中国明代史:1368—1644年》下卷,中国社会科学出版社2006年版,第94页。

〔5〕[美]黄仁宇:《明代的财政管理》,引自[美]牟复礼、[英]崔瑞德编:《剑桥中国明代史:1368—1644年》下卷,中国社会科学出版社2006年版,第95页。[美]陈学霖:《建文、永乐、洪熙和宣德之治:1399—1435年》,引自[美]牟复礼、[英]崔瑞德编:《剑桥中国明代史:1368—1644年》上卷,中国社会科学出版社1992年版,第276—282页。

元璋设定的理想回归。[1]

但是从16世纪开始，明朝距离朱元璋的财政原则越来越远，国家的财政开支规模越来越大。这种开支增长主要源于军事开支、宫廷开支和宗室开支。[2] 军事开支是当时最大的财政支出项目。[3] 到16世纪，军屯的田亩数量急剧下降，到16世纪中叶，部分地区军屯耕地面积缩小到原有的三分之一，明朝军队为自己提供财政给养的能力大为削弱。[4] 与军屯制度联系的卫所制度也开始衰落，16世纪初，在作为军队主力的北方边防军中，从军屯获得至少部分收入的卫所军人数已经少于一半，雇佣军人数超过了卫所军，而这些雇佣军完全需要朝廷定期提供军饷。[5] 长城的建造与维护也需要大量开支。明长城建造费用为6 000万～7 000万两白银，相当于张居正增加财政收入的改革之后户部年收入的大约20倍。[6] 火药武器的普及使战争技术更复杂、战争成本更高。[7] 从嘉靖朝(1522—1566)开始，北方边境冲突、沿海对抗倭寇、援助朝鲜对抗日本侵略、在东北与后金冲突等战争让朝廷不得不支付大量军费。[8] 16世纪的嘉靖皇帝(1507—1567)与万历皇帝(1563—1620)都是爱好奢侈的君主。嘉靖皇帝的宫廷每年开支超过350万两白银，约等于国库年收入。[9] 1600年，万历皇

---

〔1〕［美］陈学霖：《建文、永乐、洪熙和宣德之治：1399—1435年》，引自［美］牟复礼、［英］崔瑞德编：《剑桥中国明代史：1368—1644年》上卷，中国社会科学出版社1992年版，第310—312页、第325—328页。［美］黄仁宇：《明代的财政管理》，引自［美］牟复礼、［英］崔瑞德编：《剑桥中国明代史：1368—1644年》下卷，中国社会科学出版社2006年版，第96—99页。

〔2〕侯家驹：《中国经济史》下卷，新星出版社2010年版，第653—658页。［美］黄仁宇：《明代的财政管理》，引自［美］牟复礼、［英］崔瑞德编：《剑桥中国明代史：1368—1644年》下卷，中国社会科学出版社2006年版，第131—132页。［美］黄仁宇：《十六世纪明代中国之财政与税收》，生活·读书·新知三联书店2001年版，第66—70页、第75—81页。

〔3〕侯家驹：《中国经济史》下卷，新星出版社2010年版，第653页。

〔4〕［美］黄仁宇：《明代的财政管理》，引自［美］牟复礼、［英］崔瑞德编：《剑桥中国明代史：1368—1644年》下卷，中国社会科学出版社2006年版，第131页。［美］黄仁宇：《十六世纪明代中国之财政与税收》，生活·读书·新知三联书店2001年版，第377—379页。

〔5〕［美］黄仁宇：《明代的财政管理》，引自［美］牟复礼、［英］崔瑞德编：《剑桥中国明代史：1368—1644年》下卷，中国社会科学出版社2006年版，第134页。

〔6〕侯家驹：《中国经济史》下卷，新星出版社2010年版，第656—657页。［美］黄仁宇：《十六世纪明代中国之财政与税收》，生活·读书·新知三联书店2001年版，第376页。

〔7〕［美］黄仁宇：《十六世纪明代中国之财政与税收》，生活·读书·新知三联书店2001年版，第376—377页。

〔8〕侯家驹：《中国经济史》下卷，新星出版社2010年版，第654—656页。范中义、王兆春、张文才、冯东礼：《中国军事通史(第15卷)：明代军事史》，军事科学出版社1998年版，第633—732页、第754—758页、第771—805页、第878—915页。

〔9〕侯家驹：《中国经济史》下卷，新星出版社2010年版，第657页。

帝为皇子举办婚礼，花费白银超过 1 000 万两，而当年的国库年收入只有 400 万两。[1] 皇宫的修建也消耗了相当多的财政经费。从永乐皇帝到天启皇帝(1605—1627)，皇宫的修建一直在进行，在 16 世纪，大约每 10 年就要修建一次。[2] 为了向明朝皇家宗室成员提供俸禄，消耗了相当大规模的财政资源。1502 年，山西和河南两省留存的收入甚至不足以支付居住在这两省宗室的俸禄。[3] 在嘉靖朝末年，全国宗室禄米总计 853 万石，而朝廷征收的最大宗税收耕地税(田赋)只有 400 万石。[4]

清朝财政开支中最大的项目也是军事支出。[5] 清朝初期到中期的多次战争消耗了大量财政资源。顺治朝(1644—1661 年)的统一战争每年需要花费几百万到 2 000 万两白银，而朝廷的财政年收入大约是 2 000 万两白银；康熙朝(1662—1722 年)的平定三藩之战、收复台湾之战、平定准噶尔之战以及雅克萨之战总计花费超过 2 亿两，而朝廷年收入大约是 3 000 万两；雍正朝(1723—1735 年)平定西北的战争花费 5 400 万两，而朝廷年收入大约是 3 500 万两；乾隆朝(1736—1796 年)的"十全武功"总计花费大约 1 亿 4 千万两白银，而朝廷年收入大约 4 000 万两。[6] 钱穆写道："乾隆时代，国家税收，几乎全部充作军费之用。"[7]从清朝初年到康熙初年，清朝宫廷开支节俭，远低于明朝宫廷。明朝宫廷每年花费白银至少 90 万两，但康熙前期的清朝宫廷仅花费 30 万两。[8] 之后，随着皇帝巡视江南、修建行宫、举办庆典等开支项目的出现，宫廷开支逐渐增加，到乾隆中期，宫廷开支已经超过 90 万两，不比明朝宫廷少。[9] 此外，清朝用于皇家宗室与皇亲贵族俸禄的开支规模似乎与明朝差不多。[10] 总之，

---

〔1〕 侯家驹：《中国经济史》下卷，新星出版社 2010 年版，第 657 页。

〔2〕 [美]黄仁宇：《十六世纪明代中国之财政与税收》，生活·读书·新知三联书店 2001 年版，第 371—374 页。

〔3〕 [美]黄仁宇：《明代的财政管理》，引自[美]牟复礼、[英]崔瑞德编：《剑桥中国明代史：1368—1644 年》下卷，中国社会科学出版社 2006 年版，第 132 页。

〔4〕 侯家驹：《中国经济史》下卷，新星出版社 2010 年版，第 658 页。

〔5〕 侯家驹：《中国经济史》下卷，新星出版社 2010 年版，第 660 页。

〔6〕 陈锋：《中国财政通史(第七卷)：清代财政史(上)》，湖南人民出版社 2013 年版，第 369 页、第 567—568 页。

〔7〕 钱穆：《中国经济史》，北京联合出版公司 2016 年版，第 268 页。

〔8〕 朱伯康、施正康：《中国经济史》下卷，复旦大学出版社 2005 年版，第 324 页。

〔9〕 朱伯康、施正康：《中国经济史》下卷，复旦大学出版社 2005 年版，第 324 页。

〔10〕 侯家驹：《中国经济史》下卷，新星出版社 2010 年版，第 658—660 页。朱伯康、施正康：《中国经济史》下卷，复旦大学出版社 2005 年版，第 325 页。

自顺治朝至乾隆朝，清朝的财政支出不断增加，1766 年的财政支出相比 1645 年增加超过一倍。[1]

面对不断增加的财政支出，明清两朝出现了不同程度的财政赤字问题。正德、嘉靖、隆庆三朝(1506－1572 年)，明朝户部出现多年收不抵支的情况，赤字规模有时甚至数倍于年收入规模。[2] 清朝的财政情况比明朝略好，从康熙初年到乾隆中期，户部库存白银常在 4 000 万两以上。[3] 但是，在康熙朝末年，财政赤字严重，户部库存白银出现大幅下降，从 1709 年的 5 000 万两下降到 1722 年的 800 万两。[4] 为了解决这些财政赤字问题，万历朝初年的内阁首辅张居正(1525－1582)与清朝雍正皇帝(1678－1735)执行了一系列政策以增加财政收入，改革赋税征收，修正财政制度。张居正的政策主要包括以下内容。第一，节省一切不必要和不重要的财政开支，减少宫廷采购，削减公共驿站服务，各省徭役减少到原水平的三分之一；第二，恢复边境和平，减少边境军事行动，减少军事开支，将士兵从作战部队转入屯田；第三，审查全国各县各府财政收支账目，将审定的账目作为地方政府半永久预算方案，控制地方政府开支，张居正本人亲自审查了山东和湖广的账目；第四，征缴欠税，惩罚欠税行为，严惩腐败，减少国家征税中的损耗；第五，重新测量全国耕地面积，将国家掌握的耕地税征收标准与现实中土地开垦情况对齐，增加纳税土地面积，消除不合理征税现象，这一行动在张居正去世之前没有完成，但是已经完成的耕地测量使明朝耕地税的纳税面积在 1578 年比隆庆朝末年(1571 年)与正德初年(1508 年)增加将近 50%，比嘉靖朝中期(1542 年)增加超过 60%；第六，颁布“一条鞭法”，政府以征收代役银替代征发徭役，以雇佣劳动获得需要的劳役，同时将代役银和其他杂税合并为一种按照田亩征收白银的税。[5] 经过张居正的政策，明朝的财政状

---

〔1〕 陈光焱：《中国财政通史：清代卷》，中国财政经济出版社 2006 年版，第 51 页。

〔2〕 陈光焱：《中国财政通史：明代卷》，中国财政经济出版社 2006 年版，第 16 页。

〔3〕 侯家驹：《中国经济史》下卷，新星出版社 2010 年版，第 660－661 页。朱伯康、施正康：《中国经济史》下卷，复旦大学出版社 2005 年版，第 326 页。

〔4〕 陈光焱：《中国财政通史：清代卷》，中国财政经济出版社 2006 年版，第 52 页。

〔5〕 [美]黄仁宇：《隆庆和万历时期：1567－1620 年》，引自[美]牟复礼、[英]崔瑞德编：《剑桥中国明代史：1368－1644 年》上卷，中国社会科学出版社 1992 年版，第 566－569 页。[美]黄仁宇：《明代的财政管理》，引自[美]牟复礼、[英]崔瑞德编：《剑桥中国明代史：1368－1644 年》下卷，中国社会科学出版社 2006 年版，第 142－144 页。[美]黄仁宇：《十六世纪明代中国之财政与税收》，生活 · 读书 · 新知三联书店 2001 年版，第 385－393 页。陈光焱：《中国财政通史：明代卷》，中国财政经济出版社 2006 年版，第 17－21 页、第 185 页。

况好转,朝廷在南北两京的库存白银达到1 000万两以上,万历皇帝的奢侈宫廷与战争得到了资助。[1]

雍正皇帝执行的政策主要包括以下方面。第一,清查户部与各省财政亏空,勒令各地官府在三年内弥补府库亏空,制定奖惩措施督促官员执行;第二,推行"耗羡归公",将各州县官府以补偿白银熔铸损耗为借口而任意征收的名为"耗羡"或"火耗"的附加费正规化为一种正式新税,规定税率(远低于原先州县任意指定的税率),由各省布政使统一征收,用于弥补本省财政亏空、弥补官员俸禄不足、支付公务开支,由此增加各省财政收入、降低人民税负、避免耗羡被官员私人贪污;第三,继续完成明朝张居正的"一条鞭法"未竟的工作,推行"摊丁入亩",将已经由康熙皇帝规定总数不变的人头税分摊到全国的纳税耕地面积上,以耕地税增加的形式征收,实质上是将原先全体人丁缴纳的人头税转嫁给拥有耕地的地主,由此减免无地和少地农民的负担,将纳税义务与纳税能力对齐,稳定征税对象的纳税能力;第四,通过减免税收与补贴垦荒的形式鼓励土地开垦,特别是西北和西南边疆地区土地的开垦,推行"耗羡归公"之后的各省政府利用增加的收入补贴土地开垦,在各省测量尚未开垦土地的面积,制订开垦计划,增加纳税耕地面积;第五,削减士绅家族减免税赋的特权,增加有纳税能力人口的纳税数量。[2] 这些政策有效使清朝户部库存银从康熙末年的800万两增加到雍正末年的6 000万两。[3]

除了财政问题之外,货币供应问题也是当时明清两朝面对的重要政治经济问题。元朝的货币制度以国家发行的纸币为主,朝廷极力推行纸币,经常禁止金银流通。[4] 但是,元朝经常滥发纸币,人均纸币发行数量从1260年的488文暴增到1332年的68 297文。到元末,民间交易已经不再使用纸币,改用铜钱或以物易物。[5] 在明朝初年,洪武皇帝曾经模仿元朝,以纸币为主,禁止民间

---

[1] [美]黄仁宇:《十六世纪明代中国之财政与税收》,生活·读书·新知三联书店2001年版,第385—386页。

[2] 陈光焱:《中国财政通史:清代卷》,中国财政经济出版社2006年版,第16—44页。陈锋:《中国财政通史(第七卷):清代财政史(上)》,湖南人民出版社2013年版,第306—366页。[美]曾小萍:《雍正朝》,引自[美]裴德生编:《剑桥中国清代前中期史:1644—1800年》上卷,中国社会科学出版社2020年版,第206—221页。

[3] 陈光焱:《中国财政通史:清代卷》,中国财政经济出版社2006年版,第52页。

[4] 彭信威:《中国货币史》,上海人民出版社2015年版,第409—415页。

[5] 彭信威:《中国货币史》,上海人民出版社2015年版,第431—453页。

金银交易,甚至禁止开采金银矿。[1] 但是与元朝一样,明朝也出现了纸币滥发。在洪武朝(1368—1398 年),1375 年发行的面值 1 000 文的纸币到 1394 年在市场上只值 160 文,1376 年能买到一石稻米的纸币到 1397 年只能买到四分之一石。[2] 之后,随着政府财政支出不断增加,纸币发行量继续增加,购买力持续下降,到成化朝(1465—1487 年),面值 1 000 文的纸币市值已经不足 1 文。[3] 到弘治朝(1488—1505 年),纸币已经事实上停止流通,在市场交易中不再使用。[4] 随着纸币的贬值和废弃,市场逐渐接受白银为主要货币形态。从洪武朝到宣德朝(1426—1435 年),朝廷屡次禁止民间使用白银交易,但是屡禁不止。[5] 到 1436 年,朝廷准许水运不便的五个省以白银替代稻米缴纳赋税,自此事实上批准民间使用白银作为货币,白银的使用进一步受到鼓励。[6] 到正德朝,官员俸禄的十分之九用白银支付,剩下十分之一以铜钱支付。[7] 明代自洪武朝开始铸造铜钱,之后基本每个皇帝都铸造以自己年号标记的铜钱。[8] 但是,明朝官方铸造铜钱数量极少,在最多的时候每年只发行大约 2.2 亿枚;相比之下,北宋(960—1127 年)的政府每年要发行 20 亿到 30 亿枚铜钱。[9] 明朝前期铸钱少的主要原因是避免铜钱与纸币竞争。[10] 在这种情况下,铜钱的购买力高,因此私铸铜钱的情况很严重。到嘉靖朝,私铸铜钱已经泛滥到无法禁止,于是政府征税只接受白银。[11] 到清朝,白银的货币地位更加重要。"清朝的币制,大体上是银钱并行本位;大数用银,小数用钱,和明朝相同;只是白银的地位更加重要了。"[12]清朝政府除了征税只收白银之外,支出也几乎只用白银,

---

〔1〕 彭信威:《中国货币史》,上海人民出版社 2015 年版,第 465—467 页。

〔2〕 彭信威:《中国货币史》,上海人民出版社 2015 年版,第 491—492 页。

〔3〕 彭信威:《中国货币史》,上海人民出版社 2015 年版,第 492—493 页。

〔4〕 彭信威:《中国货币史》,上海人民出版社 2015 年版,第 493 页。

〔5〕 彭信威:《中国货币史》,上海人民出版社 2015 年版,第 483 页。

〔6〕 彭信威:《中国货币史》,上海人民出版社 2015 年版,第 483 页、第 493 页。

〔7〕 彭信威:《中国货币史》,上海人民出版社 2015 年版,第 483 页。

〔8〕 彭信威:《中国货币史》,上海人民出版社 2015 年版,第 469—474 页。

〔9〕 [美]威廉·阿特威尔:《明代中国与新兴的世界经济:约 1470—1650 年》,引自[美]牟复礼、[英]崔瑞德编:《剑桥中国明代史:1368—1644 年》下卷,中国社会科学出版社 2006 年版,364 页。

〔10〕 彭信威:《中国货币史》,上海人民出版社 2015 年版,第 499—500 页。

〔11〕 彭信威:《中国货币史》,上海人民出版社 2015 年版,第 503 页。朱伯康、施正康:《中国经济史》下卷,复旦大学出版社 2005 年版,第 109—110 页。

〔12〕 彭信威:《中国货币史》,上海人民出版社 2015 年版,第 557 页。

而且明确鼓励民间交易使用白银。[1] 总而言之,在本书讨论的时代,中国是以白银为主要货币的国家。而且在19世纪之前,白银以银锭与银块的形式充当货币,以重量和成色确定价值。[2]

到21世纪初,世界已知的白银储量中,超过80%位于中欧、澳大利亚以及南北美洲。[3] 中国的白银矿藏规模并不特别大。在明朝建立之初,为了普及纸币禁用金银,并且由于朱元璋认为矿业"利于官者少,损于民者多",因此禁止开采银矿。[4] 之后,永乐皇帝为了增加政府财政资源,开始批准银矿开采。[5] 但是,直到16世纪,明朝通过采矿获得的白银产量一直在下降。明朝政府从合法银矿开采中征收的采矿税(矿产总量的30%),从永乐朝后期的每年超过10 000公斤,下降到正德朝后期的每年略超过1 200公斤。[6] 这反映了合法银矿产量持续降低。到1596年,明朝政府收支已经以白银为主,当时万历皇帝为了增加皇室和政府收入以支持皇子婚礼、修建宫殿以及军事行动等巨大的财政开支项目,派出宦官在各地作为"矿监"督导开采金银矿,征收采矿税。[7] 但是,因为当时能够开采的金银矿藏总量本身并不大,所以这项政策促进的金银实际产量增加非常有限,于是宦官以征收矿税的名义通过压榨民财的方式为万历皇帝搜集金银,由此酿成"矿税之弊"。[8] 虽然矿监与矿税在万历皇帝去世之后几乎立刻就被废除,但是鼓励采矿业以及征收矿税自此成为明清之际政府应当避免的"败政"的典型代表。有鉴于此,清朝政府一直到19世纪中期之前,

---

〔1〕 彭信威:《中国货币史》,上海人民出版社2015年版,第575页、第605页。

〔2〕 彭信威:《中国货币史》,上海人民出版社2015年版,第575页。

〔3〕 中国有色金属工业协会专家委员会:《中国白银》,冶金工业出版社2015年版,第69页。

〔4〕 彭信威:《中国货币史》,上海人民出版社2015年版,第520—521页。朱伯康、施正康:《中国经济史》下卷,复旦大学出版社2005年版,第111页。

〔5〕 彭信威:《中国货币史》,上海人民出版社2015年版,第521页。朱伯康、施正康:《中国经济史》下卷,复旦大学出版社2005年版,第111—112页。[美]威廉·阿特威尔:《明代中国与新兴的世界经济:约1470—1650年》,引自[美]牟复礼、[英]崔瑞德编:《剑桥中国明代史:1368—1644年》下卷,中国社会科学出版社2006年版,第365页。

〔6〕 [美]威廉·阿特威尔:《明代中国与新兴的世界经济:约1470—1650年》,引自[美]牟复礼、[英]崔瑞德编:《剑桥中国明代史:1368—1644年》下卷,中国社会科学出版社2006年版,第366页。

〔7〕 彭信威:《中国货币史》,上海人民出版社2015年版,第522页。朱伯康、施正康:《中国经济史》下卷,复旦大学出版社2005年版,第112—113页。侯家驹:《中国经济史》下卷,新星出版社2010年版,第690页。

〔8〕 彭信威:《中国货币史》,上海人民出版社2015年版,第522页。朱伯康、施正康:《中国经济史》下卷,复旦大学出版社2005年版,第113—114页。侯家驹:《中国经济史》下卷,新星出版社2010年版,第690页。

都禁止本国金银矿开采。[1] 白银本身储量不丰，再加上禁止金银矿开采的政策，导致16世纪以后以白银为主要货币的中国经济只能通过对外贸易获得主要的白银供应。“[明清时期的]中国银矿不够丰富，因此国内白银生产规模并不大。决定白银供给最重要的因素，是白银的进口与出口。”[2]正是从海外进口白银的供应使得16世纪之后，在本土白银产量不断降低的情况下，中国经济避免了货币紧缩的危险。[3]

在16—18世纪，海外白银主要通过以下三种渠道供应中国。第一，从日本进口白银。在16世纪，新银矿在日本被发现，日本的白银产量快速增加。[4] 但是，当时日本并不以白银为主要货币，因此，从16世纪到18世纪，中国通过向日本出口丝绸、生丝、瓷器、黄金等产品以换取白银，其中最重要的产品是丝绸与生丝。[5] 从16世纪中期开始，葡萄牙商人开始在中日贸易中充当重要的中间商和承运人，以澳门和长崎为中日双方的口岸，连通双方的进出口，在17世纪中期之后，荷兰人替代了葡萄牙人的地位。[6] 第二，直接从美洲获得白银。从16世纪中期开始，西班牙人将白银从墨西哥西海岸运到菲律宾的马尼拉，在马尼拉与中国商人交易，再将中国产品运回墨西哥，中国商人将白银运回中国。[7] 中国向美洲出口的产品主要是生丝与丝织品，占向美洲出口总值的

---

[1] 朱伯康、施正康:《中国经济史》下卷，复旦大学出版社2005年版，第316页。侯家驹:《中国经济史》下卷，新星出版社2010年版，第690—691页。

[2] [美]马若孟、[中国]王业键:《经济发展(1644—1800)》，引自[美]裴德生编:《剑桥中国清代前中期史:1644—1800年》上卷，中国社会科学出版社2020年版，第632页。

[3] [美]威廉·阿特威尔:《明代中国与新兴的世界经济:约1470—1650年》，引自[美]牟复礼、[英]崔瑞德编:《剑桥中国明代史:1368—1644年》下卷，中国社会科学出版社2006年版，第367—368页。

[4] [美]威廉·阿特威尔:《明代中国与新兴的世界经济:约1470—1650年》，引自[美]牟复礼、[英]崔瑞德编:《剑桥中国明代史:1368—1644年》下卷，中国社会科学出版社2006年版，第378页。

[5] 彭信威:《中国货币史》，上海人民出版社2015年版，第522—523页、第633页。[美]威廉·阿特威尔:《明代中国与新兴的世界经济:约1470—1650年》，引自[美]牟复礼、[英]崔瑞德编:《剑桥中国明代史:1368—1644年》下卷，中国社会科学出版社2006年版，第378—381页。吴慧、夏秀瑞、张雪慧:《中国商业通史》第3卷，中国财政经济出版社2005年版，第711—712页。吴慧、刘秀生、夏秀瑞等:《中国商业通史》第4卷，中国财政经济出版社2008年版，第306页。

[6] 彭信威:《中国货币史》，上海人民出版社2015年版，第522页。吴慧、夏秀瑞、张雪慧:《中国商业通史》第3卷，中国财政经济出版社2005年版，第712页。

[7] 彭信威:《中国货币史》，上海人民出版社2015年版，第523页、第632—633页。[美]威廉·阿特威尔:《明代中国与新兴的世界经济:约1470—1650年》，引自[美]牟复礼、[英]崔瑞德编:《剑桥中国明代史:1368—1644年》下卷，中国社会科学出版社2006年版，第369—371页。吴慧、夏秀瑞、张雪慧:《中国商业通史》第3卷，中国财政经济出版社2005年版，第710—711页。

六成以上,中国生丝与丝织品非常有竞争力,它们沉重打击了西班牙在美洲试图建立的生丝产业与丝织业。[1] 第三,从欧洲商人处获得白银。西班牙人将白银从墨西哥东海岸运回欧洲,向葡萄牙、荷兰与英格兰出口,后三者将这些白银运到亚洲,经营贸易,换取中国产品,比如茶叶、丝绸、生丝、瓷器、棉布,再将这些产品运回欧洲,中国则由此获得白银。[2] 这些欧洲国家除了为中国供应白银外,还连通了中国与其他亚洲国家之间的贸易,比如它们向中国出口印度出产的棉布和鸦片。[3]

中国从海外贸易获得白银供应的数量极大。如前文所述,在 16 世纪之前,中国每年从合法白银开采业中获得白银总量最大仅略多于 3 万公斤。[4] 相比之下,16 世纪后半期到 17 世纪前半期,中国从日本进口的白银数量就超过了每年 3 万公斤。[5] 在 17 世纪 30 年代,从美洲进口的白银数量最高能够达到每年 7.5 万公斤。[6] 17 世纪 20—30 年代,从葡萄牙商人、西班牙商人、日本商人处获得的白银数量总和可以达到最多一年 20 万公斤。[7] 通过向欧洲国家出口获得的白银数量,在 18 世纪 20 年代可以达到每年 3 万公斤,在 60 年代超过

---

〔1〕 [美]威廉·阿特威尔:《明代中国与新兴的世界经济:约 1470—1650 年》,引自[美]牟复礼、[英]崔瑞德编:《剑桥中国明代史:1368—1644 年》下卷,中国社会科学出版社 2006 年版,第 382—385 页。吴慧、夏秀瑞、张雪慧:《中国商业通史》第 3 卷,中国财政经济出版社 2005 年版,第 710—711 页。吴慧、刘秀生、夏秀瑞等:《中国商业通史》第 4 卷,中国财政经济出版社 2008 年版,第 307 页。

〔2〕 彭信威:《中国货币史》,上海人民出版社 2015 年版,第 523 页、第 633 页。[美]威廉·阿特威尔:《明代中国与新兴的世界经济:约 1470—1650 年》,引自[美]牟复礼、[英]崔瑞德编:《剑桥中国明代史:1368—1644 年》下卷,中国社会科学出版社 2006 年版,第 373—378 页。吴慧、夏秀瑞、张雪慧:《中国商业通史》第 3 卷,中国财政经济出版社 2005 年版,第 709 页、第 712—714 页。吴慧、刘秀生、夏秀瑞等:《中国商业通史》第 4 卷,中国财政经济出版社 2008 年版,第 307 页。

〔3〕 彭信威:《中国货币史》,上海人民出版社 2015 年版,第 635—636 页。吴慧、刘秀生、夏秀瑞等:《中国商业通史》第 4 卷,中国财政经济出版社 2008 年版,第 308—309 页。John E. Wills Jr. and John L. Cranmer-Bying, "Ch'ing Relations with Maritime Europeans", in *The Cambridge History of China, vol. 9, Part. 2: The Ch'ing Dynasty to 1800*, ed. by Willard J. Peterson, Cambridge: Cambridge University Press, 2016, pp. 295—297.

〔4〕 [美]威廉·阿特威尔:《明代中国与新兴的世界经济:约 1470—1650 年》,引自[美]牟复礼、[英]崔瑞德编:《剑桥中国明代史:1368—1644 年》下卷,中国社会科学出版社 2006 年版,第 366 页。

〔5〕 彭信威:《中国货币史》,上海人民出版社 2015 年版,第 522—523 页。[美]威廉·阿特威尔:《明代中国与新兴的世界经济:约 1470—1650 年》,引自[美]牟复礼、[英]崔瑞德编:《剑桥中国明代史:1368—1644 年》下卷,中国社会科学出版社 2006 年版,第 379—380 页。吴慧、夏秀瑞、张雪慧:《中国商业通史》第 3 卷,中国财政经济出版社 2005 年版,第 713—714 页。

〔6〕 [美]威廉·阿特威尔:《明代中国与新兴的世界经济:约 1470—1650 年》,引自[美]牟复礼、[英]崔瑞德编:《剑桥中国明代史:1368—1644 年》下卷,中国社会科学出版社 2006 年版,第 371—372 页。吴慧、夏秀瑞、张雪慧:《中国商业通史》第 3 卷,中国财政经济出版社 2005 年版,第 711 页。

〔7〕 吴慧、夏秀瑞、张雪慧:《中国商业通史》第 3 卷,中国财政经济出版社 2005 年版,第 712 页。

每年 10 万公斤。[1] 中国主要从海外获得白银的情况导致中国在 17 世纪前期面临与欧洲国家相同的问题,即由于当时世界各地银矿开采枯竭而导致贵金属供应下降。在 17 世纪前期,墨西哥白银产量快速下降,通过马尼拉向中国出口白银的数量也迅速下降,从每年超过 5 万公斤"减少到涓涓细流"[2]。同时日本的白银产量也严重下降,日本向中国出口白银的数量从 17 世纪早期峰值的每年超过 15 万公斤下降到每年 5 万公斤。[3] 白银输入量的减少成为苏州、湖州和松江等重要制造业城市在明末陷入萧条的原因之一。[4] "显然,说海上贸易是中国明代晚期和清代早期的'财富的源泉'是夸大其词。然而,毫无疑问,在 16 世纪和 17 世纪,中国国内对进口白银的需求,国外对中国丝绸、瓷器、金、铜币和其他商品的需求,促使中国比以往更深地卷入了世界经济事务。"[5]

由此可见,可以获得白银供应的海外贸易对于 16 世纪之后的中国非常重要,但是这些贸易却得到很少的政策促进。在明朝建立之初,由于倭寇劫掠中国沿海以及元末内战中反对朱元璋的势力残部退居海外勾结倭寇袭扰明朝,朱元璋建立海禁政策以巩固国家安全。[6] 这种海禁政策的内容是:禁止私人出海经商,有时甚至禁止出海捕鱼;禁止私人制造二桅以上大船,以限制私人的海上远航能力;禁止私人出口兵器、火药、布匹、铜钱、金银等重要物资;禁止进口海外香料;禁止国内使用外国货物。[7] 在禁海政策下,明朝与海外的经济关系由朝廷严格控制,以朝贡的形式进行:只有与明朝建立宗藩关系的国家才能参与朝贡贸易;各国的朝贡周期、船队规模、使团人数都有规定,如果违反规定或

---

[1] John E. Wills Jr. and John L. Cranmer-Bying, "Ch'ing Relations with Maritime Europeans", in *The Cambridge History of China, vol. 9, Part. 2: The Ch'ing Dynasty to 1800*, ed. by Willard J. Peterson, Cambridge: Cambridge University Press, 2016, p. 297.

[2] [美]威廉·阿特威尔:《明代中国与新兴的世界经济:约 1470—1650 年》,引自[美]牟复礼、[英]崔瑞德编:《剑桥中国明代史:1368—1644 年》下卷,中国社会科学出版社 2006 年版,第 392 页。

[3] [美]威廉·阿特威尔:《明代中国与新兴的世界经济:约 1470—1650 年》,引自[美]牟复礼、[英]崔瑞德编:《剑桥中国明代史:1368—1644 年》下卷,中国社会科学出版社 2006 年版,第 394 页。

[4] [美]威廉·阿特威尔:《明代中国与新兴的世界经济:约 1470—1650 年》,引自[美]牟复礼、[英]崔瑞德编:《剑桥中国明代史:1368—1644 年》下卷,中国社会科学出版社 2006 年版,第 396—397 页。

[5] [美]威廉·阿特威尔:《明代中国与新兴的世界经济:约 1470—1650 年》,引自[美]牟复礼、[英]崔瑞德编:《剑桥中国明代史:1368—1644 年》下卷,中国社会科学出版社 2006 年版,第 400 页。

[6] 侯家驹:《中国经济史》下卷,新星出版社 2010 年版,第 726 页。吴慧、夏秀瑞、张雪慧:《中国商业通史》第 3 卷,中国财政经济出版社 2005 年版,第 673 页。

[7] 侯家驹:《中国经济史》下卷,新星出版社 2010 年版,第 728 页。吴慧、夏秀瑞、张雪慧:《中国商业通史》第 3 卷,中国财政经济出版社 2005 年版,第 673—675 页。

携带武器，视为入寇；朝贡队伍需要在指定口岸入境，之后进京安置，不能擅自行动；朝贡国向明朝政府进贡货物之后，会得到明朝的回礼，回礼价值往往数倍于贡品；此外，朝贡国还可以携带一些用于市场交易的货物，其中六成由明朝政府收购，剩余四成可以在明朝政府规定的时间和区域内，在官员监督下，向民间商人出售。[1] 自洪武朝到正德朝，除了永乐皇帝曾经派郑和(1371/75—1433/35)组织大规模船队进行积极的海外探索与贸易之外，明朝政府一直以民间禁海与官方朝贡的方式组织海外贸易。[2] 在此期间，由于朝贡贸易和郑和远航使民间商人注意到海外贸易的获利机会，并且郑和的大规模船队在民间培养了不少水手与海商，因此，虽然在永乐朝之后朝廷停止了官方远航并重新强调海禁，但是民间出现了大量走私贸易，东南沿海地区的富商无视朝廷禁令，建造大船，雇佣水手，出海经商，朝廷难以禁止。[3] 在此期间，福建漳州的月港成为此类走私贸易的中心。[4] 自正德朝开始，为了增加朝贡贸易的数量并缓解朝廷财政困难，明朝政府从 1506 年开始解除对于朝贡贸易的时间和规模限制，甚至不再查验“朝贡”船舶是否真是藩国政府的朝贡代表，对所有以“朝贡”名义到明朝贸易的商船征收货物价值 20%或 30%的贸易税，这种政策实质上为民间海外贸易借“朝贡”旗号合法进行提供了空间。[5] 到嘉靖朝，因为葡萄牙人以侵略性手段在亚洲推行贸易以及日本内战爆发导致倭寇再次肆虐，从 1525 年开始，朝廷重申海禁政策。[6] 到隆庆朝(1567—1572 年)，倭寇平定，海面平静，朝廷自 1567 年开始解除部分海禁，以先前民间走私贸易中心月港为合法通商口岸，允许商人自月港出海经商，朝廷在月港设置“海防馆”后改名“督饷馆”，接受出港申请并查验出海船舶，向出海船舶征收船舶税以及向进口货物征收关税。[7] 自此之后直到明末，除了万历朝因为援朝抗日禁止与日本通商之外，私

---

〔1〕 吴慧、夏秀瑞、张雪慧：《中国商业通史》第 3 卷，中国财政经济出版社 2005 年版，第 676—678 页。

〔2〕 侯家驹：《中国经济史》下卷，新星出版社 2010 年版，第 728—732 页。吴慧、夏秀瑞、张雪慧：《中国商业通史》第 3 卷，中国财政经济出版社 2005 年版，第 679—690 页。

〔3〕 侯家驹：《中国经济史》下卷，新星出版社 2010 年版，第 732—733 页。吴慧、夏秀瑞、张雪慧：《中国商业通史》第 3 卷，中国财政经济出版社 2005 年版，第 689 页。

〔4〕 吴慧、夏秀瑞、张雪慧：《中国商业通史》第 3 卷，中国财政经济出版社 2005 年版，第 689 页。

〔5〕 吴慧、夏秀瑞、张雪慧：《中国商业通史》第 3 卷，中国财政经济出版社 2005 年版，第 690 页。

〔6〕 吴慧、夏秀瑞、张雪慧：《中国商业通史》第 3 卷，中国财政经济出版社 2005 年版，第 692—702 页。

〔7〕 侯家驹：《中国经济史》下卷，新星出版社 2010 年版，第 733—734 页。吴慧、夏秀瑞、张雪慧：《中国商业通史》第 3 卷，中国财政经济出版社 2005 年版，第 702—707 页。

人海外贸易一直可以合法进行。[1]

自清朝入关之初,延续明朝允许私人出海经商的政策。[2] 然而,因为担忧郑成功等海外反清势力与内地勾结,清朝政府自1655年开始执行禁海政策,并且自1661年开始执行"迁海"政策,命令全国沿海各省居民迁移到距离海岸线三十里至五十里的内地居住。[3] 在禁海与迁海政策执行时期,海外贸易以朝贡贸易和民间走私贸易的形式继续进行。[4] 在平定"三藩"和收复台湾之后,康熙皇帝在1684年宣布解除海禁与迁海政策,许可私人出海贸易,并在1685年在松江、宁波、厦门、广州设置江海关、浙海关、闽海关、粤海关管理对外贸易,征收船舶税、进出口关税以及各种杂税。[5] 江海关下辖22处商船出入口岸,浙海关下辖15处,闽海关下辖20处,粤海关下辖40处,此外北方还有天津、登州、牛庄等几处口岸。[6] 其中,仅粤海关下属口岸准许对欧洲诸国商船开放。[7] 到乾隆朝,英国商人绕开粤海关,试图脱离清朝政策限制,在接近茶和丝原产地的宁波建立贸易据点,清朝政府对此不满,并担心英国在浙江重复葡萄牙在广东攫取澳门的行动,于是在1757年撤销江、浙、闽三处海关,仅保留粤海关,并将广州作为沿海唯一与欧洲商人通商的口岸,宁波与厦门仅被允许继续作为与东南亚贸易口岸。[8] 在广州口岸直接与欧洲商人进行进出口贸易的中间商是"洋货行"(简称"洋行"),为减少洋行之间竞争并监督对欧洲海上贸易,清朝政府指定了十三家洋行为"公行",所有经营对外贸易的商行必须加入公行,在广州成为唯一与欧洲海上通商口岸之后,"广州十三行"成为垄断对欧

---

[1] 朱伯康、施正康:《中国经济史》下卷,复旦大学出版社2005年版,第131—132页。吴慧、夏秀瑞、张雪慧:《中国商业通史》第3卷,中国财政经济出版社2005年版,第707—708页。

[2] 吴慧、刘秀生、夏秀瑞等:《中国商业通史》第4卷,中国财政经济出版社2008年版,第300页。

[3] 侯家驹:《中国经济史》下卷,新星出版社2010年版,第727页。吴慧、刘秀生、夏秀瑞等:《中国商业通史》第4卷,中国财政经济出版社2008年版,第300—301页。

[4] 侯家驹:《中国经济史》下卷,新星出版社2010年版,第734—735页。吴慧、刘秀生、夏秀瑞等:《中国商业通史》第4卷,中国财政经济出版社2008年版,第300—301页。

[5] 侯家驹:《中国经济史》下卷,新星出版社2010年版,第735页。吴慧、刘秀生、夏秀瑞等:《中国商业通史》第4卷,中国财政经济出版社2008年版,第301页。

[6] 吴慧、刘秀生、夏秀瑞等:《中国商业通史》第4卷,中国财政经济出版社2008年版,第304页。

[7] 朱伯康、施正康:《中国经济史》下卷,复旦大学出版社2005年版,第338—339页。

[8] 朱伯康、施正康:《中国经济史》下卷,复旦大学出版社2005年版,第338—339页。吴慧、刘秀生、夏秀瑞等:《中国商业通史》第4卷,中国财政经济出版社2008年版,第303页。

洲海上贸易的官方特许贸易商集团。[1] 其地位一直维持到鸦片战争。[2] "广州十三行"为朝廷监督海外贸易，所有外国商人商船到达广州之后必须由"十三行"担保，其交易、纳税、住宿、行动皆由"十三行"负责办理。[3]

在本书讨论的时代，明清政府对于海外贸易的政策促进非常有限。在16世纪前期多数时间，私人海外贸易受到海禁政策禁止；在1567—1655年，海禁政策解除；在1655—1684年，海禁政策再次执行；在1684—1757年，海禁政策再次被解除；1757年到18世纪结束，对欧洲海上贸易被限制在"广州十三行"的体制中。在16—18世纪的300年中，私人海外贸易在至少一半的时间里被禁止或受限，而且其中还有相当一部分贸易的形式是"被动贸易"，即中国商人在本国口岸等待外国商船前来交易；而非主动派出商船前往外国进行交易，即"主动贸易"。国家出资组织大规模船队向海外积极地开拓贸易在郑和的远航之后再未执行，17—18世纪欧洲国家流行的由国家投资建立海外贸易公司的政策在同时代的中国并未出现。此外，相比近代欧洲国家努力通过政策建立的以制造业产品为主的出口结构，同时代中国在海外贸易中的产品出口结构非常不同。18世纪，在与欧洲国家之间的海外贸易中，中国一直是一个以出口农业产品为主的国家，最主要的出口产品是茶叶。"到1720年代，欧洲与中国的海上贸易由白银与茶叶之间的交换支配。"[4]从广州口岸出口茶叶的数量在1722—1739年为102 795担，在1740—1779年增长7倍，在1780—1789年增长1倍，在1810—1829年又增长1倍。[5] 英国是中国通过广州进行的海外贸易中最主要的贸易对象，贸易量远超过其他国家。[6] 从1764年到1833年，在中国与欧洲国家的海上贸易中，英国占中国进口总值的70%～92%，占中国出口总值的41%～79%。[7] 中国向英国出口最多的产品是茶叶。茶叶占中国向英国出口货物总值的比例，在1765—1769年达到73.8%，在18世纪70年代达到

---

[1] 侯家驹：《中国经济史》下卷，新星出版社2010年版，第735—736页。朱伯康、施正康：《中国经济史》下卷，复旦大学出版社2005年版，第340页。

[2] 侯家驹：《中国经济史》下卷，新星出版社2010年版，第737页。

[3] 朱伯康、施正康：《中国经济史》下卷，复旦大学出版社2005年版，第282—283页。

[4] John E. Wills Jr. and John L. Cranmer-Bying, "Ch'ing Relations with Maritime Europea", in *The Cambridge History of China, vol. 9, Part. 2: The Ch'ing Dynasty to 1800*, ed. by Willard J. Peterson, Cambridge: Cambridge University Press, 2016, p. 286.

[5] 吴慧、刘秀生、夏秀瑞等：《中国商业通史》第4卷，中国财政经济出版社2008年版，第307页。

[6] 吴慧、刘秀生、夏秀瑞等：《中国商业通史》第4卷，中国财政经济出版社2008年版，第318页。

[7] 朱伯康、施正康：《中国经济史》下卷，复旦大学出版社2005年版，第342页。

57.9%,在18世纪80年代达到81.6%,在18世纪90年代达到78.5%。[1] 除了对英国的出口外,茶叶在18世纪中国对荷兰、法国、美国、俄罗斯的出口中都是最大宗的货物。[2] 茶叶占中国对法国出口总值的比例在1792年达到58.2%,占18世纪对俄罗斯出口总值的比例也达到60%。[3] 仅次于茶叶的出口产品是生丝。从广州口岸出口的生丝数量,在1698—1722年为1 833担,到1740—1779年增长10倍,到1780—1790年增长29%。[4] 生丝占中国对英国出口总值的比例,在1770—1774年为25.3%,在1775—1779年为37.7%,在1780—1784年为23.1%,在1785—1789年为11.7%。[5] 在18世纪90年代之后,英国转向被其占领的孟加拉国进口生丝,中国生丝出口量下降。[6] 中国生丝出口在与荷兰和法国的贸易中的重要性更低。[7] 中国丝织品对欧洲的出口量远不如生丝的出口量,因为欧洲不少国家都竞相建立了自己的丝织业,并且对本国丝织业执行贸易保护。[8] 仅次于生丝的出口产品是江南地区手工纺织的棉布。茶叶、生丝与棉布三种产品在18世纪占中国出口总值的95%。[9] 棉布占中国对英国出口总值的比例,在1760—1764年只有0.1%,在1785—1789年只有0.4%;在19世纪以后变得更重要,在1817—1819年有2.4%;但

---

〔1〕 Tan, Chung, "The Britain-China-India Trade Triangle (1771—1840)", *The Indian Economic & Social History Review*, 1974, vol. 11, iss. 4, p. 412, p. 415. 吴慧、刘秀生、夏秀瑞等:《中国商业通史》第4卷,中国财政经济出版社2008年版,第332页。

〔2〕 吴慧、刘秀生、夏秀瑞等:《中国商业通史》第4卷,中国财政经济出版社2008年版,第320—322页、第327页。

〔3〕 吴慧、刘秀生、夏秀瑞等:《中国商业通史》第4卷,中国财政经济出版社2008年版,第321页、第328页。

〔4〕 吴慧、刘秀生、夏秀瑞等:《中国商业通史》第4卷,中国财政经济出版社2008年版,第307页。

〔5〕 吴慧、刘秀生、夏秀瑞等:《中国商业通史》第4卷,中国财政经济出版社2008年版,第332—333页。

〔6〕 John E. Wills Jr. and John L. Cranmer-Bying, "Ch'ing Relations with Maritime Europea", in *The Cambridge History of China, vol. 9, Part. 2: The Ch'ing Dynasty to 1800*, ed. by Willard J. Peterson, Cambridge: Cambridge University Press, 2016, p. 292.

〔7〕 John E. Wills Jr. and John L. Cranmer-Bying, "Ch'ing Relations with Maritime Europea", in *The Cambridge History of China, vol. 9, Part. 2: The Ch'ing Dynasty to 1800*, ed. by Willard J. Peterson, Cambridge: Cambridge University Press, 2016, p. 292.

〔8〕 John E. Wills Jr. and John L. Cranmer-Bying, "Ch'ing Relations with Maritime Europea", in *The Cambridge History of China, vol. 9, Part. 2: The Ch'ing Dynasty to 1800*, ed. by Willard J. Peterson, Cambridge: Cambridge University Press, 2016, p. 291.

〔9〕 朱伯康、施正康:《中国经济史》下卷,复旦大学出版社2005年版,第343页。

是在 1825 年之后，出口逐渐下降并最终停止，彻底被英国本土生产的棉布排挤。[1] 棉布在对法国的出口中更重要，1792 年中国棉布出口占对法国出口总值的 31.5%，但是对法国出口占整个中国对欧洲海上出口总值的比例很小，在 1792 年仅占 4.8%。[2] 由此可见，至少在 18 世纪，中国在与欧洲国家的贸易中以出口农业产品为主，特别是茶叶。面对这种局面，中国并没有像同时代的欧洲国家一样，采取政策尽可能鼓励制造业产品的出口，禁止生丝等原材料出口。中国也没有像荷兰向欧洲运输和销售东南亚出产的香料一样，建立本国的商船队，积极主动地向欧洲运输茶叶和生丝等农产品。向欧洲市场运输与销售这些产品的巨大利润由英国东印度公司等欧洲转口贸易商垄断。[3] 在 18 世纪末，每年单从茶叶运输和销售产生的税收，就占当时英国国库年收入的十分之一。[4]

从 16 世纪到 18 世纪，中国经济政策的关注中心是农业。这些政策的目标是建立一个以种植业和乡村家庭手工业为核心的经济，皇室和公共开支主要由这个经济的农业部门负担，城市制造业和对外贸易部门可以存在，但是它们在国家的经济政策中没有重要的地位。为了促进这个农业经济的建立，国家一般采取以下政策：以补贴和减税鼓励土地开垦；投资修建农业水利设施，改善农业生产条件；鼓励新品种农作物与更高效农业技术的传播；减少皇室与公共开支以减少对于农业产出的消耗；建立农产品缓冲库存和实施救济的粮仓，减少灾害和丰歉周期对于农业经济运行的打扰。当出现导致农业经济的运行偏离其理想蓝图的问题，比如政府财政危机时，16—18 世纪的明清政府会采取措施整肃纪律，修复制度，进一步挖掘农业经济潜力，继续巩固作为整个政治和经济结构基础的农业部门。这些措施包括：减省皇室和公共开支；追缴拖欠的财政收入；清丈已开垦土地并开垦更多可纳税土地；将政府的征税标准与经济中的实际纳税能力对齐。16—18 世纪的中国经济以白银为主要货币，而白银的供应主要依赖从外国进口，但是海外贸易没有获得国家经济政策的特殊支持，解除海禁似乎已经是当时支持力度最大的政策了。此外，国家也没有对出口换取白银

[1] 吴慧、刘秀生、夏秀瑞等：《中国商业通史》第 4 卷，中国财政经济出版社 2008 年版，第 333 页。

[2] 吴慧、刘秀生、夏秀瑞等：《中国商业通史》第 4 卷，中国财政经济出版社 2008 年版，第 321 页。

[3] 吴慧、刘秀生、夏秀瑞等：《中国商业通史》第 4 卷，中国财政经济出版社 2008 年版，第 319—320 页。[荷]皮尔·弗里斯：《国家、经济与大分流：17 世纪 80 年代到 19 世纪 50 年代的英国和中国》，郭金兴译，中信出版集团 2018 年版，第 220—221 页。

[4] 吴慧、刘秀生、夏秀瑞等：《中国商业通史》第 4 卷，中国财政经济出版社 2008 年版，第 320 页。

的产品结构做出干预。16－18世纪的中国经济政策对于城市制造业和海外贸易非常冷漠。

从16世纪到18世纪,欧洲各主要国家和中国都面临着非常类似的政治经济问题,这些政治经济问题构成了欧洲各国和中国经济政策关注的对象,也构成了这些经济政策背后的指导思想所关注的问题和理解这些思想的重要背景。当时欧洲和中国都需要为不断增加的国家公共开支(绝大多数是军事开支)和王室/皇室开支提供足够的财政资源,都需要主要通过对外贸易获得贵金属供应以保证经济中足够的货币供应。欧洲还需要解决普遍存在的失业和贫困问题。类似的问题在同时代的中国虽然没有被特别突出地提出,但是中国促进农业的政策本身也包含了防止农民破产流离与减少对农民收入侵占的目标。面对类似的政治经济问题,16－18世纪的欧洲与中国却采取了完全不同的解决办法。

当时的欧洲各国以它们能观察到的成功经济体——威尼斯与荷兰——为参照标准与追赶对象,采取政策参照威尼斯与荷兰促进本国的经济结构,由以农业和农产品出口为主的经济结构改变为以城市制造业、海外贸易和制造业产品出口为主的经济。欧洲各国将这种经济结构的转变视为解决当时主要政治经济问题的出路,威尼斯与荷兰的经验向它们证实:发达的城市制造业、制造业产品出口以及以本国商船队为主体的海外贸易可以为国家吸引大量贵金属货币,为君主和公共开支提供充足的财政收入和经济产出,为人民提供大量就业,促进人口增长。

相比之下,同时代的中国延续了长久以来的传统经济政策目标,即建立一个运行良好的农业经济,这种农业经济以种植业和乡村家庭手工业为主要经济活动。当这种农业经济在现实中崩溃的时候(比如明末清初),国家会采取政策将其重建。明清时代的中国将当时的重要政治经济问题视为这种农业经济的运行紊乱,因此解决出路在于重新稳定那种农业经济。相比同时代的欧洲国家,明清时代中国的经济政策主要目标是重建并稳固已有的经济结构而非结构转变。明清时代的中国经济政策对于城市制造业和海外贸易非常冷漠。虽然明清朝廷本身就拥有巨大的纺织工场和陶瓷工场,虽然江南地区正在形成以全国市场为基础、以工场为组织形式的棉和丝的纺织业聚集区,虽然与美洲和欧洲的海上贸易是国内白银供应的主要来源,但是明清朝廷对于发展城市制造业和海外贸易作为解决朝廷财政困难和取得国际市场上更有利的白银供应地位的策略没有兴趣。

本章的内容将为理解后续三章的内容提供背景。后续三章将详细讨论16－18 世纪欧洲与中国的那些对经济政策有影响力的思想家们对于解决当时主要政治经济问题的策略的思考，这些思想的内容是本章提到的欧洲与中国的经济政策在思想上的源头。本章与后续三章的内容将试图证明：16－18 世纪欧洲与中国对于大体类似的政治经济问题的不同解决策略是有意识选择的结果，当时欧洲与中国的经济思想家们对于各自主张的政策都有详细的论证，16－18 世纪欧洲以城市制造业和海外贸易为核心的政策与中国以种植业和乡村家庭手工业为核心的政策受到了不同经济思想的支配。

第三章 传统中国与近代欧洲经济思想中的制造业和城市经济

李斯特将16—18世纪指导欧洲国家经济政策的思想称为“工业主义”(Das Industrie-System),并且认为这种“工业主义”“清楚地认识到国内工业的价值,认识到工业对本国农业、商业、海运以及对国家文化与力量的影响;而且毫不含糊地表明它在这方面的认识”[1]。李斯特的这一看法得到了现代学者的认同。现代学者将16—18世纪的欧洲经济政策的指导思想的特征称为“对制造业的狂热崇拜”(the cult of manufacturing industry)或者“制造业很重要”(manufacturing matters)。[2] 当时最主要的制造业部门是纺织业和金属加工业。[3] 熊彼特写道:在16—18世纪,“制造业和国际贸易虽然[在现实经济中]相对[农业]来说重要性小一些,却比农业吸引了更多作家的注意”[4]。这种对于制造业的关注以近代欧洲制造业快速增长为背景。“1500年以后欧洲经济形势最大

---

〔1〕[德]弗里德里希·李斯特:《政治经济学的国民体系》,陈万煦译,蔡受百校,商务印书馆1983年版,第285页。

〔2〕[挪威]埃里克·S.赖纳特:《富国为什么富,穷国为什么穷》,杨虎涛、陈国涛等译,杨虎涛校,贾根良审订,中国人民大学出版社2010年版,第67页。Philipp Robinson Rössner,“Manufacturing Matters: From Giovanni Botero (c. 1544—1617) to Friedrich List (1789—1846), or: The History of an Old Idea”, in *The Economic Thought of Friedrich List*, eds. by Harad Hagemann, Stephan Seiter and Eugen Wendler, London: Routledge, 2019, pp. 102—121.

〔3〕Friedrich-Wilhelm Henning, *Handbuch der Wirtschafts-und Sozialgeschichte Deutschlands*, bd. 1, Paderborn: Ferdinand Schöningh, 1991, p. 832.

〔4〕[美]约瑟夫·熊彼特:《经济分析史》第一卷,朱泱、孙鸿敞、李宏、陈锡龄译,商务印书馆1990年版,第229页。

的特征是，工业生产比黑死病以来的任何时期都增长迅速。”[1]这种快速增长得到至少以下四种需求的支持。欧洲在海外的探索与扩张为船舶及其附属产品、武器和工具提供了需求，欧洲人在海外定居殖民，往往将欧洲的物质生活方式带到海外，由此创造了对欧洲生产的各种服饰、家具和生活用具的需求。[2]城市化的发展创造了对于各种公共建筑和民居、道路、建筑中的家具和生活用具以及城市交通需要的马车的需求。[3] 专制主义君主往往追求通过使用奢侈品突出其至高的政治地位，由此创造了对各种奢侈品和复杂制造品的需求，比如豪华的建筑（以凡尔赛宫为代表）、绸缎、挂毯和地毯、金银器、瓷器、豪华马车和船；此外，效仿君主和权贵生活方式的一般富裕居民也产生了对价格较高的高质量制造业产品的需求，比如呢绒和其他精纺制品、丝织品、玻璃制品、机械钟表、出租马车和长途邮驿马车、图书和油画。[4] 最后，密集的战争意味着对枪炮、刀剑、战船、军服以及其他战争物资还有生产这些物资的工具装备的巨大需求。[5] 面对这些扩张的需求，欧洲制造业并没有以中世纪的传统技术和组织应对，技术与组织的创新出现了，以风力和水力驱动的机器被引入生产过程以提高效率，行会作为城市制造业生产组织衰落了，由商人控制工匠的“场外生产”组织（putting-out system）以及作为现代工厂前身、在生产过程中使用机器、集中大量工人在连续工序中分工生产的工场兴起了。[6]

这种思想的起源是文艺复兴时期的意大利。[7] 在意大利，这种思想最早、

---

〔1〕[德]赫尔曼·凯伦本茨：《工业生产的组织》，引自[英]E. E. 里奇、C. H. 威尔逊：《剑桥欧洲经济史（第五卷）：近代早期的欧洲经济组织》，经济科学出版社 2002 年版，第 416 页。

〔2〕[美]多梅尼克·塞拉：《1500—1700 年的欧洲工业》，引自[意]卡洛·M. 奇波拉主编：《欧洲经济史（第二卷）：十六和十七世纪》，商务印书馆 1988 年版，第 310—315 页。

〔3〕[美]多梅尼克·塞拉：《1500—1700 年的欧洲工业》，引自[意]卡洛·M. 奇波拉主编：《欧洲经济史（第二卷）：十六和十七世纪》，商务印书馆 1988 年版，第 315—324 页。

〔4〕[美]多梅尼克·塞拉：《1500—1700 年的欧洲工业》，引自[意]卡洛·M. 奇波拉主编：《欧洲经济史（第二卷）：十六和十七世纪》，商务印书馆 1988 年版，第 324—331 页。

〔5〕[美]多梅尼克·塞拉：《1500—1700 年的欧洲工业》，引自[意]卡洛·M. 奇波拉主编：《欧洲经济史（第二卷）：十六和十七世纪》，商务印书馆 1988 年版，第 331—335 页。

〔6〕[德]赫尔曼·凯伦本茨：《工业生产的组织》，引自[英]E. E. 里奇、C. H. 威尔逊：《剑桥欧洲经济史（第五卷）：近代早期的欧洲经济组织》，经济科学出版社 2002 年版，第 418—432 页。

〔7〕Erik S. Reinert, “Giovanni Botero (1588) and Antonio Serra (1613): Italy and the birth of development economics”, in *Handbook of Alternative Theories of Economic Development*, eds. by Erik S. Reinert, Jayati Ghosh, and Rainer Kattel, Cheltenham: Edward Edgar, 2016, pp. 5—15.

最有代表性的思想家是乔万尼·博泰罗。[1] 博泰罗的经济思想甚至可以被视为17—18世纪欧洲重商主义、科尔贝主义和官房主义的共同起源。[2] 博泰罗出生于意大利西北部的皮埃蒙特,在完成天主教教育之后加入耶稣会担任神学院教师。[3] 1582年,博泰罗被米兰大主教任命为秘书,从此开始参与政治。[4] 1586年,博泰罗陪同皮埃蒙特公爵的兄弟前往罗马赴任红衣主教。[5] 在罗马期间,博泰罗完成了他最重要的三部著作:《论城市伟大的原因》(*Sulla Grandezza delle Città*,1588)、《国家理由》(*Ragion di Stato*,1589)以及《普遍关系》(*Relazioni Universali*,1591)。[6] 这三部著作的直接研究对象是国家和政治。博泰罗写作这些作品的背景是马基雅维利所宣传的反基督教伦理的政治理论在欧洲的流行以及基督教对于马基雅维利的批判。[7] 博泰罗也加入了这场关于马基雅维利的争论,并且通过其著作,特别是《国家理由》,实现了将马基雅维利的理念改编为在基督教世界普遍可接受的政治理论的任务。博泰罗"建立了一个政治学派,他的思想获得了许多追随者,因为他完全满足存在于宫廷中的一种需要,也是对政治感兴趣的那部分公众的需要,即想咀嚼一种容易消化和有滋有味的东西……他诉诸反宗教改革时期盲信的各天主教宫廷,认为它们提供了一种温和的解毒剂,以解马基雅维里的玩世不恭之毒和反教权主义之害,但与此同时在使用这帖药时,一个人无须完全弃绝马基雅维里处方中的有用成分"[8]。博泰罗的《国家理由》在出版之后,很快就成为当时全欧洲范围内的畅

---

〔1〕[美]约瑟夫·熊彼特:《经济分析史》第一卷,朱泱、孙鸿敞、李宏、陈锡龄译,商务印书馆1990年版,第250页。

〔2〕Erik S. Reinert and Kenneth E. Carpenter, "German language economic bestsellers before 1850, also introducing Giovanni Botero as a common reference point of Cameralism and mercanitlism", in *Economic Growth and the Origins of Modern Political Economy: Economic reasons of state, 1500—2000*, ed. by Philipp R. Rössner, London: Routledge, p. 29.

〔3〕Robert Bireley, "Introduction", in *The Reason of State*, by Giovanni Botero, trans. by Robert Bireley, Cambridge: Cambridge University Press, 2017, pp. xvi—xvii.

〔4〕Robert Bireley, "Introduction", in *The Reason of State*, by Giovanni Botero, trans. by Robert Bireley, Cambridge: Cambridge University Press, 2017, p. xvii.

〔5〕Robert Bireley, "Introduction", in *The Reason of State*, by Giovanni Botero, trans. by Robert Bireley, Cambridge: Cambridge University Press, 2017, p. xviii.

〔6〕Robert Bireley, "Introduction", in *The Reason of State*, by Giovanni Botero, trans. by Robert Bireley, Cambridge: Cambridge University Press, 2017, p. xviii.

〔7〕Robert Bireley, "Introduction", in *The Reason of State*, by Giovanni Botero, trans. by Robert Bireley, Cambridge: Cambridge University Press, 2017, pp. xiv—xv.

〔8〕[德]弗里德里希·迈内克:《马基雅维里主义》,时殷弘译,商务印书馆2008年版,第134页。

销书。截至1671年，已知的《国家理由》的版本有37个：23个意大利语版、5个西班牙语版、5个拉丁语版、2个法语版、2个德语版。[1]

博泰罗在耶稣会和皮埃蒙特公国工作期间，曾经两次前往巴黎，并且在1586－1595年在罗马定居，这些大城市启发了博泰罗对于大型城市作为经济增长中心的认识。[2] 在所有欧洲大城市中，博泰罗特别崇拜威尼斯。博泰罗认为，在欧洲的城市中，只有罗马和威尼斯最发达，而罗马的发达是因为它作为古代伟大文明的遗迹，威尼斯的发达则是因为“它当前的伟大带来的荣耀”[3]。博泰罗写道：“她[威尼斯]的宏伟得难以估量的兵工厂，众多的战船、商船和客船，数不清的战争器械、火炮、弹药以及各种海防工程、高大的塔楼、华丽的教堂、豪华的宫殿、美丽的街道、多样的技艺、管理的秩序、男女之美丽，都让看到它们的人目眩而惊讶。”[4]博泰罗在第二章提到，威尼斯凭借其贸易和制造业在15世纪成为欧洲的经济中心并且直到17世纪都是欧洲经济发达的中心之一。[5] 因此，在16世纪的意大利，威尼斯被视为一个值得效仿的模范国家是自然而然的。“在威尼斯，有一个绝好的国家范例，那里形成了精明的睿智，以弥补权势的物质基础不足；这靠一个合理和构想连贯的体制得以实现，在其中，治国方略刚柔相济、软硬交加。”[6]博泰罗也认为，威尼斯是值得效仿的模范国家。在那个民族国家正在形成的时代，博泰罗认为中型国家是最理想的，因为小国会由于弱小而被大国欺凌，大国又会由于强大而招致邻国的嫉恨和一致敌对。[7] “中等规模(mediocri)的国家的存在是最长久的，因为它们既不因为弱

---

[1] Erik S. Reinert, “Giovanni Botero (1588) and Antonio Serra (1613): Italy and the birth of development economics”, in *Handbook of Alternative Theories of Economic Development*, eds. by Erik S. Reinert, Jayati Ghosh, and Rainer Kattel, Cheltenham: Edward Edgar, 2016, p. 17.

[2] Robert Bireley, “Introduction”, in *The Reason of State*, by Giovanni Botero, trans. by Robert Bireley, Cambridge: Cambridge University Press, 2017, p. xviii.

[3] Giovanni Botero, trans. by Robert Peterson, *The Reason of State and The Greatness of Cities (1606)*, New Haven: Yale University Press, 1956, p. 232.

[4] Giovanni Botero, trans. by Robert Peterson, *The Reason of State and The Greatness of Cities (1606)*, New Haven: Yale University Press, 1956, p. 233.

[5] [法]费尔南·布罗代尔：《15至18世纪的物质文明、经济和资本主义(第三卷)：世界的时间》，施康强、顾良译，生活·读书·新知三联书店2002年版，第125－142页。

[6] [德]弗里德里希·迈内克：《马基雅维里主义》，时殷弘译，商务印书馆2008年版，第132－133页。

[7] Giovanni Botero, trans. by Robert Peterson, *The Reason of State and The Greatness of Cities (1606)*, New Haven: Yale University Press, 1956, p. 7.

小而招致暴力，又不因为强大而招致嫉恨。"[1]这类中等规模的国家的例子是斯巴达、迦太基以及"尤其是威尼斯"[2]。博泰罗也认为威尼斯的国家战略是理想的：中等规模的国家不应当通过领土征服的方式扩张国家实力，而应当通过经济发展和加强军备。[3] 可以说，博泰罗的政治经济思想是关于学习15－16世纪的威尼斯建立制造业和贸易发达的经济体的思想。

按照博泰罗的定义，"国家"是"对于一群人民的稳固统治"，而"国家理由"指的是"关于建立、维护与扩张这种统治的手段的知识"[4]。这些"建立、维护与扩张"国家的手段归根结底是军事实力，因为维护国家需要"防御手段"，扩张国家需要"进攻手段"。[5] 上一章提到的近代欧洲的好战的专制主义君主国可以为理解这种对于军事实力的强烈关切提供背景。一个君主的力量(forze)就是构成其防御手段与进攻手段的军事资源，包括人民、金钱、食物、武器、甲胄、马匹以及生产军事物资的原材料。[6] 在所有这些资源中，博泰罗最重视人民和金钱。博泰罗认为，"为了声望"以及"为了战争与和平的需要"，君主必须积累大量金钱。[7] 但是，君主不应当通过盘剥人民获取金钱，因为盘剥会导致叛乱，并且贪财会让君主做出与君主的美德相悖的行为。[8] 博泰罗认为，人民是君主的"真正力量"(vere forze)，因为"那些有很多人民的君主就会有人的才智

---

〔1〕 Giovanni Botero, trans. by Robert Peterson, *The Reason of State and The Greatness of Cities (1606)*, New Haven: Yale University Press, 1956, p. 8.

〔2〕 Giovanni Botero, trans. by Robert Peterson, *The Reason of State and The Greatness of Cities (1606)*, New Haven: Yale University Press, 1956, p. 9. 15世纪末威尼斯共和国的国土面积大约相当于葡萄牙的国土面积，参见：[法]费尔南·布罗代尔：《15至18世纪的物质文明、经济和资本主义(第三卷)：世界的时间》，施康强、顾良译，生活·读书·新知三联书店2002年版，第144页。

〔3〕 Robert Bireley, "Introduction", in *The Reason of State*, by Giovanni Botero, trans. by Robert Bireley, Cambridge: Cambridge University Press, 2017, p. xxxiii.

〔4〕 Giovanni Botero, trans. by Robert Peterson, The Reason of State and The Greatness of Cities (1606), New Haven: Yale University Press, 1956, p. 3.

〔5〕 Giovanni Botero, trans. by Robert Peterson, *The Reason of State and The Greatness of Cities (1606)*, New Haven: Yale University Press, 1956, p. 140.

〔6〕 Giovanni Botero, trans. by Robert Peterson, *The Reason of State and The Greatness of Cities (1606)*, New Haven: Yale University Press, 1956, pp. 131－132.

〔7〕 Giovanni Botero, trans. by Robert Peterson, *The Reason of State and The Greatness of Cities (1606)*, New Haven: Yale University Press, 1956, p. 134.

〔8〕 Giovanni Botero, trans. by Robert Peterson, *The Reason of State and The Greatness of Cities (1606)*, New Haven: Yale University Press, 1956, pp. 132－133.

(ingegno)与勤奋所能提供的一切”[1]。大量人口可以为君主提供充足的兵源和大量税收即金钱。[2] 在博泰罗看来,君主国的基本经济政策目标是增加人口和金钱。

金钱的来源或者是君主的王室地产收入,或者是人民缴纳的赋税。[3] 为了增加王室地产的收入,君主必须“像一个好农夫一样”管理其地产。[4] 为了增加赋税收入,君主不能盘剥人民的话,就需要促进经济的产出的增加,进而促进税基的扩大。君主应当“采取所有可能的措施以鼓励臣民耕种土地以及经营每一种工艺”,因为“财富流向那些日常生活需要的物品最充足的地方”。[5] 金钱形式的赋税收入的规模除了取决于经济中产出的规模,还取决于经济中积累的金属货币的规模,因此,君主必须监控贸易平衡并根据贸易平衡调节税收。[6] 但是,如果存在贸易逆差,君主“不应该尝试节俭”;相反,君主应当“利用每种手段以鼓励人民在农业、工业以及贸易中努力工作”。[7] 这项工作要求君主慷慨地增加财政支出以振兴经济。“没有可观的支出,就不可能从一个没有从外部获得多少金钱的国家长期抽取金钱。”[8]博泰罗反对货币贮藏,并且意识到利用公共财政促进货币国内循环的重要性。与通过增加物质财富的产出以增加金钱一样,增加人口也需要实现“丰富的原材料和多种技艺”,因此“日常生活中需要的每种物品”都可以被生产以养活“不计其数的人民”。[9] 因此,

---

〔1〕 Giovanni Botero, trans. by Robert Peterson, *The Reason of State and The Greatness of Cities (1606)*, New Haven: Yale University Press, 1956, pp. 143—144.

〔2〕 Giovanni Botero, trans. by Robert Peterson, *The Reason of State and The Greatness of Cities (1606)*, New Haven: Yale University Press, 1956, pp. 144—145.

〔3〕 Giovanni Botero, trans. by Robert Peterson, *The Reason of State and The Greatness of Cities (1606)*, New Haven: Yale University Press, 1956, p. 135.

〔4〕 Giovanni Botero, trans. by Robert Peterson, *The Reason of State and The Greatness of Cities (1606)*, New Haven: Yale University Press, 1956, p. 135.

〔5〕 Giovanni Botero, trans. by Robert Peterson, *The Reason of State and The Greatness of Cities (1606)*, New Haven: Yale University Press, 1956, pp. 136—137.

〔6〕 Giovanni Botero, trans. by Robert Peterson, *The Reason of State and The Greatness of Cities (1606)*, New Haven: Yale University Press, 1956, pp. 142—143.

〔7〕 Giovanni Botero, trans. by Robert Peterson, *The Reason of State and The Greatness of Cities (1606)*, New Haven: Yale University Press, 1956, p. 143.

〔8〕 Giovanni Botero, trans. by Robert Peterson, *The Reason of State and The Greatness of Cities (1606)*, New Haven: Yale University Press, 1956, p. 143.

〔9〕 Giovanni Botero, trans. by Robert Peterson, *The Reason of State and The Greatness of Cities (1606)*, New Haven: Yale University Press, 1956, p. 145.

对于博泰罗来说,君主国基本经济目标——人口和金钱——的基本实现途径是:采取所有可能的措施促进农业、制造业与贸易,以尽量增加经济的物质和货币产出。君主国需要促进经济增长。

为了促进经济增长,博泰罗提出了"工业主义"的方案。虽然博泰罗承认农业是"所有人口繁衍的基础",但是博泰罗强调制造业可以比农业更有力地增加财富,并通过为密集的人口提供就业来养活他们。[1] 博泰罗写道:"因为技艺是自然的对立面,所以我必须思考哪个对于使国家强大和人口密集更重要,是土地的肥沃还是人的工业(industria)? 我会毫不犹豫地说是人的工业。"[2]博泰罗写道:"对于增加一个国家的实力以及为它获得更多的居民和各种财富来说,没有什么比它的人民的工业和他们所从事的工业行业的数量更重要的了。"[3]这些工业包括"对文明的生活必需的"、"为了浮华和装饰需要的",以及"为了奢侈和闲适的享受需要的"那些行业。[4] 博泰罗认为,制造业对于增加人口和财富的意义在于以下两个方面:

第一,"由人手的工艺生产的产品比自然产物在数量上更多、价值更大,因为自然虽然供应了材料和制造业的对象,但其无限变化的形式是人的才智和技能的成果。"[5]博泰罗在这里指出了制造业相比农业的三种优势:(1)"数量上更多",如下文所述,博泰罗在这里主要指制造业中有很多不同的细分行业。(2)"价值更大",即制造业创造了比农业更多的产品附加值。因此,博泰罗认为,"出口制造业的制成品可以为君主提供比出口原材料更多的收入",比如天鹅绒产生的收入比生丝多、布产生的收入比羊毛和亚麻多。[6] (3)"无限变化形式",即将原材料加工为制成品,为"人的才智和技能"的发挥提供了广阔的空间。博泰罗写道:"自然为原材料赋予了一种形式,而人的工业将这种自然形式

[1] Giovanni Botero, trans. by Robert Peterson, *The Reason of State and The Greatness of Cities (1606)*, New Haven: Yale University Press, 1956, p. 148.

[2] Giovanni Botero, trans. by Robert Peterson, *The Reason of State and The Greatness of Cities (1606)*, New Haven: Yale University Press, 1956, p. 151.

[3] Giovanni Botero, trans. by Robert Peterson, *The Reason of State and The Greatness of Cities (1606)*, New Haven: Yale University Press, 1956, pp. 150—151.

[4] Giovanni Botero, trans. by Robert Peterson, *The Reason of State and The Greatness of Cities (1606)*, New Haven: Yale University Press, 1956, p. 151.

[5] Giovanni Botero, trans. by Robert Peterson, *The Reason of State and The Greatness of Cities (1606)*, New Haven: Yale University Press, 1956, p. 151.

[6] Giovanni Botero, trans. by Robert Peterson, *The Reason of State and The Greatness of Cities (1606)*, New Haven: Yale University Press, 1956, p. 153.

转变为无数种人工的形式。”[1]

第二，“依靠工业谋生的人的数量远多于依靠地租谋生的人数。”[2]博泰罗写道：“意大利的很多城市证实了这项观察，特别是在威尼斯、佛罗伦萨、热那亚和米兰这些壮丽伟大的城市，几乎三分之二的居民依靠丝绸和羊毛工业生活。”[3]博泰罗认为，制造业的这一优势来源于制造业中的分工比农业中的分工更细密，即对于一种原材料的加工制造，可以通过很多种不同的工序制成很多种不同的成品。博泰罗给出了一些例子。比如铁，“铁的加工和贸易养活了不计其数的人民，一些人从事铁的开采、精炼或铸造，一些人销售它们，一些人将它们制成战争器械、进攻和防御的武器工具，以及用于农业、建筑业和其他制造业的数不清的工具”；又如木材，“比一比木材和将木材用刨、凿、车床制造成的桨帆船、大帆船、三桅帆船以及其他许多为了战争、贸易和娱乐的载具，还有雕像、家具和无数种其他物品”。[4] 因此，博泰罗认为制造业“引起金钱和人民的汇集，这些人民中，有的工作，有的从事制成品贸易，有的提供原材料，另一些人则购买、出售、运输人类的才智和技能的成果”[5]。如下文所示，博泰罗在这里发现的制造业在增加人口和财富方面优于农业的特征，将在 17 世纪和 18 世纪的重商主义者、科尔贝主义者以及官房主义者中将被反复提及：高附加值、分工细密、才智与技能密集。亚当·斯密在《国富论》中以类似博泰罗的方式，用羊毛外套生产工序的例子说明了和博泰罗非常类似的结论：“考察一下文明而繁荣的国家的最普通技工或日工的日用物品吧！你就会看到，用他的劳动的一部分(虽然只是一小部分)来生产这种日用品的人的数目，是难以计数的。”[6]用现代经济理论来认识博泰罗在这里发现的经济现象，就是报酬递增的经济活动可以为生产要素提供递增的就业机会，因为在这些经济活动中，生产要素的

[1] Giovanni Botero, trans. by Robert Peterson, *The Reason of State and The Greatness of Cities (1606)*, New Haven: Yale University Press, 1956, p. 153.

[2] Giovanni Botero, trans. by Robert Peterson, *The Reason of State and The Greatness of Cities (1606)*, New Haven: Yale University Press, 1956, p. 151.

[3] Giovanni Botero, trans. by Robert Peterson, *The Reason of State and The Greatness of Cities (1606)*, New Haven: Yale University Press, 1956, p. 151.

[4] Giovanni Botero, trans. by Robert Peterson, *The Reason of State and The Greatness of Cities (1606)*, New Haven: Yale University Press, 1956, p. 152.

[5] Giovanni Botero, trans. by Robert Peterson, *The Reason of State and The Greatness of Cities (1606)*, New Haven: Yale University Press, 1956, p. 151.

[6] [英]亚当·斯密：《国民财富的性质和原因的研究》上卷，郭大力、王亚南译，商务印书馆 1983 年版，第 11—12 页。

边际生产率递增。

“这就是工业的力量,没有新西班牙或秘鲁的金矿或者银矿能与之相比,对天主教国王来说,从米兰的商品中征收的税收远比萨卡特卡斯[位于墨西哥的银产区]或哈里斯科[位于墨西哥的金产区]的矿更有价值。”[1]制造业由此成为生产国家财富的发动机。博泰罗认为,正是制造业的力量使法国、热那亚、威尼斯、佛罗伦萨、弗兰德斯等没有金矿或银矿的国家金银货币充足。[2] 因此,对于博泰罗来说,对于还没有建立制造业的国家,通过建立和发展制造业并鼓励制造业产品的出口,可以为国家增加通过对外贸易获得的金银货币数量以及通过增加就业机会养活更多的人口,由此,相比没有制造业的国家,制造业国家的货币和物质产出可以增加,金钱和人口这两个博泰罗认为君主国在当时需要考虑的根本经济政策目标可以由此一并实现。

需要注意的是,博泰罗不仅仅强调国家的富强需要制造业,而且强调国家需要建立尽可能多样化的制造业部门。这里需要再重复一遍上文中提到的博泰罗的论点:“对于增加一个国家的实力以及为它获得更多的居民和各种财富来说,没有什么比它的人民的工业和他们所从事的工业行业的数量(la moltitudine dell'arti)更重要的了。”[3]这里博泰罗明确指出,除了制造业本身之外,制造业行业的多样化也是促进国家人口和财富增长的因素。为了促进财富的增长,博泰罗认为:“君主必须尽其所能地鼓励其人民耕耘土地并经营每一种工艺(arti d'ogni sorte)”,因为“财富流向那些日常生活需要的东西最充足的地方”。[4] “原材料的充足以及工艺的多样化(la varietà degli artefici)让个人和国家富裕。”[5]考虑到博泰罗认为制造业是高附加值的活动,那么增加国内制造业活动的多样性,就可以增加高附加值经济活动的多样性,可以增加国家从制造活动中得到的收入。为了促进人口的增长,制造业的多样化也是关键,博

[1] Giovanni Botero, trans. by Robert Peterson, *The Reason of State and The Greatness of Cities (1606)*, New Haven: Yale University Press, p. 152.

[2] Giovanni Botero, trans. by Robert Peterson, *The Reason of State and The Greatness of Cities (1606)*, New Haven: Yale University Press, p. 152.

[3] Giovanni Botero, trans. by Robert Peterson, *The Reason of State and The Greatness of Cities (1606)*, New Haven: Yale University Press, pp. 150—151.

[4] Giovanni Botero, trans. by Robert Peterson, *The Reason of State and The Greatness of Cities (1606)*, New Haven: Yale University Press, pp. 136—137.

[5] Giovanni Botero, trans. by Robert Peterson, *The Reason of State and The Greatness of Cities (1606)*, New Haven: Yale University Press, p. 145.

泰罗写道："一个想要让他的各个城市人口众多的君主必须引进每一种工业和工艺(ogni sorte d'iridustria e d'artificio)。"[1]考虑到博泰罗认为制造业是分工细密的活动，那么增加国内制造业活动的多样性，就可以增加国内经济活动分工的精细程度，增加经济吸收劳动力的能力。当强调制造业的多样性在促进就业和财富增加过程中所起作用的时候，博泰罗以及其他与他在这一方面有共识的近代欧洲经济思想家们仿佛在说："如果你想评估一个城市的财富，就去计算这个城市里有多少种职业吧。职业的种类越多，这个城市就越富有。"[2]对于这些思想家们来说，财富来源于不同经济活动——特别是制造业活动——之间的协同。

除博泰罗外，另一位意大利"工业主义"经济思想的代表人物是安东尼·舍拉。[3] 因为记载的缺乏，后世对于舍拉的生平知之甚少，甚至不确定其生卒年份。[4] 已知的关于舍拉的信息是：生于意大利南部的那不勒斯王国；可能是一位法学博士；很早就开始研究那不勒斯贫困的经济；曾经被投入那不勒斯的监狱(原因未知)；1613 年在狱中写出了其经济著作《略论可以使无矿之国金银充裕的成因》(*Breve trattato delle cause, che possono far abbondare li regni d'oro, e argento, dove non sono miniere*)，写这本书的原因是，想通过为那不勒斯政府提供一部有用的经济著作以减免刑期；1617 年，凭借这部著作，与那不勒斯总督(当时那不勒斯王国与西班牙王国组成共主君主国，哈布斯堡家族的西班牙国王任命总督掌管那不勒斯王国)会面；那不勒斯总督拒绝实施塞拉提出的经济政策(原因未知)；死于那不勒斯监狱中(死因未知)。[5] 舍拉的著作在 1613 年出版面世，最初流传范围似乎并不广泛，这一版现今已知仅有 10 个副本

---

[1] Giovanni Botero, trans. by Robert Peterson, *The Reason of State and The Greatness of Cities (1606)*, New Haven: Yale University Press, p. 145.

[2] [挪威]埃里克·S. 赖纳特：《富国为什么富，穷国为什么穷》，杨虎涛、陈国涛等译，杨虎涛校，贾根良审订，中国人民大学出版社 2010 年版，第 72 页。

[3] Erik S. Reinert, "Giovanni Botero (1588) and Antonio Serra (1613): Italy and the Birth of Development economics", in *Handbook of Alternative Theories of Economic Development*, eds. by Erik S. Reinert, Jayati Ghosh, and Rainer Kattel, Cheltenham: Edward Edgar, 2016, p. 12.

[4] Erik S. Reinert, "Giovanni Botero (1588) and Antonio Serra (1613): Italy and the Birth of Development economics", in *Handbook of Alternative Theories of Economic Development*, eds. by Erik S. Reinert, Jayati Ghosh, and Rainer Kattel, Cheltenham: Edward Edgar, 2016, p. 22.

[5] Sophus Reinert, "Introduction", in *A Short Treatise on the Causes that Can Make Kingdoms Abound in Gold and Silver even in the Absence of Mines (1613)*, by Antonio Serra, ed. & intro. by Sophus Reinert, trans. by Johathan Hunt, London: Anthem, 2011, pp. 9—11.

存世。[1] 但是，后世对于这部著作的评价非常高。李斯特认为："意大利关于专论政治经济学的最早著作是 1613 年那不勒斯的安东尼·舍拉写的。"[2]熊彼特在《经济分析史》中写道："正是此人[舍拉]第一个写出了有关经济原理和政策的[科学性]论著(scientific treatise)，虽然不是系统性论著。"[3]熊彼特如此认为的原因可能是，舍拉在研究制造业在促进经济发展方面优于农业的时候，不仅描述和总结制造业优于农业的现象，还揭示出这些现象的原因是制造业和农业受到不同经济规律的支配。[4] 舍拉著作的重要性在 18 世纪中叶意大利的启蒙运动中才被重新发现，并被意大利启蒙运动思想家视为意大利现代政治经济学起源。[5] 对舍拉的这种评价持续到 19 世纪的意大利，并且在面临民族独立、国家统一、追赶工业化等问题的 19 世纪的意大利，旨在讨论贫困的那不勒斯如何追赶发达的其他意大利城邦的舍拉的著作，还被视为意大利追赶先进工业国的历史启示。[6]

舍拉的著作的基本立场是发展那不勒斯的经济，赶超意大利的发达邦国。舍拉在其著作的前言中写道："考虑到意大利的很多城邦，我注意到有些让人觉得本应该富裕的城邦却很贫困，但是其他让人觉得本该贫困的邦国却富有金钱，而且这些邦国并无任何金矿或者银矿；特别是考虑到我们的王国，我发现它虽然出口大量剩余农业产品，却非常贫困，而且虽然王国采取了很多措施，但是始终没有取得理想的成果；出于对这些问题的好奇，我在自己微薄的智力所及

---

〔1〕 Sophus Reinert, "Introduction", in *A Short Treatise on the Causes that Can Make Kingdoms Abound in Gold and Silver even in the Absence of Mines* (*1613*), by Antonio Serra, ed. & intro. by Sophus Reinert, trans. by Johathan Hunt, London: Anthem, 2011, p. 2.

〔2〕 [德]弗里德里希·李斯特:《政治经济学的国民体系》,陈万煦译,蔡受百校,商务印书馆 1983 年版,第 279 页。

〔3〕 [美]约瑟夫·熊彼特:《经济分析史》第一卷,朱泱、孙鸿敞、李宏、陈锡龄译,商务印书馆 1990 年版,第 296 页。

〔4〕 Sophus Reinert, "Introduction", in *A Short Treatise on the Causes that Can Make Kingdoms Abound in Gold and Silver even in the Absence of Mines* (*1613*), by Antonio Serra, ed. & intro. by Sophus Reinert, trans. by Johathan Hunt, London: Anthem, 2011, pp. 4—5.

〔5〕 Sophus Reinert, "Introduction", in *A Short Treatise on the Causes that Can Make Kingdoms Abound in Gold and Silver even in the Absence of Mines* (*1613*), by Antonio Serra, ed. & intro. by Sophus Reinert, trans. by Johathan Hunt, London: Anthem, 2011, pp. 71—73.

〔6〕 Sophus Reinert, "Introduction", in *A Short Treatise on the Causes that Can Make Kingdoms Abound in Gold and Silver even in the Absence of Mines* (*1613*), by Antonio Serra, ed. & intro. by Sophus Reinert, trans. by Johathan Hunt, London: Anthem, 2011, pp. 76—81.

范围内努力调查,这些事情从何而来。"[1]而这项研究的目的是:"最终可以更好地理解可能采取的解决措施。"[2]在舍拉的著作诞生的时代,那不勒斯是欧洲范围内经济最不发达的区域之一。[3] 在当时的那不勒斯,经济资源被西班牙为了与列强争霸的原因而横征暴敛,经济的支柱是劳动密集型的、以封建领主的地产组织的农业和农产品出口。因此,人口密集但贫穷;除了丝织业之外没有大型城市制造业,只有传统乡村手工业;外邦商人作为出口商和政府的债权人,控制了税收、银行、贸易、航运和封建地产。[4]

如上文提到的,对于舍拉在其著作中提到的核心问题,即没有金银矿的意大利城邦为什么富裕而金银充足,博泰罗做出过回答:威尼斯、热那亚、佛罗伦萨的制造业在生产财富的能力上远超过美洲的金矿。舍拉的著作得出了与博泰罗几乎一样的答案。舍拉认为,意大利那些没有金银矿的城邦实现经济发达且金银充足的共同原因有四个:制造业的多样性(la quantità dell'artificij)、具有企业家精神的人民、广阔的贸易以及有效的政府干预。[5] 在舍拉看来,意大利的富裕城邦或多或少是由这些原因所造成的结果:在"制造业的多样性"方面,威尼斯在意大利城邦中居首位;在"具有企业家精神的人民"方面,热那亚第一,其次是佛罗伦萨,再次是威尼斯;在"广阔的贸易"方面,威尼斯在全欧洲数

〔1〕 Antonio Serra, ed. & intro. by Sophus Reinert, trans. by Johathan Hunt, *A Short Treatise on the Causes that Can Make Kingdoms Abound in Gold and Silver even in the Absence of Mines* (*1613*), London: Anthem, 2011, p. 103.

〔2〕 Antonio Serra, ed. & intro. by Sophus Reinert, trans. by Johathan Hunt, *A Short Treatise on the Causes that Can Make Kingdoms Abound in Gold and Silver even in the Absence of Mines* (*1613*), London: Anthem, 2011, p. 103.

〔3〕 Sophus Reinert, "Introduction", in *A Short Treatise on the Causes that Can Make Kingdoms Abound in Gold and Silver even in the Absence of Mines* (*1613*), by Antonio Serra, ed. & intro. by Sophus Reinert, trans. by Johathan Hunt, London: Anthem, 2011, p. 47.

〔4〕 Sophus Reinert, "Introduction", in *A Short Treatise on the Causes that Can Make Kingdoms Abound in Gold and Silver even in the Absence of Mines* (*1613*), by Antonio Serra, ed. & intro. by Sophus Reinert, trans. by Johathan Hunt, London: Anthem, 2011, pp. 48—52.

〔5〕 Antonio Serra, ed. & intro. by Sophus Reinert, trans. by Johathan Hunt, *A Short Treatise on the Causes that Can Make Kingdoms Abound in Gold and Silver even in the Absence of Mines* (*1613*), London: Anthem, 2011, p. 119. Arthur Eli Monroe, ed. *Early Economic Thought*: *Selections from Economic Literature Prior to Adam Smith*, Cambridge: Harvard University Press, 1951, p. 146. [美]A. E. 门罗编:《早期经济思想——亚当·斯密以前的经济文献选集》,蔡受百等译,商务印书馆 1985 年版,第 127 页。

一数二。[1] 在所有这四个原因中，舍拉认为，制造业的多样性是“[无金银矿之国金银充裕的四个]共同原因中最重要的”[2]，舍拉承认，出口农产品剩余也是一个可以使无矿之国获得金银的原因。[3] 但是，制造业的多样性在创造金银充足方面“远比国内农业剩余强大很多”[4]。

按照舍拉的定义，“制造业的多样性”指的是“它们[制造业]是多样的，并且产出的必需的、有用的或者令人愉悦的产品的数量超过本国的需求”[5]。这里需要注意到，舍拉与博泰罗一样，都重视制造业的多样性。舍拉直白地将这个因素视为国家经济发达的原因。舍拉认为，有四个理由使制造业成为生产国家财富最重要的部门。第一，制造业的生产和销售比农产品更稳定、更少受自然环境影响。舍拉写道：“在制造业中有更大的确定性，因为制造商从其工作中获得的收入比从事耕作和农产品贸易的农夫更稳定，而后者的收入不仅依赖人类劳动，还依赖天气——耕地有时需要雨水、有时需要阳光——以及其他条件。”[6]第二，舍拉清楚地意识到，制造业受到报酬递增的支配，这体现在制造业的单位成本会随着产出规模的增加而相应降低。舍拉写道：

> 在制造业中，产出的大量增加，因而收入的大量增加，是可能的。同样的事情在农业产品中却不会发生，农业产品不受大量增加规律的支配。如果一片土地只够播种一百托莫拉(tomoli)小麦，就不可能在那里播种

---

[1] Antonio Serra, ed. & intro. by Sophus Reinert, trans. by Johathan Hunt, *A Short Treatise on the Causes that Can Make Kingdoms Abound in Gold and Silver even in the Absence of Mines* (*1613*), London: Anthem, 2011, p. 123, p. 125.

[2] Antonio Serra, ed. & intro. by Sophus Reinert, trans. by Johathan Hunt, *A Short Treatise on the Causes that Can Make Kingdoms Abound in Gold and Silver even in the Absence of Mines* (*1613*), London: Anthem, 2011, p. 121.

[3] Antonio Serra, ed. & intro. by Sophus Reinert, trans. by Johathan Hunt, *A Short Treatise on the Causes that Can Make Kingdoms Abound in Gold and Silver even in the Absence of Mines* (*1613*), London: Anthem, 2011, p. 119.

[4] Antonio Serra, ed. & intro. by Sophus Reinert, trans. by Johathan Hunt, *A Short Treatise on the Causes that Can Make Kingdoms Abound in Gold and Silver even in the Absence of Mines* (*1613*), London: Anthem, 2011, p. 121.

[5] Antonio Serra, ed. & intro. by Sophus Reinert, trans. by Johathan Hunt, *A Short Treatise on the Causes that Can Make Kingdoms Abound in Gold and Silver even in the Absence of Mines* (*1613*), London: Anthem, 2011, p. 121.

[6] Antonio Serra, ed. & intro. by Sophus Reinert, trans. by Johathan Hunt, *A Short Treatise on the Causes that Can Make Kingdoms Abound in Gold and Silver even in the Absence of Mines* (*1613*), London: Anthem, 2011, p. 121.

一百五十托莫拉。在制造业中，相反，生产可以不仅仅增加两倍，而是可以增加一百倍，但是成本却按比例（con minor proportione di spesa）减少。[1]

熊彼特认为，在这里舍拉发现了现代经济学中关于制造业中报酬递增的规律。熊彼特写道："舍拉以单位成本递减法则的方式，阐明了制造业中报酬递增的一般法则，并充分注意到它的重要性，就像后来在19世纪教科书中所阐述的一样。他把报酬递增局限于制造业，这一点应该特别注意……他对于19世纪分析工作的一个重要特色早已作了启发，这个特色甚至马歇尔也没有完全抛弃。"[2]

第三，制造业产品比农业产品更适合远程贸易，这使得制造业产品可以比农业产品在更大范围的市场上贸易。舍拉写道："因为农业产品很难长期保存而不变质，所以将农业产品从一个国家出口到另一个远方的国家是有风险的；并且，如果不能将这些农业产品立即出售，将它们保存到未来也是有风险的。同时，制造业产品则可以轻松地长期保存，因此它们可以轻松地出口到遥远的地方。"[3]舍拉注意到，制造业产品适合大范围贸易的特征、上述制造业生产中的"报酬递增"，以及作为无矿国金银充裕的第三个原因的"广阔的贸易"，结合在一起可以形成国家财富增长的发动机：报酬递增的效益需要大规模市场才能发挥、制造业产品易于保存的性质为制造业获得大规模市场提供了必要条件、广阔的贸易则为制造业提供了所需的市场。与博泰罗相同，威尼斯是舍拉最重视的学习和追赶的对象。[4] 在舍拉看来，"在那个城市[威尼斯]，三个[无矿之

---

〔1〕 Antonio Serra, ed. & intro. by Sophus Reinert, trans. by Johathan Hunt, *A Short Treatise on the Causes that Can Make Kingdoms Abound in Gold and Silver even in the Absence of Mines* (*1613*), London: Anthem, 2011, p. 121. [美]A. E. 门罗编：《早期经济思想——亚当·斯密以前的经济文献选集》，蔡受百等译，商务印书馆1985年版，第128页。"托莫拉"是那不勒斯传统体积度量单位，1托莫拉等于55.54升。参见：François Cardarelli, trans. by M. J. Shields, *Encyclopaedia of Scientific Units, Weights and Measures: Their SI Equivalences and Origins*, London: Springer, 1997, p. 88。

〔2〕 [美]约瑟夫·熊彼特：《经济分析史》第一卷，朱泱、孙鸿敞、李宏、陈锡龄译，商务印书馆1990年版，第391页。

〔3〕 Antonio Serra, ed. & intro. by Sophus Reinert, trans. by Johathan Hunt, *A Short Treatise on the Causes that Can Make Kingdoms Abound in Gold and Silver even in the Absence of Mines* (*1613*), London: Anthem, 2011, p. 121.

〔4〕 Antonio Serra, ed. & intro. by Sophus Reinert, trans. by Johathan Hunt, *A Short Treatise on the Causes that Can Make Kingdoms Abound in Gold and Silver even in the Absence of Mines* (*1613*), London: Anthem, 2011, pp. 135－139.

国金银充足的]共同原因,制造业的多样性、广阔的贸易以及有效的政府干预完美地出现了"[1]。在威尼斯,舍拉发现了受报酬递增支配的制造业与广阔的贸易之间的协同关系。"它们[制造业的多样性与广阔的贸易]之间的关系是一个补充并增强另一个,因为广阔的贸易通过增加制造业的数量以支持与促进制造业的多样性,制造业活动的增加与改进又支持与改进了贸易。"[2]与博泰罗相同,舍拉在威尼斯的案例中看到了在远程贸易支持下的制造业对于为人口增加提供就业的意义。舍拉写道,除了广阔的贸易和天然有利于贸易的地理位置之外,"威尼斯还得到了制造业多样性的帮助,这个因素为威尼斯吸引了大量人口。在这里起决定性的因素不是制造业的多样性……而是两个因素的结合,一个因素会促进另一个因素。由广阔的贸易和优越的地理位置吸引来的人进一步因为制造业的数量而增加,制造业的数量又因为广阔的贸易而增加,贸易本身又由来到威尼斯的人口数量的促进而增加"[3]。

舍拉发现的制造业成为国家财富生产中最重要部门的最后一个原因依然与博泰罗的发现相同,即制造业产品有比农业产品更高的附加值。舍拉写道:"制造业产品一般可以比农业产品产生更高的收入。这可以在羊毛制品的生产中,特别是精细纺织品的生产中,在亚麻制品、丝织品、武器、绘画、雕塑、书籍以及所有的药品和其他无数产品的生产中看到。"[4]这四种原因结合在一起,使得制造业成为促进经济中物质和货币产出增加的发动机,舍拉再次在威尼斯证实了这种情况:在威尼斯,"[制造业的多样性]发展到了非常高的程度,所以大量的货物由制造业生产出来,并且因此大量货币进入这座城市以交换这些货

---

[1] Antonio Serra, ed. & intro. by Sophus Reinert, trans. by Johathan Hunt, *A Short Treatise on the Causes that Can Make Kingdoms Abound in Gold and Silver even in the Absence of Mines* (*1613*), London: Anthem, 2011, p. 139.

[2] Antonio Serra, ed. & intro. by Sophus Reinert, trans. by Johathan Hunt, *A Short Treatise on the Causes that Can Make Kingdoms Abound in Gold and Silver even in the Absence of Mines* (*1613*), London: Anthem, 2011, p. 141.

[3] Antonio Serra, ed. & intro. by Sophus Reinert, trans. by Johathan Hunt, *A Short Treatise on the Causes that Can Make Kingdoms Abound in Gold and Silver even in the Absence of Mines* (*1613*), London: Anthem, 2011, p. 127.

[4] Antonio Serra, ed. & intro. by Sophus Reinert, trans. by Johathan Hunt, *A Short Treatise on the Causes that Can Make Kingdoms Abound in Gold and Silver even in the Absence of Mines* (*1613*), London: Anthem, 2011, p. 121.

物”[1]。

随着英格兰从16世纪开始对于意大利城邦和低地国家经济结构的效仿和竞争,“工业主义”思想在英格兰以“重商主义”的形式出现。[2] 对于作为英格兰重商主义最有代表性的思想家之一的托马斯·孟,亚当·斯密写道:“托马斯·孟的《英国得自对外贸易的财富》一书,不仅成为英格兰而且成为其他一切商业国家政治经济的基本准则。”[3]熊彼特写道:“孟的书一般被看作英国‘重商主义’的经典著作。享有这种突出地位是不适当的,但并非完全不配。”[4]孟出身伦敦的绸缎商人家庭,其祖父与叔父为英格兰皇家铸币局铸币人;孟早年曾经从事意大利和地中海东部的贸易,其间目睹了意大利城邦的富裕;1615年,孟因为在英格兰商界的声誉被选为东印度公司董事,自此参与东印度公司的工作直到去世。[5] 作为国家特许贸易公司的董事,孟有机会参与英格兰的经济政策制定。[6] 1622年,为应对当时的经济萧条,英格兰政府组织了一个贸易委员会,目的是调查萧条的原因并襄赞政府的贸易政策,孟是该委员会的成员之一。[7] 1628年,孟推动英格兰下议院通过了针对荷兰的贸易保护政策。[8] 孟在这两次参政经历中提出的思想观点最终收录于其代表作《英国得自对外贸易

[1] Antonio Serra, ed. & intro. by Sophus Reinert, trans. by Johathan Hunt, *A Short Treatise on the Causes that Can Make Kingdoms Abound in Gold and Silver even in the Absence of Mines* (*1613*), London: Anthem, 2011, p. 123.

[2] [挪威]埃里克·S. 赖纳特、阿诺·曼·达斯特:《替代性教规:文艺复兴经济学史——论以非物质和生产为基础的教规在经济思想史和经济政策史中的作用》,引自[挪威]埃里克·S. 赖纳特、[中国]贾根良主编:《穷国的国富论:演化发展经济学论文选》上卷,高等教育出版社2007年版,第15页。

[3] [英]亚当·斯密:《国民财富的性质和原因的研究》下卷,郭大力、王亚南译,商务印书馆1983年版,第6—7页。

[4] [美]约瑟夫·熊彼特:《经济分析史》第一卷,朱泱、孙鸿敞、李宏、陈锡龄译,商务印书馆1990年版,第528页。

[5] Sidney Lee, ed. *Dictionary of National Biography*: *vol. XIII*, *Masquerier-Myles*, London: Smith Elder, 1909, pp. 1183—1186.

[6] Sidney Lee, ed. *Dictionary of National Biography*: *vol. XIII*, *Masquerier-Myles*, London: Smith Elder, 1909, p. 1184.

[7] Supple, B. E., “Thomas Mun and the Commercial Crisis, 1623”, *Bulletin of the Institute of Historical Research*, 1954, vol. 27, iss. 75, p. 91.

[8] Sidney Lee, ed. *Dictionary of National Biography*: *vol. XIII*, *Masquerier-Myles*, London: Smith Elder, 1909, p. 1184.

的财富》。〔1〕

孟的经济思想的背景是17世纪初的英格兰经济萧条,这是孟的著作回应的问题。〔2〕在17世纪20年代,英格兰出现了由织布工业的萧条引发的经济萧条。〔3〕如上一章所述,织布工业是当时英格兰最重要的制造业,被当时的人们视为英格兰国家财富的主要来源。〔4〕这次萧条的原因包括:贵金属货币短缺导致的国内贸易萧条;荷兰针对英格兰织布工业出口的贸易保护;"三十年战争"的爆发导致英国货币相对于欧洲大陆货币升值,降低了英国织布工业的出口竞争力;织布工业出口萧条进一步导致贵金属货币短缺。〔5〕面对贵金属货币短缺的问题,英格兰出现了要求撤销东印度公司的观点,因为东印度公司每年输出大量贵金属货币用于进口亚洲的商品。〔6〕在这种背景下,孟为东印度公司辩护,写出了《论英国东印度贸易》。孟认为,利用亚洲原材料和商品的制造业足够弥补东印度公司进口这些产品的开支并产生增值。意大利城邦为孟的这种策略提供了现实例证。孟写道:诸如威尼斯和佛罗伦萨等意大利城邦"为了维持制造业和贸易,每年至少从西西里进口50万英镑的生丝……这些财富是它们自愿为了从事贸易而放弃的,因为经验教育它们,贸易是它们的事业并且为它们回报财富,因为通过加工、运输并在法兰克福等市场销售这些丝织品,它们拥有了履行它们同弗兰德斯的西班牙国王的合约的更好方式,因此,白银必然从西班牙又回到了意大利"〔7〕。托马斯·孟的经济思想也是"工业主

---

〔1〕 Sidney Lee, ed. *Dictionary of National Biography: vol. XIII, Masquerier-Myles*, London: Smith Elder, 1909, p. 1184. Supple, B. E., "Thomas Mun and the Commercial Crisis, 1623", *Bulletin of the Institute of Historical Research*, 1954, vol. 27, iss. 75, p. 91.

〔2〕 Gould, J. D., "The Trade Crisis of the Early 1620's and English Economic Thought", *The Journal of Economic History*, 1955, vol. 15, no. 2, pp. 121—133.

〔3〕 Gould, J. D., "The Trade Depression of the Early 1620's", *The Economic History Review*, 1954, vol. 7, iss. 1, p. 81.

〔4〕 E. Lipson, *The Economic History of England, vol. II, The Age of Mercantilism*, London: Adam and Charles Black, 1943, pp. 10—11.

〔5〕 Gould, J. D., "The Trade Depression of the Early 1620's", *The Economic History Review*, 1954, vol. 7, iss. 1, p. 83, p. 89.

〔6〕 Sidney Lee, ed. *Dictionary of National Biography: vol. XIII, Masquerier-Myles*, London: Smith Elder, 1909, p. 1184.

〔7〕 Thomas Mun, "A Discourse of Trade from England unto the East Indies", in *A Select Collection of Early English Tracts on Commerce*, ed. by J. R. McCulloch, London: Political Economy Club, 1856, p. 16. [英]托马斯·孟:《论英国东印度贸易:答对这项贸易的常见的各种反对意见》,引自[英]托马斯·孟、尼古拉斯·巴尔本、达德利·诺斯:《贸易论(三种)》,商务印书馆1982年版,第14页。

义”的。

孟认为，一个国家的财富分为两种：自然的（natural）与人为的（artificial）。[1] 自然的财富指的是食物和原材料。[2] 人为的财富指的是“制造业和对于外国商品的勤奋贸易”[3]。这两种财富中，孟认为，“人为的”财富更重要，“如果要生活得好，要繁荣和富裕起来”，就需要积累“人为的”财富，需要出口剩余产品，进口货币和外国产品。[4] 特别地，孟认为，制造业是“国王和王国的最大力量和财富”[5]。孟认为，制造业的重要性在于两个方面。第一，制造业可以比农业为劳动力提供更多就业。“依靠制造业为生的人民的数量远比种植土地产物的人民数量多多了。”[6]第二，制造业的利润比农业高。“当我们知道我们的自然产品并不能为我产生同我们的制造业一样多的利润（profit）的时候，我们还需要什么例证呢？”[7]孟举例说明：“在矿藏里的铁砂的价值，倘使与经过以下程序——采掘，熔炼，运销，买进，卖出，铸造大炮、步枪和其他许多在战争中用作进攻和防御的器械，或制成铁锚、螺栓、大钉、小钉和其他类似的东西专供船舶、房屋、二轮马车、四轮马车、犁和其他耕具之用——之后的价值相比，就显得没有多大价值了。”[8]考虑到这些例子，孟明确写道：“我们可以发现，这些制造业比自然财富的利润更高。”[9]孟提出的以上两点对于制造业优势的观察显然与博泰罗的发现非常类似。鉴于制造业的优势，孟提出，为了增加国家的财富，“除了出口原材料以外，我们应该尽可能从制造业产品中获利，并且努力提高它们的销售价格到只要不会因为高价减少销量的程度”[10]。

18 世纪英国“重商主义”的代表人物是詹姆斯·斯图尔特。李斯特认为，詹

---

〔1〕 Thomas Mun, “A Discourse of Trade from England unto the East Indies”, in *A Select Collection of Early English Tracts on Commerce*, ed. by J. R. McCulloch, London: Political Economy Club, 1856, p. 40. [英]托马斯·孟：《论英国东印度贸易：答对这项贸易的常见的各种反对意见》，引自[英]托马斯·孟、尼古拉斯·巴尔本、达德利·诺斯：《贸易论（三种）》，商务印书馆 1982 年版，第 36 页。

〔2〕 [英]托马斯·孟：《论英国东印度贸易：答对这项贸易的常见的各种反对意见》，引自[英]托马斯·孟、尼古拉斯·巴尔本、达德利·诺斯：《贸易论（三种）》，商务印书馆 1982 年版，第 36 页。

〔3〕 Thomas Mun, *England's Treasure by Forraign Trade*, Oxford: Basil Blackwell, 1959, p. 7.

〔4〕 [英]托马斯·孟：《论英国东印度贸易：答对这项贸易的常见的各种反对意见》，引自[英]托马斯·孟、尼古拉斯·巴尔本、达德利·诺斯：《贸易论（三种）》，商务印书馆 1982 年版，第 36—37 页。

〔5〕 Thomas Mun, *England's Treasure by Forraign Trade*, Oxford: Basil Blackwell, 1959, p. 12.

〔6〕 Thomas Mun, *England's Treasure by Forraign Trade*, Oxford: Basil Blackwell, 1959, p. 12.

〔7〕 Thomas Mun, *England's Treasure by Forraign Trade*, Oxford: Basil Blackwell, 1959, p. 13.

〔8〕 [英]托马斯·孟：《英国得自对外贸易的财富》，袁南宇译，商务印书馆 1981 年版，第 12 页。

〔9〕 Thomas Mun, *England's Treasure by Forraign Trade*, Oxford: Basil Blackwell, 1959, p. 13.

〔10〕 Thomas Mun, *England's Treasure by Forraign Trade*, Oxford: Basil Blackwell, 1959, p. 8.

姆斯·斯图尔特是"工业主义"的第一个理论家。李斯特写道:"所谓工业主义,原来并没有书面上的明确定义,也不是作家们设想出来的一套理论,只是在事实上执行着,这种情况直到斯图尔特的时候为止;斯图尔特的学说大部分是从英国的实际情况推演而来的,正同舍拉的学说是从威尼斯的情况推演而来的一样。"[1]通过本章所呈现的内容可以看到,斯图尔特显然难以被称为第一个"工业主义"的理论家,但是斯图尔特的著作依然是欧洲的"第一批系统性经济学理论之一"。[2] 詹姆斯·斯图尔特出身于苏格兰低阶贵族家庭,其家族在其祖父时获得准男爵头衔(baronet),其父为英国政府法律顾问与议会议员;斯图尔特于1724年进入爱丁堡大学学习法律;1735—1740年,前往欧洲大陆游学期间,加入了以苏格兰人和爱尔兰人为主力、旨在复辟光荣革命前的斯图亚特王朝的詹姆斯党运动(Jacobitism);1745—1746年,詹姆斯党人在英国武装叛乱期间,斯图尔特被派往巴黎担任詹姆斯党运动驻法国宫廷的大使;1746年,詹姆斯党人失败之后,斯图尔特因为参与叛乱而被迫流亡欧洲大陆;1763年,斯图尔特返回英国,在格拉斯哥附近的家族庄园隐居,直到去世;1771年,斯图尔特被英国政府特赦。[3] 斯图尔特最重要的经济学著作——《政治经济学原理的研究》(*An Inquiry into the Principles of Political Economy*,1767)——完成于1759年斯图尔特的流亡期间。[4] 斯图尔特自己承认,"这部作品是多年旅行中连续工作的成果"。[5] 因此,不同于博泰罗、舍拉与孟等将其作品直接与某国时政比较紧密地联系起来的思想家,斯图尔特的著作是在与时政保持一定距离的背景下写成的。斯图尔特的著作构成了苏格兰和欧洲启蒙运动经济思想的一部分,其所回应的主要问题是如何理解与管理一个商业社会。[6]

斯图尔特认为,"经济学"或"家计学"(economy)是"通过谨慎(prudence)与

---

〔1〕[德]弗里德里希·李斯特:《政治经济学的国民体系》,陈万煦译,蔡受百校,商务印书馆1983年版,第285页。

〔2〕Andrew S. Skinner,"Introduction",in *The Economics of James Steuart*,ed. by Ramón Tortajada,London and New York:Routledge,1999,p. 3.

〔3〕Andrew S. Skinner,"Introduction",in *The Economics of James Steuart*,ed. by Ramón Tortajada,London and New York:Routledge,1999,pp. 1—18.

〔4〕Skinner,A. S.,"Sir James Steuart:Author of A System",*Scottish Journal of Political Economy*,1981,vol. 28,no. 1,p. 20.

〔5〕James Steuart,*An Inquiry into the Principles of Political Economy*:*Being an Essay on the Science of Domestic Policy in Free Nations*,vol. 1,London:A. Millar and T. Cadeel,1767,p. vi.

〔6〕José Menudo,ed. *The Economic Thought of Sir James Steuart*:*First Economist of the Scottish Enlightenment*,London:Routledge,2020.

节俭(frugality)满足一个家庭全部需求的学问"[1]。而"政治经济学"(political economy)则是关于将整个国家当做一个家庭进行管理的学问。"经济学对于一个家庭来说是什么,政治经济学对于一个国家来说就是什么。"[2]政治经济学的研究对象是:"为社会中的每个人提供食物、其他必需品以及就业。"[3]而在这些研究对象中,就业(employment)是最重要的。斯图尔特认为:"为全部社会成员提供合适的就业等于塑造和指导他们所关心的每个领域。我认为,在这个观点基础之上,可以建立政治经济学原理研究的最广泛的基础。"[4]后世对于斯图尔特经济思想的研究也认为,对于斯图尔特来说,"政治经济学的最终目标是有能力工作与繁衍的人口的充分就业"[5]。在斯图尔特的政治经济学中,"经济目标与其说是财富本身,不如说是维持国内的充分就业"[6]。甚至有人认为,斯图尔特的政治经济学很有可能影响了凯恩斯以充分就业为目标的经济政策理论。[7] 正如李斯特所提到的,斯图尔特的经济思想也是"工业主义"的,而制造业对于斯图尔特的重要性就在于制造业促进就业增加的意义。

根据斯图尔特的理论,制造业的重要性主要是促进国家人口的增加。这是一种"工业主义"的经典观点,斯图尔特的理论为这种观点提供了解释。斯图尔特认为:"人口的数量长期以来必然与食物的产量成比例,而食物产量将与自然的肥力和居民的勤奋成正比。"[8]但是,这并不意味着农业是单独决定人口规模的因素。斯图尔特写道:"没人会反对农业是人口繁衍的基础以及一个国家繁荣的最基本的前提条件。但这并不意味着国内的每个人都必须在农业中就

---

[1] James Steuart, *An Inquiry into the Principles of Political Economy: Being an Essay on the Science of Domestic Policy in Free Nations*, vol. 1, London: A. Millar and T. Cadeel, 1767, p. 1.

[2] James Steuart, *An Inquiry into the Principles of Political Economy: Being an Essay on the Science of Domestic Policy in Free Nations*, vol. 1, London: A. Millar and T. Cadeel, 1767, p. 2.

[3] James Steuart, *An Inquiry into the Principles of Political Economy: Being an Essay on the Science of Domestic Policy in Free Nations*, vol. 1, London: A. Millar and T. Cadeel, 1767, p. 15.

[4] James Steuart, *An Inquiry into the Principles of Political Economy: Being an Essay on the Science of Domestic Policy in Free Nations*, vol. 1, London: A. Millar and T. Cadeel, 1767, p. 15.

[5] Jean-Jacques Gislain, "James Steuart: Economy and Population", in *The Economics of James Steuart*, ed. by Ramón Tortajada, London: Routledge, 1999, p. 169.

[6] José Menudo, ed. *The Economic Thought of Sir James Steuart: First Economist of the Scottish Enlightenment*, London: Routledge, 2020, p. xi.

[7] Ragip Ege, "The New Interpretation of Steuart by Paul Chamley", in *The Economics of James Steuart*, ed. by Ramón Tortajada, London: Routledge, 1999, pp. 97—100.

[8] James Steuart, *An Inquiry into the Principles of Political Economy: Being an Essay on the Science of Domestic Policy in Free Nations*, vol. 1, London: A. Millar and T. Cadeel, 1767, p. 24.

业,那样的话就是颠倒事物的顺序和主次。人的责任和事业不是吃饭,人吃饭是为了实现他的职责并变得有用。"[1]增加人口的关键是制造业。如果没有制造业,人口增长的规模不会超过农业人口的规模,因为斯图尔特写道:"我们可以建立一个原则,即农夫不会劳动以生产相对于其消费而言过剩的粮食,除非他发现可以用过剩的粮食来满足某些需求;其他劳动的人也不会为了除获得食物以外的理由来满足农夫的需要,而这些食物他们是不易获得的。这是政治家为了将社会团结在一起而必须创造的互惠需求。"[2]这种农夫在自己出产的农业产品之外的需求即为对于制造业产品的需求,而制造业又为农业产品提供了需求,对制造业产品的需求以及制造业对农业产品的需求激励农夫生产更多的食物以养活更多的人口。[3] 因此,斯图尔特认为,可以建立一个基本的政治经济学原则,即"当为了增加人口鼓励农业的时候,农业必须与工业的进步保持同步,或者必须为剩余农业产品提供一个出路"[4]。政治家必须建立制造业以与农业形成互惠需求来增加人口。因此,斯图尔特认为,人口最密集的地方往往不是农业条件最优越的地方,而是制造业最发达以及制造业最能为农业生产提供需求刺激的地方。斯图尔特写道:

> 因此,我们并非在世界上最丰饶的国家,也并非在那些被认为最适合养活大量人口的国家可以发现最多的居民。而是在气候不那么受自然赐福的地方,以及在土地的产出仅仅通过辛勤劳动可以获得与人们的勤奋成比例的地方,我们可能会发现最多的人口,而且我们也可以发现这些人口或多或少地与居民转向制造业中就业的情况成比例。
>
> 在上述因素繁荣的那些国家,那些可以不从事农业生产的人将会在有用的制造业中找到就业,这些制造业是由人类才智建立的,它们将会建立社会的需求标准;这些需求将会促进消费的增加,消费的增加进一步增

---

[1] James Steuart, *An Inquiry into the Principles of Political Economy: Being an Essay on the Science of Domestic Policy in Free Nations*, vol. 1, London: A. Millar and T. Cadeel, 1767, p. 25.

[2] James Steuart, *An Inquiry into the Principles of Political Economy: Being an Essay on the Science of Domestic Policy in Free Nations*, vol. 1, London: A. Millar and T. Cadeel, 1767, p. 28.

[3] James Steuart, *An Inquiry into the Principles of Political Economy: Being an Essay on the Science of Domestic Policy in Free Nations*, vol. 1, London: A. Millar and T. Cadeel, 1767, pp. 32—33.

[4] James Steuart, *An Inquiry into the Principles of Political Economy: Being an Essay on the Science of Domestic Policy in Free Nations*, vol. 1, London: A. Millar and T. Cadeel, 1767, p. 29.

加制造业人口，制造业人口的增加会鼓励养活他们的食物的生产。[1]

因此，斯图尔特写道："永远不要说一个国家里制造业中就业的人口太多，这仿佛就是在说一个国家闲散的人口太少、乞丐太少、农夫太多。"[2]斯图亚特认为，这就是渔猎社会、游牧社会和欧洲若干闭塞的山区中"人口不增长"的原因，因为这些地方"几乎没有制造业"。[3] 在斯图尔特看来，制造业对于人口增长的重要性在于，为农业生产和制造业本身就业机会的进一步增加提供需求刺激。

随着法国宗教内战在 17 世纪初结束，政治局势趋于平稳，法国政府开始有意识地执行产业政策，"工业主义"思想在法国也出现了。[4] 在此时的法国，第一位写作"工业主义"文本的思想家是巴泰勒米·德·拉菲玛斯。[5] 熊彼特对拉菲玛斯有如下评价："1600 年左右，从事经济著述活动的 B. 德·拉菲玛斯在掌握经济原理方面和分析能力方面，远远不如舍拉，但他对实际政策问题的看法却与舍拉相同。"[6]拉菲玛斯出生于法国东南部一个落魄的加尔文教贵族家庭；以裁缝的身份于大约 1566 年接触到了后来的法国国王亨利四世并被提拔为侍从；在亨利四世的支持下，拉菲玛斯成为一名经营丝绸和银器的成功的商人；从商的经历使拉菲玛斯接触到法国的经济现实，并促使他思考如何恢复萧索的法国制造业和贸易；1602 年，亨利四世任命拉菲玛斯为法国商业总稽查(Controlleur Général du Commerce)，负责领导全部由国家经营的制造业；在商

---

[1] James Steuart, *An Inquiry into the Principles of Political Economy: Being an Essay on the Science of Domestic Policy in Free Nations*, vol. 1, London: A. Millar and T. Cadeel, 1767, p. 35.

[2] James Steuart, *An Inquiry into the Principles of Political Economy: Being an Essay on the Science of Domestic Policy in Free Nations*, vol. 1, London: A. Millar and T. Cadeel, 1767, p. 35.

[3] James Steuart, *An Inquiry into the Principles of Political Economy: Being an Essay on the Science of Domestic Policy in Free Nations*, vol. 1, London: A. Millar and T. Cadeel, 1767, p. 37.

[4] Lars Magnusson, *The Political Economy of Mercantilism*, London and New York: Routledge, 2015, pp. 69—70.

[5] Lars Magnusson, *The Political Economy of Mercantilism*, London and New York: Routledge, 2015, p. 72.

[6] [美] 约瑟夫·熊彼特:《经济分析史》第一卷，朱泱、孙鸿敞、李宏、陈锡龄译，商务印书馆 1990 年版，第 296 页脚注。

业总稽查任上,拉菲玛斯致力于建立法国的丝绸制造业并完成了他大多数的著作。[1] 拉菲玛斯的思想是以恢复并扩张法国民族制造业为明确导向和强烈背景的。他被誉为法国的"真正关于工业化的思考"的开始。[2]

目前已知拉菲玛斯有 25 部著作,其中最有代表性的关于制造业的著作是《关于建立制造业的通用规章》(*Reiglement général pour dresser les manufactures en ce royaume*,1597)。[3] 这是一部关于制造业政策提议的小册子,这些政策提出的背景是外国制造业产品——特别是丝绸和金银线纺织品——在法国的垄断。拉菲玛斯写道:"我与一些外国商人经商的经历使我发现了从意大利、弗兰德斯、英格兰和其他国家出口到我国的丝绸、金银线纺织品以及其他商品的秘密与隐藏的罪恶。"[4]拉菲玛斯认为,这些外国制造业产品在法国形成了有害的垄断,这些垄断"是国家的祸害"[5]。拉菲玛斯认为,这些外国制造业产品的主要危害是,导致法国的贵金属货币外流。拉菲玛斯写道:这些垄断性的外国制造业产品"将那些被称为战争的支柱的财富带出法国,导致国王及其

---

[1] Erik S. Reinert and Philipp Robinson Rössner, "Barthélemy de Laffemas (1545—ca. 1611) as an Early Economist: Context and Scholarly Voices in the English-language Literature", in *Fronsperger and Laffemas: Sixteenth-Century Precursors of Modern Economic Ideas*, Leonhard Fronsperger and Barthélemy de Laffemas, eds. by Erik S. Reinert and Philipp Robinson Rössner, London: Anthem, 2023, pp. 4—5. Lars Magnusson, *The Political Economy of Mercantilism*, London and New York: Routledge, 2015, pp. 72—73.

[2] Erik S. Reinert and Philipp Robinson Rössner, "Barthélemy de Laffemas (1545—ca. 1611) as an Early Economist: Context and Scholarly Voices in the English-language Literature", in *Fronsperger and Laffemas: Sixteenth-Century Precursors of Modern Economic Ideas*, Leonhard Fronsperger and Barthélemy de Laffemas, eds. by Erik S. Reinert and Philipp Robinson Rössner, London: Anthem, 2023, p. 6.

[3] Erik S. Reinert and Philipp Robinson Rössner, "Barthélemy de Laffemas (1545—ca. 1611) as an Early Economist: Context and Scholarly Voices in the English-language Literature", in *Fronsperger and Laffemas: Sixteenth-Century Precursors of Modern Economic Ideas*, Leonhard Fronsperger and Barthélemy de Laffemas, eds. by Erik S. Reinert and Philipp Robinson Rössner, London: Anthem, 2023, pp. 13—14.

[4] Barthélemy de Laffemas, "General Regulation for the Establishment of Manufactures", in *Fronsperger and Laffemas: Sixteenth-Century Precursors of Modern Economic Ideas*, Leonhard Fronsperger and Barthélemy de Laffemas, eds. by Erik S. Reinert and Philipp Robinson Rössner, London: Anthem, 2023, p. 20.

[5] Barthélemy de Laffemas, "General Regulation for the Establishment of Manufactures", in *Fronsperger and Laffemas: Sixteenth-Century Precursors of Modern Economic Ideas*, Leonhard Fronsperger and Barthélemy de Laffemas, eds. by Erik S. Reinert and Philipp Robinson Rössner, London: Anthem, 2023, p. 21.

人民缺乏生计，今天全法国境内的金银数量甚至不如过去被洗劫的乡村里的金银数量，这是因为丝织品和其他产品将大量财富带出了法国，这些财富价值全部法军花费金钱的三倍”[1]。因此，拉菲玛斯认为，制造业的重要性主要在于创造高附加值即高货币收入，那些吸收法国大量货币财富的国家的特征是进口原材料，向法国出口制造业产品。拉菲玛斯用法国出产的羊毛举例子：

> 对于公共利益和用处来说，考虑我们日常出口的羊毛是非常重要的。这些羊毛在朗格多克、普罗旺斯和多菲内出产，然后被运去意大利，在那里羊毛被使用并制作为佛罗伦萨哔叽布、平纹细布、米兰天鹅绒以及其他纺织品，制造完成后被运去法国销售和裁剪。这些现象体现了法国人的无知。[2]

拉菲玛斯这段对于法国未能加工本国生产的原料而导致无法获得制造过程中产生的附加值的“无知”的描述，非常像西班牙的财政大臣路易斯·奥蒂斯(Luis Ortiz)在1558年给国王菲利普二世的备忘录中的内容，这段内容可能是历史上第一次对于制造业具有附加值高的特点表述：

> 那些外国人花1弗罗林货币从西班牙和西印度购买原材料，尤其是丝、铁和胭脂虫，然后他们把原材料生产成制成品再卖回到西班牙，这样他们就能获得10～100弗洛林货币。其他欧洲国家以这种方式对西班牙的侮辱比它们强加在印第安人身上的侮辱更大。西班牙人用价值大致相等的小玩意儿去交换金银；但他们却用高价买回他们自己的原材料，西班牙人成了全欧洲人的笑柄。[3]

鉴于制造业产品附加值高的特性，如同博泰罗将制造业视为比矿山更强大的生产金银的源头一样，拉菲玛斯将制造业视为真正的欧洲传说中有点石成金

---

[1] Barthélemy de Laffemas, “General Regulation for the Establishment of Manufactures”, in *Fronsperger and Laffemas: Sixteenth-Century Precursors of Modern Economic Ideas*, Leonhard Fronsperger and Barthélemy de Laffemas, eds. by Erik S. Reinert and Philipp Robinson Rössner, London: Anthem, 2023, pp. 21—22.

[2] Barthélemy de Laffemas, “General Regulation for the Establishment of Manufactures”, in *Fronsperger and Laffemas: Sixteenth-Century Precursors of Modern Economic Ideas*, Leonhard Fronsperger and Barthélemy de Laffemas, eds. by Erik S. Reinert and Philipp Robinson Rössner, London: Anthem, 2023, p. 24.

[3] 参见：Erik Reinert, “Increasing Poverty in a Globalised World: Marshall Plans and Morgenthau Plan as Mechanisms of Polarisation of World Incomes”, in *Rethinking Development Economics*, ed. by Ha-Joon Chang, London: Anthem, 2003, p. 471。[挪威]埃里克·S. 赖纳特：《富国为什么富，穷国为什么穷》，杨虎涛、陈国涛等译，杨虎涛校，贾根良审订，中国人民大学出版社2010年版，第66页。

效果的“哲人石”。拉菲玛斯认为，当时的法国虽然土地肥沃、自然条件优越，但是这些优势却没能完全发挥；流浪和失业人口众多；每年要从英格兰、弗兰德斯、热那亚、佛罗伦萨进口大量的挂毯、帆布、丝织品、皮革制品、羊毛制品。[1]解决这些经济问题的关键是建立和发展法国的制造业。拉菲玛斯写道：“为了解决这些问题，我们需要建立制造业和手工业以帮助贫困和被毁坏的城镇；这将相当于拥有真正的哲人石，它并非将铜和其他金属转化为金银，它将让法国人在距离他们国土五百里格的距离内看到相当于西印度群岛两倍的财富。”[2]拉菲玛斯写道：“世界上没有什么比制造业者、贸易与商品的制造更能使一个国家富裕。”[3]此外，虽然简略，但是拉菲玛斯也提到了制造业在增加人口就业方面的意义。拉菲玛斯写道：“我们可以轻易地制造丝织物和金银线纺织物，我们可以更轻易地制造各种布、呢料和其他各种商品，并且可以使它们为了国王领土的巨大好处和扩张以及公共利益雇佣大量人口。”[4]拉菲玛斯的小册子的主要内容是向法国国王提出经济政策而非建立理论。拉菲玛斯并没有充分机会实践他的政策设想，这些政策最终由科尔贝执行。[5]

被誉为“法国重商主义之父”的科尔贝并不是一位理论家，他的经济思想主要保存在由他所写的信件与公文中，而这些文本往往是关于具体的经济问题。

---

〔1〕 Barthélemy de Laffemas, “General Regulation for the Establishment of Manufactures”, in *Fronsperger and Laffemas: Sixteenth-Century Precursors of Modern Economic Ideas*, Leonhard Fronsperger and Barthélemy de Laffemas, eds. by Erik S. Reinert and Philipp Robinson Rössner, London: Anthem, 2023, p. 27.

〔2〕 Barthélemy de Laffemas, “General Regulation for the Establishment of Manufactures”, in *Fronsperger and Laffemas: Sixteenth-Century Precursors of Modern Economic Ideas*, Leonhard Fronsperger and Barthélemy de Laffemas, eds. by Erik S. Reinert and Philipp Robinson Rössner, London: Anthem, 2023, p. 27.

〔3〕 Barthélemy de Laffemas, “General Regulation for the Establishment of Manufactures”, in *Fronsperger and Laffemas: Sixteenth-Century Precursors of Modern Economic Ideas*, Leonhard Fronsperger and Barthélemy de Laffemas, eds. by Erik S. Reinert and Philipp Robinson Rössner, London: Anthem, 2023, p. 29.

〔4〕 Barthélemy de Laffemas, “General Regulation for the Establishment of Manufactures”, in *Fronsperger and Laffemas: Sixteenth-Century Precursors of Modern Economic Ideas*, Leonhard Fronsperger and Barthélemy de Laffemas, eds. by Erik S. Reinert and Philipp Robinson Rössner, London: Anthem, 2023, p. 23.

〔5〕 Erik S. Reinert and Philipp Robinson Rössner, “Barthélemy de Laffemas (1545 – ca. 1611) as an Early Economist: Context and Scholarly Voices in the English-language Literature”, in *Fronsperger and Laffemas: Sixteenth-Century Precursors of Modern Economic Ideas*, Leonhard Fronsperger and Barthélemy de Laffemas, eds. by Erik S. Reinert and Philipp Robinson Rössner, London: Anthem, 2023, p. 5.

因此,相比本章中的其他思想家,科尔贝的文本并没有包含理论性比较强的关于制造业的思想。但是从科尔贝的文本中,依然可以看出科尔贝对于制造业的态度和一些粗略的认识。在信件和公文中,科尔贝将制造业视为增加就业和财富的关键。科尔贝写道:“在王国的各个城市中建立制造业是一种可靠的手段,可以让所有能够在其中就业的人摆脱他们陷入的可耻的闲散,并且同时可以让他们变得富裕。”[1]科尔贝在他留给路易十四的政治遗嘱中写道:“让一个国家变得繁荣,没有什么比贸易更必需的了。为了证明这一点,我们只需要观察一个坐落在河边的城市和一个内陆城市的区别。前者富裕而多产,后者贫穷而痛苦。而且靠近海边的城市又有其他城市都没有的优点,因为它们比河边以及其他地方的城市更富有各种东西,以至于任何有意工作的人都可以找到工作,如果他想富裕一些的话。如果贸易有如此多的优点,就没人可以否认,陛下应当保护和促进贸易。”[2]在这里,科尔贝所说的“贸易”(le Commerce)不仅仅指狭义的商业,还包括制造业,因为在上文之后,科尔贝写道:“很多人先前并且现在依然指责我,因为我说服陛下您鼓励并支持制造业,他们向我高喊:我们没办法将我们的制造业建成可以与外国制造业相比的程度。但是他们大错特错,我承认,在刚开始的时候,实现我们希望的事情确实很难,但是,那些人也不得不承认,之后我们的制造业超过了外国的制造业。”[3]

科尔贝格外强调制造业对于增加就业养活大量人口的作用。他写道:“建立和扩张制造业对于人民和国家都有巨大的好处,可以消除懒惰,没有比这更有用的了。”[4]当有官员担心制造业的扩张会损害农业的时候,科尔贝对这位官员说道:“不要认为杜尔当(Dourdan)的袜子制造业会损害农业;相反,你要尽你所能加强这一制造业,因为没有什么比人民在一个国家获得生计更能增加人民数量了。我向你保证,国王和人民都会对此感到满意。”[5]科尔贝认为,制造业是为当时的法国人民提供工作机会、增加收入的关键,因此政府必须注重发

---

[1] Jean-Baptiste Colbert, ed. by Pierre Clément, *Letters*, *Instructions et Mémoires de Colbert*, tome 2, partie 2, Paris: Imprerie Impériale, 1863, p. 515.

[2] Jean-Baptiste Colbert, *Testament Politique*, Haye: Henri van Bulderen, 1694, p. 491.

[3] Jean-Baptiste Colbert, *Testament Politique*, Haye: Henri van Bulderen, 1694, pp. 491－492.

[4] Jean-Baptiste Colbert, ed. by Pierre Clément, *Letters*, *Instructions et Mémoires de Colbert*, tome 2, partie 2, Paris: Imprerie Impériale, 1863, pp. 713－714.

[5] Jean-Baptiste Colbert, ed. by Pierre Clément, *Letters*, *Instructions et Mémoires de Colbert*, tome 2, partie 2, Paris: Imprerie Impériale, 1863, p. 584.

展制造业。在给一位地方财政官员的回信中，科尔贝写道："我相信，如果您可以促进这座城市的居民努力建立制造业并雇佣人民，您一定可以为他们提供比他们通过纳税向国家提供的微薄贡献更大的好处。各地人民的贫困并不在于他们向国王缴纳的税赋，而在于各地人民的工作之间的差异，一旦他们愿意工作，他们的生活就能宽松一些。但这取决于地区的领导者能否很好地了解这一点，并为它提供一些动力和安排。"〔1〕

随着《南特敕令》的废除与《波茨坦敕令》的颁布，"工业主义"的政策与学说在17世纪后期传播到了欧洲的德语区，在当时紧跟这种潮流并且与实际国家经济政策保持密切联系的是奥地利的经济思想家，罗雪尔称呼这些奥地利思想家为当时德语世界的"实践一进步主义"(praktisch-progressive)流派[相对于当时的另两个流派——流行于德意志中部小邦国的"实践一保守主义"(praktisch-conservative)流派和德意志北部邦国的"纯科学"(rein wissenschaftliche)流派]。〔2〕奥地利这些思想家的代表是菲利普・威廉・冯・霍尼克和威廉・冯・施罗德。〔3〕

霍尼克出生于美因河畔法兰克福的低阶贵族家庭，其父是为几位德意志天主教诸侯服务的官僚。霍尼克在1654年进入大学学习法律，1661年毕业并开始为几位德意志天主教神职诸侯服务。在此期间，霍尼克参与了这几位诸侯发起的政治行动，这些政治行动旨在促进神圣罗马帝国各邦国同意重新天主教化并接受在整个帝国层面执行重商主义政策，通过宗教统一与经济利益统一促进神圣罗马帝国变成统一的德意志民族国家。因此，霍尼克经常在德意志境内各处旅行奔波。1673年，在调查过哈布斯堡王朝以奥地利为核心的中欧领土的110座城市之后，霍尼克撰写了奥地利工业普查报告；之后，霍尼克在奥地利东部担任地方行政长官长达九年；1676年，霍尼克开始与莱布尼茨建立通信关系；1682年，霍尼克担任奥地利驻勃兰登堡选帝侯国大使的助手；1684年，霍尼克

---

〔1〕 Jean-Baptiste Colbert, ed. by Pierre Clément, *Letters, Instructions et Mémoires de Colbert*, tome 2, partie 2, Paris: Imprerie Impériale, 1863, pp. 714—715.

〔2〕 Wilhelm Roscher, *Geschichte der National-Oekonomik in Deutschland*, Munich: R. Oldenbourg, 1874, pp. 237—238.

〔3〕 Wilhelm Roscher, *Geschichte der National-Oekonomik in Deutschland*, Munich: R. Oldenbourg, 1874, p. 253.

回到奥地利并继续参与奥地利的高级别政治活动，直到 1714 年去世。[1] 霍尼克最重要的经济思想著作是一本小册子，题为《奥地利高于一切，只要它有如此愿望》(*Oesterreich über alles, wann es nur will*, 1684)。这本书在欧洲德语区是亚当·斯密的《国富论》出现之前传播最广泛、最有影响力的经济著作。[2] 这本书在诞生的最初一百年内，即 1684－1784 年间，至少出版过 18 个版本。[3] 18 世纪普鲁士最重要的官房主义者以及普鲁士国王腓特烈二世的经济政策顾问约西姆·格奥尔格·达耶斯(Joachim Georg Darjes, 1714－1791)认为，霍尼克提出了管理国家经济的全面而基础的原则，而"所有关于保存和增加国民财富的公共安排都应当根据这些原则来评判"[4]。1784 年版《奥地利高于一切，只要它有如此愿望》的编辑者认为："奥地利应该将其富裕的大部分归功于这本书。"[5]18 世纪的奥地利大公、神圣罗马帝国皇帝约瑟夫二世曾经在诏书中逐字引用《奥地利高于一切，只要它有如此愿望》。[6]

霍尼克有长期直接参与奥地利高级别政治活动的经验，而且撰写奥地利工业普查报告以及因为政务游历德意志各邦的经历使他充分熟悉现实中德意志各邦国的经济形势，《奥地利高于一切，只要它有如此愿望》就是直接针对当时奥地利的现实经济问题写成的。这本书写于奥地利面临危急政治经济情况的时刻。当时由哈布斯堡王朝统治的以奥地利为核心的中欧领土正受到来自东西两个方向的强大军事威胁。在西方，法国的路易十四兴起了一系列向东扩张的战争：1667－1668 年入侵西班牙属尼德兰、1672－1678 年入侵荷兰，1688－

---

[1] Philipp Robinson Rössner, "Philipp Wilhelm von Hörnigk-His Life, Times and Place in History", in *Austria Supreme (If It So Wishes) (1684)*, by Philipp Wilhelm von Hörnigk, trans. by Keith Tribe, intro. by Philipp Robinson Rössner, London: Anthem, 2018, pp. 10－12, pp. 16－18.

[2] Philipp Robinson Rössner, "Philipp Wilhelm von Hörnigk-His Life, Times and Place in History", in *Austria Supreme (If It So Wishes) (1684)*, by Philipp Wilhelm von Hörnigk, trans. by Keith Tribe, intro. by Philipp Robinson Rössner, London: Anthem, 2018, p. 3.

[3] Philipp Robinson Rössner, "Philipp Wilhelm von Hörnigk-His Life, Times and Place in History", in *Austria Supreme (If It So Wishes) (1684)*, by Philipp Wilhelm von Hörnigk, trans. by Keith Tribe, intro. by Philipp Robinson Rössner, London: Anthem, 2018, p. 6.

[4] Joachim Georg Darjes, *Erste Gründe der Cameral-Wissenschaften*, Jena: Johann Adam Melchiors Wittwe, 1756, p. 523. 关于达耶斯，参见：Wilhelm Roscher, *Geschichte der National-Oekonomik in Deutschland*, Munich: R. Oldenbourg, 1874, pp. 419－420。

[5] Wilhelm Roscher, *Geschichte der National-Oekonomik in Deutschland*, Munich: R. Oldenbourg, 1874, p. 290.

[6] Wilhelm Roscher, *Geschichte der National-Oekonomik in Deutschland*, Munich: R. Oldenbourg, 1874, p. 290.

1697 年入侵神圣罗马帝国。[1] 在东方，从 1663 年开始，奥斯曼帝国兴起了其历史上最后一次向欧洲的入侵；1683 年奥斯曼军队进入奥地利并在当年 7 月包围了维也纳，兼任奥地利大公的神圣罗马帝国皇帝甚至被迫逃出该城市；9 月奥斯曼军队撤退，但是哈布斯堡王朝与奥斯曼帝国的战争一直持续到 17 世纪末。[2] 除了军事威胁之外，奥地利以及整个德意志在经济上都受到因为科尔贝的政策而崛起的法国经济的威胁。当时的法国按照 GDP 总量计算是欧洲第一大经济体；法国工业每年向神圣罗马帝国输出大量工业品；莱布尼茨估计法国出口的工业品每年能占到德意志总产出的百分之十，虽然后世认为这个数字并不准确，但是充分反映了当时德意志人对于法国工业品倾销的担忧。[3] 外国制造业产品的倾销问题在奥地利非常严重。在当时的奥地利，"有产阶级从西欧购买所需的奢侈品。奥地利往往将生铁和亚麻等原材料出口到帝国各邦，由它们制成商品，再由奥地利人重金买回"[4]。霍尼克曾经参与的在整个神圣罗马帝国层面推行重商主义政策的行动就是直接针对法国的工业品，这项行动的成果是 1673 年，神圣罗马帝国议会通过了反对法国纺织品倾销的贸易保护法令，但是这一政策因为神圣罗马帝国几乎形同虚设的虚弱行政能力以及各邦国利益的不统一而失败。[5] 奥地利受到的严重军事威胁以及法国与其他外国工业带来的高压竞争是霍尼克通过《奥地利高于一切，只要它有如此愿望》回应的直接问题。

霍尼克认为，奥地利在 1683 年没能阻挡奥斯曼帝国军队入侵的根源是以缺少贵金属货币为表现的经济问题：如果在奥斯曼军队入侵之前，奥地利的财政可以有几百万泰勒(Taler)银币的经费、军队可以募集更多的兵员、府库里的各种物资更加齐备，那么奥地利军队完全可以在奥斯曼军队包围维也纳之前将

---

〔1〕［美]R. E. 杜派与 T. N. 杜派：《哈珀 · 柯林斯世界军事历史全书》，传海等译，中国友谊出版公司 2005 年版，第 449—452 页、第 462—466 页。

〔2〕［美]R. E. 杜派与 T. N. 杜派：《哈珀 · 柯林斯世界军事历史全书》，传海等译，中国友谊出版公司 2005 年版，第 480—481 页。

〔3〕 Philipp Robinson Rössner, "Philipp Wilhelm von Hörnigk-His Life, Times and Place in History", in *Austria Supreme (If It So Wishes) (1684)*, by Philipp Wilhelm von Hörnigk, trans. by Keith Tribe, intro. by Philipp Robinson Rössner, London: Anthem, 2018, p. 3.

〔4〕［英]J. W. 斯托伊：《奥地利的哈布斯堡家族》，引自[英]J. S. 布朗伯利编：《新编剑桥世界近代史(第 6 卷)：大不列颠和俄国的崛起(1688—1725 年)》，中国社会科学出版社 2008 年版，第 809 页。

〔5〕 Philipp Robinson Rössner, "Philipp Wilhelm von Hörnigk-His Life, Times and Place in History", in *Austria Supreme (If It So Wishes) (1684)*, by Philipp Wilhelm von Hörnigk, trans. by Keith Tribe, intro. by Philipp Robinson Rössner, London: Anthem, 2018, pp. 13—15.

其阻挡。霍尼克说，“缺少金钱是我们巨大且持久的不幸的根源”，因此，虽然当时的奥地利正处于战时的动荡中，霍尼克认为奥地利政府必须执行改革和促进经济的政策。[1] 霍尼克提出的改革奥地利经济的方案是“工业主义”的。

《奥地利高于一切，只要它有如此愿望》中最重要的部分是霍尼克提出的经济政策的九条原则。在这九条原则中，第二条和第七条直接涉及制造业。在第二条经济政策原则中，霍尼克提到，经典的制造业具有高附加值的特征。霍尼克写道：“所有不经过加工就无法消费的土地的产品必须在国内加工制造。加工制造它们的制造者的工资(Lohn)一般可以达到原材料价值的两倍、三倍、十倍、二十倍甚至百倍，忽视这些对于有经验的经济管理者来说是可鄙的。”[2]霍尼克明确意识到，制造业产品相对于农产品的高附加值体现在高工资和高利润。制造业的工资和利润高到什么程度？霍尼克认为，如果当时的奥地利经济中有 1 000 万盾金币，那么这些流动性足够“唤醒和活跃”整个奥地利的经济并“恢复和集聚它的力量”。[3] 同时，霍尼克发现，即便是在 1672 年路易十四入侵荷兰期间，荷兰的纺织业中心城市莱顿，依靠羊毛纺织业、织布业和针织品制造业，每年依然可以产生超过 2 700 万盾金币的工资以及 1 000 万～2 000 万盾金币的利润。[4] 仅仅一个发达制造业城市就足够每年积累远超过复兴整个奥地利经济所需要的货币收入和流动性，这就是霍尼克目睹的制造业的力量。考虑到制造业产生的附加值，霍尼克认为，如果一个国家需要进口外国制造业产品，“外国产品必须以未经加工的状态进口，在国内加工制造，这样可以赚取制造工资”(der Manufactur-Lohn)。[5] 这也是霍尼克的第七条经济政策原则。“工业主义”对于霍尼克意味着，通过建立制造业增加工资和利润收入，增加国

---

[1] Philipp Wilhelm Hörnigk, ed. by Philipp R. Rössner, trans. by Keith Tribe, *Austria Supreme (If It So Wishes) (1684)*, London: Anthem, 2018, pp. 146－147.

[2] Philipp Wilhelm Hörnigk, *Oesterreich über Alles, wann es nur will*, Frankfurt and Leipzig: P. W. v. H., 1750, p. 29. Philipp Wilhelm Hörnigk, ed. by Philipp R. Rössner, trans. by Keith Tribe, *Austria Supreme (If It So Wishes) (1684)*, London: Anthem, 2018, p. 155. [美]A. E. 门罗编：《早期经济思想——亚当·斯密以前的经济文献选集》，蔡受百等译，商务印书馆 1985 年版，第 194 页。

[3] Philipp Wilhelm Hörnigk, ed. by Philipp R. Rössner, trans. by Keith Tribe, *Austria Supreme (If It So Wishes) (1684)*, London: Anthem, 2018, p. 179.

[4] Philipp Wilhelm Hörnigk, ed. by Philipp R. Rössner, trans. by Keith Tribe, *Austria Supreme (If It So Wishes) (1684)*, London: Anthem, 2018, p. 172.

[5] Philipp Wilhelm Hörnigk, *Oesterreich über Alles, wann es nur will*, Frankfurt and Leipzig: P. W. v. H., 1750, p. 31. Philipp Wilhelm Hörnigk, ed. by Philipp R. Rössner, trans. by Keith Tribe, *Austria Supreme (If It So Wishes) (1684)*, London: Anthem, 2018, p. 155.

内的货币收入和货币流动性。霍尼克认为,当时奥地利最迫切的经济政策是禁止来自外国的四种产品的输入,以腾出本土市场空间培育本国的制造业:羊毛纺织品、亚麻纺织品、丝织品以及被称为"法国货"(die Franßösische Waren)的精细纺织品。[1]"这四种外国货物无疑是侵蚀我们身体内部力量、吸取我们血管中最精华血液的水蛭。"[2]

因此,霍尼克认为,国家应当努力做到自给自足,至少在制造业领域做到自给自足,原材料可以进口,但是制造环节一定要尽量保留在国内。如上文所述,霍尼克写作《奥地利高于一切,只要它有如此愿望》的背景是奥地利面临的严重军事威胁和经济困难,因此,霍尼克对于自给自足表现出了强烈的兴趣。霍尼克写道:"一个国家的力量与经济上高于一切体现在金、银以及其他所有它所需要的必需品与便利品的过剩,并且最大限度地依靠自己而不依赖他人,以及有能力在没有协助的情况下保存和使用这些财物。"[3]这就是霍尼克对于经济上"高于一切"(Uebertrefflichkeit)的定义。[4] 霍尼克根据经济上的对外依存程度,将所有国家分成四类:第一类是仅有金银的国家,比如西班牙;第二类是没有金银,但拥有人类生活必需品和便利品的国家;第三类是没有生产所需的自然资源,也没有铸币所需的贵金属的国家;第四类是不仅有充足的金银,还有所有需要的资源和产业的国家。霍尼克根据承受战争的能力,衡量这四类国家的实力。第一类和第二类国家依赖外国提供各种产品或者金银货币。但是,第二类国家可以比第一类国家更长久地承受战争。[5] 第三类国家的实力最弱,它们虽然可能通过进口原材料、出口制造业产品变得非常富裕与繁荣,比如热那亚和尼德兰,但是它们依赖外国的程度在所有国家中最深,因此最难以承受扰

---

[1] Philipp Wilhelm Hörnigk, *Oesterreich über Alles, wann es nur will*, Frankfurt and Leipzig: P. W. v. H., 1750, pp. 93—99. Philipp Wilhelm Hörnigk, ed. by Philipp R. Rössner, trans. by Keith Tribe, *Austria Supreme (If It So Wishes) (1684)*, London: Anthem, 2018, pp. 177—179.

[2] Philipp Wilhelm Hörnigk, ed. by Philipp R. Rössner, trans. by Keith Tribe, *Austria Supreme (If It So Wishes) (1684)*, London: Anthem, 2018, p. 178.

[3] Philipp Wilhelm Hörnigk, ed. by Philipp R. Rössner, trans. by Keith Tribe, *Austria Supreme (If It So Wishes) (1684)*, London: Anthem, 2018, p. 153.

[4] Philipp Wilhelm Hörnigk, ed. by Philipp R. Rössner, trans. by Keith Tribe, *Austria Supreme (If It So Wishes) (1684)*, London: Anthem, 2018, p. 145.

[5] Philipp Wilhelm Hörnigk, ed. by Philipp R. Rössner, trans. by Keith Tribe, *Austria Supreme (If It So Wishes) (1684)*, London: Anthem, 2018, p. 153.

乱贸易的战争。[1] 第四类国家对外依赖程度最小，因此也最强大；在霍尼克看来，在整个欧洲，只有英格兰能算作这类国家。[2] 霍尼克认为，自给自足不仅是战时维持国家生存的手段，而且如果自给自足的国家可以生产并出口过剩的生活必需品和便利品，这也会是一种打败敌国的武器。霍尼克写道：如果一个国家依赖外国的产品，它积累的贵金属货币会减少，那么"资本会损失，钱币会逐渐被抽出循环，国内贸易与工业会衰落"，这就是霍尼克设计的用来对付"自大且不义的法国"的手段，霍尼克的产业政策旨在实现"外国消费的本国原材料及制成品尽可能地最大化"[3]。让其他国家在经济上尽可能依赖奥地利的产品，特别是奥地利的制造业产品，因为奥地利应该尽可能出口制造业产品而不是原材料，这是霍尼克的第八条经济政策原则。霍尼克写道："第八，只要有需要，就必须夜以继日地努力探索如何将国内过剩的货物以制成品的形式出售给外国人，要用各种方式促进这些消费，甚至用金银在世界最远的尽头探索这些货物的消费。"[4]在霍尼克的"工业主义"中，制造业、财富、安全与霸权联系在了一起。

除了国家安全的作用外，霍尼克还认为，建立本国的制造业是一种促进国家资本积累的手段。霍尼克将他提出的九条经济政策原则视为一个体系，而建立能满足国内需求的制造业是整个体系建立的起点。国内市场的需求应当由本国制造业产品满足(第五条原则)，那么外国制造业产品的进口可以停止(第九条原则)；本国制造业的规模会扩张(第二条原则)；本国制造业提供的就业机会将增加，外国制造商和技工会迁入本国，人口的规模会增加(第三条原则)；货币外流减少，更多货币可以在国内循环(第四条原则)；更大规模的制造业产出可以让国家以易货的方式获得进口产品，更多货币会留在国内(第六条原则)；增加的人口和更多货币投入国内循环会扩张本国制造业的市场(第八条原则)；制造业产品出口的扩张与国内货币供应量增加促进货币资本积累，更多货币可

---

[1] Philipp Wilhelm Hörnigk, ed. by Philipp R. Rössner, trans. by Keith Tribe, *Austria Supreme (If It So Wishes) (1684)*, London: Anthem, 2018, p. 154.

[2] Philipp Wilhelm Hörnigk, ed. by Philipp R. Rössner, trans. by Keith Tribe, *Austria Supreme (If It So Wishes) (1684)*, London: Anthem, 2018, p. 154.

[3] Philipp Wilhelm Hörnigk, ed. by Philipp R. Rössner, trans. by Keith Tribe, *Austria Supreme (If It So Wishes) (1684)*, London: Anthem, 2018, p. 170.

[4] Philipp Wilhelm Hörnigk, ed. by Philipp R. Rössner, trans. by Keith Tribe, *Austria Supreme (If It So Wishes) (1684)*, London: Anthem, 2018, p. 179.

以被投入开垦土地、开采矿产、建立新制造业(第一条与第七条原则);第一产业与第二产业的扩张可以让整个体系进一步增强。[1] 霍尼克认为,如果奥地利可以建立自己的纺织业以避免进口羊毛纺织品、亚麻纺织品、丝织品以及“法国货”,那么奥地利可以避免至少 5 000 万盾金币流出,货币增加并降低利率可以促进投资,奥地利政府可以借此机会组织对于国家长远发展有益的投资项目:引进新品种农作物和牲畜、开采尚未利用的矿产、建立新种类制造工场、资助学校和科学院、建立国家航运业以运输本国进出口产品、改善交通基础设施。[2] 在霍尼克看来,建立和扩张制造业是启动并维持良性经济发展的关键。

威廉·冯·施罗德是与霍尼克同时代的奥地利官房主义者。施罗德被同时代的人赞誉为“我们最好的官房主义者”,他的著作《君主的财税机构》(*Fürstliche Schatz-und Rent-Kammer*,1686)被誉为“所有勤奋的学者都应该得到”的“无与伦比的书”。[3] 这部作品在当时也是一部畅销书,在 19 世纪之前至少出版过 8 版。[4] 18 世纪普鲁士政府财政官员、启蒙运动时期德意志最重要的四位经济学家之一的格奥尔格·海因里希·辛克(Georg Heinrich Zincke,1692—1768)承认,施罗德的著作是其经济理论体系建立的基础。[5]

施罗德本人持有男爵(Freiherr)封号,其父在位于今天德国中部的萨克森—哥达公国政府工作并曾担任过萨克森—哥达公国的宰相,施罗德本人在哥达接受中学教育;1659 年进入耶拿大学学习法律,1660 年前往英国和荷兰,在英国接触了支持专制主义君主制的托马斯·霍布斯(Thomas Hobbes,1588—1679),并深受其影响,甚至因为在论文中支持专制主义君主制而被拒绝授予法学博士学位;1663 年被选为英国皇家学会会员;从 1673 年开始,为时任奥地利大公兼神圣罗马帝国皇帝列奥波德一世(Leopold I,1640—1705)服务,并被派

[1] Philipp Wilhelm Hörnigk, ed. by Philipp R. Rössner, trans. by Keith Tribe, *Austria Supreme (If It So Wishes) (1684)*, London: Anthem, 2018, pp. 176—177.

[2] Philipp Wilhelm Hörnigk, ed. by Philipp R. Rössner, trans. by Keith Tribe, *Austria Supreme (If It So Wishes) (1684)*, London: Anthem, 2018, pp. 204—209.

[3] Wilhelm Roscher, *Geschichte der National-Oekonomik in Deutschland*, Munich: R. Oldenbourg, 1874, p. 294.

[4] Wilhelm Roscher, *Geschichte der National-Oekonomik in Deutschland*, Munich: R. Oldenbourg, 1874, p. 294.

[5] Wilhelm Roscher, *Geschichte der National-Oekonomik in Deutschland*, Munich: R. Oldenbourg, 1874, pp. 432—441. Erik S. Reinert, *The Visionary Realism of German Economics*, London: Anthem, 2019, p. 205.

往英国研究发达的英国经济;1677 年回到奥地利,负责管理当时奥地利最重要的国营企业——一座位于维也纳近郊塔博尔(Tabor)地区,生产染料、釉陶、丝织品、羊毛纺织品、玻璃、钢铁以及钢铁产品的巨型复合制造工场(das Manufacturhaus auf dem Tabor in Wien),这座工场是当时奥地利制造业政策的重要成果;1683 年,因为奥斯曼军队包围维也纳,该制造工场被焚毁;在重建制造工场的过程中,施罗德写出了其代表作《君主的财税机构》;在重建尚未完成的时候,施罗德被任命为由奥地利大公担任国王的匈牙利王国的皇家财政专员(Hofkammerrat),最终在任上去世。[1] 由此可见,施罗德与霍尼克非常相似,都有参与奥地利政治和经济建设的经历,他们各自的著作也都是以 1683 年前后奥地利面临的危机和经济重建为背景。

正如其题目所示,施罗德的著作首要关注的是增加国内的金钱流通量以及君主的财政收入。施罗德写道,实现君主利益以及公共利益需要两种东西:“一支常备军”以及“府库里的充足金钱”。[2] 因此,施罗德认为,“君主的最重要美德之一”就是“他勤奋地关心他的财富如何增加”。[3] 而君主的财政管理原则有两条:“公正地分配税收负担”以及“扩张和增加税收”。[4] 但是,施罗德反对君主为了增加财政收入而榨取人民的财富。施罗德写道:“臣民的福利与财富是统治他们的君主的全部幸福的基础。”[5]施罗德认为,君主最好的财政政策是像父亲照顾孩子一样照顾人民,使他们富裕,然后从人民增加的财富中获得增加的财政收入。[6] 施罗德认为,有三种方式可以使一个国家获得金钱:拥有金银矿、吸引外国移民,以及经营对外贸易。在这三种方式中,“一个国家最常

---

〔1〕 Königlich Akademie der Wissenschaften, *Allgemeine Deutsch Biographie*, bd. 23, Leipzig: Duncker & Humblot, 1891, pp. 530—531. Bayerischen Akademie der Wissenschaften, *Neue deutsche Biographie*, bd. 23, Berlin: Duncker & Humblot, 2007, pp. 191—212. 关于塔博尔的制造工场,参见:Hans J. Hatschek, *Das Manufacturhaus auf dem Tabor in Wien*, Leipzig: Duncker & Humblot, 1886。

〔2〕 William Schröder, *Fürstliche Schatz-und Rent-Kammer*, Leipzig: Jacobus Gerdesius, 1686, Vorrede, p. 17.

〔3〕 William Schröder, *Fürstliche Schatz-und Rent-Kammer*, Leipzig: Jacobus Gerdesius, 1686, p. 13.

〔4〕 William Schröder, *Fürstliche Schatz-und Rent-Kammer*, Leipzig: Jacobus Gerdesius, 1686, p. 16.

〔5〕 William Schröder, *Fürstliche Schatz-und Rent-Kammer*, Leipzig: Jacobus Gerdesius, 1686, Vorrede, p. 19.

〔6〕 William Schröder, *Fürstliche Schatz-und Rent-Kammer*, Leipzig: Jacobus Gerdesius, 1686, Vorrede, pp. 20—28.

见的获得金钱的方式就是与外国的贸易”[1]。对外贸易是“让一个国家变得富裕的最主要以及最重要的方式”[2]。对外贸易的收入源于“其他国家必须购买的我们的剩余”[3]。“剩余”(der Überfluß)有三种来源:自然的丰饶、人类的勤劳、人类的技艺。[4] 源于人类勤劳的“剩余”指的是转口贸易以及进口用于制造加工的原材料的贸易。[5] 源于人类技艺的“剩余”是“那些一般被理解为制造业的”。[6] 施罗德认为,制造业是最重要的财富来源。“在对外贸易方面,制造业应该比自然的丰饶更重要,因为我们看到,自然贫乏但制造发达、贸易繁荣的国家比自然丰饶但是没有制造业的国家富裕得多。”[7]在施罗德看来,制造业能够更有效地创造财富,同样是因为制造业的高附加值。施罗德写道:

> 事情很明显,如果一磅铁在开采出它的矿井中定价,那它会被认为有非常低的价值。但是,如果一个钟表匠或者类似的工匠拿到了这块铁,用他的手艺对它进行加工,那么这一磅铁的价值会比它原来的价值高出数百倍,因为制造过程的价值就是如此之高。同样,在羊毛中,如果制造一块布,纺织、染色、准备等工作的价值将远远高于羊毛本身的价值。因此,一个国家应该从其他国家吸收原材料,对其进行加工制造,然后将这些制成品卖回原材料的来源产地。佛罗伦萨主要从巴伦西亚和那不勒斯购买生丝,用它们制作塔夫绸(Taffeta)、缎子以及其他丝织品,然后将它们再次卖回西班牙,佛罗伦萨从这种制造中获得的收入远比出售生丝的国家多得多。[8]

---

[1] William Schröder, *Fürstliche Schatz-und Rent-Kammer*, Leipzig: Jacobus Gerdesius, 1686, p. 189.

[2] William Schröder, *Fürstliche Schatz-und Rent-Kammer*, Leipzig: Jacobus Gerdesius, 1686, p. 219.

[3] William Schröder, *Fürstliche Schatz-und Rent-Kammer*, Leipzig: Jacobus Gerdesius, 1686, p. 296.

[4] William Schröder, *Fürstliche Schatz-und Rent-Kammer*, Leipzig: Jacobus Gerdesius, 1686, pp. 293—294.

[5] William Schröder, *Fürstliche Schatz-und Rent-Kammer*, Leipzig: Jacobus Gerdesius, 1686, p. 294.

[6] William Schröder, *Fürstliche Schatz-und Rent-Kammer*, Leipzig: Jacobus Gerdesius, 1686, p. 294.

[7] William Schröder, *Fürstliche Schatz-und Rent-Kammer*, Leipzig: Jacobus Gerdesius, 1686, pp. 433—434.

[8] William Schröder, *Fürstliche Schatz-und Rent-Kammer*, Leipzig: Jacobus Gerdesius, 1686, pp. 434—435.

因此，施罗德认为，制造业产品应该是国家唯一的出口产品，虽然来源于丰饶的自然剩余产品也被施罗德列为对外贸易中的收入来源之一，但是剩余的自然产物的重要性不在于直接出口，而在于促进制造业出口的竞争力。施罗德写道："土地的肥沃会使生活变得便宜，这是贸易的精髓；因为饮食便宜，劳动工资进而制造业产品的价格也可以变得便宜，就可以使制造业产品以比其他国家更低的价格销售，这样我们的市场就可以维持而其他人的市场会萎缩。"[1]与同时代的霍尼克不同，施罗德并不追求自给自足，施罗德甚至主张建立自由港以吸引国际贸易集中。[2] 然而，不论是自给自足还是自由贸易，施罗德与霍尼克一样，都认为奥地利应该变成一个制造业国家。

18 世纪德意志官房主义——甚至整个官房主义——最重要的思想家是约翰·海因里希·戈特莱布·尤斯蒂。尤斯蒂被现代学者认为是"官房主义的化身""欧洲重商主义时代无疑的最重要的作家之一""象征德国式重商主义、官房主义的顶峰""现代德国政治经济思想的奠基人之一""德国政治经济学的第一个代表人物""德国政治经济学与德国国家学的奠基人之一"。[3] 尤斯蒂被认为有如此重要性的原因是，他最先将 17－18 世纪积累的官房主义思想系统化为一门包括公共管理学、政治经济学和财政学的国家科学理论。[4] 尤斯蒂也是第一个将启蒙运动中产生的重要新思想，比如自由市场的重要性，吸收进德

〔1〕 William Schröder, *Fürstliche Schatz-und Rent-Kammer*, Leipzig: Jacobus Gerdesius, 1686, pp. 297－298.

〔2〕 William Schröder, *Fürstliche Schatz-und Rent-Kammer*, Leipzig: Jacobus Gerdesius, 1686, pp. 339－412.

〔3〕 Albion Small, *The Cameralists: the Pioneers of German Social Polity*, London: T. Fisher Unwin, 1909, p. 248. Bertram Schefold, "Glückseligkeit und Wirtschaftspolitik: Zu Justis Grundsätze der Policey-Wissenschaft", in *J. H. G. von Justis Grundsätze der Policey-Wissenschaft*, ed. by Bertram Schefold, Düsseldorf: Verlag Wirtschaft und Finanzen, 1993, p. 5. Erik S. Reinert, "Johann Heinrich Gottlob von Justi-The Life and Times of an Economist Adventurer", in *The Beginnings of Political Economy: Johann Heinrich Gottlob von Justi*, ed. by Jürgen Georg Backhaus, New York: Springer, 2009, p. 33. Ulrich Adam, *The Political Economy of J. H. G. Justi*, Oxford: Peter Lang 2007, p. 11. Ere Nokkala, *From Natural Law to Political Economy: J. H. G. von Justi on State, Commerce and International Order*, Vienna: LIT, 2019, p. 1, p. 5.

〔4〕 Jutta Brückner, *Staatswissenschaften, Kameralismus und Naturrecht: Ein Beitrag zur Geschichte derPolitischen Wissenschaft im Deutschland des späten 17. und frühen 18. Jahrhunderts*, Munich: C. H. Beck, 1977, p. 229.

国官房主义思想的人。[1]

与18世纪很多其他重要的官房主义者一样，尤斯蒂是一位“国务冒险家”(Staatsabenteurer)或“学术冒险家”(gelehrte Abenteurer)。相比更为人所知的、在世界各地冒险寻找获利机会的英国的“商人冒险家”(merchant adventurer)，尤斯蒂这类“国务冒险家”游走于各国的朝廷，谋求政府、国营企业以及国立大学中的职位。[2] 尤斯蒂出生在位于德意志中部的萨克森选帝侯国的财政官员家庭；1741－1742年，在萨克森军队中服役，参加奥地利王位继承战争(1740－1748年)；在军中长官的经济支撑下，进入维滕贝格大学学习法学；1744年大学毕业后，重新返回萨克森军队，直至战争结束；1750年，受到时任奥地利宰相的邀请，尤斯蒂前往维也纳担任官房主义政治经济学教授以及负责探勘银矿的矿业专员；1755年，受到时任汉诺威选帝侯国财政大臣兼哥廷根大学首任校长的邀请，前往哥廷根，担任官房主义政治经济学教授、负责促进哥廷根城经济发展的内政专员以及负责开发德国中部哈尔茨山矿业的矿业专员；1757年，受到丹麦首相邀请，前往丹麦担任矿业专员以及负责拓殖日德兰半岛的拓殖督察(Kolonial-Inspector)；1758－1765年，尤斯蒂先在汉堡附近后在柏林闲居，专注于写作；1765年被普鲁士政府任命为矿业总监，负责管理全部国营钢铁工场，目标是使普鲁士实现钢铁自给自足；1768年，尤斯蒂因为挪用公款的罪名而被

---

〔1〕 Wilhelm Roscher, *Geschichte der National-Oekonomik in Deutschland*, Munich: R. Oldenbourg, 1874, p. 444, p. 451. Louise Sommer, *Die Österreichischen Kameralisten*, bd. 2, Vienna: Carl Konegen, 1920, pp. 170－188. Albion Small, *The Cameralists: the Pioneers of German Social Polity*, London: T. Fisher Unwin, 1909, p. 285. Keith Tribe, *Governing Economy: The Reformation of German Economic Discourse, 1750－1840*, Cambridge: Cambridge University Press, 1988, pp. 55－90. Erik S. Reinert, “Johann Heinrich Gottlob von Justi-The Life and Times of an Economist Adventurer”, in *The Beginnings of Political Economy: Johann Heinrich Gottlob von Justi*, ed. by Jürgen Georg Backhaus, New York: Springer, 2009, pp. 33－74. Ere Nokkala, *From Natural Law to Political Economy: J. H. G. von Justi on State, Commerce and International Order*, Vienna: LIT, 2019. Philipp Robinson Rössner, *Freedom and Capitalism in Early Modern Europe: Mercantilism and the Making of the Modern Economic Mind*, London: Palgrave, 2020.

〔2〕 Erik S. Reinert, “Johann Heinrich Gottlob von Justi-The Life and Times of an Economist Adventurer”, in *The Beginnings of Political Economy: Johann Heinrich Gottlob von Justi*, ed. by Jürgen Georg Backhaus, New York: Springer, 2009, pp. 33－34.

投入监狱;1771 年,尤斯蒂被发现死于监狱中,其罪名始终未曾查实。[1] 通过尤斯蒂的生平可以看出,尤斯蒂也是一位有参与制定国家经济政策实际经验的思想家。

尤斯蒂还是一位非常多产的作者,目前已知有 67 本尤斯蒂所写的专著,涉及的主题除了经济问题外,还包括文学、哲学、历史学、农业、国际政治、自然科学以及制造业技术和工艺。[2] 尤斯蒂最重要的经济著作有四部:《国家经济或对于经济与财政科学的系统研究》(*Staatswirthschaft oder Systematische Abhandlung aller Oeconomischen und Cameral-Wissenschaften*, 1755)、《政策科学原理》(*Grundsätze der Policeywissenschaft*, 1756)、《关于制造业的全面研究》(*Vollständige Abhandlung von Manufacturen und Fabriken*, 1758, 1761&1762),以及《国家力量与幸福的原理》(*Grundfeste zu der Macht und Glückseeligkeit der Staaten*, 1760&1761)。

尤斯蒂的经济思想是"工业主义"的。尤斯蒂认为他自己对于官房主义的发展所做的贡献是为官房主义增加了关于制造业的专门研究。[3] 尤斯蒂认为,《关于制造业的全面研究》是第一本以德语写成的关于制造业的专著。[4] 尤斯蒂本来计划写一部关于对外贸易的专著,但是在准备过程中,尤斯蒂发现对于当时的德国,发展制造业是更急迫的主题。"如果我决定编写一部关于制造业的全面研究,我认为自己选择了一个对于最大部分德意志邦国来说比对外贸易更重要的主题。只有很少一部分德意志邦国拥有适合海上贸易的天然有

---

[1] Wilhelm Roscher, "Der sächsische Nationalökonom Johann Gottlob von Justi", in *Archiv für die Sächsische Geschichte*, 1868, bd. 6, pp. 76－112. Ferdinand Frensdorff, "Uber Das Leben und Die Schriften Des Nationalokonomen J. H. G. von Justi", *Nachrichten der König. Gesellschaft der Wissenschaften zu Göttingen, phil.-historische Klasse*, 1903, bd. 4, pp. 355－503.

[2] Wilhelm Roscher, "Der sächsische Nationalökonom Johann Gottlob von Justi", in *Archiv für die Sächsische Geschichte*, 1868, bd. 6, pp. 82－83. Erik S. Reinert, "Johann Heinrich Gottlob von Justi-The Life and Times of an Economist Adventurer", in *The Beginnings of Political Economy: Johann Heinrich Gottlob von Justi*, ed. by Jürgen Georg Backhaus, New York: Springer, 2009, pp. 50－52. Erik S. Reinert and Hugo Reinert, "A Bibliography of J. H. G. von Justi", in *The Beginnings of Political Economy: Johann Heinrich Gottlob von Justi*, ed. by Jürgen Georg Backhaus, New York: Springer, 2009, pp. 19－31.

[3] Johann Heinrich Gottlob von Justi, *Staatswirthschaft, oder Systematische Abhandlung aller Oeconomischen und Cameral-Wissenschaft*, bd. 1, Leipzig: Bernhard Christoph Breitkopf, 1755, Vorrede, pp. iv－v.

[4] Johann Heinrich Gottlob von Justi, *Vollständige Abhandlung von denen Manufacturen und Fabriken*, bd. 1, Copenhagen: Rothenschen Buchhandlung, 1758, Vorrede. 原书未标明页码。

利机会,而这些邦国中又有一少部分即使在很长时间之内也没有希望实现繁荣的船运业。在我们到达这一刻之前,我们必须先建立繁荣的制造业,因为……繁荣而持久的对外贸易如果不是建立在出口本国产品的基础之上是不可能的。"[1]尤斯蒂认为:"制造业是一个繁荣经济最重要的基础,如果没有制造业,自然财富以及土地的肥沃都会变得无用。"[2]"制造业产品是经济的真正基础",所以"制造业是经济的真正基础,因为它们生产制造业产品"[3]。因此,"建立一个国家经济政策的最主要的措施必须以这些[制造业]为对象"[4]。

尤斯蒂在多个德意志邦国担任公职和教职的经验使尤斯蒂没有以个别德意志邦国及其经济问题为经济思想的思考出发点,而是以当时的整个德意志地区的经济问题为背景。在尤斯蒂看来,当时的整个德意志地区面临着严重的经济困难,缺乏制造业。尤斯蒂写道:

> 我们的祖国只有非常少的邦国有资格称自己有繁荣的经济和充足的货币。虽然很多邦国的丰饶的自然环境已经非常有名,虽然这些肥沃的土地可以供养比现在多两倍或者三倍的人口,虽然很多德意志邦国坐落在海边和河边的有利位置,但是它们在大多数产业中依然非常萧条。它们的经济非常贫穷,以至于它们只能辛苦地依靠农业和牧业维生,经营最基本的手工业,然后购买外国的产品,将本国的货币送出国外;这样,越来越多的血液被抽离出我们的身体,我们变得越来越衰弱,以至于作为国家各部分活力的繁荣的经济逐渐变得越来越难以恢复。[5]

古斯塔夫·施穆勒对于"三十年战争"之后德国经济的虚弱有以下总结:

> 尼德兰控制了下莱茵,法国控制了上莱茵,它们的产品和时尚从1650年到1700年开始涌入德国……瑞典控制了威悉河和奥得河的出海口,因此控制了大多数波罗的海贸易的税收;丹麦一直威胁吞并汉堡并且

---

[1] Johann Heinrich Gottlob von Justi, *Vollständige Abhandlung von denen Manufacturen und Fabriken*, bd. 1, Copenhagen: Rothenschen Buchhandlung, 1758, Vorrede, 原书未标明页码。

[2] Johann Heinrich Gottlob von Justi, *Grundsätze der Policey-Wissenschaft*, Göttingen: Abraham van den Hoecks seel. Witbe, 1756, p. 7.

[3] Johann Heinrich Gottlob von Justi, *Die Grundfeste Macht und Glückseeligkeit der Staaten*, bd. 1, Königsberg and Leipzig: seeligen Johann Heinrich Hartungs Erben, 1760, p. 440.

[4] Johann Heinrich Gottlob von Justi, *Die Grundfeste Macht und Glückseeligkeit der Staaten*, bd. 1, Königsberg and Leipzig: seeligen Johann Heinrich Hartungs Erben, 1760, p. 440.

[5] Johann Heinrich Gottlob von Justi, *Die Grundfeste Macht und Glückseeligkeit der Staaten*, bd. 1, Königsberg and Leipzig: seeligen Johann Heinrich Hartungs Erben, 1760, p. 620.

接管汉萨的大部分贸易；波兰依然是巨大的，并且出口着原材料，进口着殖民地产品、酒、盐、制造业产品，这些又都同时是东方和北方德意志贸易中的大宗产品；维斯瓦河和丹泽是波兰的地盘，东普鲁士实质上是波兰的附庸。[1]

尤斯蒂面对德国经济的这种困局提出了自己的解决方案，这种解决方案是"工业主义"的，其关键在于发挥德国丰富的矿业资源，建立有国际竞争力的制造业，特别是金属加工业和化学品制造业，比如金银器制造、黄铜和青铜冶炼、火炮和钟铸造、冶铁、炼钢、火枪制造、钢铁工具制造、陶瓷制造、镜子制造、玻璃炼制、火药和染料制造。[2] 尤斯蒂写道：

我们的祖国比很多其他国家都善于建立金属加工和化学品制造业，并将这些产业发展到繁荣。我们的山脉各处富含矿产资源储备。奥地利、萨克森、不伦瑞克、黑森、法兰克尼亚、施瓦本以及上下莱茵兰都充满各种矿山，这些矿山为建立和发展很多金属加工业以及化学品制造业提供了所有能够想象到的原材料。金属加工和化学品制造产业值得德意志重点关注。对于一个国家来说，从事它拥有所有能想象到的原材料的产业是合理的。这样它的经济可以独立于其他国家，因为它不会受到进口原材料价格上涨以及供应切断的阻碍。由此，这个国家可以不用担心其他国家故意阻碍它的对外贸易。金属加工与化学品制造产业的大多数产品对于人类生活的舒适以及工作的必需来说都是必不可少的，因为多数工具、装备以及工作需要的材料都是由金属加工与化学品制造产业生产的。现在，很多国家因为其自然条件而缺乏金属加工与化学品制造产业需要的主要原材料，因此，一个可以生产金属加工与化学产品的国家不会在对外贸易中依赖其他国家，但是其他国家却离不开它的产品并将屈服于它。[3]

尤斯蒂接着写道：

事实上，如果德意志邦国的统治者们可以执行正确的政策的话，我不

---

[1] Gustav von Schmoller, *Grundriß der Allgemeinen Volkswirtschaftslehre*, bd. 2, Leipzig: Duncker & Humblot, 1904, p. 594.

[2] Johann Heinrich Gottlob von Justi, *Vollständigen Abhandlung von denen Manufacturen und Fabriken*, bd. 2, Copenhagen: Rothenschen Buchhandlung, 1761, pp. 212—562.

[3] Johann Heinrich Gottlob von Justi, *Vollständigen Abhandlung von denen Manufacturen und Fabriken*, bd. 2, Copenhagen: Rothenschen Buchhandlung, 1761, pp. 206—208.

知道还有什么国家能像德意志一样富裕、幸福以及人口众多。德意志可以通过改进农业为人民生产更多的食物，让人口增加两倍以上。德意志也不缺乏其他生活必需品与便利品。它的银矿是财富的无尽来源。尝试估计哈尔茨山、迈森、蒂罗尔、克恩顿、波西米亚、黑森、曼斯费尔德以及其他地区的银矿山每周的产量，那至少有10 000马克。我们还可以每周得到一吨半黄金的供应。因此，没有什么比建立纺织业以阻止金钱外流更必需。但是，我们还必须促进金属加工与化学品制造产业的繁荣，以促进这些产业的产品出口来支付纺织业所需要的原材料以及其他我们因为自然条件的限制无法生产的外国产品。因为我们土地的自然环境凭借丰富的矿产资源可以实现金属加工和化学品制造产业的繁荣，并且因为我们的金属加工与化学制造产品的市场通过以下事实获得了保证，即那些外贸最发达的国家以及所有南欧国家都缺乏它们的纺织业以及为了便利的生活所必需的金属产品，那么谁又能怀疑我们不能用很短的时间就可以促进金属加工和化学品制造产业？[1]

因此，促进德意志民族制造业的建立和发展就成为尤斯蒂经济思想中的一个核心内容。尤斯蒂也解释了制造业能够促进经济发展的原因。首先，尤斯蒂同样注意到制造业生产相比原材料生产附加值更高的现象。在棉纺织业中，尤斯蒂发现："棉花加工中的劳动的价值超过了原材料价格的大约四倍，在很多制造分支中大约是十倍到十五倍；而且在这些行业中很多人民可以找到非常有好处的就业。"[2]关于丝织业，尤斯蒂写道："丝绸制造中的加工和劳动的收入以及制造商和商人在其中的获利，在很多丝绸产品中达到生丝价值的三倍到四倍。"[3]在金银器制造业中，尤斯蒂写道："这其中的劳动可以雇佣很多人民并且可以获得金银价值两倍、经常三倍甚至更多倍的收入。"[4]在铜的加工业中，尤斯蒂注意到："进口铜所花费的金钱规模往往只有不到进口铜产品花费金钱

[1] Johann Heinrich Gottlob von Justi, *Vollständigen Abhandlung von denen Manufacturen und Fabriken*, bd. 2, Copenhagen: Rothenschen Buchhandlung, 1761, pp. 208—209.

[2] Johann Heinrich Gottlob von Justi, *Vollständigen Abhandlung von denen Manufacturen und Fabriken*, bd. 2, Copenhagen: Rothenschen Buchhandlung, 1761, p. 110.

[3] Johann Heinrich Gottlob von Justi, *Vollständigen Abhandlung von denen Manufacturen und Fabriken*, bd. 2, Copenhagen: Rothenschen Buchhandlung, 1761, p. 115.

[4] Johann Heinrich Gottlob von Justi, *Vollständigen Abhandlung von denen Manufacturen und Fabriken*, bd. 2, Copenhagen: Rothenschen Buchhandlung, 1761, p. 215.

的三分之一。"[1]在钢铁加工业中,尤斯蒂记录:"铁在哪里都可以买到,但是从这些材料中加工制造得到的产品和器物,多数时候是消耗掉的铁的价值的三倍、四倍、五倍甚至十倍。"[2]考虑到这些情况,尤斯蒂写道:"出口剩余产品是对外贸易的最主要的基础以及国家财富的源头",并且"出口产品的制造越充分,这种财富的源头就越强大"。[3] 尤斯蒂认为,国家产业政策的一个原则就是建立和发展高附加值的制造业。"一个制造业行业中的劳动工资越高,能为劳动力提供的就业越多,这种制造业就越值得政府在国内建立。"[4]尤斯蒂明确写道:"如果一个国家从外国购买那些价格高昂但是原材料非常便宜因此几乎所有价值都存在于劳动中的制造业产品,这不符合好的政策原则。"[5]

其次,尤斯蒂与博泰罗一样,看到了制造业因为分工密集可以为劳动力创造大量就业机会。尤斯蒂写道:"通过制造业实现的居民的巨大增长很好理解。在一些制造业中可以直接使大量人口就业,这些人口反过来会需要上千种其他生活必需品,这自然会带来所有制造业的增长;而这些增加的制造业人口又会增加对于其他制造业的产品的需要,人口会由此继续增长。"[6]因此,在尤斯蒂看来,制造业具有通过前后向联系而集聚的特征,而这种制造业在地理上的集聚就是城市形成的原因。一个制造业人口居住并与农业人口交换农产品的区域会"引发人口在那里集聚,这些人口集聚会促进更多加工原材料的人口集中,因为他们可以发现他们的工作在那里被需要和购买"[7]。这种制造业城市将会是城市"本来应该有的样子",即"国内各种产业集中的地方以及作为国家血

[1] Johann Heinrich Gottlob von Justi, *Vollständigen Abhandlung von denen Manufacturen und Fabriken*, bd. 2, Copenhagen: Rothenschen Buchhandlung, 1761, p. 254.

[2] Johann Heinrich Gottlob von Justi, *Vollständigen Abhandlung von denen Manufacturen und Fabriken*, bd. 2, Copenhagen: Rothenschen Buchhandlung, 1761, p. 322.

[3] Johann Heinrich Gottlob von Justi, *Grundsätze der Policey-Wissenschaft*, Göttingen: Abraham van den Hoecks seel. Witbe, 1756, p. 138.

[4] Johann Heinrich Gottlob von Justi, *Vollständigen Abhandlung von denen Manufacturen und Fabriken*, bd. 2, Copenhagen: Rothenschen Buchhandlung, 1761, p. 397.

[5] Johann Heinrich Gottlob von Justi, *Vollständigen Abhandlung von denen Manufacturen und Fabriken*, bd. 2, Copenhagen: Rothenschen Buchhandlung, 1761, p. 435.

[6] Johann Heinrich Gottlob von Justi, *Vollständige Abhandlung von denen Manufacturen und Fabriken*, bd. 1, Copenhagen: Rothenschen Buchhandlung, 1758, p. 18.

[7] Johann Heinrich Gottlob von Justi, *Die Grundfeste Macht und Glückseeligkeit der Staaten*, bd. 1, Königsberg and Leipzig: seeligen Johann Heinrich Hartungs Erben, 1760, p. 296.

液的金钱在其中循环以为国家的身体提供活力和生命的大动脉”。[1] 因此，尤斯蒂认为，建立国内市场的关键是建立制造业。“国内贸易或制造业的良好建立促进了货币的循环，这样每个人可以找到工作以过上舒适的生活。在这方面，要遵循的第一原则是，必须在国内生产所有可以生长和制造的产品并为此制定政策。”[2]

相比之下，尤斯蒂发现：“可以很容易地证明：一个没有制造业的国家相比一个有繁荣制造业的国家，不会有一样密集的人口。”[3]尤斯蒂解释道：

> 一个只有农业和牧业的国家需要非常有限数量的劳动力在土地上劳作。在一个国家的土地的产权划分好之后，那么国内最多不过只有土地的所有者、劳动力的指挥者、保卫人们的士兵、为最高权力服务的人们以及农业和牧业的劳动者。其他能雇佣的不过是为其他人制造最基本生活必需品的手工业者。因此，为一片土地上耕作所需要的人口数量是可以估计的，而这片土地上的居民不会很多。在这片土地上，就算居民们多多繁育子孙后代也于事无补，因为过多的人口没法找到就业和生计，所以他们只能离开祖国，去其他地方谋生。
>
> 因此很容易可以看到，土地肥沃与否对于人口的增加只有很少的贡献。如果土地肥沃并且出口谷物和其他剩余农产品，那也只是拥有大地产的地主们获得好处；这带来的最有可能的影响是这些富裕的大地主也只会为了奢华和国家管理多雇佣一些无用的仆人。这种人口的增长不会很多。如果土地不出口谷物和剩余农产品，那么最肥沃的土地也不会对人口增长有什么意义。大地产的地主自然不希望做任何无用功。因此，他们会根据经验判断他们的产品的需求规模，以此来安排土地的开垦；他们不会开垦超过他们自己消费和出售量的土地。剩下的土地就会撂荒。因此，与其说肥沃的土地会增加人口数量，倒不如说会在上述情况下阻碍人口增加。这些是自然的结果，也已经被经验充分证明。我们看到匈牙利肥沃的土地被撂荒了，这些肥沃的土地上只有非常少的人口，因为他们

[1] Johann Heinrich Gottlob von Justi, *Vollständige Abhandlung von denen Manufacturen und Fabriken*, bd. 1, Copenhagen: Rothenschen Buchhandlung, 1758, p. 18.

[2] Johann Heinrich Gottlob von Justi, *Systematischer Grundriß aller Oeconomischen und Cameral-Wissenschaften*, Frankfurt and Leipzig: ——(未注明出版商), 1759, p. 26.

[3] Johann Heinrich Gottlob von Justi, *Vollständige Abhandlung von denen Manufacturen und Fabriken*, bd. 1, Copenhagen: Rothenschen Buchhandlung, 1758, p. 14.

缺乏他们产品的外国销路。[1]

但是在制造业国家中,农业的情况会是另一番样子。因为国内存在制造业人口和制造业城市,所以“农业会找到更多销路并且普通的土地都可以养活更多人口。这些[由制造业提供的]农产品销路会鼓励农夫去耕种更多的土地”[2]。在这种制造业国家,“农夫以各种自然产物供应城市人口,换取城市中的各种制造业产品以满足他们的生活必需和便利的需要,城乡双方都会由此过上好日子”[3]。因此,制造业除了因为前后向联系可以增加本身的就业机会之外,还可以通过为农夫提供农产品需求和各种制造业产品,为农夫生产更多农产品进而养活更多人口提供激励。尤斯蒂在这里的论述非常像上文中詹姆斯·斯图尔特的论述,这是因为,斯图尔特在欧洲大陆流亡期间,受到了尤斯蒂和官房主义的影响。斯图尔特在欧洲大陆的生活经历以及他对于欧洲大陆的丰富知识是“斯图尔特生活中最重要的特征之一”[4]。斯图尔特在德国杜宾根居住期间学习了德国官房主义的经济思想,特别是尤斯蒂的经济思想,因此“斯图尔特的政府职能理论……似乎是整体从德国官房主义关于国家的理论中借用来的”[5]。

在尤斯蒂看来,制造业对于经济发展的第三个意义是,制造业是一种创新密集型的经济活动。尤斯蒂写道:“加工自然产物的方式有很多种,产品之间有无数种差异可以被识别出来,因此,很明显,一个勤劳而善于思考的民族可以在自然产物的加工中创造出数千种其他民族没有的发明。”[6]这一点与前文提到的博泰罗发现的制造业的特征相似,即“自然供应了材料和制造业的对象,但是

---

[1] Johann Heinrich Gottlob von Justi, *Vollständige Abhandlung von denen Manufacturen und Fabriken*, bd. 1, Copenhagen: Rothenschen Buchhandlung, 1758, pp. 14—16.

[2] Johann Heinrich Gottlob von Justi, *Vollständige Abhandlung von denen Manufacturen und Fabriken*, bd. 1, Copenhagen: Rothenschen Buchhandlung, 1758, p. 18.

[3] Johann Heinrich Gottlob von Justi, *Vollständige Abhandlung von denen Manufacturen und Fabriken*, bd. 1, Copenhagen: Rothenschen Buchhandlung, 1758, p. 18.

[4] Skinner, A. S., “Sir James Steuart: Author of A System”, *Scottish Journal of Political Economy*, 1981, vol. 28, no. 1, p. 21.

[5] Redman, Deborah, “Sir James Steuart's Statesman Revisited in Light of the Continental Influence”, *Scottish Journal of Political Economy*, 1996, vol. 43, iss. 1, p. 59.

[6] Johann Heinrich Gottlob von Justi, *Vollständige Abhandlung von denen Manufacturen und Fabriken*, bd. 1, Copenhagen: Rothenschen Buchhandlung, 1758, p. 4.

其无限变化的形式是人的才智和技能的成果"[1]。在博泰罗和尤斯蒂看来，在制造业对于原材料加工的过程中的几乎无限的可能性，为人类的发明精神提供了发挥作用的场景。尤斯蒂写道：

> 可能没有事物像制造业一样有那么多可能的新发明。金属加工业与化学品制造业就像它们的源头——化学——一样有无尽的新发明；在纺织业中，上千种变化、上千种新设计以及上千种新加工方式可以被发现……我们确实可以说，发明精神（Erfindungsgeist）是制造业的灵魂；一个思虑周到的民族总是会将它发挥到极致。[2]

因为制造业本身充满了创新发明的可能，因此制造业可以为人民的创新精神和技能提供需求，建立制造业可以培育人民的创新精神和技能。尤斯蒂写道："如果制造业要达到它的完美状态，那么才智、欲望、勤奋和专注力都是必需的。"[3]因此：

> 不应该忘记人民在制造业中可以找到一种非常有益的就业方式。如果君主可以为其人民提供所有生活的必需品和便利品，那么人民就不用工作，否则一个非常重要的问题就摆在君主及其大臣面前，即如何让人民就业以使他们既不会变成他们彼此的负担，也不会变成国家的负担……人民就业的问题值得相比现在大多数政府已经投入的更多的关注。一个没有制造业的国家只会有懒散、懈怠和闲散的人民。他们只会按照陈旧的习惯而散漫地从事农业、牧业和最基本的手工业，农田和乡村会陷于贫困和痛苦，吸收了国家全部力量的首都却会生活在奢侈与浪费中，并且让自己陷入这种懒惰。

尤斯蒂也认识到了创新在促进国家财富产生方面所做出的贡献，这将在下一章具体讨论。尤斯蒂关于制造业和创新之间密切联系的观点非常先进，现代经济学中依然保留了尤斯蒂发现的这种联系。尤斯蒂的观点表达了一种类似于20世纪美国经济学家弗兰克·格雷厄姆(Frank D. Graham，1890—1949)表

---

[1] Giovanni Botero, trans. by Robert Peterson, *The Reason of State and The Greatness of Cities (1606)*, New Haven: Yale University Press, 1956, p. 151.

[2] Johann Heinrich Gottlob von Justi, *Vollständige Abhandlung von denen Manufacturen und Fabriken*, bd. 1, Copenhagen: Rothenschen Buchhandlung, 1758, p. 135.

[3] Johann Heinrich Gottlob von Justi, *Vollständige Abhandlung von denen Manufacturen und Fabriken*, bd. 1, Copenhagen: Rothenschen Buchhandlung, 1758, p. 38.

达的观点："制造业对技能的促进很可能如同技能对制造业的促进一样。"[1]虽然没有证据表明，李斯特关于"生产力"和工业的理论曾受到尤斯蒂的影响，但是尤斯蒂将制造业和创新联系在一起的观点与李斯特关于工业和"生产力"的紧密关系的认识非常一致。李斯特写道："工业是科学与技术的成果，也是科学与技术的支持者和保护者……在工业国家，群众的工业获得了科学的启发；反过来，科学与技术又受到了群众的工业的支持。任何种工业同物理学、化学、数学或图样设计等多少总有一些关系。这类科学方面的任何发展或新发现、新发明，必然会使许许多多的工业操作获得改进或革新。因此，在工业国家，科学与技术必然会普遍流行。"[2]

此外，与博泰罗和舍拉相同，尤斯蒂也重视经济活动的多样化。在尤斯蒂看来，垄断美洲贵金属而且被价格革命摧毁了制造业的西班牙和以谷物生产为主要经济活动而没有制造业的波兰因为相同的原因陷入贫困：缺乏国内经济活动的多样化。尤斯蒂写道："一个国家的真正财富在于它拥有的人类生活离不开的必需品与便利品。金银是一种生活中的便利品，但它仅仅是一种产品而已。不能说一个只占有一种便利品的国家是富裕的。这种产品最终会出口到国外去交换其他必需品而无法使本国富裕。这种情况同样出现在当一个国家只大量地拥有一种生活必需品而忽视了其他产品的时候。例如，一个国家拥有大量谷物。如果它忽视了制造业和其他必需品与便利品的生产，它就不会富裕。这个国家必须出口它过剩的谷物并陷于贫困，波兰就是这样的例子。一个国家的财富依赖于各种人类生活必要的产品的集中以及对于其他国家尽可能少的依赖。"[3]尤斯蒂没有具体解释为什么单一化的产业结构会导致国家贫困，但是尤斯蒂以上关于产业多样化的论述出现在他强调经济中的流通本质上是产品的流通的章节中，因此，可以说尤斯蒂认为产业结构的单一化会妨碍国内市场的开发。此外，在孟德斯鸠（Montesquieu，1689—1755）的《论法的精神》中卷，可以找到与尤斯蒂类似的对于波兰贫困的论述：波兰"除了土地所产的小麦之外，我们所谓世界上的动产，它几乎一无所有。有些贵族占有整个省份。

---

〔1〕 Graham, Frank D., "Some Aspects of Protection Further Considered", *The Quarterly Journal of Economics*, 1923, vol. 37, no. 2, p. 202.

〔2〕 [德]弗里德里希·李斯特：《政治经济学的国民体系》，陈万煦译，蔡受百校，商务印书馆 1983 年版，第 173—174 页。

〔3〕 Johann Heinrich Gottlob von Justi, *Die Grundfeste Macht und Glückseeligkeit der Staaten*, bd. 1, Königsberg and Leipzig: seeligen Johann Heinrich Hartungs Erben, 1760, pp. 610—611.

他们强迫农民给他们更多的小麦,好运给外国人去换取他们的奢华所需要的东西"[1]。孟德斯鸠给波兰提出的摆脱贫困的办法是建立制造业,增加国内经济活动的多样性,在国内建立不同经济活动之间的协作:波兰贵族可以将剩余谷物供应给农户和其他人口,利用本国牲畜的毛和皮革建立纺织业和服装业,因此,"永远爱奢侈的绅贵们,因为只能在本国获取奢侈品,就将鼓励穷人们劳动"[2]。尤斯蒂在做出上述论述的时候,已经详细研究过孟德斯鸠的《论法的精神》。[3] 因此,尤斯蒂很有可能注意到了孟德斯鸠的论述。总之,尤斯蒂认为,经济活动的多样化以及不同经济活动之间的协同,可以帮助建立国内市场并促进国内市场开发。

近代欧洲的"工业主义"在产生工业革命和工业资本主义的欧洲文明的衍生地区也出现了,比如美国。18 世纪"工业主义"在美国的代表就是美国成立后的首任财政部长亚历山大·汉密尔顿。事实上,提出本书中采用的"工业主义"这个词的李斯特的制造业思想就受到了汉密尔顿的影响。[4] 汉密尔顿于 1755 年(或 1757 年)出生于英属西印度群岛,早年曾在经营西印度群岛与英国北美殖民地之间贸易的贸易公司工作;1772 年到达纽约,开始接触北美启蒙运动与殖民地独立思想;1775 年美国独立战争爆发后,加入纽约民兵组织;1777 年开始担任乔治·华盛顿的副官,负责起草书信命令、管理军需以及外事工作;1787 年美国制宪大会召开,汉密尔顿担任纽约州代表,主张美国应当建立强大的联邦政府,在此期间发表的政论文章后来在《联邦党人文集》(*The Federalist Papers*,1788)中出版;1789—1795 年担任美国首任财政部长。[5] 1790 年 1 月 15 日,美国国会众议院要求作为财政部长的汉密尔顿向国会做出报告,关于"促进制造业发展的合适计划以使美国可以在必需品方面独立于其他国家,特别是在军需品方面"[6]。1791 年 12 月 5 日,汉密尔顿向国会提交了报告,后世称这份

---

〔1〕[法]孟德斯鸠:《论法的精神》下卷,张雁深译,商务印书馆 1995 年版,第 28 页。

〔2〕[法]孟德斯鸠:《论法的精神》下卷,张雁深译,商务印书馆 1995 年版,第 28 页。

〔3〕参见:Ere Nokkala, *From Natural Law to Political Economy: J. H. G. von Justi on State, Commerce and International Order*, Vienna: LIT, 2019, p. 27。

〔4〕Harald Hagemann, "German, American and French Influences on List's Ideas of Economic Development", in *The Economic Thought of Friedrich List*, eds. by Harald Hagemann, Stephan Seiter, and Eugen Wendler, London and New York: Routledge, 2019, pp. 60—62.

〔5〕参见:Ron Chernow, *Alexander Hamilton*, New York: Penguin Books, 2005。

〔6〕Louis M. Hacker, *Alexander Hamilton in the American Tradition*, New York: McGraw Hill, 1957, p. 170.

报告为《关于制造业的报告》(*Report on the Subject of Manufactures*)。这份报告是汉密尔顿的制造业思想的代表作。后世将这份报告评价为:“预言了内战后美国[经济发展]的大部分情况。”[1]

如前文所述,汉密尔顿的报告是为了回应美国国会提出的促进美国经济独立的直接目标而产生的。在独立之前,北美殖民地是执行重商主义的英格兰的全球帝国的组成部分。英国商人、重商主义者约书亚·吉(Joshua Gee,1667—1730)曾经写道:所有英国殖民地的居民“必须被禁止纺织或梳理羊毛,或者制造帽子……如果他们建立起来了制造业,那么政府必须停止这些制造业的进步”[2]。北美殖民地即受到了英国的这种政策的对待。在当时的北美,“殖民地发行自己的货币的权力受到英国限制;英国禁止殖民地生产某些特定商品,而英国允许殖民地生产的一些商品却又被排除在殖民地之间的贸易范围之外;并且对于殖民地与世界其他地方间的贸易关系,英国制定的管制措施范围广泛”[3]。特别地,英国的殖民统治有意识地打击北美殖民地的制造业。“英国的重商主义政策,其目的不仅在于控制商品的运输和管理进出口贸易,并且还要对殖民地为数不多的工业加以控制,为了防止殖民地的制造业与母国的工业进行竞争,殖民地总督曾被训令,去‘阻挠一切制造业的发展,并且准确地报告这些制造业的一切活动’。”[4]北美殖民地的羊毛纺织品被禁止出口,甚至被禁止从一个殖民地运去另一个殖民地;东北部殖民地因为特产水獭皮而擅长制造皮帽子,但是这些帽子同样被禁止出口;英国因为需要生铁,因此允许北美殖民地生产生铁并将其出口到英国,但是北美殖民地被禁止从事任何铁的加工。[5]“殖民地制造业的发展促使英国采取各种措施限制殖民地发展那些英国已有生产的产品生产,以免两者在帝国内和帝国外相互竞争。”[6]

---

〔1〕 Ron Chernow, *Alexander Hamilton*, New York: Penguin Books, 2005, p. 374.

〔2〕 Joshua Gee, *The Trade and Navigation of Great-Britain Considered*, London: Sam Buckley, 1729, p. 121.

〔3〕 [英]杰里米·阿塔克、彼得·帕塞尔:《新美国经济史:从殖民地时期到 1940 年》上卷,罗涛等译,罗涛校,中国社会科学出版社 2000 年版,第 62 页。

〔4〕 [美]哈罗德·福克讷:《美国经济史》上卷,王锟译,许乃炯校,商务印书馆 1989 年版,第 144 页。

〔5〕 [美]哈罗德·福克讷:《美国经济史》上卷,王锟译,许乃炯校,商务印书馆 1989 年版,第 145—146 页。[美]加里·M. 沃尔顿、休·罗考夫:《美国经济史》(第 10 版),王珏、钟红英、何富彩、李昊、周嘉舟译,王珏、钟红英、高梦沉校,王珏总译校,中国人民大学出版社 2011 年版,第 119 页。

〔6〕 [英]杰里米·阿塔克、彼得·帕塞尔:《新美国经济史:从殖民地时期到 1940 年》上卷,罗涛等译,罗涛校,中国社会科学出版社 2000 年版,第 63 页。

因为北美殖民地的制造业被英国严厉打压，所以在美国独立战争早期，由于对外贸易遭到英国军队封锁，北美殖民地面临严重的物资短缺。“1777 年以前，全国各地对一切必需品都感到十分缺乏。”[1]火药、燧石、火枪、刀剑等军需品以及羊毛和亚麻纺织品等基本制造业产品都出现了短缺。[2] 对于这种短缺的担忧构成了战后美国政府重视制造业问题的一个背景。美国国会众议院之所以要求汉密尔顿做关于制造业的报告，是因为乔治·华盛顿告诫美国国会：“一个自由的民族必须促进那些可以让他们在基本产品——特别是军需品——方面独立于其他人的制造业。”[3]汉密尔顿在《关于制造业的报告》中写道：“上次战争[独立战争]中，美国因为无力供给自己导致的极端窘困，至今依然会唤起人们的强烈回忆。”[4]同时，战争需求、物资短缺以及英国殖民主义限制被打破，共同刺激北美殖民地在独立战争期间建立了一些本土制造业，比如钢铁加工、军械制造、纺织、酿酒和造纸。[5] “革命把美洲的工业从一些烦琐的规定和限制中解放出来，这些限制是英国国会在重商主义的影响下要使美洲仅仅成为原料生产地而实施的。”[6]这些制造业在战时的发展经验促使汉密尔顿认为，“在它[制造业]的充分发展中，不难发现一些完全解决现实中以及将来可能出现的外部困难的希望以及增加对于国家独立和安全有帮助的资源的希望”[7]。但是，独立战争结束之后，战时需求消失，对外贸易的恢复使得欧洲有竞争力的工业品涌入美国，美国战时新兴的制造业岌岌可危。[8] 在当时，美国又出现了

---

[1] [美]哈罗德·福克纳：《美国经济史》上卷，王锟译，许乃炯校，商务印书馆 1989 年版，第 177 页。

[2] [美]加里·M. 沃尔顿、休·罗考夫：《美国经济史》(第 10 版)，王珏、钟红英、何富彩、李昊、周嘉舟译，王珏、钟红英、高梦沉校，王珏总译校，中国人民大学出版社 2011 年版，第 138 页。

[3] Ron Chernow, *Alexander Hamilton*, New York: Penguin Books, 2005, p. 374.

[4] Alexander Hamilton, *Report of the Secretary of the Treasury of the United States on the Subject of Manufactures*, Dublin: P. Byrne, 1792, p. 47.

[5] [美]加里·M. 沃尔顿、休·罗考夫：《美国经济史》(第 10 版)，王珏、钟红英、何富彩、李昊、周嘉舟译，王珏、钟红英、高梦沉校，王珏总译校，中国人民大学出版社 2011 年版，第 138 页。[美]哈罗德·福克纳：《美国经济史》上卷，王锟译，许乃炯校，商务印书馆 1989 年版，第 176—178 页。

[6] [美]哈罗德·福克纳：《美国经济史》上卷，王锟译，许乃炯校，商务印书馆 1989 年版，第 176 页。

[7] Alexander Hamilton, *Report of the Secretary of the Treasury of the United States on the Subject of Manufactures*, Dublin: P. Byrne, 1792, p. 5.

[8] [美]加里·M. 沃尔顿、休·罗考夫：《美国经济史》(第 10 版)，王珏、钟红英、何富彩、李昊、周嘉舟译，王珏、钟红英、高梦沉校，王珏总译校，中国人民大学出版社 2011 年版，第 138 页。[美]哈罗德·福克纳：《美国经济史》上卷，王锟译，许乃炯校，商务印书馆 1989 年版，第 182—183 页。

以首任国务卿托马斯·杰斐逊(Thomas Jefferson,1743－1826)为代表的重农主义主张。杰斐逊曾经说过:“在我们这代人活着的时候,美国都不可能成为一个制造业国家。”[1]杰斐逊一派的美国人认为,美国应该充分利用富饶的自然条件,成为一个国际市场上的农业国,况且资本与劳动力的短缺不足以让美国成为制造业国家,而且杰斐逊一派认为农业的生活方式可以维持美国的政治意识形态赖以建立的价值观,而制造业的生活方式会破坏这些价值观。[2] 因此,对于汉密尔顿一派的“工业主义”者们来说,当时的美国面临着建立和保护本国制造业以避免战时短缺的情况再次发生、抵抗欧洲制造业产品对于本国制造业的冲击以及反驳杰斐逊一派的重农主义主张的任务。汉密尔顿的《关于制造业的报告》就是为回应这些问题而诞生的。

在《关于制造业的报告》中,汉密尔顿首先反驳了美国的重农主义观点。这种观点认为:“在每个国家,农业是最有利和最具生产性的人类产业。这一论断如果不是放之四海而皆准,至少在美国有效,考虑到美国广袤富饶且尚未开垦和改良的土地,没有比将这些荒野变成农场更有利的资本和劳动的用途,没有比这更能增加国家人口、实力和真实财富的事。”[3]这种观点是当时新兴的古典自由主义与重农主义的寻常看法。亚当·斯密在《国富论》中认为,美国应当成为一个农业国,如果美国独立并努力成为一个制造业国家,就必然会对美国自己造成危害:“英属美洲殖民地几乎把所有的资本都投在农业上。那里也主要由此才迅速地日趋富强。那里除了家庭制造业和粗糙制造业……就没有制造业……假使美洲人联合起来,或采用其他激烈手段,阻止欧洲制造品输入,使能够制造同种物品的本地人有独占的机会,因而使本地大部分资本转投到制造业上来,结果将不但不能加速他们年产物价值的增进,恐怕还会加以阻碍,不但不能使其国家渐臻于富强,恐怕还会加以妨害。”[4]汉密尔顿用以下的方式反驳了重农主义的观点,同时说明了制造业的重要性。

重农主义认为,耕种土地的农业劳动的产出可以补偿生产过程中的成本,产生农民投入的资本的平均利润以及一种“净剩余”(nett surplus),而制造业者

---

〔1〕 Ron Chernow, *Alexander Hamilton*, New York: Penguin Books, 2005, p. 375.

〔2〕 Ron Chernow, *Alexander Hamilton*, New York: Penguin Books, 2005, p. 375.

〔3〕 Alexander Hamilton, *Report of the Secretary of the Treasury of the United States on the Subject of Manufactures*, Dublin: P. Byrne, 1792, p. 6.

〔4〕 [英]亚当·斯密:《国民财富的性质和原因的研究》上卷,郭大力、王亚南译,商务印书馆 1983 年版,第 336－337 页。

"只能补偿雇佣他们的资本(或提供了原材料、工具以及工资的资本)并为这些资本产生平均利润",因此"农业不仅是最有生产力的,而且是唯一具有生产性的产业"。[1] 这是欧洲重农主义(Physiocracy)的经典论点。重农主义的代表人物杜尔阁(Turgot,1727—1781)在《关于财富的形成和分配的考察》中写道:"工人的工资,由于工人们之间的竞争,只限于他的生活资料。他所得的仅能维持他的生活。"[2]但是,"农人的地位却大不相同……农人的劳动一旦生产出多于他需要的东西,他就能够用自然界在他的劳动工资以外作为纯粹礼物给予他的这种剩余产品,来购买社会中其他成员的劳动……农人除了维持生活资料以外,还能得到一笔独立的、可以任意支配的财富"[3]。汉密尔顿反对这种重农主义的观点,认为制造业比农业有更大的生产力,只有制造业而不是农业才能生产出那些超过成本的"剩余"。汉密尔顿认为,制造业的劳动一般比农业的劳动包含更多的技能和才智。汉密尔顿写道:"在土地耕种者中比在制造业者中可能有更多疏忽散漫的例子。因为其土地的肥沃或者其他的有利自然条件,农民可以通过相当程度的散漫的耕作谋生;但是,这种情况在制造业者中却很难出现。事实上,制造业可以为才智的使用开辟远比农业大的机会。"[4]这就决定了制造业的劳动在价值上一般高于农业的劳动,因为"那些需要大量技能与工艺才能实现完美的人类劳动,在价值上,比投入更简单的目标和操作中的自然力与人力相结合的劳动会更有生产力"[5]。因此,汉密尔顿明确指出:制造业的利润率一般高于农业,即等量资本投入在制造业中可以比投入农业产生更多的"净产品"(net product)。汉密尔顿写道:"制造业有多种部门,在这些部门中,与投资于购买和改良土地的资本相比,同等规模的资本将产生更大的总产品和相当大的净产品……因此不难得出结论,用于制造业的资本的净产品高于

---

[1] Alexander Hamilton, *Report of the Secretary of the Treasury of the United States on the Subject of Manufactures*, Dublin: P. Byrne, 1792, p. 8.

[2] [法]杜尔阁:《关于财富的形成和分配的考察》,南开大学经济系经济学说史教研组译,商务印书馆1961年版,第21页。

[3] [法]杜尔阁:《关于财富的形成和分配的考察》,南开大学经济系经济学说史教研组译,商务印书馆1961年版,第21—22页。

[4] Alexander Hamilton, *Report of the Secretary of the Treasury of the United States on the Subject of Manufactures*, Dublin: P. Byrne, 1792, pp. 10—11.

[5] Alexander Hamilton, *Report of the Secretary of the Treasury of the United States on the Subject of Manufactures*, Dublin: P. Byrne, 1792, p. 10.

用于农业的资本的净产品。”[1]相比上文提到的其他“工业主义”思想家，汉密尔顿更加明确地指出，制造业中的高附加值体现为利润水平比较高。

汉密尔顿认为，因为制造业的劳动凝结了更多的技能和才智以及制造业的劳动分工细密，所以制造业中的劳动有更大的改进可能。汉密尔顿认为，一个国家的经济产出可以通过两种方式增加：“通过改进有用劳动的生产力”(productive powers)以及“增加有用劳动的数量”。[2] 在改进有用劳动的生产力方面，“相比于农业的劳动，制造业的劳动可以实现更细致的分工和更简单的操作，因此，或者源于技能的增加，或者源于精巧机器的应用，制造业劳动的生产力可以有更大程度的改进，在这方面，农业劳动完全比不了制造业劳动”[3]。汉密尔顿注意到，制造业是报酬递增的。此外，汉密尔顿与安东尼奥·舍拉都注意到了制造业比农业的生产过程更少地受到自然环境的影响，因此更加稳定。汉密尔顿写道：“农业劳动很大程度上是周期性的与偶然的，依赖于季节，经常会有长期和频繁的间断；很多制造业劳动则是持续的和稳定的，全年都可以持续，有些时候甚至可以夜以继日。”[4]考虑到以上所有制造业优于农业的特征，汉密尔顿得出结论：“制造业中的劳动力因为比农业中的劳动力更稳定、更标准化以及有更多才智，因此也比农业更有生产力。”[5]

在比较制造业和农业之后，汉密尔顿进一步总结了制造业的一些特征，从这些特征中，可以得出以下结论：“制造业不仅可以增加社会的产品和收入，而且可以让社会的产品和收入增加到比没有制造业的时候更大的程度。”[6]也就是说，制造业不仅可以增加经济生产财富的数量，而且可以将经济生产财富的能力提升到新的高度。这些制造业的特征有些在上文反驳重农主义的时候已经提过。这些特征包括以下几点。第一，制造业是分工密集的经济活动。在这

〔1〕 Alexander Hamilton, *Report of the Secretary of the Treasury of the United States on the Subject of Manufactures*, Dublin: P. Byrne, 1792, p. 13.

〔2〕 Alexander Hamilton, *Report of the Secretary of the Treasury of the United States on the Subject of Manufactures*, Dublin: P. Byrne, 1792, p. 9.

〔3〕 Alexander Hamilton, *Report of the Secretary of the Treasury of the United States on the Subject of Manufactures*, Dublin: P. Byrne, 1792, pp. 9—10.

〔4〕 Alexander Hamilton, *Report of the Secretary of the Treasury of the United States on the Subject of Manufactures*, Dublin: P. Byrne, 1792, p. 10.

〔5〕 Alexander Hamilton, *Report of the Secretary of the Treasury of the United States on the Subject of Manufactures*, Dublin: P. Byrne, 1792, p. 11.

〔6〕 Alexander Hamilton, *Report of the Secretary of the Treasury of the United States on the Subject of Manufactures*, Dublin: P. Byrne, 1792, p. 16.

方面汉密尔顿借鉴了亚当·斯密关于分工的理论。〔1〕如同斯密一样,汉密尔顿认为,“几乎没有什么力量比妥善的劳动分工更能促进一个国家的经济了”,因为专业化可以提高熟练程度、节约因为切换工作带来的时间消耗并且促进机器的采用。〔2〕第二,制造业是易于机械化的经济活动。“制造业活动比农业活动易于更广泛地使用机器”,而机器是“一种有助于人的自然力量的人工力量”,使用机器的效果等同于增加人手和力量,并且有利于抵消高工资对于制造业成本的影响。〔3〕如果一个国家没有制造业,进口外国制造业产品就相当于将使用机器的好处主动转移给其他国家。“用外国制造业替代本国制造业,就是将使用机器获得的优势转移给外国。”〔4〕第三,制造业可以增加就业,很多不适于农活的人口可以在制造业中找到工作。〔5〕第四,汉密尔顿也重视制造业的多样化,他认为多样化的制造业部门可以增加国内劳动者的就业。“当一个社会中有所有不同的产业的时候,每个人都可以找到适合的事业,并且可以将其天性中的力量投入行动。”〔6〕此外,多样化的制造业部门也有利于增加国内的投资机会,促进国内的企业家精神与经济发展。汉密尔顿写道:

> 通过增加国内可经营产业的种类来促进和激励人类精神的活动,不只是促进国民财富的手段。虽然有些事物本身并不特别有利,但是当它们能促进人类活动的时候,它们就有利了。每一种新的、可以促进人的忙碌天性的唤醒和发挥的机会,都会为国家的产业活动增加新的能量。有用的企业家精神(spirit of enterprise)的缩减和扩张与社会中能找到的行业和生产的多样性与单一性成比例。这种企业家精神,在仅有农业的国家比在有农业和商业的国家中少,在农业和商业国家比在有农业、商业和

---

〔1〕 Louis M. Hacker, *Alexander Hamilton in the American Tradition*, New York: McGraw Hill, 1957, p. 169.

〔2〕 Alexander Hamilton, *Report of the Secretary of the Treasury of the United States on the Subject of Manufactures*, Dublin: P. Byrne, 1792, pp. 16—17.

〔3〕 Alexander Hamilton, *Report of the Secretary of the Treasury of the United States on the Subject of Manufactures*, Dublin: P. Byrne, 1792, pp. 17—18, pp. 30—31.

〔4〕 Alexander Hamilton, *Report of the Secretary of the Treasury of the United States on the Subject of Manufactures*, Dublin: P. Byrne, 1792, p. 18.

〔5〕 Alexander Hamilton, *Report of the Secretary of the Treasury of the United States on the Subject of Manufactures*, Dublin: P. Byrne, 1792, pp. 18—19.

〔6〕 Alexander Hamilton, *Report of the Secretary of the Treasury of the United States on the Subject of Manufactures*, Dublin: P. Byrne, 1792, p. 20.

制造业的国家中少。[1]

第五,建立制造业可以为本国的农业提供稳定的国内市场。汉密尔顿写道:"显而易见,农夫的劳动的稳定与波动、有力与虚弱,与其依赖的用于销售其劳动生产的剩余产品的市场的稳定与波动、充足与不足成比例;正常情况下,这些剩余产品也将以相同的比例增减。出于为剩余农产品提供销路的原因,国内市场远比国外市场好。"[2]这是汉密尔顿经过美国独立战争,目睹美国对外贸易被切断的经验之谈。汉密尔顿写道:"市场被限制和制约以至于供给与需求不平衡的情况并不少见。"[3]此外,就算不考虑对外贸易的人为限制,外国市场也是国内农业难以依靠的,比如本国和外国的农业都获得了丰收,那么国内农业的外国销路也会受影响。[4] 因此,汉密尔顿认为:"似乎有充分的理由认为,对于本国剩余农产品的外国需求是一种过于不确定的、不可依赖的需求,并且有理由希望在国内市场找到一种国外需求的替代品。"[5]因此,"为了确保这样的市场,除了促进制造业发展之外,没有其他手段。制造业者是继土地耕种者之外人数最多的群体,因此他们是农业劳动的剩余产品的主要消费者"[6]。综上所述,汉密尔顿认为,与亚当·斯密和重农主义的建议相反,美国不应当成为一个国际市场上的农业国家,而应当成为一个制造业国家,因为"农业国不会像那些将制造业与农业结合在一起的国家那样享有按照人口比例衡量同等的富裕"[7]。

以上长篇而详细的论述充分展现了从文艺复兴到18世纪末欧洲各主要经济体(包括作为欧洲衍生国的美国)中有代表性的关于城市制造业的态度和认识。这些经济思想影响了"大分流"现象发生之前欧洲国家的经济政策。这些

---

[1] Alexander Hamilton, *Report of the Secretary of the Treasury of the United States on the Subject of Manufactures*, Dublin: P. Byrne, 1792, p. 21.

[2] Alexander Hamilton, *Report of the Secretary of the Treasury of the United States on the Subject of Manufactures*, Dublin: P. Byrne, 1792, p. 21.

[3] Alexander Hamilton, *Report of the Secretary of the Treasury of the United States on the Subject of Manufactures*, Dublin: P. Byrne, 1792, p. 22.

[4] Alexander Hamilton, *Report of the Secretary of the Treasury of the United States on the Subject of Manufactures*, Dublin: P. Byrne, 1792, p. 22.

[5] Alexander Hamilton, *Report of the Secretary of the Treasury of the United States on the Subject of Manufactures*, Dublin: P. Byrne, 1792, p. 22.

[6] Alexander Hamilton, *Report of the Secretary of the Treasury of the United States on the Subject of Manufactures*, Dublin: P. Byrne, 1792, p. 22.

[7] Alexander Hamilton, *Report of the Secretary of the Treasury of the United States on the Subject of Manufactures*, Dublin: P. Byrne, 1792, p. 25.

思想是“工业主义”的，它们都强调城市制造业在促进国家财富生产中至关重要的作用，并且都主张国家应当从农业国变成制造业国。这些经济思想对于制造业的重视借鉴了农业天然条件较差、依靠制造业和对外贸易实现经济发展的意大利城邦和低地国家的经验。这些近代欧洲的“工业主义”经济思想认为，制造业具有以下几个特征：第一，制造业相比第一产业，是附加值较高的经济活动，而这种高附加值体现在高工资和高利润。这几乎是近代欧洲最常见的对于制造业的认识。第二，制造业可以增加就业。后世学者将这种近代欧洲“工业主义”经济思想对于制造业的高附加值和高就业吸收能力的认识视为一种对于“制造业乘数”(manufacturing multiplier)的认识。[1] “制造业的乘数机制体现在价值增值和就业两方面，也附带解决了收支平衡的问题。”[2]制造业可以增加就业的原因有以下两种：一方面，制造业活动分工细密，存在报酬递增的力量，制造业的产品多样化，制造业的迂回生产流程长，各个行业与各个工序之间的互相需要为制造业中就业的劳动力提供了密集的需求。另一方面，制造业与农业之间的交换协作关系可以扩大农业市场，增加农产品产量，使得经济体可以养活更多的人口。第三，与上一条有关，制造业可以为农业提供稳定的国内市场，激励农业耕种者的生产积极性，为农业的扩张和改良提供需求。第四，制造业对于原材料的加工几乎有无穷多种加工方式，不同技艺的制造业者会产生不同的加工方式，而且总可以发明新的加工方式，因此制造业可以为人的技艺和发明才能的发挥提供机会，制造业是技能密集型的经济活动以及创新密集型的经济活动。第五，一个国家不能仅仅满足于只拥有一种或几种制造业，而是应当尽量促进制造业行业多样化程度的增加，多样化的制造业既可以增加获得制造业高附加值的机会，也可以通过不同经济活动之间的协同创造财富。对于这些近代欧洲“工业主义”经济思想家的思想应当如何用现代经济理论诠释，需要结合下一章将讨论的近代欧洲流行的对于创新的思想才能理解，这部分内容将出现在下一章。但是，可以确定的是，近代欧洲流行的经济政策背后的思想对于制造业有比较深刻的认识，并且将制造业视为促进国家财富生产中的关键动力部门以及国家需要尽力建设的领域。

---

[1] [挪威]埃里克·S. 赖纳特：《富国为什么富，穷国为什么穷》，杨虎涛、陈国涛等译，杨虎涛校，贾根良审订，中国人民大学出版社 2010 年版，第 243 页。

[2] [挪威]埃里克·S. 赖纳特：《作为发展经济学的德国经济学：从“三十年战争”到第二次世界大战》，引自[挪威]埃里克·S. 赖纳特、[中国]贾根良主编：《穷国的国富论：演化发展经济学论文选》下卷，高等教育出版社 2007 年版，第 228 页。

相比之下,在16—18世纪的中国占支配地位的儒家经济思想中,并没有与近代欧洲足以相比的对于城市制造业的重视以及对于建立和发展城市制造业的政策主张。胡寄窗写道:“古代思想家对待工商业的态度,战国末年是一个重要转折点。在此以前相当重视工商业,至少决不加以轻视。从战国末年起,重农轻工商,特别是重农轻商思想,一直在旧中国有相当广泛的市场。”〔1〕在早期的中国传统经济思想中,确实可以找到重视城市制造业的思想。周朝“从某些方面看还可以说是重视工商业的”〔2〕。《尚书》中记载,周朝天子下属的六卿中就包括“司空”或“司工”〔3〕。《尚书正义》中对于司空职责的解释是:“主国空土以居民,士农工商四人”,即在国土上安排士农工商四民的空间。〔4〕此外,司空还“事执掌百工、器用、耒耜、弓车之属”,即负责制造业和制造业产品的事务。〔5〕而司空发挥这些职权的目标是“以富邦国,以任百官,以生万民”,即促进国家的富裕。〔6〕相比之下,管理农业的“司徒”的主要职能是“以安邦国,以教官府,以扰万民”,即教化人民。〔7〕此外,在国家人民的“九职”中,加工各种材料的“百工”排在种植谷物、种植草木、开发山泽、繁育牲畜这四种职业之后。〔8〕周人重视制造业的原因可能是他们有从事复杂制造业的经验,进而他们对于复杂的制造业有了一些认识。虽然《史记》中记载,周人的始祖是“好耕农,相地之宜,宜谷者稼穑焉”,在尧时担任农师的后稷,但是《考工记》中记载“周人上舆”,即周人重视车的制造,而《考工记》记载的各个行业中,车的制造是最复杂、分工最细的制造业:“故一器而工聚焉者,车为多”,即制造一种器物而需要聚集的不同工种的数量,以车为最多。〔9〕此外,《史记》还记载周人的习俗重视经营工商业:“周人之俗,治产业,力工商,逐什二以为务。”〔10〕

在先秦时期,齐国似乎是一个可以为重视制造业提供参考范例的国家。史

〔1〕胡寄窗:《中国经济思想史》上卷,上海财经大学出版社1998年版,第35页。

〔2〕胡寄窗:《中国经济思想史》上卷,上海财经大学出版社1998年版,第33页。

〔3〕《尚书》:《周官》。

〔4〕孔安国、孔颖达:《尚书正义》卷18,《周官第二十二》。

〔5〕孔安国、孔颖达:《尚书正义》卷18,《周官第二十二》。

〔6〕《周礼》:《天官冢宰》。

〔7〕孔安国、孔颖达:《尚书正义》卷18,《周官第二十二》;《周礼》:《天官冢宰》;胡寄窗:《中国经济思想史》上卷,上海财经大学出版社1998年版,第33页。

〔8〕《周礼》:《天官冢宰》。

〔9〕《周礼》:《东官考工记》。司马迁:《史记》卷4,《周本纪》。

〔10〕司马迁:《史记》卷129,《苏秦列传》。

书对于齐国的描述与近代欧洲那些因为自然条件恶劣而不得不通过发展制造业致富的北意大利城邦和低地国家非常相似。《史记》中对于齐国有如下记载：

故太公望封于营丘，地潟卤，人民寡，于是太公劝其女功，极技巧，通鱼盐，则人物归之，襁至而辐凑。故齐冠带衣履天下，海岱之闲敛袂而往朝焉。[1]

太公至国，修政，因其俗，简其礼，通商工之业，便鱼盐之利，而人民多归齐，齐为大国。[2]

虽然齐地土地盐碱化且人民稀少，但是姜太公发展复杂精致的纺织业（“极技巧”）与贸易，开发海洋资源，通过在天下行销纺织品（“冠带衣履天下”）而富强。齐国是《史记》中《货殖列传》一篇里唯一提到的先秦工商业发达的国家，可见当时齐国工商业的地位。因此，齐国出现以管仲为代表的重视制造业的思想是比较自然的。“东国法家处在当时工商业较发达的齐国，它对封建农业生产的影响以及封建国家的工商业政策等都比较重视。”[3]根据《管子》记载，管仲认为：“士农工商四民者，国之石民也。”[4]根据管仲的设计，齐国的国都地区（“参国”）可以划分为 21 个“乡”，其中 6 个是专业化于工商业的“商工之乡”，一“乡”有 2 000 家；其余地区（“五鄙”）划分为五“属”，一“属”有 9 000 家。[5] 按照《管子》的记载，在管仲的设计中，齐国国都地区专门以工商业为生的家庭占所有家庭的比例约为 29%。在整个齐国，这一比例至少为 14%。这是一个相当大的以城市产业为生的人口比例。如上文提到的，博泰罗认为威尼斯等发达的城邦有 2/3 居民依靠丝绸和羊毛工业生活。而 1500 年，尼德兰城市人口占全国人口的比例仅为 15.8%，英格兰、德意志和法国都低于 4%。[6] 按照《国语》的记载，管仲设计的“属”有 9 万家。[7] 按照这个数字来计算，管仲设计的齐国全国专门以工商为生的家庭也至少占到了全国的 2.4%，略低于 1500 年的英格兰和德意志的城市化率（分别为 3.1%和 3.2%），高于同时代的苏格兰的城市化率（1.6%）和瑞士的城市化率（1.5%），约等于 1650 年瑞典已经成为欧

---

[1] 司马迁：《史记》卷 129，《货殖列传》。

[2] 司马迁：《史记》卷 32，《齐太公世家》。

[3] 赵靖主编：《中国经济思想通史》第 1 卷，北京大学出版社 2002 年版，第 295—296 页。

[4] 《管子》卷 20，《小匡》。

[5] 《管子》卷 20，《小匡》。

[6] Jan de Vries, *European Urbanization 1500—1800*, London: Methuen and Co., 1984, p. 39.

[7] 左丘明：《国语》卷 6，《齐语》。

洲列强时的斯堪的纳维亚(2.4%)。[1] 本书无意考证《管子》与《国语》中的上述数据在多大程度上可信,但是这些惊人的数字能出现在两千多年前的记载中,足够体现以"冠带衣履天下"的齐国为背景的管仲及其"东国法家"传人对于工商业的重视。管仲的这种对于工商业的专业化组织是一种促进工商业的方式。管仲认为,士农工商四民不能杂处,"杂处则其言哤,其事乱",即语言杂乱、事业混乱。[2] 将百工专门聚集在一起,可以促进百工之间的交流,提高制造者的技艺并促进技艺的传播。("相良材,审其四时,辨其功苦,权节其用,论比计制,断器尚完利。相语以事,相示以功,相陈以巧,相高以知事。"[3])《管子》记载了与姜太公发展齐国相似的策略。在农业条件薄弱的"漏壤之国"只能通过"诸侯之五谷"获得粮食供给,而获得这些粮食的方法是"与工雕文梓器",即促进制造业产品的生产和出口。[4]《管子》中提到的"轻重之术"的第一个应用案例就是伊尹用精细纺织品的出口获得对于夏桀粮食的控制。根据《管子》的记载,夏桀设立了"女乐三万人",而这些女乐师"无不服文绣衣裳",伊尹利用夏桀的需求,鼓励"游女工文绣篡组",出产的纺织品,一匹可以换得夏桀的粮食百钟,通过这种方法,伊尹"得其粟而夺之流",《管子》称这是"来天下之财"的方法。[5] 管仲以及以其为代表的"东国法家"无疑是非常重视并且主张发展工商业的。

这种非常重视发展工商业的思想在先秦儒家经济思想中却几乎没有出现。在《论语》中,孔子反对儒者从事制造业活动,"不仅本人不能从事工艺生产,连家人也不应该从事生产"[6]。在《孟子》中,制造业与农业之间互相提供市场的协作已经被注意到了。对于主张人人都要自己种粮食的农家人物,孟子说道:"农夫用谷物交换工匠生产的器械,不能说损害了工匠;那么工匠用他们的产出交换农夫的谷物,难道损害了农夫吗?"("以粟易械器者,不为厉陶冶;陶冶亦以其械器易粟者,岂为厉农夫哉?"[7])"你不为各行业互通有无,用过剩弥补短缺,那么农夫有多余的谷物,女工有多余的布;如果你为各行业互通有无,那么

---

〔1〕 Jan de Vries, *European Urbanization 1500－1800*, London: Methuen and Co., 1984, p. 39.
〔2〕《管子》卷20,《小匡》。
〔3〕《管子》卷20,《小匡》。
〔4〕《管子》卷76,《山至数》。
〔5〕《管子》卷80,《轻重甲》。
〔6〕胡寄窗:《中国经济思想史》上卷,上海财经大学出版社1998年版,第88页。
〔7〕孟轲等:《孟子》,《滕文公上》。

木匠、轮匠、车匠都可以得到食物。”(“子不通功易事,以羡补不足,则农有馀粟,女有馀布。子如通之,则梓匠轮舆皆得食于子。”[1])很明显,孟子已经看到了专业化的农业劳动者(农夫和女工)和专业化的制造业劳动者(“梓匠轮舆”)之间因为交换的阻断导致的农产品过剩问题,以及这种交换一旦建立之后双方得到的好处:农夫用过剩农产品交换了制造业产品;制造业者用制造业产品得到了食物和其他乡村产品。虽然取得了这种认识,但相比于详细的关于“制民之产”和井田制的计划,《孟子》中并没有类似《管子》中关于如何建立和促进制造业发展的计划。《孟子》对于城市制造业的态度是中立的:它没有抑制制造业的态度;也没有特别的促进制造业的主张,对于《孟子》而言,这似乎不是一个重要的问题。儒家的两位最重要的思想家——孔子和孟子——都没有将发展制造业当成一个重要的问题。在儒家“四书”的另外两部经典著作《大学》和《中庸》中,《大学》完全没有谈及关于制造业的问题。

《中庸》是儒家经典中关于制造业问题的例外。“《中庸》提出了一个新的经济概念,认定工业能生产财富。”[2]《中庸》中提到,国家的治理有九个原则,其中唯一与促进财富生产有关的原则是“来百工”,即吸引制造业,并且“来百工”原则旨在实现的目标是“财用足”[3]。《中庸》中提出的促进经济的政策原则只有两个,分别是促进农业和制造业:“按照时令役使百姓并且减轻税负”(“时使薄敛”),这可以鼓励百姓耕作;“每天检查,每月考核,按劳动支付报酬”(“日省月试,既禀称事”),这可以鼓励百工。[4]《中庸》认为“来百工”是“财用足”的方式,这种认识以战国时期繁荣的制造业为背景。民国时期出版的《中国工业史》认为,从西周到秦朝是中国历史上的工业大进化时期,在秦朝之后,古代中国工业发展的动力逐渐虚弱。[5] 战国时期工业发展的关键动力来自生铁的冶炼和加工技术的发明。战国时期,因为鼓风方法的进步,建设大规模炼铁高炉成为可能,生铁由此可以大量生产,欧洲的同类技术,以水轮为动力的大规模生产生铁的冶炼技术,在 14 世纪才出现。[6] 此外,通过加热锻造和渗碳处理使生铁

---

[1] 孟轲等:《孟子》,《滕文公下》。
[2] 胡寄窗:《中国经济思想史》上卷,上海财经大学出版社 1998 年版,第 108 页。
[3] 子思:《中庸》。
[4] 子思:《中庸》。
[5] 陈家锟编:《中国工业史》,上海中国图书公司 1917 年版,第 7—8 页。
[6] 杨宽:《战国史》,上海人民出版社 2003 年版,第 45 页。

脱碳生产可锻铁和钢的技术也出现了，而欧洲直到 18 世纪才出现同类技术。[1] 在这些新技术的基础上，铁制工具和铁制武器的制造与使用开始普及。铁制工具的普及带动了为架屋造船需求服务的木器制造业。此外，虽然铁器开始普及，"青铜器制造技术却发展到最高峰"[2]。胡寄窗写道："战国手工业的繁荣发展这一客观过程，促成了两种极端相反的观点。一方面，有许多思想家，或者由于拒绝新生事物，对工业生产表示憎恶，或者由于要求地主经济的支配，对工业主张抑制。另一方面，有一些思想家极重视工业生产在创造财富中的作用，主张对工业加以奖励。《中庸》作者就是后一观点的代表。"[3]但是，《中庸》代表的以战国时期制造业大发展为背景、重视制造业的主张，在儒家的其他经典与思想中并未出现。

"历代学者通常总在致国家于富强一点上把管商相提并论。"[4]以商鞅为代表的"秦晋法家"是面对战国时期的制造业发展而主张抑制制造业的代表。需要注意的是，商鞅及其信徒主张抑制制造业，并不是因为制造业是性质上比农业更差或者没有生产性的经济活动，而恰恰是因为看到了制造业相比农业的优势以及源于这种优势的经营制造业对人民的强烈诱导。于是，为了稳定农业中的投入，以商鞅为代表的"秦晋法家"选择通过政策手段切断经营制造业对于人民的诱导。在《商君书》的《垦令》中，商鞅提出了 20 种涉及政府行政、税收劳役、市场规则、文化风气、社会组织的政策，以鼓励农业生产积极性，并消除来自政府、贵族、商人等各方面对于农业的干扰以及对于农业劳动力的吸引。[5] 这些政策中就包括国家统一管理山林湖泊资源（"壹山泽"）、加重商业的赋税（"重关市之赋"）以及增加商人家庭的劳役（"以商之口数使商"）。[6] 这样做的目的是，通过政策降低工商业的利润（"无裕利，则商怯；商怯则欲农"），减少工商业的经营机会（"恶农、慢惰、倍欲之民无所于食，无所于食，则必农"），降低工商业从业者的期望和积极性（"商有疑惰之心"），进而趋势工商业者投入农业并稳定

---

〔1〕 杨宽：《战国史》，上海人民出版社 2003 年版，第 49—51 页。

〔2〕 童书业：《中国手工业商业发展史》，中华书局 2005 年版，第 28—30 页。

〔3〕 胡寄窗：《中国经济思想史》上卷，上海财经大学出版社 1998 年版，第 108 页。

〔4〕 胡寄窗：《中国经济思想史》上卷，上海财经大学出版社 1998 年版，第 408 页。

〔5〕 商鞅等：《商君书》卷 1，《垦令》。胡寄窗：《中国经济思想史》上卷，上海财经大学出版社 1998 年版，第 393—397 页。

〔6〕 商鞅等：《商君书》卷 1，《垦令》。

农业中的投入。[1] 商鞅非常重视农业,认为如果人民都选择投入农业,那么国家就能富裕("民泽毕农,则国富"[2])。哪怕国家的农业产出已经充足,政策对于农业的鼓励依然不能放松("善为国者,仓廪虽满,不偷于农"[3])。

《商君书》中对于农业为什么如此重要没有充分解释,但是考虑到商鞅和《商君书》的历史背景,就可以理解这种重农主义。首先,商鞅的政策和《商君书》所处的直接背景是,秦国在当时的战国时代似乎是一个农业不发达的落后穷国。根据《史记》记载,在商鞅所服务的秦国君主秦孝公即位之初,"秦僻雍州,不与诸侯之会盟,夷狄遇之",秦国几乎被中原各国视为落后的"夷狄"。[4] 在吸引商鞅前往秦国的秦孝公的命令中也写道:当时秦国的形势是"国家内忧,未遑外事,三晋攻夺我先君河西地,诸侯卑秦,丑莫大焉"[5]。根据《商君书》的记载,一个国家耕地开垦的面积理想状态下应当占到国土面积的 6/10,而当时秦国的耕地开垦面积还不到 2/10,其他自然资源也没有充分开发("其薮泽谿谷名山大川之材物货宝,又不尽为用"[6])。其次,虽然战国时期制造业有了重大发展,但是谷物的生产对于国家的安全依然有决定性的意义。这一点需要参考与《商君书》大体处于同一时代的《管子》。《管子》中记载了管仲和齐桓公通过操纵绨、柴、生鹿、狐白之皮、械器等物资的交易降服鲁梁、莱莒、楚国、代国、衡山国等敌对国家的案例。[7] 齐国在降服这些敌国的过程中,都是首先增加对于敌国制造业产品和自然特产的需求,诱导敌国人民忽视农耕而投入生产齐国需要的产品中,因此敌国粮食产量下降、价格上涨,此时齐国中断与敌国的贸易,敌国人民收入断绝且面临国内粮食昂贵的问题,齐国再利用自己的低廉粮食价格吸引大量敌国人民迁入齐国,敌国因此崩溃。不论这些案例是否真实发生过,《管子》的这些案例都表达出以下思想:即使通过出口制造业产品和自然特产可以积累财富,但是如果国内没有充足的粮食储备和粮食生产,那么国家的基本安全和独立都无法保障。以依靠工商业建国的"冠带衣履天下"的齐国为背景的《管子》尚且如此重视粮食的国家安全意义,以半野蛮化、农业尚不发

[1] 商鞅等:《商君书》卷 1,《垦令》。
[2] 商鞅等:《商君书》卷 3,《靳令》。
[3] 商鞅等:《商君书》卷 1,《农战》。
[4] 司马迁:《史记》卷 5,《秦本纪》。
[5] 司马迁:《史记》卷 5,《秦本纪》。
[6] 商鞅等:《商君书》卷 1,《农战》。
[7] 《管子》卷 84,《轻重戊》。

达、面临战争威胁的秦国为背景的《商君书》对于粮食生产自然也会极端地重视。因此,可以将商鞅的极端重视农业生产视为落后秦国维护国内经济安全的措施。正如蒙文通写道:“盖秦起西戎,其工商业视东方诸国为落后,不可与争。尤不得不抑商以防财货之外溢,故奖本富而抑末富……盖以秦之资本不及山东之国,不抑商,则山东之国可以制秦经济之死命。”〔1〕

商鞅和《商君书》认为,必须采用压抑工商业的手段促进农业的原因正是看到了制造业活动优于农业的特征,并且认为制造业的这种优势会将农业中的投入吸收到制造业中。《商君书》认为,人的天性总是追求更大的利益:“民之性,饥而求食,劳而求佚,苦则索乐,辱则求荣,此民之情也……民之性,度而取长,称而取重,权而索利。”〔2〕同时,《商君书》明确指出,制造业和商业的利润比农业更高:

> 民之内事,莫苦于农,故轻治不可以使之。奚谓轻治?其农贫而商富,故其食贱者钱重。食贱则农贫,钱重则商富;末事不禁,则技巧之人利,而游食者众之谓也。故农之用力最苦,而赢利少,不如商贾技巧之人。〔3〕

“农之用力最苦,而赢利少,不如商贾技巧之人。”《商君书》认为,经营制造业对人民的诱导非常强,以至于“农战之民百人,而有技艺者一人焉,百人者皆怠于农战矣”〔4〕。因此,为了保证农业的投入,必须提高粮食的价格、增加农业的赢利,增加制造业和贸易的税收负担降低制造业和贸易的赢利,以此驱使人民离开制造业和贸易,投入农业,即“欲农富其国者,境内之食必贵,而不农之征必多,市利之租必重,则民不得无田”〔5〕。商鞅以及“秦晋法家”的重农抑商是在意识到制造业利润高于农业之后,为了鼓励农业发展而有意放弃制造业的利润,选择积累农业生产的过剩产品。《商君书》注意到“谷贱伤农”的问题:“本物贱,事者众,买者少,农困而奸劝。”〔6〕然而,不同于与商鞅同时代的孟子认为“农有馀粟,女有馀布”的问题可以通过农人与“梓匠轮舆”建立“通功易事”的关系解决,商鞅和“秦晋法家”选择的解决方法不是扩张制造业增加农产品的需

〔1〕 蒙文通:《古史甄微》,巴蜀书社1999年版,第224页。
〔2〕 商鞅等:《商君书》卷2,《算地》。
〔3〕 商鞅等:《商君书》卷4,《外内》。
〔4〕 商鞅等:《商君书》卷1,《农战》。
〔5〕 商鞅等:《商君书》卷4,《外内》。
〔6〕 商鞅等:《商君书》卷1,《去强》。

求,而是取消粮食贸易,将余粮收归国家控制,阻止劳动力和其他资源从农业向制造业转移,为处境困难的秦国扩大农业的开发、积累支持战争的物资、培养适合成为战士的人民。正如《商君书》中写道,专心务农的人民朴实并且是可信的战士("归心于农,则民朴而可正也,纷纷则易使也,信可以守战也"[1])。

因此,虽然商鞅主张重农抑商,但是这并不意味着商鞅认为制造业和商业是不能生产财富的;相反,正是因为制造业和商业产生货币财富的能力远胜于农业,所以为了推行耕战战略,商鞅必须在抑制商业的前提下才能发展农业。[2] 但是,战国后期出现了认为制造业和贸易不具有生产性而主张重农抑商的荀子。胡寄窗认为,荀子"才是古代中国真正的重农主义者"[3]。"春秋战国以来对待工商业态度,在荀子的手中才起了显著的变化,形成了一种重农抑工商的新趋势……从殷周到春秋,都无抑制或轻视工商业的思想出现……战国中叶,除白圭以长于商业之术自豪和《管子》作者仍因袭管仲农工商兼重之说外,其他思想家已不公开推重工商,甚至有人反对工艺技巧……荀卿第一个给重农抑工商的趋势以经济理论上的解释。"[4]荀子既没有像《周礼》《中庸》和《管子》一样将制造业视为生产财富的关键,没有像《孟子》一样注意到过剩农业产品的问题并且重视制造业和农业之间互相提供市场的协作,也没有像《商君书》一样认识到制造业具有比农业更高的利润。荀子将财富视为一种"剩余",而且是农业部门的剩余。荀子写道:"足国之道,节用裕民而善藏其馀。"[5]这些剩余是超过消费量的农产品,所以荀子认为"田野县鄙者,财之本业",即乡村地区是生产财富的源头。[6] 荀子认为,促进财富增长,即剩余农产品增长,主要有两种方法:开源和节流。一方面,促进财富增长需要促进各种农产品的生产,按照农产品的自然生长节奏安排农业劳动,积累农产品剩余:"春耕、夏耘、秋收、冬藏,四者不失时,故五谷不绝而百姓有馀食也;洿池、渊沼、川泽谨其时禁,故鱼鳖优多而百姓有馀用也;斩伐养长不失其时,故山林不童而百姓有馀材也。"[7]另一方面,促进剩余农产品增长需要节约对于农产品的消费。"故知节

[1] 商鞅等:《商君书》卷1,《农战》。
[2] 胡寄窗:《中国经济思想史》上卷,上海财经大学出版社1998年版,第430页。
[3] 胡寄窗:《中国经济思想史》上卷,上海财经大学出版社1998年版,第429—430页。
[4] 胡寄窗:《中国经济思想史》上卷,上海财经大学出版社1998年版,第430—431页。
[5] 荀况:《荀子》,《富国》。
[6] 荀况:《荀子》,《富国》。
[7] 荀况:《荀子》,《王制》。

用裕民，则必有仁义圣良之名，而且有富厚丘山之积矣。此无它故焉，生于节用裕民也。”〔1〕节约对于农产品消耗的一个关键方面就是减少制造业者和商人。荀子发现：“工商众则国贫。”〔2〕荀子认为，增加农业劳动者的人数（“众农夫”），降低制造业和商业人口（“省工贾”），以及维持社会安全秩序（“禁盗贼，除奸邪”），是对于人民的“生养之道”。〔3〕因此，荀子认为，增加国家财富的基本政策是减少税赋、减少制造业和商业人口、减少劳役，以及不干扰农作物的生长节奏：“轻田野之税，平关市之征，省商贾之数，罕兴力役，无夺农时，如是，则国富矣。”〔4〕荀子认为，工商业者没有生产性，没有像商鞅一样注意到制造业和贸易的利润比农业高，因此并没有担忧制造业和贸易会吸收农业的资源，也没有提出通过重税降低工商业利润的政策。荀子理想中的国家富裕的状态是农产品极端剩余的状态，哪怕不时焚烧，却依然堆积如山无处堆放：“上以法取焉，而下以礼节用之，馀若丘山，不时焚烧，无所臧之。”〔5〕荀子的思想非常像18世纪的法国重农主义思想：农业是社会中唯一的生产部门；制造业者和商人不生产财富，仅仅消耗农业生产的剩余产品；投资可以促进财富增加，但是资本的积累来源于对农业剩余产品的节约。〔6〕

荀子生活在大一统的帝制中国的诞生前夕，他的门徒李斯和韩非直接参与了秦始皇的统一事业，他的再传门徒贾谊又直接参与了作为“中国整个帝制时期的楷模”的西汉的制度草创。〔7〕在当时的背景下，荀子面临的历史任务是为统一在望的、由地主阶级领导的帝制中国进行各方面的规划和设计。〔8〕在经济政策方面，荀子的经济思想也为后世的帝制中国做出了基本设计。荀子的重农主义以及“他的‘节其流，开其源’的财政原则，成为在他以后二千年封建社会

〔1〕荀况：《荀子》，《富国》。

〔2〕荀况：《荀子》，《王制》。

〔3〕荀况：《荀子》，《君道》。

〔4〕荀况：《荀子》，《富国》。

〔5〕荀况：《荀子》，《富国》。

〔6〕参见：[法]杜尔阁：《关于财富的形成和分配的考察》，南开大学经济系经济学说史教研组译，商务印书馆1961年版，第20－22页、第26－28页、第46－49页。

〔7〕司马迁：《史记》卷84，《屈原贾生列传》。[美]黄仁宇：《中国大历史》，生活·读书·新知三联书店1997年版，第42页。

〔8〕赵靖：《中国古代经济管理思想概论》，广西人民出版社1986年版，第43页。胡寄窗：《中国经济思想史》上卷，上海财经大学出版社1998年版，第446－447页。赵靖主编：《中国经济思想通史》第1卷，北京大学出版社2002年版，第372页。

谈财政问题者的金科玉律”[1]。“中国古代谈论富国途径,自荀况提出‘强本节用’……的口号后,即成为人们共同接受的公式。后世谈及富国途径,无不主张强本节用,只是在具体解释方面稍有各自的特点。”[2]在荀子的这种影响下,增加并节省农产品剩余成为传统中国的经济政策目标。在制造业和农业之间建立“通功易事”的协作关系,像姜太公和管仲一样通过“通货积财”追求制造业高于农业的利润,这些事项都被排除在传统中国的国家经济政策之外。这就是“大分流”现象发生前中国经济政策思想的一个基本特征。在传统中国后期占统治地位的意识形态——宋明理学——中,最能反映宋明理学经济思想的是丘浚(1420—1495)的《大学衍义补》。“宋真德秀的《大学衍义》与丘浚的《大学衍义补》二书,一向被认为是宋、明以来道学家向封建统治者所提供的统治政术书籍中最有地位的两种。”[3]丘浚是明朝中期的高官,最高曾任太子太保、文渊阁大学士,参预机务。[4] 丘浚在明孝宗(1470—1505)登基后,向皇帝呈献《大学衍义补》,明孝宗非常认可此书,命令刊印发行并提拔丘浚担任礼部尚书。[5]

在荀子之后一千七百多年,丘浚在《大学衍义补》中依然明确推崇荀子的经济政策思想。在提到荀子所说的“田野县鄙者财之本也”的时候,丘浚认为,荀子通过开源节流促进剩余农产品积累的主张是“有国家者不可以不知”的:“荀卿本末、源流之说,有国家者不可以不知也。诚知本之所在则厚之,源之所自则开之,谨守其末,节制其流,量入以为出,挹彼以注此,使下常有馀、上无不足。”[6]丘浚认为,“食货”问题,即我国古代名词体系中的“经济”问题,本质上就是农业问题。“所谓食、所谓货谓之农可也。”[7]因此,丘浚认为,农业是本业:“民之中农以业稼穑,乃人所以生生之本,尤为重焉。”[8]制造业和贸易在丘浚看来是末业的一部分,丘浚用“工商末作者”的称呼与“农圃食力者”相对。[9]丘浚认为,农业是生产财富的源头,居民的日常消费开支、婚丧嫁娶的仪式开支、应对水旱灾害的救济开支和政府的开支都源于农业产出:“民之所以为生产

[1] 胡寄窗:《中国经济思想史》上卷,上海财经大学出版社 1998 年版,第 447 页。
[2] 赵靖主编:《中国经济思想通史》第 4 卷,北京大学出版社 2002 年版,第 1785 页。
[3] 胡寄窗:《中国经济思想史》下卷,上海财经大学出版社 1998 年版,第 332 页。
[4] 赵靖主编:《中国经济思想通史》第 4 卷,北京大学出版社 2002 年版,第 1701 页。
[5] 张廷玉等:《明史》卷 181,《列传第六十九》。
[6] 丘浚:《大学衍义补》卷 16,《恤民之患》。
[7] 丘浚:《大学衍义补》卷 1,《治国平天下之要》。
[8] 丘浚:《大学衍义补》卷 1,《治国平天下之要》。
[9] 丘浚:《大学衍义补》卷 20,《总论理财之道上》。

者田宅而已,有田有宅斯有生生之具。所谓生生之具,稼穑、树艺、牧畜三者而已,三者既具则有衣食之资、用度之费,仰事俯育之不缺,礼节患难之有备,由是而给公家之征求、应公家之徭役皆有其恒矣。"[1]如同荀子一样,丘浚认为,财富的本质是"蓄积",即剩余农产品,积累剩余农产品应当是国家经济政策的目标:"安养斯民之政在开其资财之道,开资财有道,在垦土田、通山泽使地无遗利,禁游民、兴农业使民无馀力,如此,则蓄积多矣。"[2]丘浚认为,一个国家"三年耕必馀一年食",这样可以保证"国无不足之患,民有有馀之食"。[3] 丘浚所认为的财富增加之道,即剩余农产品的增加之道,与荀子的"开源节流"一样,即在增加剩余农产品的产量,减少对于剩余农产品的消费。丘浚借用《大学》中的词句写道:"究其所以为生财之道者,则生者众食者寡、为者疾用者舒而已。"[4]因为剩余农产品是国家的财富,所以农产品的自然生长过程和节奏对于财富的产生是决定性的:"君之所以治者以民,民之所以生者以食,食之所以足者以农,农之所以耕者以时。"[5]减少对于剩余农产品的消费,一方面需要政府节约开支。在谈到陆贽提出的"地力之生物有大数,人力之成物有大限,取之有度、用之有节则常足,取之无度、用之无节则常不足"时,丘浚写道,"陆贽进言于其君所谓节之一言,诚万世人君制用丰财之要道也",即君主及其政府需要节俭。[6]此外,如同荀子一样,丘浚认为,节约剩余农产品还需要尽量增加农业劳动者的数量,减少农业劳动者的数量。在谈到西汉贾谊的《论积贮疏》时,丘浚认为,为了使"国家粟多而财有馀",国家应当采取的政策"莫急于驱末技游食之民而归之南亩以务农,使天下无不耕之夫、不织之女耳"[7]。丘浚非常支持皇帝和皇后每年的躬耕劝农仪式,因为丘浚认为,这种仪式有利于鼓励农业劳动者人数的增加和非农业劳动者人数的减少。丘浚写道:在见闻皇帝和皇后的躬耕仪式后,"畎亩之间、闾阎之下,闻其风教者莫不曰以天子之尊、后妃之贵犹不废耒耜、机杼之业,况吾侪小人乎?"因此,"将见田里无不耕之夫、室家无不织之女,人人有业、家家务本,自然无游手之民、末作之技,家给而人足",最终实现"民所

---

〔1〕 丘浚:《大学衍义补》卷 14,《制民之产》。
〔2〕 丘浚:《大学衍义补》卷 20,《总论理财之道上》。
〔3〕 丘浚:《大学衍义补》卷 16,《恤民之患》。
〔4〕 丘浚:《大学衍义补》卷 20,《总论理财之道上》。
〔5〕 丘浚:《大学衍义补》卷 15,《重民之事》。
〔6〕 丘浚:《大学衍义补》卷 21,《总论理财之道下》。
〔7〕 丘浚:《大学衍义补》卷 24,《经制之义下》。

以为生者益固,国所以藏富者益厚矣”。[1] 丘濬的理想是“天下之民咸趋于南亩而惟农之是务”[2]。在《大学衍义补》中,丘濬用了一卷的篇幅讨论“工”的问题(卷97),但是这一卷没有出现在名为“固邦本”和“制国用”的关于经济问题的讨论中,而是与国土规划、宫殿建设、冕服样式、仪仗规格、和度量衡标准等问题一起,出现在名为“备规制”的关于公共工程和皇家器用的讨论中(除以上三个部分外,《大学衍义补》中还有名为“正朝廷”“正百官”“名礼乐”“崇教化”“慎刑宪”“严武备”“驭夷狄”“成功化”的八个部分)。此外,该卷对于“工”的问题的讨论,也并不是将“工”视为一个经济中的制造部门,而是视为向皇帝和皇室提供器物的皇家服务部门。并且在这一卷中,丘濬表达的主要观点是,君主所使用的器物应当尽可能简朴。[3]

丘濬无疑是和荀子一样的重农主义者,他把国家经济政策的重点放在增加剩余农产品积累上。他的《大学衍义补》是“反刍似地不绝咀嚼先秦以来的儒家经济教条,并把关于它们的历代唯心主义解释系统抄录,奉为万世不变的真理而墨守着”[4]。丘濬和《大学衍义补》的经济思想代表着传统中国后期——包括本书关心的16—18世纪——影响政府经济政策的主流经济思想。“丘濬的‘杂烩羹’却标志着以往传统观点的大汇总,也代表了当时乃至以后一个历史时期内保守的封建士大夫对若干经济问题的典型看法。”[5]与乔万尼·博泰罗(1543—1617)基本生活在同一时代的著名明朝内阁首辅张居正(1525—1582)同样也是一位重农主义者。张居正认为,农业是本业,是财富的源头。张居正曾经说过:“农,生民之本也。周家用稼穑兴王业,即治天下国家,固亦由力本节用,抑浮重谷而后化可兴也。”[6]因此,如同荀子和丘濬一样,张居正认为,节约对于剩余农产品的消费,即“倡之以俭,视之以礼”,是财富积累的重要措施。[7]张居正写道:“天地生财,自有定数。取之有制,用之由节,则裕;取之无制,用之无节,则乏。”[8]张居正的财政经济政策原则就是节约政府开支。张居正和丘

[1] 丘濬:《大学衍义补》卷15,《重民之事》。
[2] 丘濬:《大学衍义补》卷15,《重民之事》。
[3] 丘濬:《大学衍义补》卷97,《工作之用》。
[4] 胡寄窗:《中国经济思想史》下卷,上海财经大学出版社1998年版,第369—370页。
[5] 胡寄窗:《中国经济思想史》下卷,上海财经大学出版社1998年版,第370页。
[6] 引自赵靖主编:《中国经济思想通史》第4卷,北京大学出版社2002年版,第1786页。
[7] 引自赵靖主编:《中国经济思想通史》第4卷,北京大学出版社2002年版,第1787页。
[8] 引自赵靖主编:《中国经济思想通史》第4卷,北京大学出版社2002年版,第1788页。

浚一样信奉“三年耕必馀一年食”，正如他写道：“夫古者王制，以岁终制国用，量入以为出，计三年所入，必积有一年之余，而后可以待非常之事，无匮乏之虞。”[1]张居正在重农的框架下重视商业沟通有无的作用，认为农业和商业存在协作关系：“古之为国者，使商通有无，农力本穑。商不得通有无以利农，则农病；农不得力本穑以资商，则商病。故农商之势，常若权衡然。至于病，乃无以济也。”[2]张居正重视商业，似乎并不是看到商业促进了不同农业部门之间的交换和协作，而是建立了孟子所说的农业和制造业之间为彼此提供市场需求的“通功易事”式的协作。但是，“他[张居正]仍然认为农是本，所以认为越是‘厚农’，就越能加强商的基础”[3]。

在18世纪，荀子和丘浚式的重农主义依然是中国政府经济政策的基本原则。在与科尔贝(1619－1683)同时代的康熙皇帝(1654－1722)颁布的“上谕十六条”中，关于经济政策和财政政策的两条分别是：“重农桑以足衣食”以及“尚节俭以惜财用”。[4] 这显然是典型的荀子和丘浚式的观点。1724年，雍正皇帝为“上谕十六条”撰写了总计一万字的解释，这些解释与“上谕十六条”原文一起合订为《圣谕广训》刊印发行，作为全体官民行事的原则，从1729年开始直到光绪年间每月朔望两日由各级地方政府向全体平民和士兵宣讲。[5] 此外，直到清末新政时期，《圣谕广训》都是清朝各式学堂中童生考试的必考内容，因此，《圣谕广训》是清朝中期以后人民不得不读的书，是销量最大的书之一。[6]

在解释“重农桑以足衣食”的文字中，雍正皇帝仔细表达了重农主义的主张。与荀子和丘浚相同，雍正皇帝认为农业是财富的源头：“养民之本，在于衣食，农桑者衣食所由出也。”[7]雍正皇帝继承了从荀子开始的认为，财富的源头在于土地和农作物自然生长周期的看法，认为“夫衣食之道，生于地，长于时，而聚于力”[8]。这句话是借用自西汉晁错(公元前200－前154)在《论贵粟疏》中

---

[1] 引自赵靖主编：《中国经济思想通史》第4卷，北京大学出版社2002年版，第1789页。

[2] 引自赵靖主编：《中国经济思想通史》第4卷，北京大学出版社2002年版，第1786页。

[3] 引自赵靖主编：《中国经济思想通史》第4卷，北京大学出版社2002年版，第1787页。

[4] 周振鹤撰集，顾美华点校：《圣谕广训：集解与研究》，上海书店出版社2006年版，第34页。

[5] 周振鹤撰集，顾美华点校：《圣谕广训：集解与研究》，上海书店出版社2006年版，第586－591页。

[6] 周振鹤撰集，顾美华点校：《圣谕广训：集解与研究》，上海书店出版社2006年版，第584页。

[7] 周振鹤撰集，顾美华点校：《圣谕广训：集解与研究》，上海书店出版社2006年版，第42页。

[8] 周振鹤撰集，顾美华点校：《圣谕广训：集解与研究》，上海书店出版社2006年版，第42页。

的“粟米布帛生于地，长于时，聚于力”[1]。与荀子和丘濬相同，雍正皇帝同样认为，财富增长的方式主要是按照农作物自然生长周期勤奋劳动，节约对于农业剩余产品的消费，其中包括尽量压缩非农业劳动者的数量。雍正皇帝劝谕人民要勤奋劳动：“故勤则男有馀粟、女有馀帛，不勤则仰不足事父母，俯不足畜妻子。”[2]同时，雍正皇帝认为，人民必须节俭，尽量积累剩余农产品：“生人不能一日而无用，即不可一日而无财。然必留有馀之财，而后可供不时之用。故节俭尚焉。夫财犹水也，节俭犹水之蓄也。”[3]他认为，不节俭等于不勤劳生产财富：“不俭之弊，与不勤等。”[4]此外，与荀子和丘濬相似，雍正皇帝的理想是尽量增加农业劳动力的数量，尽量减少非农业劳动力的数量。雍正皇帝引用西汉贾谊在《论积贮疏》中提出的论点：“一夫不耕或受之饥，一女不织或受之寒。”[5]特别需要注意，雍正皇帝明确谕令，不希望人民从事利润率高于农业的非农业活动，他写道：“愿吾民尽力农桑，勿好逸恶劳，勿始勤终惰，勿因天时偶歉，而轻弃田园，勿慕奇赢倍利，而辄改故业。”[6]雍正皇帝认为，人民致富的方式是专心农业劳动并努力长期积累剩余产品：“苟能重本务，虽一岁所入，公私输用而外，羡余无几而日积月累以至身家饶裕。子孙世守，则利赖无穷。不然而舍本逐末，岂能若是之绵远乎？”[7]在上述思想的基础上，雍正皇帝对于各地文武官员提出了经济政策的基本原则：“地方文武官僚，俱有劝课之责，勿夺民时，勿妨民事，浮惰者惩之，勤苦者劳之，务使野无旷土，邑无游民，农无舍其耒耜，妇无休其蚕织，即至山泽园圃之利，鸡豚狗彘之畜亦皆养之有道，取之有时，以佐农桑之不逮。”[8]雍正皇帝认为，只要坚持这样的政策，国家自然可以富裕：“庶几克勤本业，而衣食之源溥矣。”[9]雍正皇帝无疑也是荀子与丘濬那类的重农主义者，他提出的国家经济政策的基本原则是传统的荀子的“开源节流”式的。雍正皇帝本人曾经在一份 1727 年的上谕中说过：“朕观四民之业，士之

---

〔1〕 班固：《汉书》卷 24，《食货上》。

〔2〕 周振鹤撰集，顾美华点校：《圣谕广训：集解与研究》，上海书店出版社 2006 年版，第 42 页。

〔3〕 周振鹤撰集，顾美华点校：《圣谕广训：集解与研究》，上海书店出版社 2006 年版，第 51 页。

〔4〕 周振鹤撰集，顾美华点校：《圣谕广训：集解与研究》，上海书店出版社 2006 年版，第 42 页。

〔5〕 班固：《汉书》卷 24，《食货上》。周振鹤撰集，顾美华点校：《圣谕广训：集解与研究》，上海书店出版社 2006 年版，第 42 页。

〔6〕 周振鹤撰集，顾美华点校：《圣谕广训：集解与研究》，上海书店出版社 2006 年版，第 42 页。

〔7〕 周振鹤撰集，顾美华点校：《圣谕广训：集解与研究》，上海书店出版社 2006 年版，第 42 页。

〔8〕 周振鹤撰集，顾美华点校：《圣谕广训：集解与研究》，上海书店出版社 2006 年版，第 42 页。

〔9〕 周振鹤撰集，顾美华点校：《圣谕广训：集解与研究》，上海书店出版社 2006 年版，第 42 页。

外,农最贵。凡士工商贾,皆赖食于农。以故农为天下之本务,而工贾皆其末也。今若于器用服玩,争尚华巧,必将多用于工匠,市肆中多一工作之人,则田亩中少一耕稼之人。"[1]这无疑是一段重农主义式的论述,雍正皇帝认为,制造业者和商人都只是消费农业剩余的非生产者而已。康熙皇帝和雍正皇帝的重农主义思想由乾隆皇帝继承了。乾隆皇帝明确说道:"朕欲天下之民,使皆尽力南亩……将使逐末者渐少,奢靡者知戒,蓄积者知劝。"[2]18 世纪的中国皇帝奉行的经济政策原则是尽量压抑制造业的发展,并且限制资源从农业向制造业转移。

需要注意的是,相比中国清朝皇帝们的"重农主义"思想,同时代的欧洲君主在谕旨中则明确提出了"工业主义"思想。与雍正皇帝同时代的英国国王乔治一世(1660－1727)在 1721 年对英国议会发表的一番演说中提出:"很明显,没有什么比尽可能地出口我们自己的制造业产品和进口用于制造它们的商品更能促进公共利益了;通过这种方式,贸易平衡可以保持对我们有利,我们的航运会极大增加,并且我们的大量穷人都会找到工作。"[3]同时代的普鲁士国王腓特烈·威廉一世在 1722 年写给其王储的政治遗嘱中写道:"一个国家及其君主的所有东西的关键要害和中坚力量就是制造业,所以我的继承人必须努力在普鲁士及其他省份建立制造业,特别是羊毛制造业。为了这个目标,我的继承人必须禁止所有外国羊毛纺织品进入普鲁士及其他省份……我的继承人必须恪守我留下的关于各省禁止出口生羊毛的法令……我的继承人必须促进所有省份中的制造业,这样你就能看到你的财政收入的增加以及你的土地和人民的繁荣。"[4]在同年给掌管普鲁士全部经济与社会管理事务的内政部(Generaldirekorium)写的指示中,腓特烈·威廉一世写道:"关于建立精良装备的制造业对我们和我国的巨大重要性,对于内政部来说已经充分明白了,因此,它必须为此尽最大的努力,以保证在可能的范围内,建立我国尚未拥有的各种羊毛制造

---

〔1〕 引自张守军:《中国历史上的重本抑末思想》,中国商业出版社 1988 年版,第 134 页。

〔2〕 引自张守军:《中国历史上的重本抑末思想》,中国商业出版社 1988 年版,第 134 页。

〔3〕 Norris A. Brisco, *The Economic Policy of Robert Walpole*, New York: The Columbia University Press, 1907, p. 130.

〔4〕 Georg Küntzel and Hass Martin, eds. *Die Politischen Testamente der Hohenzollern*, bd. 1, Leipzig and Berlin: Druck und B. G. Teubner, 1911, pp. 76－77.

业、铁制造业、木材制造业以及皮制造业。”[1]与乾隆皇帝同一时代的普鲁士国王腓特烈二世在《反马基雅维利》中写道:“关于各种制造业,它们可能是对于一个国家最有用和最有利可图的事物,因为它们满足了居民们的必需品和奢侈品需求,并且[进口这些制造业的产品的]邻国会为你的工业缴纳贡金。一方面,它们可以避免金钱离开国家;另一方面,它们可以将这些金钱带入本国。”[2]在其1752年的政治遗嘱中,腓特烈二世没有像其父一样提供关于制造业重要性的简明扼要的论断,这应该是因为在那时制造业的重要性已经不消多言了,但是腓特烈二世重申了建立制造业可以增加国内金钱的观点。腓特烈写道:“贸易和制造业可以从根本上阻止金钱流出国家,并且可以促使金钱流入国内。外流的金钱可以被阻止,因为在国内可以生产所有先前需要从外国购买的产品。”[3]并且在这份政治遗嘱中,腓特烈二世专门对丝纺织业、羊毛纺织业、棉纺织业、刀剪制造业、制针业以及造纸业做了指示,并将促进这些制造业当作其继承人应该完成的任务。[4] 他叮嘱他的继承人,要继续保持对于原材料进口不征收关税,以及对于普鲁士有能力生产的制造业产品的进口征收高关税,吸引外国制造商与技工,通过提供补贴与授予特权鼓励大型制造工场。[5] “大分流”之前,当中国的皇帝们做出关于压抑制造业发展、保持资源在农业投入的最大化以增加剩余农产品的积累的“重农主义”政策指示时,欧洲的国王们做出了尽力发展制造业、将农业作为制造业发展的支持部门以增加国内外贸易中的制造业利润的“工业主义”政策指示。

《圣谕广训》的原文由文言文写成。作为需要向全体军民宣讲的文本,文言文过于难懂,于是出现了一些用白话文解释《圣谕广训》的文本。这些文本在解释“重农桑以足衣食”一条时,也一致表达了重农主义的思想。[6] 并且与雍正

---

〔1〕 G. Schmoller, D. Krauske, and D. Loewe, *Die Behördenorganisation und die allgemeine Staatsverwaltung Preußens im 18. Jahrhundert*, bd. 3, Berlin: Paul Parey, 1901, p. 595.

〔2〕 Friedrich II of Prussia, trans. by Paul Sonnino, *Anti-Machiavel*, Athens: Ohio University Press, 1981, p. 134.

〔3〕 Friedrich II of Prussia, ed. by Gustav Berthold Volz, *Die Werke Friedrichs des Großen*, bd. 7, Berlin: Reimar Hobbing, 1913, pp. 139—140.

〔4〕 Friedrich II of Prussia, ed. by Gustav Berthold Volz, *Die Werke Friedrichs des Großen*, bd. 7, Berlin: Reimar Hobbing, 1913, pp. 138—139.

〔5〕 Friedrich II of Prussia, ed. by Gustav Berthold Volz, *Die Werke Friedrichs des Großen*, bd. 7, Berlin: Reimar Hobbing, 1913, p. 122.

〔6〕 周振鹤撰集,顾美华点校:《圣谕广训:集解与研究》,上海书店出版社2006年版,第34—44页、第229—249页。

皇帝一样，这些文本也都在认识到制造业和商业的赢利比农业更高的情况下，反对人民经营这些活动。由浙江巡抚范承谟所写并刊行于1672年的《上谕十六条直解》中写道："然而你们百姓或也有别样营运借以度日，或也有他般趁干可以谋生，反道农桑劳苦，看得他轻；至有买卖趁钱希图几倍，冒险求富妄想多金，或道农桑利微，看得他细。不知人生万事只为衣食，衣食之本全在农桑。"[1]范承谟明确反对乡村产业中的人口向城市产业中转移："我今把上谕讲明，教你们耕田的尽心去耕，养蚕的尽心去养，也不要务虚名，也不要爱浮利，也不要奔走城市，也不要往来衙门，把一年十二个月的心思总放在田桑上。"[2]范承谟的这些词句之后原封不动地被收录在由同样担任浙江巡抚的陈秉直写于1679年的《上谕合律注解》中。[3] 河南按察副使、提督学政蒋伊在《恭释圣谕十六条》中也没有看到城市产业和乡村产业之间的协作关系，而是将城市产业当做乡村产业发展的阻碍，人们"操奇赢、权子母"会导致"农事之不修"而且城市产业"其事不可以常"，因此"必驱而尽缘南亩"。[4] 雍正年间的陕西盐运分司王又朴在《圣谕广训衍》中明确意识到，当农业的货币收入微薄时，人民依然应该从事农业，理由是农业"最长远"。王又朴写道：

> 天底下惟独土儿里刨食吃的人最长远，像那做买卖的商人、做手艺的工匠，虽然也是正经营生，到底不是本业，还有那做商人折了本的，做手艺也有挣不出饭来的，只有这做庄稼是个根本的事，便是一年间辛辛苦苦种来的粮食卖不上几两银子，完了钱粮，匀了费用，总算起来积攒下也不多，但是一年一年地攒下去，自有厚实日子。[5]

乾隆年间的江西吉安府知府卢崧在刊行于1775年的《世宗宪皇帝圣谕广训直解》中，有类似于王又朴的说法：

> 凡百姓人家……不要为天上雨泽偶然稀少就荒废田地，不要想出外经营有钱可赚就改了本业。虽然农桑上得来财物原不很多，完了钱粮除了食用也没有十分的羡余，然今日积下些，明日积下些，年年积蓄起来，手中渐渐充足，家用也就丰盛了，子孙也得享用了，岂不无穷无尽的好处？

---

[1] 周振鹤撰集，顾美华点校：《圣谕广训：集解与研究》，上海书店出版社2006年版，第34页。

[2] 周振鹤撰集，顾美华点校：《圣谕广训：集解与研究》，上海书店出版社2006年版，第35页。

[3] 周振鹤撰集，顾美华点校：《圣谕广训：集解与研究》，上海书店出版社2006年版，第35—36页。

[4] 周振鹤撰集，顾美华点校：《圣谕广训：集解与研究》，上海书店出版社2006年版，第36页。

[5] 周振鹤撰集，顾美华点校：《圣谕广训：集解与研究》，上海书店出版社2006年版，第230页。

若舍了自己的本业去做别路的生理，就得了钱财断没有长久，俗语说："开店钱，数十年；耕田钱，万万年。"你们可不知道么？[1]

而作者不详的《广训释》则明确劝阻人民经营利润比农业更高的产业："切不要因年岁所收的薄就把自己的田园轻弃了，更不要痴心做大买卖寻钱就把农桑故业忽然改变了。"[2]

在所有已知的对于《圣谕广训》的解释中，对于重农主义的主张解释最详细的是由江南太仓卫千总周雄基所写、由礼部仪制清吏司主事太仓人唐孙华参定的《上谕十六条注解》。该书刊行于1698年，并于1795年重新刊印。[3] 在这本书中，周雄基详细解释了在康熙皇帝的上谕十六条中，"何以只重在农，不重工、贾，并士也不说？"[4]周雄基认为，重农的理由有以下四个方面：

第一，农业提供了人类生活最必需的产品，人对制造业产品的需求产生在对于农业产品的需求得到满足之后。周雄基写道：

盖因做工的决定要人家有衣有食，方才用得着个工着，若衣食没有，还要什么器皿，哪里还顾得房屋？至如做那富贵奢华的物件，并玩好嗜欲的东西，没衣食的人怎么做得成？可见这个工是有衣食之后才用得他着，若不务农桑，不特说没人用得这个工，并连这个用工的人也冻饿而死了，可见农是个本。[5]

周雄基看到了农业产品的生产对于促进人们对于制造业产品的需求的意义，但是他没有看到人对制造业产品的需求对于促进农业产品增加的意义，即对制造业产品的需求可以激励农业劳动者增加农业产品的产出以换取制造业产品，农业产品的产量由此增加。而这是与周雄基处于同一时代的欧洲"工业主义"经济思想家们流行的观点，比如上文提到的詹姆斯·斯图尔特。

第二，制造业和贸易需要找到市场需求才能增加产出，而农业不需要市场提供需求就可以持续增加产出。周雄基写道：

[对于经营农业的人来说]现现成成在本乡本土，这田地火又烧不着、贼又偷不去，不过春天耕种、夏天芟耘、秋天收获，藏了这个种是天生的本钱，收的籽粒是地长的利息，不过劳劳身子，此心日日快活的，不像为商贾

---

[1] 周振鹤撰集，顾美华点校：《圣谕广训：集解与研究》，上海书店出版社2006年版，第240页。
[2] 周振鹤撰集，顾美华点校：《圣谕广训：集解与研究》，上海书店出版社2006年版，第237页。
[3] 周振鹤撰集，顾美华点校：《圣谕广训：集解与研究》，上海书店出版社2006年版，第600页。
[4] 周振鹤撰集，顾美华点校：《圣谕广训：集解与研究》，上海书店出版社2006年版，第37页。
[5] 周振鹤撰集，顾美华点校：《圣谕广训：集解与研究》，上海书店出版社2006年版，第38页。

的用尽心机、担尽害怕、受尽辛苦,并不像为工的先要本钱,做了器物卖与人,且不要等人叫我去做工,我自己自有田地好做,再不看人家嘴脸,不忧卖得出去卖不出去,衣是自己一家要穿的,食是自己一家要吃的,不愁买,不愁卖,何等快活!这个农怎么不是个本?[1]

周雄基的这段对于工商业和农业的比较与杜尔阁的观点非常类似。杜尔阁认为,制造业的情况是:

只有双手和辛勤劳动的单纯工人,除了能够把他的劳动出卖给别人以外,就一无所有。他可能或多或少地以高价出卖他的劳动;但是无论这种价格是高一些或低一些,都不能完全由他本人来决定;这是他同那个购买他的劳动的人双方协议的结果。后者尽力压低这一价格;由于他有一大群工人可资挑选,他便优先选那个讨价最低的工人。[2]

而在杜尔阁看来,农业的情况则完全不同:

土地把他的劳动的代价直接偿付给他,既不需要任何别人经手,也不需要任何协议。自然界并不通过他讨价还价来迫使他满足于绝对必需的东西。它赐予他的东西,既不同他的需要成比例,也不同他的劳动日的价格的协议估值成比例。这是比辛勤劳动和他用来使土地肥沃的手段的结果多得多的土地肥力和智慧的自然结果。[3]

周雄基与杜尔阁都认为,制造业产量的扩张受到市场的限制,而农业产量的扩张则不会。杜尔阁因为农业的这一特点,将农业视为经济中唯一剩余产品的生产部门。[4] 而周雄基也认为,农业的这一特点让农业劳动者"不愁买,不愁卖,何等快活"。

第三,周雄基认为农业是优于制造业和商业的经济活动,因为农业需要的资本是自然产品由此比较容易得到,并且农业的风险比工商业的风险小。周雄基写道:

天生的蚕,地长的桑,毫不要本钱的,毫不要心机的,毫不担惊受怕、

[1] 周振鹤撰集,顾美华点校:《圣谕广训:集解与研究》,上海书店出版社 2006 年版,第 38 页。

[2] [法]杜尔阁:《关于财富的形成和分配的考察》,南开大学经济系经济学说史教研组译,商务印书馆 1961 年版,第 21 页。

[3] [法]杜尔阁:《关于财富的形成和分配的考察》,南开大学经济系经济学说史教研组译,商务印书馆 1961 年版,第 21 页。

[4] [法]杜尔阁:《关于财富的形成和分配的考察》,南开大学经济系经济学说史教研组译,商务印书馆 1961 年版,第 21—22 页。

历风波艰险性命不保的，怎么不重？较之工、贾有若天渊矣，可见人人该重的。[1]

然而庸愚之人每要轻这农桑，他道工何不省力，趁钱又多；商贾何等安享，趁钱又多，何苦务这农桑？并不思量自己没了本钱，不特说商贾，止这工也怎么做？农桑是不要本钱的，利钱是天生地长的，不怕火灾、盗贼的，没有风波艰险、性命不保的，何等稳当？何等省力！[2]

周雄基认为，农业“不要本钱”，农业的资本货物都是土地的天然产物，这一看法又与杜尔阁的看法非常相近。杜尔阁写道：“土地永远是一切财富首要的、唯一的来源；作为耕种的结果而生产一切收入的就是土地；在完全未耕种以前，为人类提供第一批垫支基金的也是土地。”种子可以从土地中生长的植物获得，工具可以从土地中的木石等材料中获得，牲畜也可以从土地上生活的动物中驯化。[3] 可以说，周雄基和杜尔阁都认为，仅靠土地及其天然产物本身就可以为农业实现资本积累。需要注意的是，与一些和他同时代的中国重农主义者们一样，周雄基也看到了制造业和商业的利润率更高并且生产率更高(“何不省力”“何等安享”)，但是周雄基依然希望将人民维持在利润率更低的经济活动中。此外，周雄基还认为，作为农业最主要资本的土地是比工商业中的资本更安全的资本品：

那愚人决定还要说，农桑遇着水旱就没收成了，不若工、贾没有这水旱，试问这愚人，那工、贾遇着水火盗贼、风波艰难，岂不与水旱没收成一样？况且连本钱都没了，还要并这性命都没了，这个农桑今年不收成，下年依旧有收成了，本钱的田地依然在的，况且没收成要颗粒并无也是百年难遇，不过因水旱收成得薄些，以至衣食不足，若勤俭的人有几年的收成积蓄在家，防着这荒年，何愁不足衣食？[4]

第四，周雄基认为，农业活动可以培养符合宋明理学美德标准的人民：

况且这个农桑的道理是养万民的方法，而教万民的方法亦在其中，工、贾以至于九流都是要用心机、要用奸巧，独独这农桑是天生地长的，是自然的，用不着心机、奸巧，不过劳外面的力，于心实无所损、实无所亏，全

〔1〕 周振鹤撰集，顾美华点校：《圣谕广训：集解与研究》，上海书店出版社2006年版，第38页。

〔2〕 周振鹤撰集，顾美华点校：《圣谕广训：集解与研究》，上海书店出版社2006年版，第38页。

〔3〕 [法]杜尔阁：《关于财富的形成和分配的考察》，南开大学经济系经济学说史教研组译，商务印书馆1961年版，第48—49页。

〔4〕 周振鹤撰集，顾美华点校：《圣谕广训：集解与研究》，上海书店出版社2006年版，第39页。

得天理并无人欲，可见这务农桑的人才方申得孝悌、谨得庠序之教的，不特是足衣食之本，抑且是足教化之本。[1]

周雄基关于农业的道德教化功能的观点与晚于他的尤斯蒂、汉密尔顿和李斯特关于制造业有利于培养发明精神和企业家精神的观点相反，但是比晚于他几代人的美国重农主义者、与汉密尔顿针锋相对的托马斯·杰斐逊非常相似。杰斐逊也认为，农业劳动可以培养人民淳朴的品德。[2] 通过周雄基对《圣谕广训》的解读可以看出，荀子式的重农主义思想在18世纪的中国与欧洲的重农主义思想基本上发展到了同一程度，二者在很多方面有非常一致的认识。

不得不提的是，在先秦之后支配传统中国经济政策的思想的发展历史中，虽然荀子式的"重农主义"是绝对的主流，但是曾经出现过一个主张以发展城市制造业和商业为国家经济政策的重点目标并且在国家经济政策的实践中短暂地占据主流地位的例外情况，这就是西汉汉武帝时代(公元前141—前87年)的理财重臣桑弘羊。胡寄窗认为，桑弘羊的阶级立场是"为地主政权服务的商人阶级思想家"[3]。因此，桑弘羊的经济思想是古代中国绝无仅有的重商思想。"战国末年荀卿与韩非否定工商业能产生财富，肯定农业是财富的根源，这一观点在汉以后一直有它的市场。但在西汉也曾经出现桑弘羊的重商观点，只承认商业能使人致富，这一观点在封建地主经济全期内无学者继承此说，直到鸦片战争前夕才有人又强调以商业致富。"[4]"桑弘羊的经济政策不仅不是抑商政策，且是封建地主经济前期暂时抬头的重商倾向。"[5]

桑弘羊所处的时代，是一个城市制造业和贸易发达的时代。当时主张"务民于农桑，薄赋敛，广畜积，以实仓廪、备水旱"的重农主义者晁错不得不承认，当时的商人赚取的收入和利润普遍高于农夫："商贾大者积贮倍息，小者坐列贩卖，操其奇赢，日游都市，乘上之急，所卖必倍。故其男不耕耘，女不蚕织，衣必文采，食必粱肉，亡农夫之苦，有阡陌之得。"[6]晁错发现："今法律贱商人，商人

---

[1] 周振鹤撰集，顾美华点校：《圣谕广训：集解与研究》，上海书店出版社2006年版，第39页。

[2] 关于杰斐逊的重农主义，参见：Holowchak, M. Andrew, "Jefferson's moral agrarianism: poetic fiction or normative vision", *Agriculture and Human Values*, 2011, vol. 28, pp. 497—506。

[3] 胡寄窗：《中国经济思想史》下卷，上海财经大学出版社1998年版，第698页。

[4] 胡寄窗：《中国经济思想史》下卷，上海财经大学出版社1998年版，第704页。

[5] 胡寄窗：《中国经济思想史》中卷，上海财经大学出版社1998年版，第116页。

[6] 班固：《汉书》卷24，《食货上》。

已富贵矣;尊农夫,农夫已贫贱矣。”[1]因此,当时世俗中人民所追捧的经济活动(工商业)与君主想鼓励人民从事的经济活动(农业)是相反的:“故俗之所贵,主之所贱也;吏之所卑,法之所尊也。”[2]司马迁在《货殖列传》中记载了西汉鼎盛时期制造业和商业繁荣的情况。司马迁认为,西汉建立之后,国家统一,市场开放,贸易繁荣由此发生(“汉兴,海内为一,开关梁,弛山泽之禁,是以富商大贾周流天下,交易之物莫不通”[3])。根据司马迁的记载,当时的首都长安是一个由于地狭人众而人民不得不从事制造业和贸易为生的工商业都市(“地小人众,故其民益玩巧而事末也”);在黄河流域的三河地区,由于“土地小狭,人民众”,所以人民多从事远达西方和北方边境地区的贸易;齐地继续保持精细纺织业和贸易发达的地位(“人民多文彩布帛鱼盐”);邹、鲁等中原地区“好贾趋利”;宛城的人民“业多贾”。[4] 司马迁认为,当时的人民普遍追求物质上的富裕:“富者,人之情性,所不学而俱欲者也。”[5]司马迁也发现,制造业和贸易的利润高于农业。司马迁写道,“夫用贫求富,农不如工,工不如商,刺绣文不如倚市门,此言末业,贫者之资也”[6],即制造业和贸易是能够快速致富的经济活动。不同于荀子式的重农主义认为财富的源头在于土地和勤劳,司马迁却认为,“夫纤啬筋力,治生之正道也,而富者必用奇胜”[7]。司马迁将农业视为一种“掘业”,即“笨拙的行业”。[8] 司马迁在《货殖列传》中列举了 16 个有明确从事产业的富人,其中前 4 个富人都是从事铁的冶炼和加工,而从事“田农”的只有 1 人。[9]

桑弘羊的重商思想和政策即诞生在这种背景下。桑弘羊对于西汉经济的管理参考了上文提到的姜太公通过发展复杂纺织业、开发海洋资源和扩张对外贸易建立齐国的经验以及管仲的“轻重之术”。根据《盐铁论》的记载,在汉昭帝始元六年的“盐铁会议”中,桑弘羊的下属“御史”说道:

> 昔太公封于营丘,辟草莱而居焉。地薄人少,于是通利末之道,极女

---

〔1〕 班固:《汉书》卷 24,《食货上》。

〔2〕 班固:《汉书》卷 24,《食货上》。

〔3〕 班固:《汉书》卷 24,《食货上》。

〔4〕 司马迁:《史记》卷 129,《货殖列传》。

〔5〕 司马迁:《史记》卷 129,《货殖列传》。

〔6〕 司马迁:《史记》卷 129,《货殖列传》。

〔7〕 司马迁:《史记》卷 129,《货殖列传》。

〔8〕 司马迁:《史记》卷 129,《货殖列传》。“掘业”的白话文翻译,参见:许嘉璐主编、安平秋副主编:《二十四史全译:史记》第二册,汉语大词典出版社 2004 年版,第 1550 页。

〔9〕 司马迁:《史记》卷 129,《货殖列传》。

> 工之巧。是以邻国交于齐，财畜货殖，世为强国。管仲相桓公，袭先君之业，行轻重之变，南服强楚而霸诸侯。今大夫君[桑弘羊]修太公、桓、管之术，总一盐、铁，通山川之利而万物殖。是以县官用饶足，民不困乏，本末并利，上下俱足，此筹计之所致，非独耕桑农也。[1]

"御史"明确指出，桑弘羊的经济政策实现"上下俱足"的方式不是荀子式的重农主义("非独耕桑农也")，而是姜太公与管仲式的("修太公、桓、管之术")。桑弘羊在"盐铁会议"的发言中也多次表达，国家财富的增加不必然像荀子式的重农主义者们所认为的一样来自剩余农业产品的增加。桑弘羊说道："贤圣治家非一宝，富国非一道。昔管仲以权谲霸，而纪氏以强本亡。使治家养生必于农，则舜不甄陶而伊尹不为庖"[2]，以及"富国何必用本农，足民何必井田也?"[3]桑弘羊为西汉制定的基本经济策略是：

> 故善为国者，天下之下我高，天下之轻我重。以末易其本，以虚荡其实。今山泽之财，均输之藏，所以御轻重而役诸侯也。汝、汉之金，纤微之贡，所以诱外国而钓胡、羌之宝也。夫中国一端之缦，得匈奴累金之物，而损敌国之用。是以骡驴駞衔尾入塞，驒騱騵马尽为我畜，鼲貂狢采旃文罽充于内府，而璧玉珊瑚琉璃咸为国之宝。是则外国之物内流，而利不外泄也。异物内流则国用饶，利不外泄则民用给矣。[4]

"天下之下我高，天下之轻我重"在《管子》的《轻重乙》篇可以找到一模一样的表达："故善为国者，天下下我高，天下轻我重，天下多我寡，然后可以朝天下。"[5]这是《管子》中的"轻重之术"的基本原则。"轻重之术"在国内的应用就是通过国家直接在市场上参与商品买卖的方式稳定物价和供求。[6] 桑弘羊的"平准"即是这种政策。"轻重之术"在国外的应用是保证在国内高价值的重要产品不流到国外，并促使对于本国有高价值的国外产品流入国内。[7] 在当时汉匈战争的背景下，桑弘羊利用"轻重之术"获得匈奴的物资的方式是：以制造业产品交换农业产品("以末易其本")，以对于本国价值低的本国产品交换对于

[1] 桓宽：《盐铁论》卷2，《轻重第十四》。
[2] 桓宽：《盐铁论》卷1，《力耕第二》。
[3] 桓宽：《盐铁论》卷1，《力耕第二》。
[4] 桓宽：《盐铁论》卷1，《力耕第二》。
[5] 《管子》，《轻重乙》。
[6] 胡寄窗：《中国经济思想史》上卷，上海财经大学出版社1998年版，第332—333页。
[7] 胡寄窗：《中国经济思想史》上卷，上海财经大学出版社1998年版，第333页。

本国价值高的外国产品（"以虚荡其实"）。这是影响政府经济政策的传统中国经济思想中罕见的主张出口制造业产品交换农业产品的思想，但是鉴于桑弘羊参考了史书中记载的姜太公在齐国的经济政策（"太公劝其女功，极技巧，通鱼盐"）以及桑弘羊引用的《管子》中记载了利用"轻重之术"的"来天下之财"的例子（伊尹利用纺织品控制夏桀的粮食），桑弘羊的出口制造业产品交换农产品的主张也就可以理解了。桑弘羊计划以西汉出产的金和纺织品交换匈奴出产的牲畜和毛纺织品。这些纺织品加工程度不高，在西汉价值很低（"缦"[1]）。但是这些纺织品在匈奴似乎价值很高，可以换取大量有价值的匈奴产品（"累金之物"）：各种牲畜"衔尾"输入西汉，"尽为"西汉所用；各种毛皮、毛纺织品和矿物都"充于"国库。通过出口纺织品和金，桑弘羊认为，可以做到"异物内流则国用饶，利不外泄则民用给矣"。桑弘羊的经济策略不是通过增加农业剩余产品的积累而增加国内财富，而是通过出口在外国市场有高价值的产品，特别是"末"业产品，即制造业产品，以交换外国的产品，特别是"本"业产品，即农业产品。桑弘羊的经济策略与"工业主义"的基本经济政策主张有一些相似之处。

如同近代欧洲的"工业主义"思想家们通过观察意大利和低地国家发达的工商业城邦得出了制造业很重要的结论，桑弘羊对于制造业和贸易的重视也来源于对于当时西汉繁荣的城市经济的观察。桑弘羊说道：

> 自京师东西南北，历山川，经郡国，诸殷富大都，无非街衢五通，商贾之所凑，万物之所殖者。故圣人因天时，智者因地财，上士取诸人，中士劳其形。长沮、桀溺，无百金之积，跖蹻之徒，无猗顿之富。宛、周、齐、鲁，商遍天下。故乃商贾之富，或累万金，追利乘羡之所致也。[2]
>
> 燕之涿、蓟，赵之邯郸，魏之温轵，韩之荥阳，齐之临淄，楚之宛、陈，郑之阳翟，三川之二周，富冠海内，皆为天下名都，非有助之耕其野而田其地者也，居五诸之冲，跨街衢之路也。故物丰者民衍，宅近市者家富。富在术数，不在劳身；利在势居，不在力耕也。[3]

在桑弘羊看来，城市产业比农村产业更能让人富裕：《论语》中"耦而耕"的"长沮"和"桀溺"没有很多财富（"无百金之积"）；耕种的人们（"跖蹻之徒"）没有先秦时候的盐商猗顿那么富裕；各个"富冠海内"的大都市的财富不是从农业中

---

〔1〕"缦"的定义是"缯无文也"，而"缯"的定义是"帛也"。参见：《说文解字》卷十三（上）。

〔2〕桓宽：《盐铁论》卷1，《力耕第二》。

〔3〕桓宽：《盐铁论》卷1，《通有第三》。

积累的("非有助之耕其野而田其地者")。[1] 在桑弘羊看来,这些城市富裕的原因是:交通便利("街衢五通""跨街衢之路"),贸易汇集("商贾之所臻"),各种产业集聚("万物之所殖者")。而接入这些大城市的人民可以获得财富("物丰者民衍""宅近市者家富")。这一发现与乔万尼·博泰罗和安东尼奥·舍拉发现的富裕意大利城邦的经济活动多样化的特征非常相似。

桑弘羊认为制造业和商业都是有生产性的。第一,桑弘羊说道:

> 陇、蜀之丹漆旄羽,荆、扬之皮革骨象,江南之楠梓竹箭,燕、齐之鱼盐旃裘,兖、豫之漆丝絺纻,养生送终之具也,待商而通,待工而成。故圣人作为舟楫之用,以通川谷,服牛驾马,以达陵陆;致远穷深,所以交庶物而便百姓。[2]

自然条件不同的各个地区出产的产品都是人民生活需要的("养生送终之具也"),而这些产品只有通过商业的流通("待商而通")和制造业的加工("待工而成")才能供各地人民使用。桑弘羊认为:"工商梓匠,邦国之用,器械之备也。自古有之,非独于此。"[3]因此,在桑弘羊看来,制造业和商业不是消耗农业剩余产品并且需要最小化的非生产性部门。相反,如果制造业和商业发展不充分,会导致国家财富不足。桑弘羊引用《管子》说道:一个国家如果自然资源充足但财富不足,这是缺乏制造业和商业的结果("有山海之货而民不足于财者,商工不备也"[4])。第二,桑弘羊还引用《管子》认为:如果制造业生产的农具不够,那么即使土地肥沃的国家也不会有足够的农业产出("国有沃野之饶而民不足于食者,器械不备也"[5])。第三,桑弘羊看到了不同经济活动之间的"通功易事",但是没有特别指出制造业和农业之间的"通功易事":如果没有出售橘柚的,盐就不会生产出来以交换橘柚;如果没有出售毛纺织品的,木材也不会生产出来以交换毛纺织品("若各居其处,食其食,则是橘柚不鬻,朐卤之盐不出,旃罽不市,而吴、唐之材不用也"[6])。因此,桑弘羊认为,财富产生于不同种类的经济活动在市场上的协同。桑弘羊说道:

[1] 关于"长沮、桀溺,无百金之积,跖蹻之徒,无猗顿之富"的解释,参见:王利器:《盐铁论校注》,中华书局 2015 年版,第 41—42 页。

[2] 桓宽:《盐铁论》卷 1,《本议第一》。

[3] 桓宽:《盐铁论》卷 1,《通有第三》。

[4] 桓宽:《盐铁论》卷 1,《本议第一》。

[5] 桓宽:《盐铁论》卷 1,《本议第一》。

[6] 桓宽:《盐铁论》卷 1,《通有第三》。

> 古之立国家者，开本末之途，通有无之用，市朝以一其求，致士民，聚万货，农商工师各得所欲，交易而退。易曰："通其变，使民不倦。"故工不出，则农用乏；商不出，则宝货绝。农用乏，则谷不殖；宝货绝，则财用匮。[1]

由此可见，桑弘羊似乎认为国家的财富是通过以下方式产生的：各地的原材料由制造业加工成农具和其他"养生送终"必需的产品；农业需要农具耕作土地，如果没有制造业提供的农具，农业的产出就会减少（"故工不出，则农用乏""农用乏，则谷不殖"）；农业和制造业会因为出于需要对方的产品而被激励生产自己的产品与之交换，各种经济活动为彼此提供需求和激励，经济的市场和产出由此扩大，如果这种不同经济活动之间的协作消失，那么市场和产出都会缩小（"橘柚不鬻，朐卤之盐不出，旃罽不市，而吴、唐之材不用也"）；商业是实现各个产业之间产品流通的手段，商业不发达会导致产品流通受到阻碍，而产品流通受到阻碍会影响财富的生产（"商不出，则宝货绝""宝货绝，则财用匮"）；本国生产的那些在外国市场价值高的产品可以出口用来交换大量外国的产品，增加本国的财富，特别是可以以本国制造业产品交换外国农业产品（"以末易其本"）。因此，可以认为，在桑弘羊看来，财富产生于不同经济活动之间的协作和交换，这一点与近代欧洲"工业主义"思想家们强调经济活动的多样化非常相似。这也可以理解为什么桑弘羊通过西汉繁荣的大都市的经济总结出"利在势居，不在力耕也"：财富不是来自努力积累剩余农业产品，而是来自加入市场与其他经济活动形成协作。桑弘羊"将商业推到社会各种经济活动中的第一位，把货币看作主要财富"[2]。

经过上文的论述，可以看到：16—18 世纪支配中国经济政策的经济思想是重农主义的，它最重视的经济生产部门是农业以及依附于农业的乡村家庭手工业，主要是家庭纺织业。这种经济思想有以下特征。第一，农业是经济中最有生产力的部门，因为城市制造业和商业仅仅被看做农业产品的消耗部门，而不是为农业提供需求的协作部门。第二，国家和个人的财富的定义是每年满足各种消费用途之后剩余的农业产品，对于国家和个人来说，财富的积累和增长就是剩余农产品的逐年积累。第三，国家促进剩余农产品的积累的基本政策是"开源"和"节流"。第四，"开源"即尽量增加农业产出，这依赖于农夫按照农作

---

〔1〕桓宽：《盐铁论》卷 1，《本议第一》。

〔2〕胡寄窗：《中国经济思想史》中卷，上海财经大学出版社 1998 年版，第 112 页。

物的自然生长节奏勤劳地耕耘,因此国家需要“勿夺农时”并鼓励农夫勤劳工作。第五,“节流”即减少对于剩余农业产品的消耗,因此政府需要减少对于农业产品和农业劳动的征收,即“轻田野之税”“平关市之征”“罕兴力役”。第六,因为城市制造业和商业都是农业产品的消耗者,所以为了增加剩余农业产品的积累,城市制造业和商业的规模必须最小化,“省商贾之数”,并尽量增加农业的规模,鼓励人民“尽归南亩”。这种经济思想似乎起源于战国时期的荀子,并且在两千多年的时间里几乎没有大的改变。荀子再传弟子贾谊的名言“一夫不耕或受之饥,一女不织或受之寒”一直被中国从西汉尊奉至清朝。传统中国重农主义的很多观点,比如农业的唯一生产性、制造业和商业的非生产性、财富来源于剩余农业产品的节约等,与 18 世纪欧洲的重农主义非常相似。这种相似性很大程度上来源于传统中国的重农主义影响了近代欧洲重农主义的形成。[1]

需要注意的是,传统中国的经济政策并非一直受到重农主义的支配。在先秦时期,有将“司工”作为负责“富国”的官员并且崇尚制造工艺复杂的车辆的西周,有通过“劝女功”“极技巧”“通鱼盐”实现“冠带衣履天下”的齐国。在秦朝之后,则有被后世视为“重商”的桑弘羊。桑弘羊的经济政策增加国家财富的方式是促进各产业在国内市场上为彼此提供需求,以及出口具有高价值的本国产品到国外市场上赚取利润以换取本国需要的外国产品,特别是“以末易其本”。在桑弘羊之后,这种来自为地主阶级政权服务的商人阶级、以重商的经济思想为基础的国家经济政策在传统中国几乎消失了。“在此后历代封建王朝中,桑弘羊所推行的经济措施也曾不时被采用,但要注意,到那时这些措施常不是以重商理论为基础,除少数例外,大多蜕变为封建国家的纯财政剥削手段了。”[2]

经过以上研究,可以得出结论:在“大分流”现象发生之前的 16—18 世纪,欧洲和中国的经济政策受到了不同类型的经济思想的支配。引导欧洲国家经济政策的思想是“工业主义”的,其主张是建立以行业多样化的城市制造业为核心的经济,而引导同时代中国的国家经济政策思想则是重农主义的,主张以种植业和养殖业为核心、以家庭手工业作为依附的稳定的农业经济。按照当时欧洲“工业主义”经济政策思想的设计,国家财富的增长方式是以分工密集的、利润和附加值高的城市制造业吸收农业中难以供养的劳动力,通过制造业在国内外市场上赚取的利润为这些劳动力提供货币收入,这些货币收入可以用来在国

〔1〕 谈敏:《法国重农学派学说的中国渊源》,上海人民出版社 2014 年版。

〔2〕 胡寄窗:《中国经济思想史》中卷,上海财经大学出版社 1998 年版,第 116 页。

内和国外市场购买需要的产品，主要是未经加工的初级产品；这些货币收入如果用于购买国内农业产品，则可以激励国内农业的扩张，更多的农产品可以养活在制造业中就业的人口。而按照同时代的中国重农主义经济政策思想的设计，国家财富增长方式是尽量增加农业中的劳动力投入，尽量减少城市制造业和商业人口，按照自然条件和农作物的生长节奏勤奋劳作，在取得农业收成之后，尽量减少私人和公共对于这些收成的消耗，减少政府的征收和开支，减少社会对于奢侈品的需求，农业人口对于制造业产品的需求尽量依靠家庭手工业满足，将节余的农业产品尽量储藏起来，以备水旱灾害和婚丧嫁娶的仪式开支。需要注意的是，很多传统中国的重农主义思想家和近代欧洲的"工业主义"思想家一样，都注意到了城市制造业是生产率更高的活动（传统中国的重农主义者们提到城市制造业能以更轻省的劳动获得收入）以及利润更高的活动，但是中国的重农主义者们对于制造业表现出很大程度的不信任，因此主张刻意抑制人民对于更高生产率和更高利润的追求，将他们稳定在生产率和利润更低的农业中。此外，两千多年前的孟子和桑弘羊与近代欧洲"工业主义"者们一样，都注意到了制造业和农业之间通过"通功易事"进行协作以及由制造业和城市提供的市场对于激励农业产出增加方面的作用，并且认为如果农业的市场不够大，会阻碍农业产出的增加。但是后来，这些观点基本被传统中国的重农主义者们忽略了，传统中国的重农主义者们与近代欧洲的重农主义者们一样，认为农业不需要市场的激励就可以持续增加产出。近代欧洲的"工业主义"者们通过对于意大利和低地国家发达的工商业城市的观察，产生了他们对于制造业的认识和崇拜，但是传统中国的重农主义者们似乎在几千年里都没有注意到城市经济的重要性（但是重商的桑弘羊在西汉时期就做到了）。在浙江巡抚范承谟、陈秉直和江苏太仓卫武官周雄基撰写的《圣谕广训》的白话文解释中，也看不到这些江南官员对于自己辖区内富庶的城市经济有任何积极的印象。总之，在"大分流"现象发生之前，近代欧洲和传统中国各自的经济思想在有意识地引导欧洲各国和中国政府带领各自的经济走上两种不同的经济发展道路：一种是"工业主义"的，另一种是重农主义的。至于应当如何用现代经济学概念理解近代欧洲和传统中国的这两种经济政策思想及其主张的发展道路，就需要结合下一章的内容才能得到回答。

第四章 传统中国与近代欧洲经济思想中的创新、技艺和奢侈

美国经济史学家乔·莫基尔认为“工业革命”产生的前提条件之一是近代欧洲历史上的“工业启蒙运动”(Industrial Enlightenment)。[1] “工业启蒙运动”属于近代欧洲启蒙运动的一部分,它是以下信念在当时的思想、行动以及政策中的体现,这一信念即为“通过人类对自然现象的认识,并将此类知识提供给有能力在生产活动中加以利用的人们,社会能够实现物质进步和经济增长”[2]。“工业启蒙运动”是联结 17 世纪欧洲发生的“科学革命”和 18 世纪末发生的“工业革命”之间的中间环节,是将科学中发生的进步转化为推动工业进步的机制。[3] “工业启蒙运动”的重要体现是“培根计划”(Baconian Program)。“培根计划”指的是一些制度和行动,这些制度和行动“旨在扩张有用知识的积累、将自然哲学应用于解决技术问题并产生经济增长”[4]。“培根计划”是指那些将人类的智力活动引导到有组织的科学研究当中,并以改进国家经济表现为目标,通过有组织的科学研究产生有用的知识的制度与行动。“培根计划”由三

---

[1] [美]乔·莫基尔:《启蒙经济:英国经济史新论》,曾鑫、熊跃根译,中信出版集团 2020 年版,第 46 页。

[2] [美]乔·莫基尔:《启蒙经济:英国经济史新论》,曾鑫、熊跃根译,中信出版集团 2020 年版,第 46 页。

[3] Joel Mokyr, *The Gifts of Athena: Historical Origins of the Knowledge Economy*, Oxford: Princeton University Press, 2002, pp. 28—77.

[4] Joel Mokyr, "The Intellectual Origins of Modern Economic Growth", *The Journal of Economic History*, 2005, vol. 65, iss. 2, p. 285.

个部分组成:第一,“人类应利用更好的研究设备和科学方法,加快研究长期受关注的自然现象,拓展对宇宙的认识和了解”;第二,“研究议题应覆盖医学、制造业、航海等有可能解决实际问题的领域”;第三,“传播、组织和分类已有知识,尽可能地降低知识获取成本”。[1] 莫基尔认为,最早提出“培根计划”的人是英国哲学家弗朗西斯·培根(1561—1626),这也是莫基尔创造“培根计划”一词的来源。[2] “培根计划”的代表性实践是英国的皇家学会(The Royal Society)和法国的皇家科学院(L'Académie royale des sciences)。[3] 莫基尔认为,“培根计划”和其他“工业启蒙运动”中的内容,比如建立大学和技术学院、编写百科全书等活动,受到了国家的支持。[4] 本章将会显示,在17—18世纪影响欧洲国家经济政策的思想中,存在对于“培根计划”等“工业启蒙运动”的有意识的主张。这些思想主张国家应当以促进经济发展为目标,鼓励创新、科学进步和人民掌握的有用知识的提高。相比之下,这些态度和主张在同时代影响传统中国经济政策的思想中几乎不存在。

制造业与创新有紧密的联系。在《经济发展理论》第一版中,熊彼特写道:“只有世界经济史中时间和空间上非常小的一个片段才充满了生机勃勃的发展。”[5]这一非常小的片段即为工业经济中最发达的那些大工业。“只有在工业社会中最发达的层次中,这些[经济发展]现象才会发生。”[6]然而,“如果人们踏出这一部分,很快就会身处于静态经济中”[7]。“在工业的下层,在中小工业的层次”,静态的经济很常见,“新机器和新商业组合”仅仅在受到外部压力和

---

[1] [美]乔·莫基尔:《启蒙经济:英国经济史新论》,曾鑫、熊跃根译,中信出版集团2020年版,第46页。

[2] [美]乔·莫基尔:《启蒙经济:英国经济史新论》,曾鑫、熊跃根译,中信出版集团2020年版,第46—47页。

[3] Joel Mokyr, "The Intellectual Origins of Modern Economic Growth", *The Journal of Economic History*, 2005, vol. 65, iss. 2, pp. 291—293.

[4] Joel Mokyr, *The Gifts of Athena: Historical Origins of the Knowledge Economy*, Oxford: Princeton University Press, 2002, pp. 284—297.

[5] Joseph Schumpeter, *Theorie der wirtschaftlichen Entwicklung*, Leipzig: Duncker & Humblot, 1911, p. 108.

[6] Joseph Schumpeter, *Theorie der wirtschaftlichen Entwicklung*, Leipzig: Duncker & Humblot, 1911, p. 109.

[7] Joseph Schumpeter, *Theorie der wirtschaftlichen Entwicklung*, Leipzig: Duncker & Humblot, 1911, p. 109.

来自大工业的需求和供应的时候才会产生。[1] 特别地，熊彼特提出："在'工业'(Industrie)之外，现实使我们不得不对于经济生活采用一种静态的观点。"[2]手工业本身是静态的，其中的发展与革新来源于外部。[3] 此外，熊彼特写道："我认为，如果我说这种静态的经济方式在更大程度上适用于农业经济，是不会有人反对的。"[4]农业只有通过外部强制力才能革新。[5] 在熊彼特的概念中，"发展"指的是创新驱动的经济动态，而"静态"指的是没有创新的经济静态循环流转。因此，可以说，熊彼特认为，农业和手工业本身是缺乏创新的，而相比之下大规模工业中的创新更加密集；在最先进的大工业中，创新最密集。熊彼特的观点在当代依然有效。根据经济合作与发展组织(OECD)于2016年发布的分类研究，大部分制造业行业属于"高创新密度产业""中高创新密度产业"以及"中等创新密度产业"，而大部分服务业和农业属于"低创新密度产业"。[6] 主张建立以城市制造业为核心的经济的近代欧洲的"工业主义"思想家们同样看到了创新与制造业之间的紧密联系，因此他们往往同时重视创新对于经济发展的促进作用，并主张国家为了促进经济发展而促进创新。在作为近代欧洲"工业主义"思想在现实中的参考范例的富裕的意大利城邦，在最早出现依靠城市制造业和对外贸易实现经济发达的经济形态的同时，创新活动也在繁荣推进，出现了"在手工艺知识基础上建立起来的科学"，意大利城邦的航海业、矿业、铸造厂、造船厂和兵工厂为数学家和机械工程师的发明提供了需求。[7] "除了刻卜勒[Kepler，即开普勒]之外，15、16 和 17 世纪初叶的大发明

---

〔1〕 Joseph Schumpeter, *Theorie der wirtschaftlichen Entwicklung*, Leipzig: Duncker & Humblot, 1911, p. 109.

〔2〕 Joseph Schumpeter, *Theorie der wirtschaftlichen Entwicklung*, Leipzig: Duncker & Humblot, 1911, p. 110.

〔3〕 Joseph Schumpeter, *Theorie der wirtschaftlichen Entwicklung*, Leipzig: Duncker & Humblot, 1911, pp. 110—112.

〔4〕 Joseph Schumpeter, *Theorie der wirtschaftlichen Entwicklung*, Leipzig: Duncker & Humblot, 1911, p. 112.

〔5〕 Joseph Schumpeter, *Theorie der wirtschaftlichen Entwicklung*, Leipzig: Duncker & Humblot, 1911, p. 112.

〔6〕 Galindo-Rueda, F. and F. Verger, "OECD Taxonomy of Economic Activities Based on R&D Intensity", *OECD Science, Technology and Industry Working Papers*, no. 2016/04, 2016, p. 10.

〔7〕 [英]J. D. 贝尔纳：《科学的社会功能》，陈体芳译，张今校，商务印书馆 1982 年版，第 57—58 页。

家全是意大利人或是意大利培养出来的人。"[1]在意大利的发达工商业城邦出现了最早的有组织的实证主义科学研究机构,比如 1601 年在罗马成立的林切研究院(Accademia dei Lincei),还有美第奇家族在佛罗伦萨于 1438 年成立的欧洲第一所现代科学院——佛罗伦萨柏拉图学院(Accademia Platonica di Firenze),以及 1657 年资助伽利略的弟子们成立的西芒托学院(Accademia dei Cimento)。[2] 这些机构很大程度上是弗朗西斯·培根之前的"培根计划"的一部分,因为这些机构正是培根本人所向往并希望推广的。[3] 在这种背景之下,乔万尼·博泰罗简略但明确地写道:希望引进"每一种工业和工艺"的君主必须"鼓励发明(stimare l'invenzioni)和非凡而稀有(del singolare o del raro)的工作"[4]。

如前文所述,"培根计划"命名自英国哲学家弗朗西斯·培根。他对于"培根计划"的设计集中在他的作品《新大西洲》(*New Atlantis*,1627)中对于"所罗门之家"(Salomon's House)的描述。[5] 1627 年,培根去世之后,在伦敦出版了一本由他所写的题为《新大西洲》的小册子。这是一本描绘一个理想社会的小册子。在这本册子里,培根讲了一个故事:一群探险者从秘鲁出发,向日本和中国航行,但是强风让他们偏离了航向,使他们登陆到一个从未被人发现过的国家。探险者们受到了这个国家里的官员和人民的救助,并且得知这个国家在 1900 年前由一个名叫所罗门(Solamona)的国王建立。[6] 探险者们发现这个国家繁荣、富足、文明且秩序井然。在证明了自己的诚实、友好并且自愿遵守该国法度之后,探险者们受到了该国一位高级官员的信任并且被告知该国"最贵重的珍宝",即该国富强文明的秘密。[7] 所罗门"心胸宽大、高深莫测,并且决

---

[1] [英]J. D. 贝尔纳:《科学的社会功能》,陈体芳译,张今校,商务印书馆 1982 年版,第 59 页。

[2] 参见:[英]J. D. 贝尔纳:《科学的社会功能》,陈体芳译,张今校,商务印书馆 1982 年版,第 59 页。[英]亚·沃尔夫:《十六、十七世纪科学、技术和哲学史》,周昌忠等译,周昌忠校,商务印书馆 1991 年版,第 65—69 页。Hankins, James, "Cosimo de' Medici and the 'Platonic Academy'", *Journal of the Warburg and Courtauld Institutes*, 1990, vol. 53, pp. 144—162.

[3] [英]亚·沃尔夫:《十六、十七世纪科学、技术和哲学史》,周昌忠等译,周昌忠校,商务印书馆 1991 年版,第 65 页。Joel Mokyr, "The Intellectual Origins of Modern Economic Growth", *The Journal of Economic History*, 2005, vol. 65, iss. 2, p. 313.

[4] Giovanni Botero, trans. by Robert Peterson, *The Reason of State and The Greatness of Cities (1606)*, New Haven: Yale University Press, 1956, p. 145.

[5] [美]乔·莫基尔:《启蒙经济:英国经济史新论》,曾鑫、熊跃根译,中信出版集团 2020 年版,第 47 页。

[6] Francis Bacon, *New Atlantis*, London: Clarendon Press, 1915, p. 21.

[7] Francis Bacon, *New Atlantis*, London: Clarendon Press, 1915, p. 35.

意要使其国家与人民幸福(happy)"[1]。所罗门国王的"最首要的"措施、"大地上最高贵(the noblest)的制度"、"国家的光明之源"(lanthorn)是一个叫做"所罗门之家"(Salomon's House)的机构。[2]"所罗门之家"是一个"致力于研究上帝的工作和创造物"的团体。[3]"所罗门之家"的目标是研究"关于事物的原因和神秘运动的知识"以及"扩张人类的边界至实现所有可能的事物"。[4]"所罗门之家"本质上是一个国家创新体系以及一个知识和技术密集的经济体系,它合并了科学研究、创新以及财富创造的职能。"所罗门之家"由各种模拟不同自然条件并通过实验研究矿物学、天文学、气象学、植物学、动物学、机械学、工艺、药学、声学、光学、热力学、化学以及数学的实验室和研究设施组成。这些实验室和研究设施同时还是各种财富的生产机构和各种财富生产技艺的促进机构:矿山、园圃、鱼塘、牧场、运河、水力动力机、机械工场、化学工场、工艺作坊、医院、药房。这些机构除了产生新知识以促进科学进步之外,还为国家生产各种原材料、饮食、加工业产品、化学品、药品以及医学疗法,并且产生这些财富生产中的工艺改良。[5]"所罗门之家"的核心组成人员包括:"探索者"(explorers),负责在海外搜索各种知识和发明;"收集者"(collectors),负责收集整理现存已知的实验和技艺;"实验者"(experimenters),负责设计和执行新实验;"整理者"(compilers),负责整理新实验的结果;"理论者"(theorisers),负责将知识系统化,建立理论;"施益者"(benefactors),本质上也就是发明者们,负责"想方设法搜索如何从新实验结果和新知识中提炼对于人类生活有用和实用的事物"。[6]很明显,培根的"所罗门之家"是一个国家用来专门进行基于科学研究和创造对于公共福利有用的发明的创新机构。对于培根来说,如同"新大西洲"这个乌托邦一样,对于一个国家而言,"最首要的制度"与"最贵重的珍宝"就是产生有用知识和创新的国家的公共研发机构。

培根的"所罗门之家"的设计影响了近代欧洲国家的政策,并且是现代"科

---

[1] Francis Bacon, *New Atlantis*, London: Clarendon Press, 1915, p. 21.
[2] Francis Bacon, *New Atlantis*, London: Clarendon Press, 1915, p. 23.
[3] Francis Bacon, *New Atlantis*, London: Clarendon Press, 1915, p. 23.
[4] Francis Bacon, *New Atlantis*, London: Clarendon Press, 1915, p. 35.
[5] Francis Bacon, *New Atlantis*, London: Clarendon Press, 1915, pp. 36—44.
[6] Francis Bacon, *New Atlantis*, London: Clarendon Press, 1915, pp. 45—46.

学院”制度的思想起源。[1] 在培根的影响之下，英国皇家学会成立了。“皇家学会看来是从弗朗西斯·培根的实验哲学的追随者们的一个非正式社团发展而成的。”[2]1645 年，这个团体发展成为一个“无形学院”(the invisible college)，每周在伦敦集会讨论科学问题。[3] 1662 年，英格兰国王查理二世特许英国皇家学会成立。[4] “在其建立的早期，皇家学会没有疏远 17 世纪的经济问题。”[5]英国皇家学会最初的章程中写道：“我们只有增加可以促进我国臣民的舒适、利润和健康的有用发明，才能有效地发展自然实验科学，特别是其中增进贸易有关的部分；这项工作最好由有资格研究此种学问的有发明天才和有学问的人组成的一个团体来进行。他们将以此事作为自己的主要工作和研究内容，并组成拥有一切正当特权和豁免权的正式学会。”[6]皇家学会一般在会议上把研究任务分配给会员个人或小组，并要求他们向学会汇报研究成果，同时还成立了一些委员会来指导学会各个部分的研究，这些委员会中包括一个研究工业技术原理的委员会以及一个致力于改进机械发明的委员会。[7] 皇家学会“组织编纂商业史”、“讨论革新具体工艺过程的最好方式”，以及“收集国内各个地区农业实践的资料”并“移植那些似乎是最好的种子”。[8] 但是，在其成立之后不久，皇家学会的成员们就厌倦了改良经济的事业并开始转向纯科学的研究，所以“从长远来看，它对于农业和工业的改善所做的贡献几乎是微不足道

---

〔1〕[英]亚·沃尔夫:《十六、十七世纪科学、技术和哲学史》，周昌忠等译，周昌忠校，商务印书馆 1991 年版，第 65 页。

〔2〕[英]亚·沃尔夫:《十六、十七世纪科学、技术和哲学史》，周昌忠等译，周昌忠校，商务印书馆 1991 年版，第 70－71 页。

〔3〕[英]亚·沃尔夫:《十六、十七世纪科学、技术和哲学史》，周昌忠等译，周昌忠校，商务印书馆 1991 年版，第 71 页。

〔4〕[英]亚·沃尔夫:《十六、十七世纪科学、技术和哲学史》，周昌忠等译，周昌忠校，商务印书馆 1991 年版，第 73 页。

〔5〕E. Lipson, *The Economic History of England*, *vol.* Ⅱ, *The Age of Mercantilism*, London: Adam and Charles Black, 1943, p. xliii.

〔6〕[英]J. D. 贝尔纳:《科学的社会功能》，陈体芳译，张今校，商务印书馆 1982 年版，第 60－61 页。

〔7〕[英]亚·沃尔夫:《十六、十七世纪科学、技术和哲学史》，周昌忠等译，周昌忠校，商务印书馆 1991 年版，第 73 页。

〔8〕[英]鲁珀特·霍尔:《科学方法与技术进步》，引自[英]E. E. 里奇，C. H. 威尔逊主编:《剑桥欧洲经济史(第四卷):十六与十七世纪的欧洲经济扩张》，经济科学出版社 2002 年版，第 105 页。

的"[1]。因此,皇家学会"相比于法国的皇家科学院,变成了一个没那么培根式的机构"[2]。

法国的巴黎皇家科学院由科尔贝于 1666 年建立。[3] 巴黎皇家科学院是受到培根关于"所罗门之家"的设计和英国皇家学会的例子启发而成立的。[4] 相比于在君主庇护之下自治的英国皇家学会,巴黎皇家科学院体现了更直接和强烈的国家在科学和创新领域的干预。"英国皇家学会是一个私人团体,完全由自己管理,选举自己的会员,既吸收专业工作者,也吸收业余爱好者;它不接受国家的财政支持和物质供应,不承担为英王政府工作的义务";相比之下,巴黎皇家科学院"从成立之日起就是一个国家机构","会员全部是专业科学家,由国王任命,薪俸优厚,物质条件优渥,备有充足的研究经费;作为报偿,国家则期望他们执行政府要求他们执行的任何计划,计划通常都要求有某些技术上的实用价值"。[5] 在当时法国重商主义政府的领导之下,巴黎皇家科学院的工作除了包括研究纯科学研究之外,还包括通过科学研究和产生创新发明促进法国制造业的发展,具体包括"研究工业上常用的工具和机械""设计由创造性的机械装置""促进实用的发明和揭露无用的幻想""调查国家的自然资源和探索利用他们的方式""通过帮助提高技术效率来增加出口和增强对外部供应的独立性"。[6] 英国皇家学会在其会员人数上没有限制,但是巴黎皇家科学院严格规定了只有 70 名正式院士,分属六个部门:数学、天文学、机械学、解剖学、化学、

---

〔1〕[英]鲁珀特·霍尔:《科学方法与技术进步》,引自[英]E. E. 里奇,C. H. 威尔逊主编:《剑桥欧洲经济史(第四卷):十六与十七世纪的欧洲经济扩张》,经济科学出版社 2002 年版,第 106 页。

〔2〕Joel Mokyr, "The Intellectual Origins of Modern Economic Growth", *The Journal of Economic History*, 2005, vol. 65, iss. 2, p. 293.

〔3〕[英]亚·沃尔夫:《十六、十七世纪科学、技术和哲学史》,周昌忠等译,周昌忠校,商务印书馆 1991 年版,第 76 页。

〔4〕Maurice Crosland, *Science under Control: The French Academy of Sciences 1795 — 1914*, Cambridge: Cambridge University Press, 1992, pp. 14—15.

〔5〕[英]A. C. 克龙比,迈克尔·霍斯金:《科学运动与科学思想的传播:1688—1751 年》,引自[英]J. S. 布朗伯利编:《新编剑桥世界近代史(第 6 卷):大不列颠和俄国的崛起(1688—1725 年)》,中国社会科学出版社 2008 年版,第 53—54 页。

〔6〕[英]亚·沃尔夫:《十六、十七世纪科学、技术和哲学史》,周昌忠等译,周昌忠校,商务印书馆 1991 年版,第 79—80 页。[英]鲁珀特·霍尔:《科学方法与技术进步》,引自[英]E. E. 里奇,C. H. 威尔逊主编:《剑桥欧洲经济史(第四卷):十六与十七世纪的欧洲经济扩张》,经济科学出版社 2002 年版,第 106 页。

植物学。[1] 18 世纪的法国政府商业部在几十年内与巴黎皇家科学院合作，委托巴黎皇家科学院每年搜集、测试并改进各种工业产品和生产工艺中的新发明，然后向工业界公布其中有用的发明创新。[2] 这一工作的成果是 1761—1788 年逐年出版的一套名为《关于工艺与制造的描述》(*Descriptions des Arts et Métiers*)的 27 卷本巨著，内容是关于记录各种制造业以及部分初级产业中最新的技术和工艺进步，这套著作的出版是一项典型的、以在经济中传播创新和有用知识为目标的"工业启蒙运动"式的工作。[3] 顺便一提，亚当·斯密正是从该套著作第一卷关于大规模制针工艺的描述中得到了后来出现在《国富论》开篇的制针工场的信息。[4] 巴黎皇家科学院体现了 18 世纪法国政府的一种信念，即"在农业与工业中的科学的应用可以增进国家的繁荣"[5]。正是在 16—18 世纪的法国，现代国家首次在实践上意识到，国家可以设置一个专门的科学和产业研究与发明部门，这个部门就是科学院。[6] 从巴黎皇家科学院开始，欧洲大陆的国家开始流行建立科学院作为通过科学进步和产生创新以促进公共福利的国家机构。

科尔贝对于创新和科学的重视不仅限于建立科学院。在他所写的信件中，科尔贝提出，要收集各种"最新奇"(les plus curieuses)机器以向制造业者展示

---

〔1〕 Maurice Crosland, *Science under Control*: *The French Academy of Sciences 1795 — 1914*, Cambridge:Cambridge University Press,1992,p. 16。[英]A. C. 克龙比，迈克尔·霍斯金:《科学运动与科学思想的传播:1688—1751 年》，引自[英]J. S. 布朗伯利编:《新编剑桥世界近代史(第 6 卷):大不列颠和俄国的崛起(1688—1725 年)》，中国社会科学出版社 2008 年版，第 57 页。

〔2〕 Maurice Crosland, *Science under Control*: *The French Academy of Sciences 1795 — 1914*, Cambridge:Cambridge University Press,1992,p. 17. [英]鲁珀特·霍尔:《科学方法与技术进步》，引自[英]E. E. 里奇，C. H. 威尔逊主编:《剑桥欧洲经济史(第四卷):十六与十七世纪的欧洲经济扩张》，经济科学出版社 2002 年版，第 120—121 页。

〔3〕 Watts,George B. ,"The Encyclopédie and the Descriptions des arts et métiers", *The French Review*,1952,vol. 25,iss. 6,pp. 444—454. Joel Mokyr, *The Gifts of Athena*: *Historical Origins of the Knowledge Economy*,Oxford:Princeton University Press,2002,pp. 70—71.

〔4〕 Peaucelle,Jean-Louis,"Adam Smith's Use of Multiple References for His Pin Making Example",*European Journal History of Economic Thought*,2006,vol. 13,no. 4,pp. 489—512.

〔5〕 Maurice Crosland, *Science under Control*: *The French Academy of Sciences 1795 — 1914*, Cambridge:Cambridge University Press,1992,p. 17.

〔6〕 [英]A. C. 克龙比，迈克尔·霍斯金:《科学运动与科学思想的传播:1688—1751 年》，引自[英]J. S. 布朗伯利编:《新编剑桥世界近代史(第 6 卷):大不列颠和俄国的崛起(1688—1725 年)》，中国社会科学出版社 2008 年版，第 58 页。

最先进的工艺。[1] 他嘱咐地方官员,注意在辖区内引进所有可能的新制造业。[2] 他命令法国海军舰队,帮助巴黎皇家科学院派往东印度执行天文观测的学者。[3] 他命令外交官与地方官,从国外获得葡萄幼苗并妥善移植到法国。[4] 他派人前往中东和北非,搜罗稀有的希腊语和阿拉伯语书籍。[5] 他希望地方官员能从德意志的纽伦堡吸引新奇机器的发明者和熟练操作者携带他们的机器移民法国。[6] 他命令海军舰队搜集非洲的珍奇动物。[7] 他命令西印度公司从美洲搜集珍奇的植物。[8] 他吩咐外交官注意考察北欧国家的科学发展。[9] 他命令巴黎皇家科学院的学者解剖研究法国近海所有能找到的海洋鱼类。[10] 他命令所有法国地方官在各省搜寻擅长各类科学的学者,并为这些学者提供资助,此外还要搜寻 25～30 岁、具有研究各类科学需要的才能和智力的年轻人,并鼓励他们从事这些研究。[11] 他在致法国驻丹麦大使的信件中写道:"正如您所知道的那样,在我们的主人国王陛下所投身的各项伟大事业中,他对于科学的关注程度不亚于他对于战争的关注程度。"[12]尤斯蒂曾经在他的

---

[1] Jean-Baptiste Colbert, ed. by Pierre Clément, *Letters*, *Instructions et Mémoires de Colbert*, tome 2, partie 2, Paris: Imprerie Impériale, 1863, p. 532.

[2] Jean-Baptiste Colbert, ed. by Pierre Clément, *Letters*, *Instructions et Mémoires de Colbert*, tome 2, partie 2, Paris: Imprerie Impériale, 1863, pp. 550—551.

[3] Jean-Baptiste Colbert, ed. by Pierre Clément, *Letters*, *Instructions et Mémoires de Colbert*, tome 5, Paris: Imprerie Impériale, 1868, pp. 294—295.

[4] Jean-Baptiste Colbert, ed. by Pierre Clément, *Letters*, *Instructions et Mémoires de Colbert*, tome 5, Paris: Imprerie Impériale, 1868, p. 307.

[5] Jean-Baptiste Colbert, ed. by Pierre Clément, *Letters*, *Instructions et Mémoires de Colbert*, tome 5, Paris: Imprerie Impériale, 1868, pp. 307—308, p. 318, pp. 374—375.

[6] Jean-Baptiste Colbert, ed. by Pierre Clément, *Letters*, *Instructions et Mémoires de Colbert*, tome 5, Paris: Imprerie Impériale, 1868, p. 308.

[7] Jean-Baptiste Colbert, ed. by Pierre Clément, *Letters*, *Instructions et Mémoires de Colbert*, tome 5, Paris: Imprerie Impériale, 1868, pp. 311—312.

[8] Jean-Baptiste Colbert, ed. by Pierre Clément, *Letters*, *Instructions et Mémoires de Colbert*, tome 5, Paris: Imprerie Impériale, 1868, p. 343.

[9] Jean-Baptiste Colbert, ed. by Pierre Clément, *Letters*, *Instructions et Mémoires de Colbert*, tome 5, Paris: Imprerie Impériale, 1868, p. 318.

[10] Jean-Baptiste Colbert, ed. by Pierre Clément, *Letters*, *Instructions et Mémoires de Colbert*, tome 5, Paris: Imprerie Impériale, 1868, pp. 403—404, pp. 407—408.

[11] Jean-Baptiste Colbert, ed. by Pierre Clément, *Letters*, *Instructions et Mémoires de Colbert*, tome 5, Paris: Imprerie Impériale, 1868, pp. 436—437.

[12] Jean-Baptiste Colbert, ed. by Pierre Clément, *Letters*, *Instructions et Mémoires de Colbert*, tome 5, Paris: Imprerie Impériale, 1868, p. 314.

著作中提到,除了染色与整理工艺之外,法国产的布在质量上不如英国和荷兰产的布,但是"法国布的美丽而持久的染色创造了巨大的国外市场"。尤斯蒂认为:"法国人要将这种美丽而持久的卓越染料归功于科尔贝先生不知疲倦的照料,他要求巴黎的科学院在染料方面进行持续的实验,并且将研究成果编写入制造业规章中[以向企业推广]。"[1]

其他欧洲国家的科学院都是效仿巴黎皇家科学院的产物。[2] 其中最早的是在莱布尼茨的积极建议下成立的普鲁士柏林皇家科学院。[3] 莱布尼茨在年轻的时候曾经被巴黎皇家科学院的院长、物理学家与数学家克里斯蒂安·惠更斯(Christian Huygens,1629—1695)邀请前往巴黎学习,因此莱布尼茨有足够的机会在巴黎观察并学习法国重商主义政府领导下的有组织的科学研究——"系统地促进与保护在制造业领域不断被创造出来的新知识的制度"[4]。之后,莱布尼茨就在欧洲各国积极宣传建立类似巴黎科学院的国家科研机构的重要性,并希望在欧洲各国都建立这种机构。[5] 但是,真正在莱布尼茨的建议下建立的科学院,只有普鲁士的柏林科学院与俄罗斯的圣彼得堡科学院。[6] 柏林科学院成立于1700年,是欧洲德语区的第一个科学院,也是在莱布尼茨的持续努力下建立的第一个欧洲科学院,其章程由莱布尼茨本人起草。[7] 在1671年写给勃兰登堡—普鲁士君主的有关建立柏林科学院的备忘录中,莱布尼茨写

---

[1] Johann Heinrich Gottlob von Justi, *Vollständigen Abhandlung von denen Manufacturen und Fabriken*, bd. 2, Copenhagen: Rothenschen Buchhandlung, 1761, p. 36.

[2] [英]A. C. 克龙比,迈克尔·霍斯金:《科学运动与科学思想的传播:1688—1751年》,引自[英]J. S. 布朗伯利编:《新编剑桥世界近代史(第6卷):大不列颠和俄国的崛起(1688—1725年)》,中国社会科学出版社2008年版,第54页。

[3] [英]A. C. 克龙比,迈克尔·霍斯金:《科学运动与科学思想的传播:1688—1751年》,引自[英]J. S. 布朗伯利编:《新编剑桥世界近代史(第6卷):大不列颠和俄国的崛起(1688—1725年)》,中国社会科学出版社2008年版,第59页。

[4] [挪威]埃里克·S. 赖纳特、阿诺·曼·达斯特:《经济创新起源探究:作为经济增长前提的宗教格式塔转换及发明责任》,引自[挪威]埃里克·S. 赖纳特、[中国]贾根良主编:《穷国的国富论:演化发展经济学论文选》上卷,高等教育出版社2007年版,第98页。

[5] [英]A. C. 克龙比,迈克尔·霍斯金:《科学运动与科学思想的传播:1688—1751年》,引自[英]J. S. 布朗伯利编:《新编剑桥世界近代史(第6卷):大不列颠和俄国的崛起(1688—1725年)》,中国社会科学出版社2008年版,第59页。

[6] [英]A. C. 克龙比,迈克尔·霍斯金:《科学运动与科学思想的传播:1688—1751年》,引自[英]J. S. 布朗伯利编:《新编剑桥世界近代史(第6卷):大不列颠和俄国的崛起(1688—1725年)》,中国社会科学出版社2008年版,第59页。

[7] [英]亚·沃尔夫:《十六、十七世纪科学、技术和哲学史》,周昌忠等译,周昌忠校,商务印书馆1991年版,第81页。

道:为了尊敬上帝,好的基督教君主必须“在其领土内努力模仿上帝在这个世界上所做的事情”,即创造与发明。[1] 为了模仿上帝在世界上的作为,君主必须“将探明的关于自然和技艺的奇迹应用于医药、机械、生活的便利、劳动的材料、穷人的生计、使人民免于闲散和邪恶、正义的发扬、对于人民的奖励与惩罚、维护公共和平、祖国的福利与扩张、消灭贫穷、消灭疾病与战争、增加对于上帝的真正信仰与敬畏的传播;总之,应用于人类的幸福(happiness)”[2]。而一种“最简单与最重要”的将“探明的关于自然和技艺的奇迹”应用于促进公共幸福的方式,就是“建立一个科学社团或者科学院”。[3] 莱布尼茨认为,一个国家的科学院应当履行以下 17 种职能:(1)促进学者之间的交流,以激发有用的思想与发明;(2)增加有用的资源;(3)将理论与实验联合;(4)成为发明者的学校以及测试发明的实验室;(5)为“保证养活人民、建立制造业、吸引商业”提供手段;(6)建立“储存应急必需品”的仓库;(7)组建人民的社团、商会与行会;(8)促进远洋贸易;(9)改进教育年轻人的学校;(10)通过改进与发明工具,促进制造工艺;(11)测试并建立那些“如果小规模与无组织地建设就不可能完成”的化学与机械工程项目,比如天文望远镜、各种机器、水力设施、机械钟、车床、压力机、绘画作坊、染料工场、纺织工场、钢铁工场;(12)制定关于发明的法律;(13)建立各种研究与学习的场所和设施,比如“模拟自然的场景”,“工艺、珍奇与解剖的展览室”,以及图书馆、植物园;(14)将散落在各种图书、手稿、实验与文件中的有用的知识汇编成集;(15)教育贫民子弟,使他们成长为对社会有益的人;(16)帮助那些“落魄的奇人异士”(impoverished eccentrics)以及不幸的商人;(17)资助并赡养那些对国家有用的人,以免他们离开国家。[4] 很明显,莱布尼茨对于科学院的设计基本复制了培根的“所罗门之家”中将有用知识和发明的产生与财

---

[1] Leibniz, Wilhelm, trans. by Johan Chambless, “Outline of A Memorandum on the Establishment of a Society in Germany for the Promotion of the Arts and Sciences (1671)”, *Fidlio*, 1991, vol. 1, no. 2, p. 68.

[2] Leibniz, Wilhelm, trans. by Johan Chambless, “Outline of A Memorandum on the Establishment of a Society in Germany for the Promotion of the Arts and Sciences (1671)”, *Fidlio*, 1991, vol. 1, no. 2, p. 68.

[3] Leibniz, Wilhelm, trans. by Johan Chambless, “Outline of A Memorandum on the Establishment of a Society in Germany for the Promotion of the Arts and Sciences (1671)”, *Fidlio*, 1991, vol. 1, no. 2, p. 68.

[4] Leibniz, Wilhelm, trans. by Johan Chambless, “Outline of A Memorandum on the Establishment of a Society in Germany for the Promotion of the Arts and Sciences (1671)”, *Fidlio*, 1991, vol. 1, no. 2, pp. 68—69.

富的生产紧密结合的设计，并且添加了很多“所罗门之家”与巴黎皇家科学院都没有的职能。除了常规的探索研究新知识、产生新发明、将新发明应用于改进各产业、汇集并传播有用的知识之外，莱布尼茨设计的科学院还负责建立和促进制造业和商业、建立私人无力承担的大型工业与科学项目、教育年轻人以及提供社会福利。似乎莱布尼茨将从“三十年战争”造成的灾难中恢复德意志的希望寄托在科学院之上。

柏林科学院最初是根据莱布尼茨的计划建立的机构，兼顾纯科学研究与产生对于经济有用的发明。〔1〕但是，因为缺乏资金以及当时的普鲁士国王腓特烈一世(Friedrich I,1657－1713)更加偏好纯科学研究与教育，柏林科学院最终并没有发挥莱布尼茨设计中的那些对于国家经济和社会的推动作用。〔2〕但是，莱布尼茨对于科学院作为产生促进经济发展的有用发明的国家科研机构的思想，在德意志经济政策思想中得到了传承。普鲁士国王腓特烈二世在《反马基雅维利》中提到，君主可以“通过使国中的技艺和科学繁荣的活动使国家强大并文明”〔3〕。“技艺”是指农业、工业、商业等“对人类生活有用的”活动，“科学”是指“几何学、哲学、天文学”以及可以被称为“精细技艺”的艺术。〔4〕腓特烈二世认为：“一个繁荣且治理良好的国家的最可靠的标志就是，它是否诞生了各种精细技艺和科学。”〔5〕腓特烈二世注意到，历史上的伟大君主的统治总是会产生伟大的哲学家、科学家与艺术家：雅典伯利克里的时代就是雕刻家菲狄亚斯(Phidias)和普拉克西特利斯(Praxiteles)的时代；奥古斯都的时代就是哲学家西塞罗和诗人贺拉斯与维吉尔的时代；路易十四的时代就是科学家笛卡尔和剧作

〔1〕［英］A. C. 克龙比，迈克尔·霍斯金：《科学运动与科学思想的传播：1688－1751 年》，引自［英］J. S. 布朗伯利编：《新编剑桥世界近代史(第 6 卷)：大不列颠和俄国的崛起(1688－1725 年)》，中国社会科学出版社 2008 年版，第 59 页。

〔2〕［英］A. C. 克龙比，迈克尔·霍斯金：《科学运动与科学思想的传播：1688－1751 年》，引自［英］J. S. 布朗伯利编：《新编剑桥世界近代史(第 6 卷)：大不列颠和俄国的崛起(1688－1725 年)》，中国社会科学出版社 2008 年版，第 59 页。Werner Frauendienst, *Christian Wolff als Staatsdenker*, Berlin: Emil Ebering, 1927, pp. 166－167.

〔3〕Friedrich II of Prussia, trans. by Paul Sonnino, *Anti-Machiavel*, Athens: Ohio University Press, 1981, p. 133.

〔4〕Friedrich II of Prussia, trans. by Paul Sonnino, *Anti-Machiavel*, Athens: Ohio University Press, 1981, p. 134.

〔5〕Friedrich II of Prussia, trans. by Paul Sonnino, *Anti-Machiavel*, Athens: Ohio University Press, 1981, p. 135.

家莫里哀的时代。[1] 在一篇写于 1772 年的题为《关于技艺和科学对于国家的益处》(Über den Nutzen der Künste und Wissenschaften im Staat)的文章中，腓特烈二世写道："国家的真正福利、利益与荣耀需要其人民尽可能地受教育和启蒙"，只有这样国家才能在各种职业中有足够的有技能的劳动者和足够的有能力的公务员以实现公共福利。[2] 腓特烈二世认为人类具有"可发展性(entwicklungsfähig Anlagen)"，这种可发展性需要教育才能发挥，因为"人的知识需要增加，这样他的想法才能增加"，"人的记忆必须扩张，这样他的想象力才有可供加工的素材"，以及"人的判断力必须清晰，这样他才能学会评价自己的行为"。[3] 因此，如果人不接受教育，这将是整个社会的损失。[4] 腓特烈二世认为，科学是一种促进各种产业改进(Vervollkommnung)的力量：水力学、物理学和植物学可以促进农业，化学可以促进医药，解剖学可以促进外科手术，机械学可以促进矿业和制造业，地理学和天文学可以促进航海和海上贸易。[5]

莱布尼茨是 17—18 世纪德意志自然法哲学两个对立流派其中之一的创始人，另一流派的创始人是萨缪尔·普芬道夫(Samuel Pufendorf, 1632—1694)。[6] 在 18 世纪，莱布尼茨的自然法哲学流派由克里斯蒂安·沃尔夫(Christian Wolff, 1679—1754)继承并发扬，普芬道夫流派的继承人是克里斯蒂安·托马修斯(Christian Thomasius, 1655—1728)。[7] 克里斯蒂安·沃尔夫是莱布尼茨和伊曼纽尔·康德(Immanuel Kant, 1724—1804)之间最重要的德国哲学家。"18 世纪德国学术活动的中心是由克里斯蒂安·沃尔夫的教导和学

---

〔1〕 Friedrich II of Prussia, trans. by Paul Sonnino, *Anti-Machiavel*, Athens: Ohio University Press, 1981, p. 135.

〔2〕 Friedrich II of Prussia, ed. by Gustav Berthold Volz, *Die Werke Friedrichs des Großen*, bd. 8, Berlin: Reimar Hobbing, 1913, p. 55.

〔3〕 Friedrich II of Prussia, ed. by Gustav Berthold Volz, *Die Werke Friedrichs des Großen*, bd. 8, Berlin: Reimar Hobbing, 1913, p. 54.

〔4〕 Friedrich II of Prussia, ed. by Gustav Berthold Volz, *Die Werke Friedrichs des Großen*, bd. 8, Berlin: Reimar Hobbing, 1913, p. 55.

〔5〕 Friedrich II of Prussia, ed. by Gustav Berthold Volz, *Die Werke Friedrichs des Großen*, bd. 8, Berlin: Reimar Hobbing, 1913, p. 56.

〔6〕 [英]克努兹·哈康森：《德意志自然法》，引自[英]马克·戈尔迪、罗伯特·沃克勒主编：《剑桥十八世纪政治思想史》，商务印书馆 2017 年版，第 249 页。

〔7〕 [英]克努兹·哈康森：《德意志自然法》，引自[英]马克·戈尔迪、罗伯特·沃克勒主编：《剑桥十八世纪政治思想史》，商务印书馆 2017 年版，第 249 页。

说构成。"[1]在德国经济思想史中，莱布尼茨和沃尔夫的自然法哲学是德国传统的经济思想的哲学基础。当代学者指出："在其发展过程中，德国经济学坚固地根基于莱布尼茨和沃尔夫从自然法传统中建立的哲学基础。"[2]18 世纪的德意志官房主义就是建立在莱布尼茨—沃尔夫的哲学基础之上。[3] 作为莱布尼茨在思想上的继承人，沃尔夫也继承了莱布尼茨对于建立作为产生对公共福利有用的知识和新发明的公共研发机构的科学院的推崇。沃尔夫认为，人应当追求智力(Verstand)的完美。[4] 智力的完美要求人们"在我们的能力和环境的允许范围内追求尽可能多的知识"[5]。但是，一个人不可能同时掌握所有知识，所以人应当"优先掌握那些对于他赖以为生的事务有帮助的知识"[6]。为了以防生活方式的变动，人还是应当在不影响必需知识的学习的情况下，尽量学习对当前的生活方式没有直接用处的知识。[7] 为了掌握尽可能多的知识，人应当掌握"发明的技巧"(Kunst zu erfinden)，"发明的技巧"是产生新知识的能力，即"从已知的真理中产生未知真理的能力"。[8] 新知识可以通过两种方式获得：通过经验，即观察和实验；通过推理。[9] 产生新的知识还需要积累尽可能多的知识，因为"新的真理只能从已知的真理中被发明"[10]。但是，沃尔夫认为："并不需要人人都是发明家，只需要有一些学者从事发明工作，其他人仅

---

[1] W. Windelband, *A History of Philosophy*, London: Macmillan, 1907, p. 444.

[2] Erik S. Reinert, *The Visionary Realism of German Economics*, London: Anthem, 2019, p. 18.

[3] Axel Nielsen, *Die Entstehung der deutschen Kameralwissenschaft im 17. Jahrhundert*, Jena: Gustav Fischer, 1911, p. 117.

[4] Christian Wolff, *Vernünftigen Gedanken von der Menschen Thun und Lassen*, Frankfurt and Leipzig: Renger, 1736, p. 10.

[5] Christian Wolff, *Vernünftigen Gedanken von der Menschen Thun und Lassen*, Frankfurt and Leipzig: Renger, 1736, p. 165.

[6] Christian Wolff, *Vernünftigen Gedanken von der Menschen Thun und Lassen*, Frankfurt and Leipzig: Renger, 1736, pp. 165—166.

[7] Christian Wolff, *Vernünftigen Gedanken von der Menschen Thun und Lassen*, Frankfurt and Leipzig: Renger, 1736, pp. 166—168.

[8] Christian Wolff, *Vernünftigen Gedanken von der Menschen Thun und Lassen*, Frankfurt and Leipzig: Renger, 1736, p. 191.

[9] Christian Wolff, *Vernünftigen Gedanken von der Menschen Thun und Lassen*, Frankfurt and Leipzig: Renger, 1736, p. 192.

[10] Christian Wolff, *Vernünftigen Gedanken von der Menschen Thun und Lassen*, Frankfurt and Leipzig: Renger, 1736, p. 201.

仅从这些学者的发明中学习就足够了，而且这也是经常发生的事情。”[1]因此，沃尔夫认为：“有能力为人类发明有用技艺的人或者有能力发现新发明的人，有义务去做这些事情。”[2]在沃尔夫的理想中，好的国家和社会一定积累了尽可能多的知识并且积极地产生各种有用的发明，如他自己写道：“在一个良好建设的国家，必须注意让科学和技艺在其原有的基础之上取得新的增长。”[3]

“在关于科学院的问题上，沃尔夫是莱布尼茨的继承者。”[4]按照沃尔夫的思想，在其他职业中谋生的人们是不可能研究科学和技艺的，所以“在一个治理良好的国家，一些人必须被专门选拔出来，以通过新发明增加科学和技艺与促进科学和技艺的繁荣为职业”[5]。由这些专门通过联合的力量促进科学和技艺的人组成的团体就是科学院。[6] 科学院有两个目标：“促进科学和技艺的完美，以及通过新发明使科学和技艺增长。”[7]为了促进科学和技艺的完美，科学院必须通过阅读文献、访问各个职业和阶层的人民、进行实验以及将实验结果系统化的方式收集各种知识。[8] 为了增加新发明，科学院必须研究收集已有的知识并在此基础上产生新发明。[9] 沃尔夫特别指出，科学院必须研究所有农业活动与所有制造业活动，特别是那些与数学和关于自然的知识有协同效果的经济活动。[10] 科学院需要特别关注制造业，在研究制造业活动时，“科学院不仅需要精确描述所有工艺与工序，而且需要研究每种工艺和工序可以改进的

---

[1] Christian Wolff, *Vernünftigen Gedanken von der Menschen Thun und Lassen*, Frankfurt and Leipzig: Renger, 1736, p. 84.

[2] Christian Wolff, *Jus Naturae*, pars. 1, Frankfurt and Leipzig: Renger, 1741, p. 170.

[3] Christian Wolff, *Jus Naturae*, pars. 8, Halle: Renger, 1748, p. 328.

[4] Wilhelm Roscher, *Geschichte der National-Oekonomik in Deutschland*, Munich: R. Oldenbourg, 1874, p. 354.

[5] Christian Wolff, *Vernünfftige Gedancken von dem Gesellschafftlichen Leben der Menschen*, Frankfurt and Leipzig: Renger, 1736, p. 241.

[6] Christian Wolff, *Vernünfftige Gedancken von dem Gesellschafftlichen Leben der Menschen*, Frankfurt and Leipzig: Renger, 1736, pp. 241—242.

[7] Christian Wolff, *Vernünfftige Gedancken von dem Gesellschafftlichen Leben der Menschen*, Frankfurt and Leipzig: Renger, 1736, p. 242. Christian Wolff, *Jus Naturae*, pars. 8, Halle: Renger, 1748, p. 329.

[8] Christian Wolff, *Vernünfftige Gedancken von dem Gesellschafftlichen Leben der Menschen*, Frankfurt and Leipzig: Renger, 1736, p. 242.

[9] Christian Wolff, *Vernünfftige Gedancken von dem Gesellschafftlichen Leben der Menschen*, Frankfurt and Leipzig: Renger, 1736, p. 242.

[10] Christian Wolff, *Vernünfftige Gedancken von dem Gesellschafftlichen Leben der Menschen*, Frankfurt and Leipzig: Renger, 1736, p. 248.

方法,并将这些知识纳入科学"[1]。为了执行这些职能,"科学院必须附属包括各种工艺和工序的制造工场,这样科学院成员……可以在这些工场中观察并参与每种工艺,而且科学院还可以在这些工场中执行那些改进这些工序的实验"[2]。科学院必须配套工艺院(Academie der Künste)。科学院的功能是研究各种工艺并改进那些工艺,而不是传播那些有用的新发明,向制造业者和工匠传播那些有用的知识和发明则是工艺院的职能。[3] 工艺院是培养工艺大师的机构,而这些大师可以被派向各地以训练其他工匠。[4] 相比莱布尼茨设计的包括众多应用功能的科学院,沃尔夫设计的科学院职能更少,更专注于单纯的科学研究并创造对于经济有用的新发明。沃尔夫对于科学院的设计似乎是对于莱布尼茨设计的几乎包罗万象的作为国家发展促进机构的科学院,与现实中进行纯科学研究和教育人民的普鲁士柏林科学院的一种折中。[5] 在科学院的问题上,"沃尔夫站在莱布尼茨和普鲁士国王中间的位置"[6]。尽管如此,无疑沃尔夫设计的科学院与莱布尼茨的设计一样,也是一个类似"所罗门之家"的"培根计划"机构。

莱布尼茨与沃尔夫对于科学、创新和作为公共研发机构的科学院的推崇由18世纪德意志官房主义者们继承。18世纪德意志官房主义的代表人物尤斯蒂明确指出了过程创新和产品创新在促进经济发展方面的重要作用。[7] 在生产过程创新方面,尤斯蒂如同亚当·斯密一样看到了制造业中源于分工、专业化以及机械化的报酬递增。斯密以制针工场中的专业化分工为例,描述了源于专业化分工的报酬递增。如上文所述,斯密关于制针工场中大规模生产的了解,

---

[1] Christian Wolff, *Vernünfftige Gedancken von dem Gesellschafftlichen Leben der Menschen*, Frankfurt and Leipzig: Renger, 1736, p. 248.

[2] Christian Wolff, *Vernünfftige Gedancken von dem Gesellschafftlichen Leben der Menschen*, Frankfurt and Leipzig: Renger, 1736, pp. 248—249.

[3] Christian Wolff, *Vernünfftige Gedancken von dem Gesellschafftlichen Leben der Menschen*, Frankfurt and Leipzig: Renger, 1736, p. 254.

[4] Christian Wolff, *Vernünfftige Gedancken von dem Gesellschafftlichen Leben der Menschen*, Frankfurt and Leipzig: Renger, 1736, p. 255.

[5] Werner Frauendienst, *Christian Wolff als Staatsdenker*, Berlin: Emil Ebering, 1927, p. 166.

[6] Werner Frauendienst, *Christian Wolff als Staatsdenker*, Berlin: Emil Ebering, 1927, p. 167.

[7] Zhao, Xuan, "Public Happiness through Manufacturing and Innovation: The Theory of Industrialization of Johann Heinrich Gottlob von Justi", *History of Political Economy*, 2021, vol. 53, iss. 3, pp. 468—472.

源自巴黎科学院出版的《关于工艺与制造的描述》。[1] 需要注意的是，尤斯蒂与斯密看到了关于大规模制针工艺的同样描述，因为《关于工艺与制造的描述》最初是由尤斯蒂介绍引入德意志地区（德语译名为：*Schauplatz der Künste und Handwerke*），并且在1762—1765年间，尤斯蒂翻译了该丛书的前四卷，其中就包括描述制针工艺的章节。[2] 根据这一章的描述，针之所以可以大规模生产且价格便宜，原因是制针流程细致地分成许多个(17个)专业生产工序。[3] 这种专业化分工极大地提高了生产率：两小时之内，一个磨针匠可以磨制72 000枚针，一个装配针帽的工匠可以为7 000～12 000枚针安装针帽。[4] 不同于斯密，尤斯蒂并没有在其著作中重复制针工场的例子，而是以火枪工场为例说明源于专业化分工的报酬递增。尤斯蒂写道：

> 如果建立大规模和集中的制造工场是必需的话，那么这在火枪的制造中最必需。火枪由多个零件组成并且需要经过很多不同工人的加工。长期经验显示，如果能让一个工人仅仅从事一道工序，其他工人从事其他工序，然后再将他们的工作组合起来，那么可以更快速且更熟练地完成工作，特别是金属加工业和化学品制造业中的工作。此外，火枪制造厂的工人可以通过机器和其他设备减轻他们的工作，而这些设备是单个工匠无力承担使用的。如果火枪的制造可以置于单一监督之下，国家也可以由此为其军队获得质量好的标准化武器。因此，我们在各地都可以看到兵工厂以很大的规模建立。[5]

如果斯密有机会读到这段文字，那么他一定会非常同意尤斯蒂的观点，即专业化分工会促进机械化和生产率提高，而且相比18世纪的其他制造业，主要是纺织业，这种报酬递增的力量在金属加工业中最密集。斯密写道："也许以贱

---

[1] Peaucelle, Jean-Louis, "Adam Smith's Use of Multiple References for His Pin Making Example", *European Journal History of Economic Thought*, 2006, vol. 13, no. 4, pp. 489—512.

[2] Philipp Robinson Rössner, *Managing the Wealth of Nations: Political Economies of Change in Preindustrial Europe*, Bristol: Bristol University Press, 2023, p. 161.

[3] Herren der Academie der Wissenschaften zu Paris, trans. by Johann Heinrich Gottlob von Justi, *Schauplatz der Künste und Handwerke*, Berlin, Stettin and Leipzig: Johann Heinrich Rüdigern, 1762, p. 194.

[4] Herren der Academie der Wissenschaften zu Paris, trans. by Johann Heinrich Gottlob von Justi, *Schauplatz der Künste und Handwerke*, Berlin, Stettin and Leipzig: Johann Heinrich Rüdigern, 1762, p. 195.

[5] Johann Heinrich Gottlob von Justi, *Vollständigen Abhandlung von denen Manufacturen und Fabriken*, bd. 2, Copenhagen: Rothenschen Buchhandlung, 1761, p. 371.

金属为材料的这种制造业,比一切其他制造业都更适宜于进行分工,更可进行机械改良。"[1]尤斯蒂对于兵工厂中的专业化分工和报酬递增的深刻印象也得到了历史经验的证明。最早的以专业化分工、可互换标准化零件和机械化大规模生产为特征的制造业生产过程,出现在以美国春田兵工厂(Springfield Armory)为代表的枪械工厂中。[2] "兵工厂乃成为比纺织联合工厂更为重要的现代工厂原型。"[3]

尤斯蒂活跃于18世纪中期,而这恰好是莫基尔认为的"熊彼特式增长"开始在西方代替"斯密式增长"成为主要经济增长方式的时刻。[4] 也是熊彼特所认为的孕育"工业革命"的时代。熊彼特认为在"工业革命"中驱动技术革命和经济发展的创新"连接了之前清晰可辨的发展过程,并从中成长出来"[5]。这些技术和组织创新主要包括作为动力来源的上射式水车、在纺织业和铁加工业中应用的水力机器,以及作为新生产组织形式的工厂制度,而这些创新在1750年之前就已经出现。[6] 桑巴特将欧洲的17世纪和18世纪称为"典型的水力工场时代"(das klassische Zeitalter der Mühle)[7]。"水力工场"是"一种使水力(在较小的范围内也用风力、兽力和人力)转动机轮,借以进行各项工作的基业"[8]。这种水力工场伴随着手工工场的生产组织形式,是"工厂最古的形态"[9]。桑巴特列举了具有以下用途的水力工场:在食品加工业中研磨谷物和榨油;在木器加工业中锯木;在金属加工业中驱动车床加工、钻床加工、冲压、研

---

[1] [英]亚当·斯密:《国民财富的性质和原因的研究》上卷,郭大力、王亚南译,商务印书馆1983年版,第236页。

[2] [美]小阿尔弗雷德·D. 钱德勒:《看得见的手——美国企业的管理革命》,重武译,王铁生校,商务印书馆2004年版,第83—86页。

[3] [美]小阿尔弗雷德·D. 钱德勒:《看得见的手——美国企业的管理革命》,重武译,王铁生校,商务印书馆2004年版,第83页。

[4] [美]乔·莫基尔:《启蒙经济:英国经济史新论》,曾鑫、熊跃根译,中信出版集团2020年版,第6页。

[5] Joseph Schumpeter, *Business Cycles: A Theoretical, Historical, and Statistical Analysis of the Capitalist Process*, vol. 1. New York and London: McGraw Hill, 1939, p. 253.

[6] Joseph Schumpeter, *Business Cycles: A Theoretical, Historical, and Statistical Analysis of the Capitalist Process*, vol. 1. New York and London: McGraw Hill, 1939, p. 242, p. 271. [英]克里斯·弗里曼、[葡]弗朗西斯科·卢桑:《光阴似箭——从工业革命到信息革命》,沈宏亮主译,沈宏亮、沈由佳校,中国人民大学出版社2007年版,第156—191页。

[7] Werner Sombart, *Der moderne Kapitalismus*, bd. 1, teil. 2, Münichen und Leipzig: Duncker & Humblot, 1919, p. 485.

[8] [德]维尔纳·桑巴特:《现代资本主义》第一卷,李季译,商务印书馆1958年版,第317页。

[9] [德]维尔纳·桑巴特:《现代资本主义》第一卷,李季译,商务印书馆1958年版,第317页。

磨、拉丝、鼓风；在纺织业中缫丝、织丝带、织袜、织布、剪切、梳理、压平、印染。[1] 水力驱动的机械化是17世纪和18世纪欧洲"最重要的技术改革"[2]。在这种背景下，尤斯蒂意识到机械化是无法阻挡的技术革命潮流。他写道：

> 毫无疑问，如果我们决定致力于发明更便利的机器，那么制造业中的许多工作负担都可以减少，而且可以节省很多时间和人力。本世纪很多之前未知的应用于制造业的机器的发明已经证明了这一点。并且一旦科学和制造业结合得更紧密，这种情况将越来越常见。[3]

尤斯蒂认为，为国内生产者的产出找到需求是财富增加的关键："没有需求，人民不会耕作土地，也不会制造产品。"[4]而国家产出的国内外需求的扩张根本上要通过两个方式实现：提高产品的质量；降低产品的价格。[5] 尤斯蒂认为，生产过程机械化的主要好处就是，可以在不改变劳动力的价格的同时降低产品价格，因为机器可以极大地提高生产率。"一台机器可以完成一百个劳动力都无力完成的工作。"[6]在这里，尤斯蒂再一次得出了与亚当·斯密类似的结论。熊彼特指出，斯密在《国富论》中的两处讨论了制造业中的报酬递增：一处是由制针工场引起的第一篇第一章，另一处是第一篇第十一章第三节中题为《改良的进展对于制造品真实价格的影响》的插叙。[7] 在此处，斯密认为制造业中机械化的结果就是使制造业产品的真实价格下降。斯密写道："改良会自然而然地产生逐渐降低一切制造品真实价格的结果。随着改良，一切制造业的费用大概都会逐渐减低，没有例外。机械的改善、技巧的进步、作业上更妥当的

---

[1] [德]维尔纳·桑巴特：《现代资本主义》第一卷，李季译，商务印书馆1958年版，第318—320页。

[2] [德]维尔纳·桑巴特：《现代资本主义》第一卷，李季译，商务印书馆1958年版，第317页。参见：[德]赫尔曼·凯伦班兹：《1500—1700年科学革命时代的技术》，引自[意]卡洛·M.奇波拉主编：《欧洲经济史：第二卷十六和十七世纪》，商务印书馆1988年版，第165—170页。

[3] Johann Heinrich Gottlob von Justi, *Abhandlung von denen Manufactur-und Fabriken-Reglements*, Berlin: Buchladens der Real Schule, 1762, pp. 55—56.

[4] Johann Heinrich Gottlob von Justi, *Die Grundfeste Macht und Glückseeligkeit der Staaten*, bd. 1, Königsberg and Leipzig: seeligen Johann Heinrich Hartungs Erben, 1760, p. 684.

[5] Johann Heinrich Gottlob von Justi, *Vollständige Abhandlung von denen Manufacturen und Fabriken*, bd. 1, Copenhagen: Rothenschen Buchhandlung, 1758, p. 139.

[6] Johann Heinrich Gottlob von Justi, *Vollständige Abhandlung von denen Manufacturen und Fabriken*, bd. 1, Copenhagen: Rothenschen Buchhandlung, 1758, p. 146.

[7] [美]约瑟夫·熊彼特：《经济分析史》第一卷，朱泱、孙鸿敞、李宏、陈锡龄译，商务印书馆1990年版，第391—392页。

分工,无一非改良所致,亦无一不使任何作业所需的劳动量大减。"[1]尤斯蒂注意到了因为"成百上千人的生计会被机器夺走"而反对机械化的担忧,但是尤斯蒂认为,机械化可以增加产出,降低价格,因此可以提高产品的出口竞争力,而出口扩大可以增加贸易顺差,依靠增加的物质产出和贸易顺差收入,"一个明智的政府总能找到足够的机会,在其他有利可图的产业中雇佣那些被机器释放的劳动力"[2]。

尤斯蒂非常重视产品创新在国家产业扩张需求和提高国际竞争力方面的作用。尤斯蒂明确将从市场上引进新发明视为促进制造业销路扩张的方式。"各种制造业中的新发明(neue Erfindung)可以让制造业产品在国外受欢迎。"[3]原因在于,产品创新可以刺激消费者的购买欲望,因为"所有人都喜欢新奇和改变,卖家如果向顾客介绍新发明,他们很少会失败"[4]。"新发明"包括"新的漂亮颜色""新设计和新时尚""新加工方式""新机器"以及"全新的产品"。[5] 尤斯蒂认为,从市场上引进新产品可以让生产者处于一种垄断地位,创新者由此可以赚取一种垄断利润。上一章提到,尤斯蒂认为,"勤劳而善于思考"的民族可以在制造业中创造出其他民族没有的发明,但是"只要其他民族认为这些新发明可以为生活带来更大的便利,那么不论这种想法是否有根据,这些民族中的富人都会花费其货币或自然产物以获得那些真实的或者想象的更大的生活便利"[6]。这会让产生发明的民族获得一种对于新产品的垄断地位,因此,这些民族"会将他们的发明和他们精巧制造的价格定得尽可能高",直到

---

[1] [英]亚当·斯密:《国民财富的性质和原因的研究》上卷,郭大力、王亚南译,商务印书馆 1983 年版,第 235 页。

[2] Johann Heinrich Gottlob von Justi, *Die Grundfeste Macht und Glückseeligkeit der Staaten*, bd. 1, Königsberg and Leipzig: seeligen Johann Heinrich Hartungs Erben, 1760, pp. 568—569.

[3] Johann Heinrich Gottlob von Justi, *Grundsätze der Policey-Wissenschaft*, Göttingen: Abraham van den Hoecks seel. Witbe, 1756, p. 116.

[4] Johann Heinrich Gottlob von Justi, *Die Grundfeste Macht und Glückseeligkeit der Staaten*, bd. 1, Königsberg and Leipzig: seeligen Johann Heinrich Hartungs Erben, 1760, p. 572.

[5] Johann Heinrich Gottlob von Justi, *Vollständige Abhandlung von denen Manufacturen und Fabriken*, bd. 1, Copenhagen: Rothenschen Buchhandlung, 1758, p. 222. Johann Heinrich Gottlob von Justi, *Die Grundfeste Macht und Glückseeligkeit der Staaten*, bd. 1, Königsberg and Leipzig: seeligen Johann Heinrich Hartungs Erben, 1760, p. 572.

[6] Johann Heinrich Gottlob von Justi, *Vollständige Abhandlung von denen Manufacturen und Fabriken*, bd. 1, Copenhagen: Rothenschen Buchhandlung, 1758, p. 4.

购买那些发明的民族"自己学会制造他们需要的生活便利品"。[1] 在讨论创新促进制造业产品销路的时候，尤斯蒂经常引用当时萨克森蓝的发明作为例子。[2] 萨克森蓝是1744年在德意志境内的邦国萨克森被发明出来的新染料。[3] 尤斯蒂说萨克森对于这种染料拥有"垄断"(Monopolium)[4]。尤斯蒂注意到，质量平平的布经过萨克森蓝的染色就可以"因为它的特殊和新奇"在很多其他国家的市场上以非常高的价格出售，"这仅仅是因为，这些新的虽然不耐用的染料刺激了消费者的视觉"。[5]

因为引进创新可以获得市场竞争中的优势地位，因此，尤斯蒂明确将创新视为"制造业中的后发国家"(ein in denen Manufacturen und Fabriken späther anfangendes Volk)——比如当时的德意志——获得国际市场竞争优势的关键。尤斯蒂认为：

> 今天制造业产品很难找到外国销路，因为所有国家都留意建立制造业，所以顾客越来越少，而且因为一些民族已经将他们的劳动发展到完美的程度，所以新建立制造业的民族几乎没有希望为自己赢得市场。我承认，对于很多制造业产品——特别是纺织品——来说，情况确实如此。英国、荷兰和法国已经在大多数制造业产品中获得了非常大的优势地位，因此新建立制造业的民族很难赶上，更不用说争得他们的市场了。但是，困难并不是不可克服的。法国在制造业中起步得比英国和荷兰晚多了，但是它在非常短的时间内就将其产业发展到完美并获得了国外销路。可以肯定的是，每个民族都可以为它的制造业产品找到国外市场，只要它可以

---

[1] Johann Heinrich Gottlob von Justi, *Vollständige Abhandlung von denen Manufacturen und Fabriken*, bd. 1, Copenhagen: Rothenschen Buchhandlung, 1758, pp. 7—8.

[2] Johann Heinrich Gottlob von Justi, *Vollständige Abhandlung von denen Manufacturen und Fabriken*, bd. 1, Copenhagen: Rothenschen Buchhandlung, 1758, p. 28.

[3] 尤斯蒂甚至写了研究萨克森蓝的专著，参见：Johann Heinrich Gottlob von Justi, *Das Entdeckte Geheimniß der neuen Sächischen Farben*, Vienna: Kaußischen Buchladen, 1761。

[4] Johann Heinrich Gottlob von Justi, *Vollständige Abhandlung von denen Manufacturen und Fabriken*, bd. 1, Copenhagen: Rothenschen Buchhandlung, 1758, p. 152.

[5] Johann Heinrich Gottlob von Justi, *Staatswirthschaft, oder Systematische Abhandlung aller Oeconomischen und Cameral-Wissenschaft*, bd. 1, Leipzig: Bernhard Christoph Breitkopf, 1755, p. 176. Johann Heinrich Gottlob von Justi, *Vollständige Abhandlung von denen Manufacturen und Fabriken*, bd. 1, Copenhagen: Rothenschen Buchhandlung, 1758, p. 28.

销售新的、顾客喜欢的发明。[1]

因此，尤斯蒂劝说他的德意志祖国，“我们的邻居，英国人、荷兰人、法国人和瑞士人，已经在制造业产品的外国销路、制造业劳动和商业的组织方面向前走了一大步，所以我们不能自认为可以很快在这些方面超过他们”，但是建立能占领本国市场并开辟国外市场的制造业的机会“仅仅”存在于“我们知道发明新的制造业种类、新的颜色等”，因为“产品的新奇可以让它们在国外受欢迎”[2]。

尤斯蒂认为：“最繁荣的制造业彻底衰落的情况从来不缺少例子。”[3]自中世纪以来，意大利、弗兰德斯、汉萨同盟先后经历了制造业从极盛到没落的过程。[4] 尤斯蒂认为，欧洲的制造业国际市场竞争非常激烈，“我们有非常多的外国竞争对手和模仿者，他们都在尽力为同样的目标奋斗，即通过这些产业[制造业]使自己富裕”[5]。在这种激烈的竞争中，“如果在制造业中停滞不前并且对制造业的照顾消失，那么最繁荣的制造业也会倒退并走向衰落”，因为如果停滞不前并且放松对制造业的政策支持，那么一旦不利的外部影响发生，比如战争、物价升高、原材料供应减少，制造业就会受到打击而被竞争对手超过，陷入衰退。[6] 而且，“在很多情况下，对制造业不利的改变总会自行发生”[7]。因此，为了预防制造业在激烈竞争和外部风险中衰退，尤斯蒂认为，政府必须保护制造业，总的方法是“必须努力尽可能增加和扩张制造业的所有部分，这样如果某一部分不可避免地衰落了，这种衰落可以被其他部分的扩张替代，因此整个

[1] Johann Heinrich Gottlob von Justi, *Vollständige Abhandlung von denen Manufacturen und Fabriken*, bd. 1, Copenhagen: Rothenschen Buchhandlung, 1758, pp. 27—28.

[2] Johann Heinrich Gottlob von Justi, *Staatswirthschaft, oder Systematische Abhandlung aller Oeconomischen und Cameral-Wissenschaft*, bd. 1, Leipzig: Bernhard Christoph Breitkopf, 1755, pp. 175—176.

[3] Johann Heinrich Gottlob von Justi, *Vollständige Abhandlung von denen Manufacturen und Fabriken*, bd. 1, Copenhagen: Rothenschen Buchhandlung, 1758, p. 217.

[4] Johann Heinrich Gottlob von Justi, *Vollständige Abhandlung von denen Manufacturen und Fabriken*, bd. 1, Copenhagen: Rothenschen Buchhandlung, 1758, pp. 217—221.

[5] Johann Heinrich Gottlob von Justi, *Vollständige Abhandlung von denen Manufacturen und Fabriken*, bd. 1, Copenhagen: Rothenschen Buchhandlung, 1758, p. 221.

[6] Johann Heinrich Gottlob von Justi, *Vollständige Abhandlung von denen Manufacturen und Fabriken*, bd. 1, Copenhagen: Rothenschen Buchhandlung, 1758, p. 221.

[7] Johann Heinrich Gottlob von Justi, *Vollständige Abhandlung von denen Manufacturen und Fabriken*, bd. 1, Copenhagen: Rothenschen Buchhandlung, 1758, p. 221.

制造业都不会受损"[1]。"根据这一原则"，尤斯蒂写道，"我们必须不断努力用一些新的东西来扩张制造业。这不仅仅包括之前不时提到的颜色、设计和机器方面的新发明，而且包括在国内未曾出现的全新的制造业种类。"[2]如前文所述，尤斯蒂认为，创新者会获得类似垄断的竞争优势地位，持续的创新意味着国家的制造业可以持续地获得竞争优势地位。总而言之，尤斯蒂认为："制造业的繁荣依赖于其良好进步，而制造业良好进步的一个条件是不断地努力为它提供新的完美。"[3]

创新是重要的，由此尤斯蒂认为，科学也是重要的，因为尤斯蒂将科学视为创新的来源："科学为工匠和劳动者提供了在人类的必需品和便利品方面创造上千种新发明并将他们的工作完美地完成所需要的能力和技能。"[4]尤斯蒂认为，科学包括四种学科：机械学、计量学、化学和自然史。[5] 尤斯蒂认为："制造业主要指望通过这些科学以实现其完美。"[6]在上一章提到，尤斯蒂认为制造业是创新密集型的经济活动。因为创新来源于科学，所以尤斯蒂同时认为，制造业是与科学紧密联系的经济活动。尤斯蒂写道：

> 制造业与科学有一种毫无疑问的紧密联系，并且这个产业的良好进步比人们通常想象的更多依赖于一个国家的知识积累程度。如果我没有记错的话，休谟(David Hume，1711—1776)先生曾经说过：无法想象一个对于天文学一无所知的民族能够织出一匹完美的布。天文学对于织布似乎没有什么影响，但是对于这门科学的完全无知显示了非常差的知识积累状态，因此反映出该民族尚未摆脱野蛮状态。正是科学启迪了一个民族的才能和智力，并且科学的繁荣也会影响那些并不从事科学活动的人们的理性。一个科学繁荣的民族总是比其他科学落后的民族有更高的洞

[1] Johann Heinrich Gottlob von Justi, *Vollständige Abhandlung von denen Manufacturen und Fabriken*, bd. 1, Copenhagen: Rothenschen Buchhandlung, 1758, p. 222.

[2] Johann Heinrich Gottlob von Justi, *Vollständige Abhandlung von denen Manufacturen und Fabriken*, bd. 1, Copenhagen: Rothenschen Buchhandlung, 1758, p. 222.

[3] Johann Heinrich Gottlob von Justi, *Abhandlung von denen Manufactur-und Fabriken-Reglements*, Berlin: Buchladens der Real Schule, 1762, p. 24.

[4] Johann Heinrich Gottlob von Justi, *Grundsätze der Policey-Wissenschaft*, Göttingen: Abraham van den Hoecks seel. Witbe, 1756, p. 176.

[5] Johann Heinrich Gottlob von Justi, *Vollständige Abhandlung von denen Manufacturen und Fabriken*, bd. 1, Copenhagen: Rothenschen Buchhandlung, 1758, p. 40.

[6] Johann Heinrich Gottlob von Justi, *Vollständige Abhandlung von denen Manufacturen und Fabriken*, bd. 1, Copenhagen: Rothenschen Buchhandlung, 1758, p. 40.

察力、才智、能力和发明能力，因此它也更加能将其制造业推向完美。经验似乎证明了科学的这种影响。当意大利独自成为科学的集中地而欧洲其他民族依然被野蛮的黑暗笼罩时，意大利同时也是制造业的集中地；正如近代的英格兰、法国和荷兰先于其他欧洲国家将科学发展到繁荣，它们也最先将它们的制造业发展到完美。[1]

尤斯蒂认为，科学不仅是制造业进步的力量，而且是推动经济中各个产业进步的力量。尤斯蒂写道：

科学不仅可以像一般认为的通过启蒙智力对经济产生巨大的影响，而且所有技艺劳动都必须主要从科学中获得它们的完美所需要的东西。没有哪个产业不是建立在关于自然的知识之上，也没有哪个产业不是通过这些知识实现其完美。化学这门科学包含了与经济中几乎所有技艺劳动有关的知识。同样，也有一些产业需要数学来实现其完美，并且没有数学就不能存在。谁又不知道机械学对于经济多么必不可少以及有多少产业必须建立在机械学之上呢？没有科学，商业也会陷入困境。没有磁的性质的发现以及造船术，我们仍然还坐着简陋的小船沿着海岸航行，但是现在我们却能乘坐令人惊叹的大船在大洋各处自由通航。还有很多像这样的科学向经济直接提供实现繁荣所必需的帮助。[2]

因此，考虑到创新和科学对于经济发展的重要性，尤斯蒂认为："一个明智的政府必须努力用所有方法促进和鼓励新发明"，"一个智慧的民族会将发明精神发挥到最充分"，以及"一个明智的君主必须用所有方法促进那些改善人民道德水平、启蒙整个民族的智力以及促进民族的繁荣和福利的那些科学"。[3] 为了促进制造业中的创新，尤斯蒂认为："我们不仅必须通过奖励新发明以鼓励聪明的头脑，还要通过不断实验促进制造业的进步和更高级的完美。"[4]"通过奖

---

[1] Johann Heinrich Gottlob von Justi, *Vollständige Abhandlung von denen Manufacturen und Fabriken*, bd. 1, Copenhagen: Rothenschen Buchhandlung, 1758, pp. 39—40.

[2] Johann Heinrich Gottlob von Justi, *Die Grundfeste Macht und Glückseeligkeit der Staaten*, bd. 2, Königsberg and Leipzig: seel. Gebhard Ludwig Wöltersdorfs Wittwe., 1761, pp. 54—55.

[3] Johann Heinrich Gottlob von Justi, *Staatswirthschaft, oder Systematische Abhandlung aller Oeconomischen und Cameral-Wissenschaft*, bd. 1, Leipzig: Bernhard Christoph Breitkopf, 1755, p. 107, p. 176. Johann Heinrich Gottlob von Justi, *Vollständige Abhandlung von denen Manufacturen und Fabriken*, bd. 1, Copenhagen: Rothenschen Buchhandlung, 1758, p. 135.

[4] Johann Heinrich Gottlob von Justi, *Abhandlung von denen Manufactur-und Fabriken-Reglements*, Berlin: Buchladens der Real Schule, 1762, p. 25.

励新发明以鼓励聪明的头脑”指的是建立发明专利制度。[1]“通过不断实验促进制造业的进步和更高级的完美”则是“所有科学院的主要目标”。[2]尤斯蒂延续了莱布尼茨和沃尔夫对于科学院的设计，但是需要注意，尤斯蒂设计的科学院的直接服务对象是促进制造业的发展，而不是经济中的所有产业。

与莱布尼茨一样，尤斯蒂对于科学院的设计参照了科尔贝建立的法国巴黎皇家科学院。尤斯蒂写道：“自从巴黎科学院的创新以来，它以出色的方式完成了那些对于所有科学社团来说最重要的目标，这一点必须受到赞誉。它一直不停地为了改进工艺和产业进行实验，并且法国制造业在染料和很多其他方面都从这些实验中获得了巨大好处。”[3]“可以说，法国制造业的巨大繁荣主要追溯到这一源头[巴黎科学院及其活动]。”[4]尤斯蒂设计的科学院是一个典型的“培根计划”，即科学研究和发明活动被有意识地导向于促进制造业和经济发展的方向。因为科学院的主要目标是通过不断实验研究促进制造业的发展，所以“它最主要的研究应当在于物理学包括化学”[5]。虽然尤斯蒂认为科学对于经济发展有极大的促进作用，但是尤斯蒂认为，在他的时代，“科学可能尚未向制造业提供人们有理由期望的全部益处”[6]。在尤斯蒂看来，“这更多的是那些仅仅专心研究思辨事物(speculativische Dinge)而非真正有益事物的学者的错误”[7]。尤斯蒂发现，当时欧洲的“大多数”科学院认为，它们的主要目标应当是“扩张思辨科学”(speculativische Wissenschaft)而非“实用科学”(practische Wissenschaft)，并且认为“科学院的每个成员必须有选择自己学术研究对象的

---

[1] Johann Heinrich Gottlob von Justi, *Vollständige Abhandlung von denen Manufacturen und Fabriken*, bd. 1, Copenhagen: Rothenschen Buchhandlung, 1758, p. 136.

[2] Johann Heinrich Gottlob von Justi, *Abhandlung von denen Manufactur-und Fabriken-Reglements*, Berlin: Buchladens der Real Schule, 1762, p. 25.

[3] Johann Heinrich Gottlob von Justi, *Abhandlung von denen Manufactur-und Fabriken-Reglements*, Berlin: Buchladens der Real Schule, 1762, p. 25.

[4] Johann Heinrich Gottlob von Justi, *Abhandlung von denen Manufactur-und Fabriken-Reglements*, Berlin: Buchladens der Real Schule, 1762, p. 26.

[5] Johann Heinrich Gottlob von Justi, *Abhandlung von denen Manufactur-und Fabriken-Reglements*, Berlin: Buchladens der Real Schule, 1762, p. 25.

[6] Johann Heinrich Gottlob von Justi, *Vollständige Abhandlung von denen Manufacturen und Fabriken*, bd. 1, Copenhagen: Rothenschen Buchhandlung, 1758, p. 40.

[7] Johann Heinrich Gottlob von Justi, *Vollständige Abhandlung von denen Manufacturen und Fabriken*, bd. 1, Copenhagen: Rothenschen Buchhandlung, 1758, pp. 40—41.

自由"[1]。尤斯蒂对于科学院的设计旨在克服以上问题，将科学院及其成员的活动有力地导向直接促进经济发展，特别是制造业的发展。尤斯蒂认为，"最好成立专门改进与完善制造业、工艺和手工业的特殊科学院及科学社团，这种科学院或科学社团完全不应该研究思辨科学，而应当致力于实用的、为社会直接带来好处的知识"，这种科学院的成员"必须是真正的伟大学者，有能力凭借他们丰富的知识以研究原材料的性质、根据正确的原则研究所有对于这些原材料的加工，并从中创造新的发明"。[2] 这些发明的特征是："通过这些发明，经济的繁荣和社会的福利都被促进。"[3]

尤斯蒂对于科学院的设计体现了国家对于科学研究和创新的方向的深入干预。根据尤斯蒂的设计，这种科学院应当是由国家政府中制造业部(Manufacturcollegii)领导的机构。科学院的院长应当由制造业部部长担任，制造业部的首席秘书应当担任科学院的副院长。[4] 科学院的领导与国家制造业部的领导重合，是因为"他们[国家制造业部的领导们]最了解制造业中存在的不足和问题，所以他们能最好地领导科学院去解决对于制造业和整个经济的繁荣来说必须面对的问题"[5]。科学院应当在以下四个学科中进行"与经济有关的实验和发明"：化学、植物学、机械学与农学。[6] 每个学科应当由两个院士组成，但是化学需要由四个院士组成，因为"几乎所有制造业与手工业中的劳动都从属于这个学科"[7]。每个学科中的一个院士应当担任该学科的负责人，四个学科负责人中学识最多的一个应当担任科学院的秘书长。[8] 所有院士除了科学院

[1] Johann Heinrich Gottlob von Justi, *Abhandlung von denen Manufactur-und Fabriken-Reglements*, Berlin: Buchladens der Real Schule, 1762, pp. 26—27.

[2] Johann Heinrich Gottlob von Justi, *Abhandlung von denen Manufactur-und Fabriken-Reglements*, Berlin: Buchladens der Real Schule, 1762, p. 27.

[3] Johann Heinrich Gottlob von Justi, *Grundsätze der Policey-Wissenschaft*, Göttingen: Abraham van den Hoecks seel. Witbe, 1756, p. 212.

[4] Johann Heinrich Gottlob von Justi, *Abhandlung von denen Manufactur-und Fabriken-Reglements*, Berlin: Buchladens der Real Schule, 1762, p. 28.

[5] Johann Heinrich Gottlob von Justi, *Abhandlung von denen Manufactur-und Fabriken-Reglements*, Berlin: Buchladens der Real Schule, 1762, p. 29.

[6] Johann Heinrich Gottlob von Justi, *Abhandlung von denen Manufactur-und Fabriken-Reglements*, Berlin: Buchladens der Real Schule, 1762, p. 28.

[7] Johann Heinrich Gottlob von Justi, *Abhandlung von denen Manufactur-und Fabriken-Reglements*, Berlin: Buchladens der Real Schule, 1762, p. 28.

[8] Johann Heinrich Gottlob von Justi, *Abhandlung von denen Manufactur-und Fabriken-Reglements*, Berlin: Buchladens der Real Schule, 1762, p. 28.

的工作外，不应当从事其他工作，所以要向所有院士支付足够让他们过上舒适生活的报酬。[1] 科学院的研究对象和研究日程不能由研究人员自由决定。“科学院的院长、副院长以及秘书长应当每季度决定每个院士的研究对象。”[2] 院长和副院长应当决定科学院最迫切的研究对象，而秘书长因为熟悉所有研究人员的能力以及研究对象的难度，所以应当决定这些最迫切研究任务的负责人。[3] 每位院士应当在科学院的定期全体大会上提交关于研究进度的报告。[4] 应当鼓励私人企业参与科学院的那些需要在实际生产中测试的研究。[5] “当一个这样的科学院在手时，很多为了促进制造业完美的有益改进就可以实现了。”[6]当新发明在科学院诞生后，新发明应当由科学院全体院士检验并得到多数院士的认可，之后新发明应当交由一些选出的制造业企业在实际生产中测试，这些企业要向国家制造业部报告新发明的测试结果。[7] 制造业部要仔细检查企业提交的测试报告；如果企业抱怨新发明无效，则须命令科学院检验抱怨是否基于事实以及能否解决；科学院需要判断这种抱怨是否源自企业对于新发明的敌视。[8] 如果新发明通过了企业的测试，那么关于新发明的技术应当“被编写入制造业规章，要求制造商强制遵守”[9]。除了产生新发明外，科学院还应当研究现存的制造业技术，以便政府可以消除“所有累赘、拖沓、

[1] Johann Heinrich Gottlob von Justi, *Abhandlung von denen Manufactur-und Fabriken-Reglements*, Berlin: Buchladens der Real Schule, 1762, p. 31.

[2] Johann Heinrich Gottlob von Justi, *Abhandlung von denen Manufactur-und Fabriken-Reglements*, Berlin: Buchladens der Real Schule, 1762, p. 29.

[3] Johann Heinrich Gottlob von Justi, *Abhandlung von denen Manufactur-und Fabriken-Reglements*, Berlin: Buchladens der Real Schule, 1762, p. 29.

[4] Johann Heinrich Gottlob von Justi, *Abhandlung von denen Manufactur-und Fabriken-Reglements*, Berlin: Buchladens der Real Schule, 1762, pp. 29—30.

[5] Johann Heinrich Gottlob von Justi, *Abhandlung von denen Manufactur-und Fabriken-Reglements*, Berlin: Buchladens der Real Schule, 1762, p. 30.

[6] Johann Heinrich Gottlob von Justi, *Abhandlung von denen Manufactur-und Fabriken-Reglements*, Berlin: Buchladens der Real Schule, 1762, p. 33.

[7] Johann Heinrich Gottlob von Justi, *Abhandlung von denen Manufactur-und Fabriken-Reglements*, Berlin: Buchladens der Real Schule, 1762, pp. 33—34.

[8] Johann Heinrich Gottlob von Justi, *Abhandlung von denen Manufactur-und Fabriken-Reglements*, Berlin: Buchladens der Real Schule, 1762, p. 34.

[9] Johann Heinrich Gottlob von Justi, *Abhandlung von denen Manufactur-und Fabriken-Reglements*, Berlin: Buchladens der Real Schule, 1762, p. 33.

耗时的生产方式”，并代之以更有效率的生产方式。[1] 特别地，尤斯蒂认为科学院应当促进机械化，“国家的制造业部不应当忽视利用科学的帮助并使用方便的机器和更好的加工方式以促进制造业”[2]。尤斯蒂设计的科学院是由国家严格领导的制造业研发机构，它的“培根计划”的属性是强烈的，这种将科学进步、创新和工业发展强烈结合起来的性质应当由国家经济政策保证实现。在尤斯蒂看来，“政府可以轻易地让科学社团在这方面[促进制造业的繁荣和完美]做出更多贡献”[3]。

通过上文的论述，可以看出，自从培根提出“所罗门之家”的设计之后，对于科学院的设计成为一些近代欧洲经济政策思想的重要组成部分。这些对于科学院的设计旨在将有组织的科学研究活动导向促进经济发展的方向。很明显，一些重要的近代欧洲经济政策思想家们已经明确意识到科学进步和基于科学进步的创新是促进经济发展的关键力量，而科学院则是他们计划实现利用科学进步和创新促进经济发展的工具。这些近代欧洲重要的经济政策思想家们无疑已经意识到了“熊彼特式增长”的存在，并且有意识地主张执行“培根计划”以促进这种增长方式的实现。

需要注意的是，近代欧洲经济思想关于创新的讨论，特别是关于产品创新的讨论，总是与对奢侈品的讨论联系在一起，对于产品创新的重视，总是与对于奢侈品生产和消费的辩护联系在一起。18 世纪的欧洲发生了关于奢侈品的生产和消费的争论，这场争论最初开始于关于法国科尔贝鼓励奢侈品产业的争论。[4] 这场争论中对于奢侈品生产和消费的最有影响的辩护来自英国的荷兰裔移民伯纳德·曼德维尔(Bernad Mandeville, 1670—1733)所写的《蜜蜂的寓言》(*The Fable of the Bees*, 1714)。[5] 曼德维尔明确将奢侈品视为尚未普及、生产率尚未提高的产品创新。“曼德维尔将‘奢侈’与全部的人类文明联系到一

---

[1] Johann Heinrich Gottlob von Justi, *Abhandlung von denen Manufactur-und Fabriken-Reglements*, Berlin: Buchladens der Real Schule, 1762, pp. 54—55.

[2] Johann Heinrich Gottlob von Justi, *Abhandlung von denen Manufactur-und Fabriken-Reglements*, Berlin: Buchladens der Real Schule, 1762, p. 56.

[3] Johann Heinrich Gottlob von Justi, *Vollständige Abhandlung von denen Manufacturen und Fabriken*, bd. 1, Copenhagen: Rothenschen Buchhandlung, 1758, bd. 1, p. 41.

[4] [英]伊斯特万·洪特:《早期启蒙运动关于商业和奢侈的争论》,引自[英]马克·戈尔迪、罗伯特·沃克勒主编:《剑桥十八世纪政治思想史》,商务印书馆 2017 年版,第 368 页。

[5] [英]伊斯特万·洪特:《早期启蒙运动关于商业和奢侈的争论》,引自[英]马克·戈尔迪、罗伯特·沃克勒主编:《剑桥十八世纪政治思想史》,商务印书馆 2017 年版,第 368 页。

起。”曼德维尔认为:“劳动分工和技术创新带来进步,人类在这样无止境的进程中不断创造出新的需要。‘奢侈’与艺术和科学同步发展。”〔1〕

曼德维尔将“奢侈品”定义为“一切并不直接满足人的生存需要的东西”〔2〕。曼德维尔认为,如果按照这种方式定义奢侈品,那么世界上便几乎不存在不属于奢侈品的东西。〔3〕所有满足人高于动物性生产需求的东西都属于不直接满足人的生存需要的东西,按照定义都应该属于奢侈品,因此所有提高人的生活条件的东西都应当属于奢侈品。哪怕在原始人的生活中,“对其先前的生活方式做些现时的改进,亦属奢侈”〔4〕。“无论是他们对食物的料理,还是对草舍位置的经营,抑或给先前已使其满足的东西再增添什么,均为奢侈。”〔5〕发明改进生活条件的产品需要创新,因此符合曼德维尔定义的“奢侈品”是技能密集型的产品。“任何能使生活更为舒适一点的东西,因必定皆为思考、经验和某种劳作的产物,故多少均可被称作奢侈品。”〔6〕在每个时代被视为生活必需的产品,在发明之初往往是成本昂贵的奢侈品。例如,在曼德维尔时代普通的亚麻衬衫和清洗衬衫的肥皂,“人类在懂得如何种植、加工亚麻这种如此有用的产品之前,需要付出何等的深思与匠心、艰辛与劳作,需要花费多少漫长的时光啊”,因此,亚麻布在过去一定是“奢侈发明”。〔7〕清洗亚麻布的肥皂在发明之初,也是“化学引以为豪的那些最聪明、最复杂的配方”〔8〕。但是,随着亚麻布和肥皂的普及,到了曼德维尔的时代已经变成了最普通的生活必需品,因此如果谁依然把亚麻衬衫当作“奢侈发明”,把肥皂当成“最聪明、最复杂”的化学产物,那么谁“就会被称为傻瓜”〔9〕。曼德维尔写道:“许多一度被推崇为奢侈发明的东西,现在就连穷困潦倒、沦为公共慈善救济对象者亦可获得。”〔10〕当奢侈品不再新奇时,它们就从奢侈品变成了普通必需品,因为“我们仅仅赞赏那些被

〔1〕［英］伊斯特万·洪特:《早期启蒙运动关于商业和奢侈的争论》,引自［英］马克·戈尔迪、罗伯特·沃克勒主编:《剑桥十八世纪政治思想史》,商务印书馆 2017 年版,第 378 页。

〔2〕［英］伯纳德·曼德维尔:《蜜蜂的寓言》,肖聿译,中国社会科学出版社 2002 年版,第 84 页。

〔3〕Bernard Mandeville, *The Fable of the Bees*, London: Pengui Books, 1970, p. 136.

〔4〕［英］伯纳德·曼德维尔:《蜜蜂的寓言》,肖聿译,中国社会科学出版社 2002 年版,第 84 页。

〔5〕［英］伯纳德·曼德维尔:《蜜蜂的寓言》,肖聿译,中国社会科学出版社 2002 年版,第 84 页。

〔6〕［英］伯纳德·曼德维尔:《蜜蜂的寓言》,肖聿译,中国社会科学出版社 2002 年版,第 131 页。

〔7〕［英］伯纳德·曼德维尔:《蜜蜂的寓言》,肖聿译,中国社会科学出版社 2002 年版,第 131—132 页。

〔8〕［英］伯纳德·曼德维尔:《蜜蜂的寓言》,肖聿译,中国社会科学出版社 2002 年版,第 132 页。

〔9〕［英］伯纳德·曼德维尔:《蜜蜂的寓言》,肖聿译,中国社会科学出版社 2002 年版,第 132 页。

〔10〕［英］伯纳德·曼德维尔:《蜜蜂的寓言》,肖聿译,中国社会科学出版社 2002 年版,第 131 页。

我们视为新奇的东西,而对那些已经习以为常的东西,我们却熟视无睹,因为它们已经不能使我们产生好奇"[1]。因此,曼德维尔认为,随着收入的增加,奢侈品将成为生活的必需品。"被某个阶层的人称作多余的东西,会被更高阶层的人视作必需品。"[2]一个积累了三四千英镑财产的人,必定会在卧室用锦缎被、在房间使用高级家具、在乡间修建夏季别墅,以及养一辆马车。[3]"在每个社会最遥远的开始,其中最富有、最显要者虽然身份高贵,却无缘享受连今天最贫穷低贱者也能享有的那些舒适生活。"[4]因为奢侈品是改进人们生活的技能密集型产品,所以对奢侈品的需求可以衍生出对科学和技能的需求。曼德维尔认为,奢侈"是刺激一切艺术、科学、贸易和各行各业发展的主顾"[5]。"根据《蜜蜂的寓言》,又要节俭,又要科学、艺术,这是不可能的。"[6]

因为奢侈品的本质是尚未普及的产品创新,并且随着社会收入的增加,奢侈品会变成必需品,因此,随着社会收入水平的增加,奢侈品的生产规模会增加,奢侈品工业将成为制造业的主要部门。曼德维尔明确写道:在"数百万"劳动力的社会里,"奢侈雇佣了一百万穷人,可恶的骄傲又雇佣了一百万"[7]。"奢侈的最大泛滥乃见于建筑、家具、车马及服装。"[8]因此,如果一个收入比较高的社会打击奢侈品消费的话,会导致大部分制造业破产和大量人口失业。曼德维尔认为,在其所处时代的富裕欧洲国家,如果没有全社会对于奢侈品的消费,全民的消费额便会下降超过一半,就业会下降超过三分之二。[9]打击奢侈品消费导致的失业会以乘数的方式在经济中扩大:停止修建豪华建筑会直接让石匠、木匠、泥瓦匠失业,与建筑业有关的测绘师和雕刻匠也会失业;停止使用以金银线织造的或带有精美刺绣的布会直接让织布工失业,也会让熨布工、纺

[1] [英]伯纳德·曼德维尔:《蜜蜂的寓言》,肖聿译,中国社会科学出版社 2002 年版,第 131 页。

[2] [英]伯纳德·曼德维尔:《蜜蜂的寓言》,肖聿译,中国社会科学出版社 2002 年版,第 85 页。

[3] [英]伯纳德·曼德维尔:《蜜蜂的寓言》,肖聿译,中国社会科学出版社 2002 年版,第 193 页。

[4] [英]伯纳德·曼德维尔:《蜜蜂的寓言》,肖聿译,中国社会科学出版社 2002 年版,第 131 页。

[5] [英]伯纳德·曼德维尔:《蜜蜂的寓言》,肖聿译,中国社会科学出版社 2002 年版,第 133 页。

[6] [英]伊斯特万·洪特:《早期启蒙运动关于商业和奢侈的争论》,引自[英]马克·戈尔迪、罗伯特·沃克勒主编:《剑桥十八世纪政治思想史》,商务印书馆 2017 年版,第 378 页。

[7] [英]伯纳德·曼德维尔:《蜜蜂的寓言》,肖聿译,中国社会科学出版社 2002 年版,第 18 页。Bernard Mandeville, *The Fable of the Bees*, London: Pengui Books, 1970, p. 68.

[8] [英]伯纳德·曼德维尔:《蜜蜂的寓言》,肖聿译,中国社会科学出版社 2002 年版,第 90 页。

[9] [英]伯纳德·曼德维尔:《蜜蜂的寓言》,肖聿译,中国社会科学出版社 2002 年版,第 97 页。

工、漂布工失业。[1] 奢侈日益减少的结果甚至是"工场作坊全部关闭"[2]。因此,发展制造业需要奢侈品需求。"要使我们的一切贸易及手工业兴盛发展,人的种种欲望与激情绝对是不可或缺的。"[3]如果不是因为对于奢侈和便利生活的需要,"我便想不出究竟什么原因使人类发明了衣服与房屋",以及珠宝、金银餐具、绘画、雕刻、精美家具、马车等"被刻板的道德家们称作'非必需品'和'非必要之物'的所有东西"[4]。总之,曼德维尔认为:"奢侈是驱动社会向上发展、走向文明的途径。它必须从政治上被接纳。"[5]曼德维尔认为,"使一个民族获得幸福和我们所谓'繁荣'的伟大艺术",在于"促进人智所能想到的各种制造业、艺术及手工艺的发展",以及"鼓励农业、渔业各个分支的发展",前者是"将大量人口吸引到一国"的方法,后者是"养活这些人的唯一方法",而且"正是在这个政策中,而不是在挥霍与节俭的琐碎规定中……才能指望看到各个民族的昌盛与幸福"[6]。

在曼德维尔之后,近代欧洲的思想家们经常将奢侈品、产品创新、技艺进步与制造业联系起来。在为奢侈辩护的思想家们看来,"奢侈是人口增殖和更高生活标准的引擎,它加快了货币的流通,使人们富而好礼,促进了艺术和科学的进步,并且……它增强了国家的力量和人民的幸福"[7]。卢梭(Jean-Jacques Rousseu,1712—1778)虽然也批判奢侈对于社会道德水平的损害,但他在1750年发表的《论科学与艺术》(*Discours sur les sciences et les arts*,1750)中明确写道:"奢侈很少不是伴随着科学与艺术的,而科学与艺术则永远不会不伴随着奢侈。"[8]奢侈"有助于增殖财富"[9]。苏格兰启蒙运动最重要思想家之一的大卫·休谟在1752年出版的《政治论文》(*Political Discourses*,1752)中收录了一

〔1〕[英]伯纳德·曼德维尔:《蜜蜂的寓言》,肖聿译,中国社会科学出版社2002年版,第173—174页。

〔2〕[英]伯纳德·曼德维尔:《蜜蜂的寓言》,肖聿译,中国社会科学出版社2002年版,第26页。

〔3〕[英]伯纳德·曼德维尔:《蜜蜂的寓言》,肖聿译,中国社会科学出版社2002年版,第215页。

〔4〕[英]伯纳德·曼德维尔:《蜜蜂的寓言》,肖聿译,中国社会科学出版社2002年版,第217—218页。

〔5〕[英]伊斯特万·洪特:《早期启蒙运动关于商业和奢侈的争论》,引自[英]马克·戈尔迪、罗伯特·沃克勒主编:《剑桥十八世纪政治思想史》,商务印书馆2017年版,第380页。

〔6〕[英]伯纳德·曼德维尔:《蜜蜂的寓言》,肖聿译,中国社会科学出版社2002年版,第152页。

〔7〕[英]伊斯特万·洪特:《早期启蒙运动关于商业和奢侈的争论》,引自[英]马克·戈尔迪、罗伯特·沃克勒主编:《剑桥十八世纪政治思想史》,商务印书馆2017年版,第366页。

〔8〕[法]卢梭:《论科学与艺术》,何兆武译,商务印书馆1963年版,第23页。

〔9〕[法]卢梭:《论科学与艺术》,何兆武译,商务印书馆1963年版,第23页。

篇题为《论奢侈》(Of Luxury)的为奢侈辩护的文章,但是之后休谟为了回避“奢侈”这一有贬义的词汇,将这篇文章的题目改为“论技艺的日新月异”(Of Refinement in Arts)。〔1〕这反映了,休谟认为“奢侈”与“技艺的日新月异”是同义语。休谟为奢侈辩论的理由之一就是,“享受随着时代的进步而日益精致,是人心所向极为正当的趋势”〔2〕。很明显,休谟与曼德维尔一样,将奢侈品视为产品创新的形式。“休谟将‘奢侈’等同于发明以及为‘满足感官需要’而生产的制造业产品,因此等同于‘技艺与工业’。”〔3〕法国启蒙经济思想家让·弗朗索瓦·梅隆(Jean François Melon,1675—1738)的《论商业的政治论文》(*Essai politique sur le commerce*,1734)是“当时法国最受欢迎的为奢侈辩护的著作”〔4〕。梅隆看到了伴随着经济发展的生产结构变化,他将经济发展分成三个阶段:第一阶段的经济以农业生产为主;当农业中的工具随着经验从起初的只能“提供少量帮助”到“越来越有用”,即农业生产率增加之后,就可以将人口从农业中转移到制造业中,这是第二阶段。〔5〕“当一个国家具备了耕作土地、国防以及制造业必需的人口,剩下的人口应当在奢侈中工作,因为这是仅剩的工作机会,否则他们会失业。”〔6〕因此,梅隆认为,经济发展第三阶段——也是最高阶段——的特征将是奢侈品的生产。梅隆认为,工业的进步“没有边界”,在此过程中,“新需求”与“新技能和新产业”将会产生。〔7〕由于经济将向生产奢侈品发展,因此随着经济的发展,“新需求”“新技能”和“新产业”将越来越以奢

---

〔1〕 David Hume, *Political Discourses*, Edinburgh: R. Fleming, 1752, p. 23. Stafford, J. Martin, “Hume on Luxury: A Response to John Dennis”, *History of Political Thought*, 1999, vol. 20, no. 4, pp. 646—648.

〔2〕 [英]大卫·休谟:《休谟经济论文选》,陈玮译,商务印书馆 1984 年版,第 21 页。

〔3〕 Brewer, Anthony, “Luxury and Economic Development: David Hume and Adam Smith”, *Scottish Journal of Political Economy*, 1998, vol. 45, no. 1, p. 80.

〔4〕 [英]伊斯特万·洪特:《早期启蒙运动关于商业和奢侈的争论》,引自[英]马克·戈尔迪、罗伯特·沃克勒主编:《剑桥十八世纪政治思想史》,商务印书馆 2017 年版,第 369 页。

〔5〕 Jean François Melon, trans. by David Bindon, *A Political Essay upon Commerce*, Dublin: Philip Crampton: 1738, pp. 145—146. [英]伊斯特万·洪特:《早期启蒙运动关于商业和奢侈的争论》,引自[英]马克·戈尔迪、罗伯特·沃克勒主编:《剑桥十八世纪政治思想史》,商务印书馆 2017 年版,第 396 页。

〔6〕 Jean François Melon, trans. by David Bindon, *A Political Essay upon Commerce*, Dublin: Philip Crampton: 1738, p. 175.

〔7〕 Jean François Melon, trans. by David Bindon, *A Political Essay upon Commerce*, Dublin: Philip Crampton: 1738, p. 145. [英]伊斯特万·洪特:《早期启蒙运动关于商业和奢侈的争论》,引自[英]马克·戈尔迪、罗伯特·沃克勒主编:《剑桥十八世纪政治思想史》,商务印书馆 2017 年版,第 396 页。

侈品的形式出现。百科全书派思想家的代表德尼·狄德罗(Denis Diderot, 1713－1784)区分了两种奢侈品。一种奢侈品"显示少数人的财富、掩盖多数人的贫困并且腐化每一个人"[1]。这种奢侈品是炫耀性的,往往流行于那些信奉"财富是最大的善、贫困是最大的恶"的社会。[2] 另一种奢侈品"显示了每个阶层的财富与繁荣",这种奢侈品是实用性的,往往流行于治理良好、贸易繁荣、税收合理的社会。[3] 第一种奢侈品是无益的,在它的影响下,"人民会做很多苦工,但仅仅是很劣质的工作",因此会带来"科学、艺术和工业技艺的衰落"。第二种奢侈品是有益的,为了购买它,"人民适度工作而且会做高质量的工作",因为"每个人都有能力购买它",因此"科学、艺术与工业技艺会繁荣"。[4] 无益的奢侈品同时体现了暴富和贫困的恶,而有益的奢侈品则体现了幸福和繁荣。[5] 由此,狄德罗认为,当时欧洲关于奢侈的争论双方都是正确的,因为"他们说的不是同一种奢侈"[6]。

正是在这种将奢侈品与制造业和产品创新联系的背景下,近代欧洲的"工业主义"经济政策思想提出了对于奢侈品产业的辩护。尤斯蒂认为,奢侈本质上是"便利"(Bequehmlichkeit)和"娱乐"(Vergnüge),"奢侈"只不过是经济上无力负担这些便利和娱乐的人对它们的定义。[7] "如果这些便利和娱乐越不为最多数的人民熟悉,它们就越会被认为是奢侈。"[8]因此,随着收入的增加,奢侈品会变成寻常的便利品。一个穷国可能将富国的必需品,比如"壁纸的使用",视作仅供富人使用的奢侈品,但是当这个国家变得富裕之后,壁纸这种奢

[1] Denis Diderot, trans. by John Hope Mason and Robert Wokler, *Political Writings*, Cambridge: Cambridge University Press, 1992, p. 130.

[2] Denis Diderot, trans. by John Hope Mason and Robert Wokler, *Political Writings*, Cambridge: Cambridge University Press, 1992, p. 130.

[3] Denis Diderot, trans. by John Hope Mason and Robert Wokler, *Political Writings*, Cambridge: Cambridge University Press, 1992, p. 130.

[4] Denis Diderot, trans. by John Hope Mason and Robert Wokler, *Political Writings*, Cambridge: Cambridge University Press, 1992, p. 130.

[5] Jennings, Jeremy, "The Debate about Luxury in Eighteenth-and Nineteenth-Century French Political Thought", *Journal of the History of Ideas*, 2007, vol. 68, no. 1, p. 87.

[6] Denis Diderot, trans. by John Hope Mason and Robert Wokler, *Political Writings*, Cambridge: Cambridge University Press, 1992, p. 131.

[7] Johann Heinrich Gottlob von Justi, *Grundsätze der Policey-Wissenschaft*, Göttingen: Abraham van den Hoecks seel. Witbe, 1756, p. 219.

[8] Johann Heinrich Gottlob von Justi, *Grundsätze der Policey-Wissenschaft*, Göttingen: Abraham van den Hoecks seel. Witbe, 1756, pp. 219－220.

侈品将会变成“中等富裕人民家中的普通装饰品”，因此将成为“便利生活的基本必需品”。[1] 同时，这个已经变富的国家中的富裕人民将“利用他们的知识去发明新的和更贵的家中装饰品”，比如瓷器和镀金饰品。[2] 由此可以看出，尤斯蒂与同时代的思想家们类似，将奢侈品视为尚未量产普及的产品创新，而且尤斯蒂也认为，随着收入的增加，制造业中将有越来越多的部分生产非必需品，奢侈品产业将为经济提供大量就业。在这样的国家中，如果奢侈品的消费和生产被禁止，如果“人们只生产必需品和基本便利品”，那么制造业将几乎消失，“经济将被限制在农业和最基本的手工业中”，结果经济比存在奢侈品工业时少雇佣至少一半劳动力。[3] 此外，尤斯蒂认为奢侈品可以刺激人民的消费需求。上一章提到，尤斯蒂认为，货币是国家的血液，制造业和城市是血液在其中循环的动脉，而“奢侈就像维持血液的流动与旺盛循环必需的体温”[4]。尤斯蒂认为，国家经济的繁荣依赖于两条原则：“巨大的勤奋”(große Arbeitsamkeit)以及“对国货的巨大消费”(großer Verbrauch der Landeswaaren)。[5] 根据后一条原则，“对于那些便利品的消费，哪怕到了过度的地步，永远都不算太大，只要它们是本国生产的”[6]。而“对于国货的巨大消费”，可以由奢侈品和时尚品(Mode)促进。[7] 尤斯蒂认为，对于一个国家来说，“没有比时尚更聪明、更有利的发明”[8]。如果一个国家的消费者追捧其他国家的时尚品，那么该国将进口大量的外国产品，“特别是服装和家具”，而且还将接受这些产品比

---

[1] Johann Heinrich Gottlob von Justi, *Grundsätze der Policey-Wissenschaft*, Göttingen: Abraham van den Hoecks seel. Witbe, 1756, pp. 220—221.

[2] Johann Heinrich Gottlob von Justi, *Grundsätze der Policey-Wissenschaft*, Göttingen: Abraham van den Hoecks seel. Witbe, 1756, p. 221.

[3] Johann Heinrich Gottlob von Justi, *Grundsätze der Policey-Wissenschaft*, Göttingen: Abraham van den Hoecks seel. Witbe, 1756, pp. 222—223.

[4] Johann Heinrich Gottlob von Justi, *Grundsätze der Policey-Wissenschaft*, Göttingen: Abraham van den Hoecks seel. Witbe, 1756, p. 224.

[5] Johann Heinrich Gottlob von Justi, *Die Grundfeste Macht und Glückseeligkeit der Staaten*, bd. 1, Königsberg and Leipzig: seeligen Johann Heinrich Hartungs Erben, 1760, p. 540.

[6] Johann Heinrich Gottlob von Justi, *Die Grundfeste Macht und Glückseeligkeit der Staaten*, bd. 1, Königsberg and Leipzig: seeligen Johann Heinrich Hartungs Erben, 1760, p. 542.

[7] Johann Heinrich Gottlob von Justi, *Die Grundfeste Macht und Glückseeligkeit der Staaten*, bd. 1, Königsberg and Leipzig: seeligen Johann Heinrich Hartungs Erben, 1760, p. 544.

[8] Johann Heinrich Gottlob von Justi, *Die Grundfeste Macht und Glückseeligkeit der Staaten*, bd. 1, Königsberg and Leipzig: seeligen Johann Heinrich Hartungs Erben, 1760, p. 544.

本国产品更高的价格。[1] 尤斯蒂认为，支付这种更高的价格就像是为外国的“智慧、发明能力以及技巧”进献“贡品”(Tribut)一样。[2] 基于以上原因，尤斯蒂认为，对于一个国家来说，奢侈品“也是必需的”[3]。因此，尤斯蒂的基本经济政策是：“所有制造业产品，不论是用于必需、便利还是享乐，都要尽可能在国内生产。”[4]

与尤斯蒂同时代的詹姆斯·斯图尔特为奢侈辩护的理由与尤斯蒂非常类似。斯图尔特将奢侈品定义为“由人的劳动或才智生产出的东西”，用于“满足我们的感官或生活的品味”，但不是饮食、衣着、居住或安全所必需的。[5] 斯图尔特特别强调奢侈品是技能密集型的产品，他写道：“我认为奢侈不是动物式欲望的满足或者财富的滥用，而是一种以人类的劳动和才智为对象的品味和生活的雅致。”[6]斯图尔特认为，奢侈品的好处主要在于增加就业机会，进而增加人口。斯图尔特认为：“人类的增加与其产业的增长成比例，人类的产业按照他们的需求增长，需求又根据时代精神(the spirit of the times)而变得多样化。”[7]奢侈品的发明可以增加需求，进而增加就业：“工匠的才智引起富人的需求，而财富的吸引力会激发人的干劲并鼓励穷人将才智投入工作中。”[8]与尤斯蒂类似，斯图尔特认识到富裕国家中大部分制造业是奢侈品产业。如果一个繁荣的欧洲国家“将需求一下子减少到像古代祖先一样朴素”，结果就是“所有在奢侈

---

〔1〕 Johann Heinrich Gottlob von Justi, *Vollständigen Abhandlung von denen Manufacturen und Fabriken*, bd. 2, Copenhagen: Rothenschen Buchhandlung, 1761, p. 158.

〔2〕 Johann Heinrich Gottlob von Justi, *Vollständigen Abhandlung von denen Manufacturen und Fabriken*, bd. 2, Copenhagen: Rothenschen Buchhandlung, 1761, p. 158.

〔3〕 Johann Heinrich Gottlob von Justi, *Vollständige Abhandlung von denen Manufacturen und Fabriken*, bd. 1, Copenhagen: Rothenschen Buchhandlung, 1758, p. 8.

〔4〕 Johann Heinrich Gottlob von Justi, *Vollständige Abhandlung von denen Manufacturen und Fabriken*, bd. 1, Copenhagen: Rothenschen Buchhandlung, 1758, p. 10.

〔5〕 James Steuart, *An Inquiry into the Principles of Political Economy: Being an Essay on the Science of Domestic Policy in Free Nations*, vol. 1, London: A. Millar and T. Cadeel, 1767, pp. 31—32.

〔6〕 James Steuart, *An Inquiry into the Principles of Political Economy: Being an Essay on the Science of Domestic Policy in Free Nations*, vol. 1, London: A. Millar and T. Cadeel, 1767, p. 34.

〔7〕 James Steuart, *An Inquiry into the Principles of Political Economy: Being an Essay on the Science of Domestic Policy in Free Nations*, vol. 1, London: A. Millar and T. Cadeel, 1767, p. 36.

〔8〕 James Steuart, *An Inquiry into the Principles of Political Economy: Being an Essay on the Science of Domestic Policy in Free Nations*, vol. 1, London: A. Millar and T. Cadeel, 1767, p. 34.

技艺和每种现代制造业中工作的人将失业”。[1] 制造业规模的减少和制造业人口的失业会导致农业产品的有效需求减少,因此农业产出会减少,农业将不再像原先那样能够提供足够养活全部人口的农业产品。[2] 那些失业的制造业人口将不得不依靠他们的家庭或者社会慈善维生,一旦这些资源消失,这些失业人口只有饿死。[3] 因此,斯图尔特得出结论:“当其他条件不变的时候,一个国家的人民越简单越纯朴,这个国家的人口就越少。”[4]

近代欧洲为奢侈品工业辩护的思想产生的背景是,当时欧洲经济中的产品创新以奢侈品的形式密集出现。美国社会学家刘易斯·芒福德(Lewis Mumford,1895—1990)认为,在近代欧洲,技术的进步最初是以满足富裕人口的享乐需求为目标的奢侈品的形式出现的:

> 把享用无关紧要的奢侈品看作经济情况优越的标志,这种态度在很多方面成了机器生产的前奏。但这种关系也并非毫无结果。由于这种消费倾向,有些伟大的机械化成就首先是作为玩具而发明出来的。精巧的钟表中的小人能做出一系列优雅的行动;洋娃娃能自己做动作;像加缪(Camus)为路易十四制造的马车那样的小车,由发条驱动;尾巴能随着八音钟的叮当声而抖动的小鸟。这些玩具、这些游戏的冲动并不是完全没有效果的。玩具和非实用主义的仪器在孕育重要发明上的作用,绝不应被低估。如希罗所说,蒸汽机的第一次应用是为了在集聚庙宇的观众中制造轰动效果。教皇西尔维斯特二世在10世纪曾利用蒸汽来演奏管风琴。直升机是1796年作为玩具而被发明的。活动影像(电影)的首次出现是作为玩具的频闪观测器,而且用于展示这些影像的“魔灯”也是阿塔纳修斯·基尔舍(Athanasius Kircher)于17世纪发明的玩具。陀螺仪在用作稳定装置之前也是一种玩具。玩具飞机于18世纪70年代的成功再次激发了人们对于飞行的兴趣。电话和留声机的原型也可以在自动玩具

---

[1] James Steuart, *An Inquiry into the Principles of Political Economy: Being an Essay on the Science of Domestic Policy in Free Nations*, vol. 1, London: A. Millar and T. Cadeel, 1767, p. 37.

[2] James Steuart, *An Inquiry into the Principles of Political Economy: Being an Essay on the Science of Domestic Policy in Free Nations*, vol. 1, London: A. Millar and T. Cadeel, 1767, p. 37.

[3] James Steuart, *An Inquiry into the Principles of Political Economy: Being an Essay on the Science of Domestic Policy in Free Nations*, vol. 1, London: A. Millar and T. Cadeel, 1767, p. 37.

[4] James Steuart, *An Inquiry into the Principles of Political Economy: Being an Essay on the Science of Domestic Policy in Free Nations*, vol. 1, London: A. Millar and T. Cadeel, 1767, p. 36.

中找到。17世纪最强大的动力机械是马利(Marly)的水力转轮，在当时建造这个转轮也是为了把水抽吸到凡尔赛宫的大喷泉上去。即便是对于速度的渴求，体现于铁路和汽车之前，也首先以游戏的形式出现：先出现的是用于兜风的aerienne，即现在的景区小火车，然后才有了现代的火车和汽车。[1]

桑巴特认为，17—18世纪的欧洲是产品创新密集的时代。桑巴特写道："在我们所说的时期中[13—18世纪]，特别是在最后的两个世纪中，技术的革新(Neuerungen)对于经济生活的形态发生了不小的影响，此等革新引起完全新的工业的创立，或者至少引起旧的工业一种决定的更新，使它们近于一种新的建立。工业的更新或为一种完全新的材料用于向来知道的使用目的，或为新的使用对象的出现，或为一种旧的使用物应用同一材料，但在完全不同的形态中制造出来。"[2]桑巴特认为，在17—18世纪的欧洲出现的重要新制造业包括织袜业、织毯业、蕾丝织造业、内衣织造业、钢琴制造业、马车制造业、制伞业、灯具制造业、玻璃制造业、陶瓷制造业和壁纸制造业。[3] 桑巴特注意到，这些新制造业恰巧都是当时的奢侈品工业。[4] 并且，桑巴特认为，奢侈品制造业是欧洲近代的技能密集型和资本密集型产业："奢侈品的生产工序不仅仅是一种高费用工序，在多数情况下，它也是一种更复杂、更带有艺术成分的工序。它需要更多的知识、更广的见识和更卓越的管理才能。"[5]这一观点与上文提到的近代欧洲流行的对于奢侈品是尚未量产普及的技能密集的产品创新的认识一致。

与桑巴特同为"最新德国历史学派经济学"成员的德国经济学家海因里希·迪策尔(Heinrich Dietzel，1857—1935)认为，17—18世纪欧洲的"重商主义"将尽量增加"高质量产品"(die Qualitätsartikel)的出口视为"增加国家财富

---

[1] [美]刘易斯·芒福德：《技术与文明》，陈允明、王克仁、李华山译，李伟格、石光校，中国建筑工业出版社2009年版，第94页。

[2] [德]维尔纳·桑巴特：《现代资本主义》第一卷，李季译，商务印书馆1958年版，第330页。

[3] Werner Sombart, *Der moderne Kapitalismus*, bd. 1, teil. 2, Münichen und Leipzig: Duncker & Humblot, 1919, pp. 501—503.

[4] [德]维尔纳·桑巴特：《奢侈与资本主义》，王燕平、侯小河译，刘北成校，上海人民出版社2000年版，第189—211页。

[5] [德]维尔纳·桑巴特：《奢侈与资本主义》，王燕平、侯小河译，刘北成校，上海人民出版社2000年版，第213页。

和国力、胜过其他国家的最首要工具”。[1] 迪策尔认为，生产“高质量产品”的工业就是“奢侈品工业”(das Luxusgewerbe)，“高质量产品”就是奢侈品。[2] 近代欧洲“重商主义”关于奢侈品工业的基本观点是：“毫无疑问，高质量工业的增长会带来财富和国力的增长。”[3]迪策尔赞同这一学说，并认为生产奢侈品的制造业是国家最重要的产业：

> 正如文艺复兴时代的人们声称的，高质量产品比普通产品有更广阔的市场范围，因为运输成本对于高质量产品不重要。此外，一国的企业家和工人需要很长时间才能熟练经营高质量工业中的企业，然而一旦企业家和工人成功学会经营高质量工业企业，其他国家就没法像在普通工业中一样快速追上。因此，相比普通产品，高质量产品的市场范围不仅更广阔，而且更难进入。所以，高质量工业是实现国家财富目标(der nationale Reichtumszweck)最重要的工具。

同时，高质量工业也是实现国家实力目标(der nationale Machtszweck)最重要的工具。高质量工业比普通工业雇佣数量更多且收入更高的工人，而国家在世界上的地位取决于其人口的数量和质量。[4]

按照迪策尔的定义，“高质量产品”等同于“奢侈品”，也等同于“深加工产品”(die hochbearbeitete Ware)，在近代包括精细纺织业、精细家具、壁纸、瓷器、精细皮具，在迪策尔身处的 20 世纪初也包括机器、船舶、自行车、汽车、精密仪器、香水。[5] 而“普通产品”(die gemeine Ware)则包括普通金属制品、粗纺织品、铁板、铁丝、铁轨、枕木、金属结构。[6] 迪策尔认为，随着国家收入的增长，

---

〔1〕 Heinrich Dietzel, *Bedeutet Export von Produktionsmitteln volkswirtschaftlichen Selbstmord?* Berlin: Leonhard Simion, 1907, pp. 3—4.

〔2〕 Heinrich Dietzel, *Bedeutet Export von Produktionsmitteln volkswirtschaftlichen Selbstmord?* Berlin: Leonhard Simion, 1907, p. 28.

〔3〕 Heinrich Dietzel, *Bedeutet Export von Produktionsmitteln volkswirtschaftlichen Selbstmord?* Berlin: Leonhard Simion, 1907, p. 28.

〔4〕 Heinrich Dietzel, *Bedeutet Export von Produktionsmitteln volkswirtschaftlichen Selbstmord?* Berlin: Leonhard Simion, 1907, pp. 27—28.

〔5〕 Heinrich Dietzel, *Bedeutet Export von Produktionsmitteln volkswirtschaftlichen Selbstmord?* Berlin: Leonhard Simion, 1907, p. 24.

〔6〕 Heinrich Dietzel, *Bedeutet Export von Produktionsmitteln volkswirtschaftlichen Selbstmord?* Berlin: Leonhard Simion, 1907, p. 24.

国家的产业结构和出口结构必然“有利于向高质量产品转型”[1]。随着国家经济发展和收入增长，人均收入和劳动工资会增加，由于国家财富积累，资本变得丰富，利息率和利润率会降低，因此“单位资本的平均收入降低，单位劳动力的平均收入增加”[2]。“经济阶级之间的收入关系最终会转变产品的成本关系。”[3]因为高质量产品“成本包括很多资本和很多高技能、高收入的劳动力”，所以“如果‘资本率’(die Kapitalrate，迪策尔定义‘资本率’包括利息率和利润率)降低，用于资本的支出就会降低；并且工资率虽然高，但是对于高价值的产品影响很小，产品价值越高，影响越小”[4]。因此，“劳动力越贵，资本越便宜，普通产品变得相对越贵”，但是“深加工产品变得相对越便宜”[5]。因此，迪策尔认为，随着一个国家经济的发展，它在“高质量工业”中的竞争力会增强，在“普通工业”中的竞争力会下降，富裕的国家将越来越在国际市场中专业化于“高质量产品”的出口。迪策尔为近代欧洲关于国家产业结构在经济发展中向生产奢侈品集中的观点做出了诠释。按照迪策尔的解读，对于近代欧洲“重商主义”来说，“高质量工业的发展是‘一个最热切追求的目标’”[6]。

总而言之，近代欧洲讨论奢侈品的经济思想应当在产品创新以奢侈品的形式出现的背景下认识。因此，当时对于奢侈品的生产和消费辩护的思想，包括“工业主义”经济政策思想，可以理解为一种对于产品创新的鼓励。这些思想普遍认为，奢侈品会吸引消费，因此可以扩大经济中的需求，促进经济的繁荣；人们对于奢侈品的需求会随着他们收入的增加而扩大，此时过去的奢侈品会成为收入增长的人们的生活中必需的便利品；因此随着经济的发展，奢侈品产业的规模会扩大，成为提供就业的重要部门，经济会形成以奢侈品生产为主导的产业结构；奢侈品往往是技能密集的产品，因此社会对于奢侈品需求的扩大会促

---

[1] Heinrich Dietzel, *Bedeutet Export von Produktionsmitteln volkswirtschaftlichen Selbstmord?* Berlin: Leonhard Simion, 1907, p. 24.

[2] Heinrich Dietzel, *Bedeutet Export von Produktionsmitteln volkswirtschaftlichen Selbstmord?* Berlin: Leonhard Simion, 1907, p. 23.

[3] Heinrich Dietzel, *Bedeutet Export von Produktionsmitteln volkswirtschaftlichen Selbstmord?* Berlin: Leonhard Simion, 1907, p. 23.

[4] Heinrich Dietzel, *Bedeutet Export von Produktionsmitteln volkswirtschaftlichen Selbstmord?* Berlin: Leonhard Simion, 1907, p. 24.

[5] Heinrich Dietzel, *Bedeutet Export von Produktionsmitteln volkswirtschaftlichen Selbstmord?* Berlin: Leonhard Simion, 1907, p. 24.

[6] Heinrich Dietzel, *Bedeutet Export von Produktionsmitteln volkswirtschaftlichen Selbstmord?* Berlin: Leonhard Simion, 1907, p. 27.

进对于科学和技艺的需求扩大;国家不应当禁止奢侈品的生产和消费,相反,鼓励奢侈品产业的发展可以促进经济的繁荣和发展。

在了解了近代欧洲流行的经济政策思想对于制造业和创新的思想之后,可以用现代经济学的概念和原理理解这些经济政策思想主张的经济战略。这种经济战略的基础是对于制造业活动和农业活动的不同性质的认识,即制造业是报酬递增的、农业是报酬递减的。"报酬递增"(increasing return)与"报酬递减"(diminishing return)指的是以下现象:

> 在允许适当重新组织的条件下,当投入一个产业中的资源数量增加会带来产品实物产量的超比例增加时,这个产业就服从报酬递增。相应地可以定义报酬递减。[1]

按照这个定义,在报酬递增产业中,随着生产过程中投入的生产要素数量的增加,生产要素的边际生产率递增,产出的单位成本递减。[2] 而在报酬递减产业中,随着生产要素投入数量的增加,边际生产率递减,产出的单位成本递增。[3] 阿尔弗雷德·马歇尔(Alfred Marshall,1842—1924)明确写道:"自然在生产上所起的作用表现出报酬递减的倾向,而人类所起的作用则表现出报酬递增的倾向。"[4]因此,"在那些不是从事于农产品生产的产业里,劳动和资本的增加,一般使得报酬产生超过比例的增加"[5]。自然的作用在生产中的作用越小,随着原材料的加工深度增加,报酬递增表现得越强。马歇尔认为,运输业与高附加值制造业是报酬递增特征比较强的部门:"在大多数原料费用无足轻重的较为精致的工业部门中,以及在大多数近代运输业中,报酬递增律所起的作用,差不多是无法抵抗的。"[6]尼古拉斯·卡尔多(Nicholas Kaldor,1908—1986)在1984年同样简洁清楚地表示:"我完全同意……所有伟大古典经济学

---

〔1〕 G. T. Jones, *Increasing Return: A Study of the Relation between the Size and Efficiency of Industries with Special Reference to the History of Selected British & American Industries, 1850—1910*, Cambridge: Cambridge University Press, 1933, p. 5.

〔2〕 [希腊]斯皮罗斯·瓦西莱基斯:《规模报酬递增》,引自[英]约翰·伊特韦尔、默里·米尔盖特、彼得·纽曼:《新帕尔格雷夫经济学大辞典》第二卷,经济科学出版社1987年版,第821页。

〔3〕 [英]阿尔弗雷德·马歇尔:《经济学原理》上卷,朱志泰译,商务印书馆1964年版,第168页。

〔4〕 [英]阿尔弗雷德·马歇尔:《经济学原理》上卷,朱志泰译,商务印书馆1964年版,第328页。

〔5〕 [英]阿尔弗雷德·马歇尔:《经济学原理》上卷,朱志泰译,商务印书馆1964年版,第328页。

〔6〕 [英]阿尔弗雷德·马歇尔:《经济学原理》上卷,朱志泰译,商务印书馆1964年版,第329页。

家的结论:归根到底,农业受到报酬递减的影响,而工业受到报酬递增的影响。"[1]卡尔多认为,报酬递增活动和报酬递减的活动是解释国际不平等发展的关键:

> 过去两百年间,国际贸易相对于世界总收入有了巨大的增长,但是人均收入的趋势却恰恰相反。富国与穷国之间的差距增长巨大,与[要素价格均等化]理论预测的恰恰相反。
>
> 这其中的原因是,除了农业中存在报酬递减以外,工业中存在报酬递增,所以工业化中领先的国家的领先优势会随着它们产品的市场的每次扩大而增大。
>
> 新古典理论假设的荒谬之处不仅在于排除了报酬递增,而且在于认为每种商品都有一个同等地适用于每个参与贸易的国家中的企业的清晰界定的"生产函数"。
>
> 落后国家在生产中效率更低,这意味着它们需要为每单位产出付出更多投入,这不仅仅是在某一特定生产要素方面,而是在所有要素方面。[2]

虽然现代农业中确实出现了生产率的提高,但这是源于农业以外的工业对于农业提供的技术改造,农业本身依然是报酬递减的。美国农业经济学家西奥多·舒尔茨(Theodore Schultz,1902—1998)写道:

> 把农业投入区分为农业内部产生的和农业外部提供的是有帮助的。除个别例外,所有穷国农民可以自给自足的投入都是低回报的资源。实际上,所有可以产生高回报的农业资源都来自农业外部。这在商业化肥、机器、拖拉机、杀虫剂以及转基因植物和动物方面表现得尤为明显。尽管不是那么明显,教育培训及其他办法也能提高农民的技能。
>
> 高回报的途径主要是提高农业投入的质量,而农民只能从非农企业或从事农业研究、推广和教育培训的机构那里获得这些高质量的投入。因此,不仅需要通过各种途径提高可再生物质的投入质量,而且需要提高

---

〔1〕 Nicholas Kaldor, *Causes of Growth and Stagnation in the World Economy*, New York: Cambridge University Press, 1996, p. 112.

〔2〕 Nicholas Kaldor, *Causes of Growth and Stagnation in the World Economy*, New York: Cambridge University Press, 1996, p. 63.

从事农作的人力质量。[1]

在亚当·斯密看来,报酬递增的来源是专业化分工。斯密写道:“凡能采用分工制的工艺,一经采用分工制,便相应地增进劳动的生产力。各种行业之所以各自分立,似乎也是由于分工有这种好处。一个国家的产业与劳动生产力的增进程度如果是极高的,则其各种行业的分工一般也都能达到极高的程度。未开化社会中一人独任的工作,在进步的社会中,一般都成为几个人分任的工作。”[2]专业化分工可以减少转换工作的时间消耗,专业化劳动可以增加劳动者的熟练程度,对于工作的熟练可以促进效率更高的专业化机器工具的发明。[3] 在现代报酬递增学说史上做出重要贡献的美国经济学家阿林·杨格(Allyn Young,1876—1929)也认为,报酬递增的来源是专业化以及与专业化相关的资本密集程度提高:“表现为报酬递增的经济主要是资本密集生产或者迂回生产的经济,这些经济很大程度上与最重要的现代形式的劳动分工的经济相同。”[4]这种分工的方式是,“将一组复杂的生产过程转化为一系列更简单的生产过程,其中至少有一些过程适合使用机器”[5]。在报酬递增经济活动中,增加劳动力和资本投入可以使生产过程以分工更专业化的方式重新组织,延长迂回生产的过程,在原材料和最终产品中间插入“日益复杂的专业化生产活动网络”,由此提高生产率,降低单位成本。[6] 在熊彼特看来,报酬递增的源泉是创新,即“新生产函数的建立”“在经济生活的范围里做不同的事情”,包括引进新产品和新生产方式、建立新企业组织以及开辟新市场。[7] 在物质产出的边际生产率方面,“如果没有投资的不可分性,每种生产要素的物理边际生产率一定

---

〔1〕[美]西奥多·舒尔茨:《报酬递增的源泉》,姚志勇、刘群艺译,北京大学出版社 2001 年版,第 5—6 页。

〔2〕[英]亚当·斯密:《国民财富的性质和原因的研究》上卷,郭大力、王亚南译,商务印书馆 1983 年版,第 7 页。

〔3〕[英]亚当·斯密:《国民财富的性质和原因的研究》上卷,郭大力、王亚南译,商务印书馆 1983 年版,第 8—11 页。

〔4〕Young, Allyn, "Increasing Returns and Economic Progress", *The Economic Journal*, 1928, vol. 38, no. 152, p. 531.

〔5〕Young, Allyn, "Increasing Returns and Economic Progress", *The Economic Journal*, 1928, vol. 38, no. 152, p. 530.

〔6〕Young, Allyn, "Increasing Returns and Economic Progress", *The Economic Journal*, 1928, vol. 38, no. 152, p. 538.

〔7〕Joseph Schumpeter, *Business Cycles: A Theoretical, Historical, and Statistical Analysis of the Capitalist Process*, vol. 1. New York and London: McGraw Hill, 1939, p. 84, p. 87.

会在没有创新的情况下单调递减”[1]。如果创新发生,“创新会打破任何此种‘曲线’并用另一条曲线替代,这条曲线上如果排除投资的不可分性,会整体表现出更高水平的产品增加,虽然这条新曲线依然是单调递减的”[2]。也就是说,在创新连续发生的时期,即新生产函数不断被建立并替代原有生产函数的时期,随着生产要素投入的增加,边际产出将连续向新建立的生产函数跳跃,并且跳跃的方向是更高的水平。熊彼特将这种由创新引起的报酬递增现象称为“历史性报酬递增”(historical increasing returns)[3]。这种报酬递增“在一定的技术操作方法的条件之下是不会发生的”,它“牵涉到技术方法的变化”。[4]如果将边际产量随着要素投入增加而变化的过程看成一条曲线,那么“历史性的报酬递增”的过程就是“整个曲线向上移动到一个新的位置”的过程,“旧的曲线中断了,它被一条新的、保持较高水平……的曲线所替代”。[5]熊彼特写道:“技术进步并不存在报酬递减的法则。”[6]在货币成本方面,“个别厂商的总成本总是在没有创新并且要素价格不变的时候依据它们的产出而单调增加。无论何时,当一定数量产出的生产成本比相同或更少数量产出过去花费的或者本来会花费的成本更少时,那么我们可以确定,如果要素价格没有降低的话,生产过程中一定发生了创新”[7]。创新实现单位产出的货币成本递减的方式也是打断旧的生产函数,并以单位成本更低的生产函数取代它:“每当有创新出现的时候,旧的总成本或边际成本曲线被摧毁,新的曲线来取代它。”[8]熊彼特认为:“支配着资本主义生命图景的是创新,是不停移动现存成本曲线的新生产函

---

〔1〕 Joseph Schumpeter, *Business Cycles: A Theoretical, Historical, and Statistical Analysis of the Capitalist Process*, vol. 1. New York and London: McGraw Hill, 1939, p. 88.

〔2〕 Joseph Schumpeter, *Business Cycles: A Theoretical, Historical, and Statistical Analysis of the Capitalist Process*, vol. 1. New York and London: McGraw Hill, 1939, p. 88.

〔3〕 [美]约瑟夫·熊彼特:《经济分析史》第一卷,朱泱、孙鸿敞、李宏、陈锡龄译,商务印书馆1990年版,第396页。

〔4〕 [美]约瑟夫·熊彼特:《经济分析史》第一卷,朱泱、孙鸿敞、李宏、陈锡龄译,商务印书馆1990年版,第396页。

〔5〕 [美]约瑟夫·熊彼特:《经济分析史》第一卷,朱泱、孙鸿敞、李宏、陈锡龄译,商务印书馆1990年版,第396页。

〔6〕 [美]约瑟夫·熊彼特:《经济分析史》第一卷,朱泱、孙鸿敞、李宏、陈锡龄译,商务印书馆1990年版,第396页。

〔7〕 Joseph Schumpeter, *Business Cycles: A Theoretical, Historical, and Statistical Analysis of the Capitalist Process*, vol. 1. New York and London: McGraw Hill, 1939, pp. 88—89.

〔8〕 Joseph Schumpeter, *Business Cycles: A Theoretical, Historical, and Statistical Analysis of the Capitalist Process*, vol. 1. New York and London: McGraw Hill, 1939, p. 89.

数对于经济系统的入侵,这些是导致递减成本流行、引起不均衡和残酷竞争等现象的最主要的因素。"[1]将创新视为报酬递增的源头,与将专业化视为报酬递增的源头并不矛盾。马歇尔提到,"劳动和资本的增加,一般导致组织的改进,而组织的改进增大劳动和资本的使用效率",制造业中的报酬递增就来源于"这种组织的改进"。[2] 马歇尔的"组织的改进"很大程度上描述了与熊彼特的"创新"或者"生产要素的新组合"一致的现象:新产品、新生产工具与新的企业组织形式的出现。[3] 在杨格看来,源于专业化的报酬递增也会表现为创新,即新的迂回生产方式、新的中间产品和新的专业化产品出现,"随着由消费品种类多样化的增加反映的生活设施复杂性的增加,中间产品和专门制造特定产品或特定类别产品的产业的多样性也在一直增加"[4]。"表现为将复杂工业生产过程分解为更简单的部分的劳动分工的不断增加不仅促进了工具的更多应用,还促进了新工具的发明。"[5]现代大型工业企业史专家小阿尔弗雷德·钱德勒(Alfred D. Chandler Jr. ,1918—2007)认为,报酬递增,即表现为产出的单位成本随着加工原材料数量的增加而下降的规模经济和范围经济,来源于提高资本劳动比,而提高资本劳动比"就靠改进投入并重新安排投入;靠使用新的或大大改进了的机器、锅炉、蒸馏器和其他设备;靠在工厂范围内将生产程序重新定位;靠设置若干个中间工序,用于在单一个工厂内制造最终产品;并且靠增加应用能源";总而言之,靠生产函数的新组织。[6] 新生产函数的产生,即创新的产生,可以促进专业化分工的发展以及资本劳动比的提高,由此可以促进报酬递增的产生。相比之下,农业劳动很难像制造业劳动一样专业化分工。[7] 农业

---

〔1〕 Joseph Schumpeter, *Business Cycles: A Theoretical, Historical, and Statistical Analysis of the Capitalist Process*, vol. 1. New York and London: McGraw Hill, 1939, p. 91.

〔2〕 [英]阿尔弗雷德·马歇尔:《经济学原理》上卷,朱志泰译,商务印书馆 1964 年版,第 328 页。

〔3〕 [英]阿尔弗雷德·马歇尔:《经济学原理》上卷,朱志泰译,商务印书馆 1964 年版,第 256—324 页。

〔4〕 Young, Allyn, "Increasing Returns and Economic Progress", *The Economic Journal*, 1928, vol. 38, no. 152, p. 537.

〔5〕 Young, Allyn, "Contributions to the Encyclopaedia Britannica, 1929", *Journal of Economic Studies*, 1990, vol. 17, iss. 3/4, p. 145.

〔6〕 [美]小阿尔弗雷德·D. 钱德勒:《规模与范围:工业资本主义的原动力》,张逸人等译,中国社会科学出版社 1999 年版,第 24 页。

〔7〕 [英]亚当·斯密:《国民财富的性质和原因的研究》上卷,郭大力、王亚南译,商务印书馆 1983 年版,第 7—8 页。Kaldor, Nicholas, "Notes on Allyn Young's LSE Lectures, 1927—29", *Journal of Economic Studies*, 1990, vol. 17, iss. 3/4, p. 54.

的产出与效率由作物的生物性质和作物生长的自然条件限制，人类可以做出改进以推高这些限制，但是改进往往有限，最终依然取决于自然的力量。[1] 并且适合耕种的土地的供给是有限的，这限制了资本和劳动投入农业所能发挥的最大效果。[2] 这些是农业表现为报酬递减的原因。

报酬递增与不完全竞争有必然的联系。在报酬递增的经济活动中，产量更大、生产要素投入更多、市场占有份额更大的先行者可以更有效地发挥报酬递增的力量，在更低的单位成本水平和更高的生产率水平上经营其产业。而后来者因为产量更小、市场占有份额更小，不得不在比先行者更高的单位成本水平和更低的生产率水平上经营。因此，报酬递增活动中的竞争对于先行者更有利而对于后来者更不利，后来者面对着越来越高的市场进入壁垒。马歇尔写道："[对于报酬递增经济活动中的生产者来说]他的营业规模的扩大，使他的胜过竞争者的利益也很快增大。"[3]卡尔多写道："由于制造业中的报酬递增，成功会带来进一步成功，失败则会带来更多失败。"[4]因此，在报酬递增活动中，随着先行者的成本不断下降，竞争将逐渐失效。[5] 在此过程中，如果报酬递增产品的市场价格需求保持不变，那么这些产品的生产者"将会确保成本和报酬之间的差额不断扩大"[6]。在国际市场上专业化于报酬递增活动的国家的竞争优势将越来越大。"制造业产品中的自由贸易导致制造业生产向特定地区集中，这是一种阻止这种经济活动在一些地区增长并将它们集中在另一些地区的'极化过程'。"[7]相比之下，报酬递减与完全竞争有必然联系。在报酬递减经济活动中，随着产量和要素投入量的增加，先行者的生产率会越来越低，单位成本则越来越高；相比之下，因为产量和要素投入量更低，后来者有更高的生产率

---

〔1〕［英］阿尔弗雷德·马歇尔：《经济学原理》上卷，朱志泰译，商务印书馆1964年版，第162—168页。

〔2〕［英］阿尔弗雷德·马歇尔：《经济学原理》上卷，朱志泰译，商务印书馆1964年版，第168—172页、第188—190页。

〔3〕［英］阿尔弗雷德·马歇尔：《经济学原理》上卷，朱志泰译，商务印书馆1964年版，第325页。

〔4〕Nicholas Kaldor, *Causes of Growth and Stagnation in the World Economy*, New York: Cambridge University Press, 1996, p. 64.

〔5〕Graham, Frank D., "Some Aspects of Protection Further Considered", *The Quarterly Journal of Economics*, 1923, vol. 37, no. 2, p. 214.

〔6〕Graham, Frank D., "Some Aspects of Protection Further Considered", *The Quarterly Journal of Economics*, 1923, vol. 37, no. 2, p. 214.

〔7〕Nicholas Kaldor, *Causes of Growth and Stagnation in the World Economy*, New York: Cambridge University Press, 1996, p. 64.

和更低的单位成本。因此,报酬递减活动中的市场竞争对于后来者更有利,对于先行者更不利,后来者面对越来越低的进入壁垒。因此,“对于成本递增[即报酬递减]产品的生产而言,竞争快速发展,因为每一次通过专业化实现的生产扩张都会[由于成本递增]引进新的外部竞争”[1]。因此,哪怕报酬递减产品的市场价格保持不变,这些产品的生产者也“将会发现他们的赢利递减”[2]。此外,在经济结构以报酬递增产业为主的国家,劳动力在生产率和货币收入递增的岗位中就业,因此劳动力的真实和货币工资递增,劳动力的真实与货币成本递增,但是可用于投资的储蓄也会递增,资本的真实与货币成本递减,因此,提高生产过程的资本一劳动比是经济的,生产过程的资本密集度会提高,报酬递增的力量会进一步提高;相反,在经济结构以报酬递减产业为主的国家,劳动的生产率和货币收入递减,劳动力的真实和货币成本递减,可用于投资的储蓄递减,资本的真实和货币成本递增,此时降低生产过程的资本一劳动比才是经济的,生产过程的劳动密集度会提高,报酬递增力量会进一步削弱。[3] 总而言之,国际市场上专业化于报酬递增产业的国家与专业化于报酬递减的国家的贫富差距将越来越大,财富将不断向前者集中。“竞争的趋势实际上限制从生产和交换成本递增[即报酬递减]产品中获得的收益,并扩大从生产和交换成本递减[即报酬递增]产品中获得的收益。”[4]在报酬递增产业中,会形成富国与穷国的明显差距;但是在报酬递减产业中,富国与穷国之间的差距则没有那么明显。斯密写道:“现在最富裕的国家,固然在农业和制造业上都优于邻国,但制造业方面的优越程度必定大于农业方面的优越程度。”[5]熊彼特也明确指出,创新和报酬递增会带来不完全竞争。创新导致的报酬递增“会阻碍完全竞争均衡的出现”[6]。“在成本递减区间移动的厂商往往处于工业生活兴衰变迁的中心地

[1] Graham, Frank D., “Some Aspects of Protection Further Considered”, *The Quarterly Journal of Economics*, 1923, vol. 37, no. 2, p. 214.

[2] Graham, Frank D., “Some Aspects of Protection Further Considered”, *The Quarterly Journal of Economics*, 1923, vol. 37, no. 2, p. 214.

[3] [挪威]埃里克·S. 赖纳特:《富国为什么富,穷国为什么穷》,杨虎涛、陈国涛等译,杨虎涛校,贾根良审订,中国人民大学出版社 2010 年版,第 189—190 页。

[4] Graham, Frank D., “Some Aspects of Protection Further Considered”, *The Quarterly Journal of Economics*, 1923, vol. 37, no. 2, p. 214.

[5] [英]亚当·斯密:《国民财富的性质和原因的研究》上卷,郭大力、王亚南译,商务印书馆 1983 年版,第 7 页。

[6] Joseph Schumpeter, *Business Cycles: A Theoretical, Historical, and Statistical Analysis of the Capitalist Process*, vol. 1. New York and London: McGraw Hill, 1939, p. 90.

位，这种印象并没有错。但是这与创新有关，因为在成本递减区间快速下移的厂商颠覆了现存产业结构并且向垄断发展，这些厂商总的来说正是那些建立新生产函数并努力征服其市场的。”[1]熊彼特认为，通过将创新引入市场，创新者可以获得带有垄断性质的利润，因为“当新产品刚刚出现时，企业家还没有竞争对手，新产品价格的决定完全或者在一定范围内，根据垄断价格的原则。这样，在资本主义经济内，利润就包含一种垄断因素”[2]。这就是熊彼特所说的由创新带来的“企业家利润”。带有垄断性质的企业家利润会吸引行业中的其他企业家模仿先行企业家采用创新，“产量增长，竞争加剧”[3]。最终，随着竞争者的增加，“我们所说的这位企业家以及他的直接跟随者的剩余就会消失。当然，不是立即消失，而总是在一个递减的或长或短的时期后消失”[4]。熊彼特写道：“我们意义上的企业[即在经济中引入创新的企业]几乎必然发现自己处于‘不完全’竞争的环境中，即使整个经济系统在其他方面是完全竞争的。”[5]报酬递增源于生产函数的新组织，率先掌握新生产函数的生产者拥有暂时的垄断地位，直到新生产函数为其他竞争者掌握。

综上所述，报酬递增活动将通过两种方式促进国家经济的发展。首先，报酬递增活动可以为越来越多的劳动力和资本提供生产率递增、单位成本递减的就业机会和投资机会。其次，报酬递增活动可以通过积累市场竞争优势，为越来越多的劳动力和资本提供递增的可以在货币形式的工资和利润之间分配的马歇

---

[1] Joseph Schumpeter, *Business Cycles: A Theoretical, Historical, and Statistical Analysis of the Capitalist Process*, vol. 1. New York and London: McGraw Hill, 1939, pp. 91－92.

[2] [美]约瑟夫·阿洛伊斯·熊彼特：《经济发展理论——对于利润、资本、信贷、利息和经济周期的考察》，叶华译，中国社会科学出版社2009年版，第191页。

[3] [美]约瑟夫·阿洛伊斯·熊彼特：《经济发展理论——对于利润、资本、信贷、利息和经济周期的考察》，叶华译，中国社会科学出版社2009年版，第166页。

[4] [美]约瑟夫·阿洛伊斯·熊彼特：《经济发展理论——对于利润、资本、信贷、利息和经济周期的考察》，叶华译，中国社会科学出版社2009年版，第166页。

[5] Joseph Schumpeter, *Business Cycles: A Theoretical, Historical, and Statistical Analysis of the Capitalist Process*, vol. 1. New York and London: McGraw Hill, 1939, p. 107.

尔意义上的“生产者剩余”或“生产者租金”，或者是熊彼特意义上的“企业家利润”。[1] 但是，报酬递增力量的发挥取决于至少以下几个方面的限制：

第一，自然资源供应的弹性，即“自然的稀缺(natural scarcities)”和自然资源“供给的限制或者缺乏弹性”。[2] 自然资源会限制报酬递增力量发挥的原因是，“产业可用的自然资源既不是无限的也不是不会损耗的，因此扩张中的工业必须为其原材料支付更高的真实价格”[3]。马歇尔提出，在各种产品的生产中，“报酬递增与报酬递减这两种倾向，不断地互相压制”[4]。一种产品的生产最终表现出报酬递增还是报酬递减取决于来源于人类的创新和技能的报酬递增力量与来源自自然限制的报酬递减力量在生产中的较量，自然在生产中发挥的作用越大，报酬递减的影响就越大。比如，羊毛的生产是报酬递减的，因此在利用羊毛织造毛毯的产业中，虽然制造活动是报酬递增的，但是“毛毯总产量的增加所减少的制造上的困难，与它所增大的原料生产上的困难，在比例上恰好相等”[5]。因此，毛毯的生产会表现出报酬不变的特征。[6] 正如上文已经提到过的，马歇尔认为在“大多数原料费用无足轻重的较为精致的工业部门中”，报酬递增是生产中主导的力量。[7]

第二，报酬递增的发挥受到产品需求弹性的影响。如果市场对于报酬递增产品的需求不能随着产品生产率的递增和产品供给价格(或单位成本)的递减

---

[1] 马歇尔将产量为某一水平时的产品需求价格与供给价格之间的差额称为该产量水平时的“生产者剩余或租金”(Producers' Surplus or Rent)。参见：[英]阿尔弗雷德·马歇尔：《经济学原理》下卷，朱志泰译，商务印书馆1964年版，第451页。熊彼特注意到“企业家利润”在生产组织中以各种方式分配的情况，他写道：“它[企业家利润]是否归属于企业家是一个制度问题。”在家族企业中，“企业家利润”往往归属于企业领袖；但是在公司制企业中，“利润归属于企业本身，利润的分配不再是自动的，而是一个政策问题——股东、管理者(无论是不是企业家)以及员工以各种形式(奖金、提成等)收到利润的不定份额或者按照合约规定的利润份额的等价物”。参见：Joseph Schumpeter, *Business Cycles*: *A Theoretical, Historical, and Statistical Analysis of the Capitalist Process*, vol. 1. New York and London: McGraw Hill, 1939, p. 106。

[2] Young, Allyn, "Increasing Returns and Economic Progress", *The Economic Journal*, 1928, vol. 38, no. 152, p. 535.

[3] G. T. Jones, *Increasing Return*: *A Study of the Relation between the Size and Efficiency of Industries with Special Reference to the History of Selected British & American Industries, 1850—1910*, Cambridge: Cambridge University Press, 1933, p. 255.

[4] [英]阿尔弗雷德·马歇尔：《经济学原理》上卷，朱志泰译，商务印书馆1964年版，第328页。

[5] [英]阿尔弗雷德·马歇尔：《经济学原理》上卷，朱志泰译，商务印书馆1964年版，第329页。

[6] [英]阿尔弗雷德·马歇尔：《经济学原理》上卷，朱志泰译，商务印书馆1964年版，第329页。

[7] [英]阿尔弗雷德·马歇尔：《经济学原理》上卷，朱志泰译，商务印书馆1964年版，第329页。

而有弹性地扩张，那么很快需求就会饱和，更多的产出将找不到市场，报酬递增力量对于生产率递增和单位成本递减的促进会受到限制。杨格提到，如果“对于一些产品的需求是无弹性的，或者随着供给的增加，需求很快会变成无弹性的”，那么报酬递增在这些产品生产中的发挥就会受到阻碍。[1] 卡尔多将杨格的理论总结为：“为了实现自我持续的增长，有两个条件必须满足——报酬必须递增；产品的需求必须有弹性。”[2]熊彼特也提到，最先引进创新的企业获得“企业家利润”需要三个条件：一是新生产函数的成本曲线必须出现在旧成本曲线的下方；二是生产要素的价格保持稳定；三是市场对于产品的需求具有弹性，即“当出现新的供应时，产品价格一定不下降，或者即使下降，但其跌价程度还不至于使现在每一个工人因较大产量所带来的收益不如以往[旧生产函数中的]工人较小产量带来的收益”[3]。

市场对于产品需求的弹性受到至少两个因素的影响。首先是产品本身的性质。当代标准经济学教科书认为，奢侈品是需求的价格弹性和收入弹性较高的产品，而必需品则是需求的价格弹性和收入弹性较低的产品。[4] 马歇尔认为，“需求弹性随着价格的低落而下降”[5]。在需求的价格弹性方面，价格非常低的产品与价格非常高或仅能满足特殊场合需求的奢侈品都有非常低的需求弹性，而那些成为日常用品的高价和中等价格的产品的需求弹性则非常大。[6] 如果动态地理解上述观点，那么价格已经非常低的、需求弹性非常低的产品基本上是已经量产普及、市场需求几乎饱和、在过去引入市场的旧产品，而成为日常用品的高价或中等价格产品的一种重要的存在形式是对人们有用处但尚未量产普及、生产率尚未提高、在市场上作为创新出现的新产品，这些产品的需求往往具有较高的价格弹性。熊彼特认为，创新浪潮中的新产品的特征就是其需

---

〔1〕 Young, Allyn, “Increasing Returns and Economic Progress”, *The Economic Journal*, 1928, vol. 38, no. 152, p. 535.

〔2〕 Nicholas Kaldor, *Strategic Factors in Economic Development*, New York: Cornell University, 1967, p. 27.

〔3〕 [美]约瑟夫·阿洛伊斯·熊彼特：《经济发展理论——对于利润、资本、信贷、利息和经济周期的考察》，叶华译，中国社会科学出版社 2009 年版，第 164 页。

〔4〕 [美]保罗·萨缪尔森、威廉·诺德豪斯：《经济学》（第 18 版），萧琛主译，人民邮电出版社 2007 年版，第 58 页、第 81 页。

〔5〕 [英]阿尔弗雷德·马歇尔：《经济学原理》上卷，朱志泰译，商务印书馆 1964 年版，第 123 页。

〔6〕 [英]阿尔弗雷德·马歇尔：《经济学原理》上卷，朱志泰译，商务印书馆 1964 年版，第 122—123 页。

求具有高价格弹性,因此新产品本身的价格下降就足以激发大量需求,由此新产品为自己开辟市场。经济中的创新浪潮具有的特征往往是:“新产品变得相对便宜,由此创造了它们自己的市场并改变了消费模式。”[1]在需求的收入弹性方面,对于社会上大多数人有用的奢侈品的重要性,即新引进市场的产品创新的重要性,依然突出。卡尔多认为,在低收入水平,人们会将收入的大部分用于购买食物;在中等收入水平,“制造业产品的需求有高收入弹性”,人们会将越来越多的收入用于购买制造业产品;在更高的收入水平,对于服务的需求会增加,此时需求的收入弹性依然较高的制造业产品是“替代服务的新产品”,比如洗衣机和吸尘器等耐用消费品。[2] 西蒙・库兹涅茨(Simon Kuznets,1901—1985)的研究显示:从 19 世纪中期到 20 世纪中期,随着人均收入增加,制造业在 GDP 中的份额显著增加,这种增加的动力主要来自包括生产耐用消费品在内的金属加工业在 GDP 中份额的增加,而以生产必需品为主的饮食与纺织服装工业的份额则鲜有增加甚至减少。[3] 例如,从 1879 年到 1965 年,制造业在美国 GDP 中的份额从 21.1%增加到 30.7%,金属加工业的 GDP 份额从 5.3%增加到 16.1%,而饮食工业的份额则从 3.2%减少到 2.8%,纺织服装工业的份额从 4.3%下降到 2.2%。[4] 在此过程中,金属加工业份额的增加主要由耐用消费品工业带动。从 1880 年到 1948 年,金属加工业中的耐用消费品工业在 GDP 中的份额增长超过 50 倍,钢铁工业仅增长 1 倍,机械工业增长 0.13 倍,而金属器具工业缩减 0.18 倍。[5] 这些数据说明,在人均收入增加的过程中,人们对于饮食和服装等必需品的需求弹性降低,而对于耐用消费品的需求弹性提高。“当人均供应上升时,需求结构本身改变的重点也移动了,从在人均产值较低水平上的‘必需品’范围移向在人均产值较高水平上的‘高档’商品和‘奢侈

[1] Joseph Schumpeter, *Business Cycles: A Theoretical, Historical, and Statistical Analysis of the Capitalist Process*, vol. 1. New York and London: McGraw Hill, 1939, p. 243.

[2] Nicholas Kaldor, *Strategic Factors in Economic Development*, New York: Cornell University, 1967, pp. 29—30.

[3] [美]西蒙・库兹涅茨:《各国的经济增长》,常勋等译,石景云校,商务印书馆 2005 年版,第 389—390 页、第 200—203 页。

[4] [美]西蒙・库兹涅茨:《各国的经济增长》,常勋等译,石景云校,商务印书馆 2005 年版,第 389—390 页、第 202 页。

[5] [美]西蒙・库兹涅茨:《各国的经济增长》,常勋等译,石景云校,商务印书馆 2005 年版,第 389—390 页、第 398—399 页。

品'的范围。"[1]这意味着，随着人均收入的增加，创新将逐渐集中于耐用消费品或奢侈品的生产，由创新产生的新工业将主要是耐用消费品或奢侈品工业而非必需品工业，因为人们对于耐用消费品或奢侈品的需求会随着收入的增加而明显增加，但对于必需品的需求则不会有同样明显的增加。正如启蒙运动时期欧洲为奢侈辩护的思想家们所说，随着经济发展和人民收入增加，产业结构将向着以奢侈品生产为主的结构演化。海因里希·迪策尔写道："重商主义者为奢侈品工业——比如丝织业、蕾丝制造业、挂毯制造业——的重要性所做的评价，恰好适用于机器制造业、船舶制造业等。"[2]在迪策尔看来，这类工业在他的时代还包括生产自行车、汽车、精密仪器以及香水的制造业。[3] 这些机械和化学产品都是在迪策尔所处时代的技术革命中最新出现的产品创新。[4] 强调产品需求的价格弹性和收入弹性对于发挥报酬递增力量的重要性，突出了产品创新的意义。对社会上大多数人有用、潜在需求巨大、最初以奢侈品的形式出现的新产品往往有需求的高价格弹性和高收入弹性，这些产品从需求富有弹性的奢侈品变成需求缺乏弹性的日常必需品的过程就是报酬递增力量发挥作用的过程。因为需求具有比较高的弹性，这些产品可以在产量增加(对于报酬递增产业来说，这意味着生产率提高和单位成本降低)的过程中，通过降低供给价格，自动为增加的产量开辟市场，由此为生产率的提高和报酬递增的发挥提供条件。人类现实经济中，创新的历史也确实如此。熊彼特认为，现代经济中创新的方向就是不断将对于人们普遍有用但只有富人才能享受得起的奢侈品和服务变成可以供大众享受的产品，将先辈的奢侈品变成后辈的必需品。熊彼特写道：

> 无疑有一些现代工人可以得到的物品是路易十四本人极喜欢但无法得到的东西，如现代的牙科医术。但从整体上说，那种高水平收入的人从资本主义成就中得到真正想要的东西是极少的，甚至快速旅行对于一个

---

[1] [美]西蒙·库兹涅茨:《各国的经济增长》，常勋等译，石景云校，商务印书馆 2005 年版，第 389—390 页、第 407 页。

[2] Heinrich Dietzel, *Bedeutet Export von Produktionsmitteln volkswirtschaftlichen Selbstmord?* Berlin: Leonhard Simion, 1907, p. 28.

[3] Heinrich Dietzel, *Bedeutet Export von Produktionsmitteln volkswirtschaftlichen Selbstmord?* Berlin: Leonhard Simion, 1907, p. 24.

[4] Joseph Schumpeter, *Business Cycles: A Theoretical, Historical, and Statistical Analysis of the Capitalist Process*, vol. 1. New York and London: McGraw Hill, 1939, pp. 403—448.

> 高贵的绅士来说也不是值得重视的事情。电灯对有钱买足够蜡烛和雇佣照顾蜡烛的任何人来说,不是巨大的恩惠。便宜的衣服、便宜的棉织品和人造丝织品、皮靴、汽车等是资本主义生产的典型成就,但一般来说,这些并未对富人生活有了不起的改进。伊丽莎白女王有丝袜。资本主义成就并非典型地在于为女王们提供更多的丝袜,而在于使丝袜的价格低到工厂女工买得起,作为稳步减少劳动量的回报。[1]

其次,市场对于产品需求的弹性还受到市场性质的影响。报酬递增力量的发挥受制于产品市场的规模,即市场中购买者的购买力和收入,也就是市场中其他生产者们的生产率。如果经济中仅有一个新建立的报酬递增产业,当这个产业开始销售其产品时,"如果经济中的其他部分没有发生任何提高生产率和购买力的事情",那么报酬递增产品的市场一定会非常受限,因为消费者很难在真实收入没有增加的时候,主动放弃一部分已经得到的需求满足去购买新出现的报酬递增产品。[2] 此时,不论报酬递增产品本身的性质是否具有需求的价格和收入弹性,报酬递增产业都面临着"低收入水平上不可避免的需求低弹性"[3]。在古典发展经济学家拉格纳·努克斯(Ragnar Nurkse,1907—1959)看来,这种产品需求的低弹性可以通过以下策略解决:在经济中建立若干个产品需求互补的报酬递增产业,使这些产业之间互相为对方成本递减的产品提供生产率和收入递增的市场。[4] 在这种情况下,"在每个产业中工作的人们将有更高的人均真实资本和按每人时产量衡量的更高的效率,这些人将为其他产业中的新企业的产品提供一个更大的市场"[5]。努克斯认为,这种策略之所以可行,是因为"大多数满足大规模消费需求的工业都是互补的,因为它们彼此提供市场,因而相互支持。这种基本的互补性归根到底来自人类需求的多样

---

[1] [美]约瑟夫·熊彼特:《资本主义、社会主义与民主》,吴良健译,商务印书馆1999年版,第126页。

[2] Ragnar Nurkse, *Problems of Capital Formation in Underdeveloped Countries*, Oxford: Basil Blackwell, 1964, p. 9.

[3] Ragnar Nurkse, *Problems of Capital Formation in Underdeveloped Countries*, Oxford: Basil Blackwell, 1964, pp. 9—10.

[4] Ragnar Nurkse, *Problems of Capital Formation in Underdeveloped Countries*, Oxford: Basil Blackwell, 1964, p. 11.

[5] Ragnar Nurkse, *Problems of Capital Formation in Underdeveloped Countries*, Oxford: Basil Blackwell, 1964, p. 13.

性"[1]。努克斯的上述策略是受到了阿林·杨格的启发。[2] 杨格强调,多个报酬递增产业之间需求有弹性的产品的互相交换是报酬递增力量发挥的条件。杨格认为,当报酬递增产业的产品互相交换且需求有弹性,"即当一种产品供给的少量增加会带来其他与之交换的产品的数量增加的时候","在这种条件下,一种产品供给的增加是对于其他产品需求的增加,并且每种需求的增加应该也会引起一种供给的增加",在这种情况下,各报酬递增产业为彼此的产品提供需求,"一个产业增长的速度由其他产业增长的速度决定",只要产品本身的需求有弹性,"[各报酬递增产业的]扩张过程是没有限制的"。[3] 杨格和努克斯实质上强调了多样化的报酬递增产业之间产品的互相交换为报酬递增力量在各产业中的发挥提供了条件。

除了上述影响和制约报酬递增力量发挥的因素之外,报酬递增力量还会受到一些因素的加强,"这些因素中最有力的就是新自然资源及其新应用的发现和科学知识的增长"[4]。技术进步和创新发明在一种经济活动中越密集,这种经济活动表现出的报酬递增就越强,其市场的不完全竞争特征就越强。杨格写道:

> 工业增长与科学进步之间的因果关系是双向的,没人能说清哪一方对另一方的影响更大。无论如何,源于人们对可以获得的原料和动力的更好了解,旧产品的新生产方式和新产品产生了,这些都可以被推定为体现了对于生产性资源相比于被它们替代的使用方式的更经济的使用方式。[5]

经济活动生产率的提高是一个社会中经济福利进步的基础。"其他条件不变的前提下,产业效率的改善,即生产一单位特定商品所消耗的生产资源的实

---

[1] Ragnar Nurkse, *Problems of Capital Formation in Underdeveloped Countries*, Oxford: Basil Blackwell, 1964, p. 11.

[2] Ragnar Nurkse, *Problems of Capital Formation in Underdeveloped Countries*, Oxford: Basil Blackwell, 1964, p. 6, footnote.

[3] Young, Allyn, "Increasing Returns and Economic Progress", *The Economic Journal*, 1928, vol. 38, no. 152, p. 534.

[4] Young, Allyn, "Increasing Returns and Economic Progress", *The Economic Journal*, 1928, vol. 38, no. 152, p. 535.

[5] Young, Allyn, "Increasing Returns and Economic Progress", *The Economic Journal*, 1928, vol. 38, no. 152, pp. 535—536.

物数量减少，将使人民可以用同等努力满足更多的需求，由此增加经济福利。”[1]区分经济活动的报酬递增与报酬递减揭示了促进与阻碍生产率提高的力量。基于上述现代经济理论对于报酬递增经济活动的认识，可以提出以下几条通过促进报酬递增力量的充分发挥来实现国家经济发展的基本政策原则：

第一，因为报酬递增经济活动的扩张可以为劳动力和资本提供递增的收入，因此制造业等报酬递增活动的规模需要尽量扩张。只有通过规模扩张，才可能收获报酬递增经济活动在增加生产率、降低单位成本、积累利润方面的效果。当农业中存在尚未开垦的土地的时候，随着资本和劳动投入的增加，农业会出现一段报酬递增的时期；但是当生产率达到最高水平之后，报酬递减会发生。[2] 对于一个领土既定的国家，在既定面积的土地上长久地为耕作投入资本和劳动之后，农业中的报酬递减必然会发生。马歇尔提出：“人们易于否认在一个古老国家中现有的全部可耕土地的固定性这个条件的存在，而这个条件是……关于报酬递减规律之重要的古典研究的基础。”[3]报酬递减经济活动的扩张会导致投入其中的劳动力和资本的收入递减，因此，在农业的生产规模达到其最高生产率水平的时候，农业的规模需要限制，超过这一规模限制的农业劳动力需要转移到制造业中。只有通过限制规模才可能避免报酬递减经济活动降低生产率，抬高单位成本，陷入不利竞争地位的危险。在市场对于制造业产品的需求具有弹性时，制造业总是可以吸收这些劳动力，因为劳动力投入的增加可以在制造业中提高生产率并降低单位成本。马歇尔指出，报酬递减产业的增产是不经济的。当需求曲线向上移动时，即消费者愿意以更高价格水平购买产品的时候，报酬递减产品的产量会增加，但是供给价格也会增加，产品的市场价格必然增加；但是，在相同情况下，报酬递增产品的产量会有更多增加，并且由于供给价格的降低，产品的市场价格会降低。[4] 当供给曲线向下移动时，即生产者能够以更低的价格水平供给产品的时候，报酬递减产品将只有很少降

---

〔1〕 G. T. Jones, *Increasing Return: A Study of the Relation between the Size and Efficiency of Industries with Special Reference to the History of Selected British & American Industries, 1850－1910*, Cambridge: Cambridge University Press, 1933, p. 2.

〔2〕 [英]阿尔弗雷德·马歇尔：《经济学原理》上卷，朱志泰译，商务印书馆 1964 年版，第 168－169 页。

〔3〕 [英]阿尔弗雷德·马歇尔：《经济学原理》上卷，朱志泰译，商务印书馆 1964 年版，第 188 页。

〔4〕 [英]阿尔弗雷德·马歇尔：《经济学原理》下卷，朱志泰译，商务印书馆 1964 年版，第 143－144 页。

价,“因为那时伴随着生产增加的种种困难,将有抵消供给的新便利的趋势”[1]。但是,对于报酬递增产品,“生产增加将会带来更多便利”,“而这些便利将与那些因供给的一般条件的变动而产生的便利相辅而行;二者共同使生产有很大的增加,从而使价格下降”。[2] 这些都是因为产量的增加会降低报酬递减产业的生产率并增加单位成本,但是会提高报酬递增产业的生产率并降低单位成本。因此,马歇尔反对通过政府补贴扩张报酬递减产业的规模,报酬递减产业的增产将增加单位成本,消费者剩余的增加将会小于政府补贴的规模,补贴是不经济的;相反,如果在报酬递减的力量非常强的时候,通过对报酬递减产业征税以缩小其规模,可以极大地降低单位成本,此时由于减产带来的消费者剩余的损失将小于税收的总收入,征税是经济的。[3] 而在报酬递增产业中,征税会降低产量、提高单位成本,消费者剩余的损失将大于税收收入,征税不经济;相反,补贴报酬递增产业可以增加其产量、降低单位成本,消费者剩余的增加大于政府补贴的规模,补贴是经济的。[4] 因此,马歇尔明确提出了一种经济政策的基本原则:

> 一个简单[最大化经济中消费者剩余]的方法是,社会对他们自己的收入或对遵守报酬递减规律的商品生产征税,并把它用来当做报酬递增规律起强烈作用的那些商品生产的补贴。[5]

第二,鼓励报酬递增产业中的产品创新,提高报酬递增产品的需求弹性,特别是要鼓励报酬递增产业生产那些对社会大多数人们有巨大用处的、潜在市场巨大的、尚未量产普及的、以奢侈品的形式存在的新产品。将这些产品从奢侈品量产为必需品的过程可以发挥报酬递增的作用,提高报酬递增产业的生产率。第三,鼓励报酬递增产业的多样化,需求有弹性的产品在多个报酬递增产业之间的交换可以为这些产业中报酬力量的发挥提供市场,一种报酬递增产业的增长速度取决于其他报酬递增产业的增长速度。这实际上意味着鼓励多种

---

[1] [英]阿尔弗雷德·马歇尔:《经济学原理》下卷,朱志泰译,商务印书馆1964年版,第145页。

[2] [英]阿尔弗雷德·马歇尔:《经济学原理》下卷,朱志泰译,商务印书馆1964年版,第145页。

[3] [英]阿尔弗雷德·马歇尔:《经济学原理》下卷,朱志泰译,商务印书馆1964年版,第147—148页。“消费者剩余”(Consumers' Surplus or Rent)是衡量消费者从购买商品中所获得利益大小的概念,其定义是消费者心理能够接受的商品价格与实际购买商品付出的价格之间的差额。参见:[英]阿尔弗雷德·马歇尔:《经济学原理》上卷,朱志泰译,商务印书馆1964年版,第143页。

[4] [英]阿尔弗雷德·马歇尔:《经济学原理》下卷,朱志泰译,商务印书馆1964年版,第148—149页。

[5] [英]阿尔弗雷德·马歇尔:《经济学原理》下卷,朱志泰译,商务印书馆1964年版,第152页。

创新密集型报酬递增产业在经济中建立。第四,促进科学和技术中的进步与创新,鼓励通过科学研究促进工业中的技术创新,创新是报酬递增的来源,是增强报酬递增的最重要的力量。创新也能提高报酬递减产业的生产率,削弱报酬递减的作用。第五,因为一国的领土面积大小是既定的,因此如果为了保证生产率而限制报酬递减部门中资本和劳动的投入,造成报酬递减产品的供应不足,那么应当努力从外国获得这些报酬递减产品。第六,马歇尔认为,对于一个国家新兴的、规模尚且不大的、国际竞争力弱小的报酬递增产业,贸易保护政策有效,因为受保护的国内市场可以促进这些新兴的报酬递增产业扩大规模,在此过程中提高生产率、降低单位成本、增强国际竞争力,因此报酬递增产业国际市场中的追赶者和领先者可以在更公平的基础上竞争。马歇尔写道:"对进口工业品征收保护税,一般能扩大那些工业品的国内市场;并且借助于报酬递增规律的作用,最后[注:着重号由原作者添加]降低它们对本国消费者的价格。的确,在一个新兴国家里,如果'保护幼稚工业'制度选择得恰当,最后是可以取得这种结果的;在这个国家里,工业,像儿童一样,是能够迅速成长的。"[1]但是,马歇尔担心贸易保护政策被乱用于保护已经成熟的、规模已经非常大的工业,因为这些工业中的经营者往往有更大的政治影响力。[2] 对于成熟的报酬递增工业与报酬递减产业,贸易保护政策无效甚至有害,因为这些产业在受到被保护的国内市场的刺激下扩大规模,只会很少地提高生产率甚至降低生产率。

以上就是这两章中提到的近代欧洲经济政策思想主张的发展路线和策略的现代经济学解释。如果仔细审视前文提到的近代欧洲经济政策思想家们的思想,可以看到,虽然这些现代经济学解释的概念工具和基本定理不可能以其现代的表达形式出现在这些近代思想家们的文字中,但是由这些现代概念工具和基本定理所捕捉到的经济现象大多已经被这些思想家们意识到。如上一章提到的,博泰罗、舍拉、孟、尤斯蒂和汉密尔顿已经认识到,制造业是一种报酬递增的经济活动,在他们看来,制造业可以进行专业化的分工、适合使用机器、具有规模经济、创新密集、技能密集,可以为大量人口提供高收入的就业机会;并且他们都意识到,建立尽可能多样化的制造业有利于促进财富的增长。他们还发现,相比之下,农业不具有这些特征,甚至具有一些报酬递减的性质。曼德维

---

〔1〕[英]阿尔弗雷德·马歇尔:《经济学原理》下卷,朱志泰译,商务印书馆1964年版,第144页。

〔2〕[英]阿尔弗雷德·马歇尔:《经济学原理》下卷,朱志泰译,商务印书馆1964年版,第144—145页。

尔及其之后为奢侈辩护的思想家们——如尤斯蒂和斯图尔特——已经认识到，奢侈品中重要的一类是由人类技艺和才智创造的，是大多数人的舒适生活需要的，是需求的价格弹性和收入弹性高的（能够促进繁荣消费并且随着收入的增加会成为普通便利品），是可以量产普及的，是随着收入的增加在制造业中的份额越来越重要的，是发展制造业和繁荣的经济必不可少的。培根、科尔贝、莱布尼茨、沃尔夫和尤斯蒂都看到，创新和科学是促进各个产业改进和实现完美的力量，是与制造业的进步密不可分的力量，是可以提高各个产业的效率的力量，是需要与经济活动紧密结合的力量。而几乎所有的近代欧洲"工业主义"思想家都看到了制造业与不完全竞争的关系。这些思想家都意识到，制造业可以通过加工原材料生产出很高的附加值，而且他们大多意识到这种高附加值与不完全竞争有关系。拉菲玛斯明确将外国输入法国的制造业产品称为一种"垄断"。尤斯蒂更是明确提出，引进创新可以为创新者带来市场竞争优势，创新国家可以尽可能抬高其产品的价格，直到其他国家也开始制造那些产品。孟和汉密尔顿则明确提出，制造业是比农业利润率更高的经济活动。博泰罗、舍拉、霍尼克、施罗德则描述了这种制造业的高附加值出现在当时在国际市场上占据竞争优势的意大利城邦和低地国家，并且根据他们的描述，意大利城邦和低地国家的制造业的高附加值大多赚取自向那些为这些制造业提供原材料的、无法与这些城邦的制造业竞争的国家进行的制造业产品出口。总而言之，影响了近代欧洲经济政策的那些思想是建立在对于城市制造业中的报酬递增的力量的初步认识的基础上。近代欧洲的"工业主义"和设计"培根计划"并为奢侈品的生产和消费辩护的经济思想家们提出的国家经济发展策略的本质是，建立和充分发展多样化的报酬递增产业，并通过鼓励科学、创新、技艺和作为产品创新的奢侈品，增强制造业中的报酬递增力量。这些近代欧洲的经济政策思想意图尽量利用报酬递增的力量来促进经济的发展，并通过在整个国家层面瓜分由报酬递增活动中的不完全竞争产生的利润以增加国家的财富。[1]

相比之下，在影响传统中国经济政策的思想中，技艺和奢侈常常被认为需要通过政策有意识地压制甚至禁止。甚至在相当重视工商业的《管子》中，有很

〔1〕 参见：[挪威]埃里克·S. 赖纳特：《富国为什么富，穷国为什么穷》，杨虎涛、陈国涛等译，杨虎涛校，贾根良审订，中国人民大学出版社 2010 年版，第 1—15 页。[挪威]埃里克·S. 赖纳特、[美]索菲斯·赖纳特：《重商主义与经济发展：熊彼特动态、制度建设与国际评价基准》，引自[挪威]埃里克·S. 赖纳特、[中国]贾根良主编：《穷国的国富论：演化发展经济学论文选》下卷，高等教育出版社 2007 年版，第 33—69 页。

多主张抑制技艺和奢侈的篇章。这些篇章一般认为,奢侈品生产的流行会导致社会贫困。“工事竞于刻镂,女事繁于文章,国之贫也”;“工事无刻镂,女事无文章,国之富也”。[1] 这些篇章认为奢侈品的生产会导致贫困,原因似乎是奢侈品生产需要密集的劳动和技能,而当社会收入水平比较低、必需品的需求尚未满足的时候,奢侈品生产会夺走必需品生产需要的劳动和技能。因此,《管子》写道:“菽粟不足,末生不禁,民必有饥饿之色,而工以雕文刻镂相稚也,谓之逆。布帛不足,衣服毋度,民必有冻寒之伤,而女以美衣锦绣綦组相稚也,谓之逆。”[2]此外,《管子》中还有篇章认为,奢侈品的流行会导致公共道德败坏,“文巧不禁则民乃淫”,因此,改善社会秩序的关键是禁止奢侈品,“故省刑之要,在禁文巧”。[3] 这些反奢侈的《管子》篇章提出了一些反奢侈的政策。这些政策包括:君主不能喜好奢侈品。君主喜好“玩好”“珍怪”“文绣”等奢侈品导致的结果是:“工以巧矣,而民不足于备用”;“农以劳矣,而天下饥”;“女以巧矣,而天下寒”。[4] 因此,君主不应当追求其宗庙的富丽堂皇,足够祭祀即可;不应当追求宫殿的高大,足够避寒避暑即可;不应当追求器物的精美,足够分辨贵贱即可。总之,君主应当“俭其道”[5]。政府应当设立“工师”一职,其职责包括“使刻镂文采毋敢造于乡”[6]。无用的技艺产品,即“淫巧”应当“毋作”,而敢于“作为淫巧,以上谄君上,而下惑百姓,移国动众,以害民务”的人应当以“死流”的刑罚处置。[7] 总之,“古之良工,不劳其知巧以为玩好”,守法者不应当生产奢侈的“无用之物”。[8]

在《商君书》中,与奢侈品有关的“美”“好”被认为是国家的“六虱”之二,如果这“六虱”在国内产生,那么国家“必削”。[9] 而且“美”和“好”的出现会损害必需的制造业,“有美好,伤器”[10]。儒家的经典《礼记》中对于“百工”的规定包括“毋或作为淫巧以荡上心”,这也是负责管理“百工”的“工师”在“效功”,即检

---

[1] 《管子》卷 4,《立政》。
[2] 《管子》卷 15,《重令》。
[3] 《管子》卷 1,《牧民》。
[4] 《管子》卷 10,《五辅》。
[5] 《管子》卷 16,《法法》。
[6] 《管子》卷 4,《立政》。
[7] 《管子》卷 10,《五辅》。
[8] 《管子》卷 10,《五辅》。
[9] 《商君书》卷 1,《去强》。
[10] 《商君书》卷 5,《弱民》。

查制造业产品时，需要注意实现的。[1]“重农主义”的《荀子》反倒没有对于奢侈品和技艺采取禁止的态度。荀子认为，仁德君主统治的一个特征是制造业中的技艺进步，即“百工以巧尽械器”[2]。荀子在对于国家制度的设计中也提出建立“工师”，但是工师在奢侈品和技艺产品方面应当采取的政策不是禁止奢侈品和技艺产品，而是“使雕琢文采不敢专造于家”[3]。荀子认为，“雕琢文采”不能由私人制造，但是可以由国家制造，甚至荀子认为，这些技艺密集的奢侈品对于国家的政治生活是必需的，但是这种必需并不是促进财富增加的必需，而是维护政治秩序的必需。荀子认为，“礼”是等级秩序，即“贵贱有等”“长幼有差”“贫富轻重皆有称”。[4]人们等级之间的差异需要由人们消费的物品的差异显示和维持，所以天子的穿戴要“袾裷衣冕”，诸侯的穿戴要“玄裷衣冕”，大夫要有“裨冕”，而士人只能穿戴“皮弁服”。[5]因此，在荀子看来，奢侈品是显示君主和其他上层等级地位高于其他人的必需产品，这在荀子看来是技艺密集的奢侈品最主要的功能。荀子写道：“修冠弁衣裳，黼黻文章，雕琢刻镂，皆有等差，是所以藩饰之也。”[6]荀子认为，奢侈品的存在可以促进财富增加，提倡节俭则会“使天下贫”[7]。这是因为，提倡节俭会降低人们的物质欲望，会让人民对于君主的赏赐不敏感，因此会导致“赏不行”；此外，如果君主与百姓平等，“均事业”“齐功劳”，会降低君主的威严，威严降低会导致“罚不行”；如果人民对于君主的赏罚不再敏感，那么君主将不能通过奖赏吸引“贤者”，也不能通过惩罚斥退“不肖者”，这会导致人们无法被君主安置进入由其建立的等级秩序中，政治秩序将难以稳定，由此“万物失宜”“事变失应”“上失天时，下失地利，中失人和”，财富将无法扩张。[8]荀子认为，君主不用奢侈品显示自己的地位（“不美不饰”），就不能统一人民（“一民”）；不积累财富，就不能管理下属（“管下”）。君主必须使用奢侈品并积累财富，使人民都仰赖其赏赐、畏惧其惩罚，因此可以被君主调动，接受等级秩序，这可以使“万物得宜”“事变得应”“上得天时，下得地利，中得

---

〔1〕《礼记》，《月令》。

〔2〕《荀子》，《荣辱》。

〔3〕《荀子》，《王制》。

〔4〕《荀子》，《富国》。

〔5〕《荀子》，《富国》。

〔6〕《荀子》，《君道》。

〔7〕《荀子》，《富国》。

〔8〕《荀子》，《富国》。

人和”,由此财富得以积累。[1] 由此可见,在荀子的思想中,奢侈品促进财富增加的方式并不是刺激消费和扩大市场,而是维持社会等级秩序的稳定,促进财富在稳定的社会环境中积累。因此,荀子认为,君主使用奢侈品(“重色而成文章”“重味而成珍备”),是为了明确等级秩序(“上以饰贤良而明贵贱,下以饰长幼而明亲疏”),进而稳定国家的政治社会秩序(“明分达治而保万世”)。[2]

不同于荀子的重农主义,荀子出于稳定社会等级秩序的目标而重视奢侈品的思想并未在丘浚的《大学衍义补》中得到延续。丘浚在《大学衍义补》反对奢侈品的生产和消费。丘浚认为,“勤、俭、怠、奢”是“万世理财之节度”,天下的财富,“勤者得之,怠者失之,俭者裕之,奢者耗之”,这是“万世理财之大法”。[3] 丘浚认为,君主应当“行崇本节用之道”,做到“不分外以多求”“不极欲以侈用”,这样君主和人民各自的财富都足够满足各自的需求。[4] 如果君主能够节俭,那么人民会富裕,“民之富即君之富”;如果君主奢侈,那么人民会贫困,最终将无人为君主“守其富”。[5] 此外,如果君主节俭,那么国家财政资源不足时,君主可以用内府财物补助国家财政,可以“民裕而其国昌”;如果君主奢侈,那么国家财政资源有被君主挪用的风险,将会导致“财匮而其民怨”。[6] 丘浚主张建立奢侈品消费的等级制度以限制奢侈品。丘浚认为:“人民所以侈靡者多见于车马、衣裘、宫室、饮食四者”,如果能建立制度使得车马、衣裘、饮食、宫室“皆有阶级等第”,低等级的不能使用高等级的奢侈品,这样人们可以清楚自己的地位所允许消费的产品,面对高于自己地位许可的消费品可以做到心志坚定,因此可以实现“有馀者不敢恣为于己”“不及者不敢慕欲于人”,最终实现“众心安定”“家给人足”。[7]

在劝诫君主节俭方面,丘浚明确将奢侈品与产品创新联系,并且因为反对奢侈的原因,反对发明创新。一方面,丘浚承认,“圣人”发明了天下所有器物,“天下之物无一不起于圣人”[8];另一方面,丘浚认为,“圣人”的发明是不能突

---

[1] 《荀子》,《富国》。
[2] 《荀子》,《君道》。
[3] 丘浚:《大学衍义补》卷 20,《总论理财之道上》。
[4] 丘浚:《大学衍义补》卷 20,《总论理财之道上》。
[5] 丘浚:《大学衍义补》卷 22,《贡赋之常》。
[6] 丘浚:《大学衍义补》卷 24,《经制之义下》。
[7] 丘浚:《大学衍义补》卷 82,《广教化以变俗》。
[8] 丘浚:《大学衍义补》卷 97,《工作之用》。

破的,后人只能遵循“圣人”的发明而不能擅自突破。丘濬认为,“工”的本质是“若”,“若”指的是“顺其理而治之”,具体体现为“守法信度,因圣人创作之制而持循之”。[1] 如果突破了“圣人”的发明,即是“为淫巧以荡上心”,也就不再符合“若”的定义。[2] 丘濬认为,制造业不应当生产“有器而无用、有用而无利、耗材物于无用、费民力于无益”的产品,这些产品是“圣人所不作”“智者必不创”“巧者必不述”的;如果有人“肆其私意”制造这些突破过去由“圣人”发明的“用器常度”的“淫巧”,那么“圣王之法”对于这些创新者“必诛而无赦”。[3] 丘濬在《大学衍义补》中收录了方悫的言论:“工固有巧也,然过乎巧则为淫矣。”[4]丘濬似乎认为,发明是已故“圣人”的特权,后世没有人可以称得上“圣人”,那么自然没有人有权利突破圣人的“用器常度”,发明“圣人”未曾发明的东西,技艺的巧妙超过“圣人”的水平,就成为“作淫巧”的行为。丘濬认为,制造业是关乎君主之心“收敛”与“放荡”的活动,应当受到“礼法”的制约。如果制造业能促进君主之心的“收敛”,诱导君主服从“礼法”的约束,那么君主会节俭,“财不费则敛于民也薄”“力不劳则役于民也轻”,将会实现“天下安”;如果制造业产生“淫巧”,诱导君主脱离“礼法”的约束,促进君主之心的“放荡”,那么君主会追求宫室的“壮丽”、服饰的“华美”、器用的“精致”,结果“必费财而劳民”“人有不堪者矣”。[5] 此外,丘濬认为,奢侈品对于君主也没有意义,因为“奇巧精致之物”的效用是“夸耀于人”,而对于“富有四海之内”的君主,不需要炫耀性消费(“欲谁夸哉?”)。[6] 这与荀子认为君主需要以奢侈品显示权力和地位的观点恰恰相反。丘濬认可古代典籍中记载的以禁“淫巧”为职责的“工师”的设置,并且认为负责管理百工的政府机构应当确保君主的居所、器物、饮食都“顺天时”,合乎礼法,使得“淫巧”不能影响君主,并且确保“民生日用之具”不短缺。[7] 丘濬批评先秦之后那些“聚奇巧之工”“制珍异之器”的君主的手工业管理机构(“尚方之官”)违反了上述职责,因为这些“奇巧之工”“珍异之器”的生产“制一器而费百器之材,当用一工而费百工之力,耗货财于无用,用工力于无益”,而这些是没有

---

[1] 丘濬:《大学衍义补》卷 97,《工作之用》。
[2] 丘濬:《大学衍义补》卷 97,《工作之用》。
[3] 丘濬:《大学衍义补》卷 97,《工作之用》。
[4] 丘濬:《大学衍义补》卷 97,《工作之用》。
[5] 丘濬:《大学衍义补》卷 97,《工作之用》。
[6] 丘濬:《大学衍义补》卷 97,《工作之用》。
[7] 丘濬:《大学衍义补》卷 97,《工作之用》。

意义的。[1] 丘浚专门提到了唐代的中央政府机构“少府监”。根据《唐六典》的记载,少府监“掌百工伎巧之政令”,掌管兵器、甲胄、车辇、纺织品、铜铁冶金等皇家和官府使用的器物的生产,管理参与生产的百工。[2] 在唐代各地工匠轮班为官营制造业服役的背景下,少府监实质上是集中了各行各业的技艺并向全国工匠传播的机构。[3] 丘浚非常反感这一机构,认为它将“郊祀之圭璧”皇家的“乘舆器玩”“中宫服饰”“雕文错彩”以及“珍丽之制”的生产全部合并到下属机构“中尚署”负责,是将神圣的祭祀天帝的礼器与皇家使用的奢侈品共置一处,这在丘浚看来“近于亵”。[4]

在康熙皇帝发布的“上谕十六条”中,在第四条“重农桑以足衣食”之后,第五条就是“尚节俭以惜财用”。这两条上谕的内容紧密相关。一份题为《圣谕十六条附律易解》的对于“上谕十六条”的解读写道:“这第五条圣谕紧跟上第四条来。第四条教民要勤,这第五条教民要俭。”[5]在雍正皇帝对于“重农桑以足衣食”的解释中,已经提到人民不应当因为追求奢侈品的生产和消费而疏忽了农业生产(“甚且贵金玉而忽菽粟,工文绣而废蚕桑,相率为纷华靡丽之习,尤尔兵民所当深戒者也”[6])。在对于“尚节俭以惜财用”的解释中,雍正皇帝依然主张荀子式的“开源节流”的原则,并因此反对奢侈。雍正皇帝认为,财富类似水,节俭就是蓄水;如果水持续流走而不积蓄,就会枯竭,而“财之流不节,则用之无度,而财立匮矣”[7]。雍正皇帝重视节俭的观点以农业经济为背景。人民需要节俭,是因为农业的产出的丰歉不稳定(“丰歉无常”),所以“必留有余之财,而后可供不时之用”[8]。雍正皇帝教谕人民:“衣服不可过华,饮食不可无节,冠

---

〔1〕 丘浚:《大学衍义补》卷 97,《工作之用》。

〔2〕 张九龄、李林甫:《唐六典》卷 22,《少府监北都军器监》。

〔3〕 魏明孔:《隋唐手工业与城市建设之进步》,《中国经济史研究》,2020 年第 6 期,第 5—14 页。

〔4〕 张九龄、李林甫:《唐六典》卷 22,《少府监北都军器监》。丘浚:《大学衍义补》卷 97,《工作之用》。

〔5〕 周振鹤撰集,顾美华点校:《圣谕广训:集解与研究》,上海书店出版社 2006 年版,第 39 页、第 52 页。

〔6〕 周振鹤撰集,顾美华点校:《圣谕广训:集解与研究》,上海书店出版社 2006 年版,第 39 页、第 42 页。

〔7〕 周振鹤撰集,顾美华点校:《圣谕广训:集解与研究》,上海书店出版社 2006 年版,第 39 页、第 51 页。

〔8〕 周振鹤撰集,顾美华点校:《圣谕广训:集解与研究》,上海书店出版社 2006 年版,第 39 页、第 51 页、第 52 页。

婚丧祭各安本分,房屋器具务取素朴。"[1]与略晚的尤斯蒂所认为的国家的繁荣依赖于勤奋与奢侈相反,雍正皇帝认为:"勤而不俭,则十夫之力不足供一夫之用,积岁所藏不足供一日之需,其害乃更甚也。"[2]与大约同时代的很多欧洲思想家们的观点相反,雍正认为,奢侈品生产和消费带来的就业和需求增加("十夫之力不足供一夫之用,积岁所藏不足供一日之需")不是积极的事情。乾隆皇帝延续了这种反奢侈的态度。乾隆皇帝在1736年的上谕中写道:"厚生之道在于务本而节用,节用之道在于崇实而去华。"[3]乾隆皇帝命令"地方大吏及有临民之责者"都应当在推广节俭方面"遍行教化";"缙绅之家"则应当"躬行节俭",以作为人民的表率。[4] 相比三位中国皇帝对于奢侈的反对态度,同时代的欧洲君主们似乎持有相反的态度。作为18世纪中期以后欧洲"开明专制"君主表率的腓特烈二世,在《反马基雅维利》中表达了对于奢侈的重视。与前文提到的同时代的思想家们一样,腓特烈二世将奢侈等同于制造业和技艺。腓特烈写道:"在古代北欧国家没有制造业的时候,北欧人民只能依靠农业谋生,因而人口数量常常增加到农业能够养活的水平之上,由此过剩的北欧人口只能向南劫掠侵略。"[5]但是,腓特烈注意到,在他身处的18世纪,北欧国家人口密度比古代更大了,但是来自北欧的劫掠消失了,这是因为"奢侈非常明智地(sagement)增加了我们的需求,它催生了制造业和所有那些为全体人民提供生计的技艺,若没有这些,这些人民将被迫去其他地方谋生"[6]。因此,腓特烈写道:"一个明智的君主必须充分利用这些手段[制造业与奢侈]使国家繁荣。"[7]腓特烈二世与同时代的很多欧洲思想家们类似,将奢侈视为制造业与技艺的同义

---

[1] 周振鹤撰集,顾美华点校:《圣谕广训:集解与研究》,上海书店出版社2006年版,第39页、第52页。

[2] 周振鹤撰集,顾美华点校:《圣谕广训:集解与研究》,上海书店出版社2006年版,第39页、第51页。

[3] 周振鹤撰集,顾美华点校:《圣谕广训:集解与研究》,上海书店出版社2006年版,第39页、第256页。

[4] 周振鹤撰集,顾美华点校:《圣谕广训:集解与研究》,上海书店出版社2006年版,第39页、第256页。

[5] Friedrich II of Prussia, trans. by Paul Sonnino, *Anti-Machiavel*, Athens: Ohio University Press, 1981, pp. 134—135.

[6] Friedrich II of Prussia, trans. by Paul Sonnino, *Anti-Machiavel*, Athens: Ohio University Press, 1981, pp. 134—135.

[7] Friedrich II of Prussia, trans. by Paul Sonnino, *Anti-Machiavel*, Athens: Ohio University Press, 1981, pp. 134—135.

词,并且认为奢侈促进经济中有效需求增加,进而促进经济吸收就业的增加。而同时代的中国皇帝们都没有提到奢侈对于经济的这些有利影响。

清朝官员对于《圣谕广训》的解释也体现了重农主义背景下对于奢侈的反对。康熙时代的浙江巡抚范承谟在他对于"上谕十六条"的解释中,与略晚于他的欧洲奢侈辩护者们一样,注意到了随着收入的增加,人对于奢侈的需求会增加。范承谟认为当时民间的风俗是:"譬如温饱之家,钱财够用,未免志得意满,看得身子娇贵,布帛菽粟视为泛常,穿的须要绫罗,吃的须要美味,一般的衣服便道某样的颜色方妙、某样的织手更高,一般的饮食便思某家的烹调最好、某家的方物最多,渐而器用什物件件须求精美,居住房屋处处尽爱鲜华,家家斗美、户户争奢,把一个风俗弄得暴殄之极了。"[1]但是,范承谟并没有由此认可奢侈品产业对于扩大总需求和增加就业的贡献,相反,他认为农业的丰歉无常并不能稳定地为人们提供支持这些奢侈消费必需的收入。范承谟写道:当时的人们"一遇灾荒,穷困流离,到了不堪的地位",所以"常见人家祖父遗下来偌大基业,不够几年便都光了,只为俗尚豪华,不知节俭,放松用惯,到后来反至赤贫,无衣无食,才晓得当初不曾省俭,已是迟了"。[2] 因此,范承谟劝诫当时的百姓坚持节俭的生活方式,拒绝奢侈品消费。范承谟专门指出,百姓应当拒绝新奇的产品:"什物器皿止要备办适用就够了,何必定要奇巧异样?"[3]康熙年间的河南按察副使蒋伊则认为,世上的财富是有定数的,减少奢侈消费有利于积累财富:"诚以天地生财止有此数,锱铢取之,泥沙用之,国何以堪?"[4]康熙年间的福建省泉州府德化县知县范正辂在刊行于 1687 年的《上谕解义》中,因为百姓从事的经济活动生产率低而反对奢侈消费。[5] 范正辂写道:"从来物力艰难,为农者胼手胝足,终日辛勤,到得收成的时节方有稻子收获;为商的餐风宿水,千里奔驰,觅此蝇头以充衣食。你看'财用'二字何等艰难、何等费力,岂可将有用之

---

〔1〕 周振鹤撰集,顾美华点校:《圣谕广训:集解与研究》,上海书店出版社 2006 年版,第 39 页、第 44 页。

〔2〕 周振鹤撰集,顾美华点校:《圣谕广训:集解与研究》,上海书店出版社 2006 年版,第 39 页、第 44 页。

〔3〕 周振鹤撰集,顾美华点校:《圣谕广训:集解与研究》,上海书店出版社 2006 年版,第 39 页、第 44 页。

〔4〕 周振鹤撰集,顾美华点校:《圣谕广训:集解与研究》,上海书店出版社 2006 年版,第 39 页、第 46 页。

〔5〕 关于范正辂和《上谕解义》,参见:周振鹤撰集,顾美华点校:《圣谕广训:集解与研究》,上海书店出版社 2006 年版,第 39 页、第 600 页。

钱财奢侈花费?”[1]范正辂认为，不仅穷人不应当奢侈，富人也不应当奢侈，“富人不惜财用，愈要奢侈，那财用便要多费了”[2]。因此，范正辂写道：“‘奢侈’二字不可为天下训，更不可为百姓训。”[3]雍正年间的直隶完县知县吕守曾撰写了《圣谕广训直解》。[4] 吕守曾也将农业生产的丰歉无常视作需要人民厉行节俭的原因。吕守曾写道：“为民的人要知道年景是无定的，与其只顾眼前，惹得穷困愁苦，何如积聚下些粮食，为旱涝不时之备?”[5]17 世纪的中国皇帝和很多官僚似乎都认为，他们治理之下的经济不足以稳定地提供足够支付奢侈品消费的收入，因此人民应当节俭，为收入降低的歉收年份做好储蓄准备。

通过上文的论述可以看到，自先秦到 18 世纪，影响传统中国经济政策的思想常常对于技艺、创新与奢侈品的生产和消费保持反对的态度。胡寄窗认为，在传统中国，“在经济思想领域，崇俭的消费观也是最被普遍接受的观点”[6]。这些思想认为，技艺密集的奢侈品的生产和消费会浪费主要表现为剩余农产品积累的财富，违反“开源节流”的原则。这些思想看到了创新、技艺与奢侈品之间的联系，但是因为反对奢侈品的生产和消费，因此这些思想也反对体现为奢侈品的产品创新和复杂技艺，并视之为无用有害、蛊惑君主的“淫巧”，主张设置“工师”以禁止“淫巧”的产生并以严酷的刑罚严惩擅自做出这些“淫巧”的工匠。提出“开源节流”原则的荀子反倒支持技艺复杂的奢侈品的生产与消费，但是荀子并非出于经济原因，而是出于维持社会等级秩序的原因。但是历史上也有少数出于经济原因鼓励奢侈品生产和消费的指导经济政策的思想。胡寄窗提到，从先秦到鸦片战争，曾经出现过三种与“崇俭”完全相反的经济思想：战国时期《管子》中的《侈靡》篇、西汉时期的桑弘羊、鸦片战争前夕的魏源。[7] 胡寄窗认为，在传统中国，“主张侈靡消费观的人如不是代表商人阶级，那也是具有崇奉

〔1〕 周振鹤撰集，顾美华点校：《圣谕广训：集解与研究》，上海书店出版社 2006 年版，第 39 页、第 47 页。

〔2〕 周振鹤撰集，顾美华点校：《圣谕广训：集解与研究》，上海书店出版社 2006 年版，第 39 页、第 47 页。

〔3〕 周振鹤撰集，顾美华点校：《圣谕广训：集解与研究》，上海书店出版社 2006 年版，第 39 页、第 47 页。

〔4〕 周振鹤撰集，顾美华点校：《圣谕广训：集解与研究》，上海书店出版社 2006 年版，第 39 页、第 608 页。

〔5〕 周振鹤撰集，顾美华点校：《圣谕广训：集解与研究》，上海书店出版社 2006 年版，第 39 页、第 254 页。

〔6〕 胡寄窗：《中国经济思想史》下卷，上海财经大学出版社 1998 年版，第 716 页。

〔7〕 胡寄窗：《中国经济思想史》下卷，上海财经大学出版社 1998 年版，第 717 页。

商业精神的倾向的思想家”[1]。《管子》中《侈靡》篇的作者和桑弘羊代表了“古老的资本存在形态”,即商人资本或小手工业者,而魏源则代表了早期资产阶级。[2]

胡寄窗写道:“《管子》认为,侈靡在一定的条件下对生产也可能产生积极的作用。《管子》《侈靡》篇主要就是阐述它的这一论点。”[3]在多数篇章主张反对奢侈、“刻镂”、“淫巧”的《管子》中,《侈靡》篇则因为奢侈对于经济的积极影响而主张鼓励奢侈品的生产与消费。《侈靡》篇始于对上古之时和当时经济差异的对比。在上古之时,自然本身为人提供了充足资源,“山不童而用赡”“泽不弊而养足”,在这种时代,人民“耕以自养”,经济能在很小的分工范围内自给自足(“不出百里而来足”)。[4] 而后世的经济不同,人民不再依靠自然资源自给自足(“毁敝而养不足”),需要“事末作”才能兴旺。[5]《侈靡》的作者认为,在后世的经济中,管理经济的策略“莫善于侈靡”[6]。奢侈品的生产和消费可以促进就业,“富者靡之,贫者为之”[7]。通过奢侈品的生产和消费可以起到“利散”,即在经济中扩散财富的效果。[8] 例如,如果延长丧葬礼仪的时间,鼓励奢侈的丧葬用品和陪葬品(“重送葬”),那么挖掘巨大的墓穴可以为贫民提供工作(“巨瘗培,所以使贫民也”),装饰墓道可以为雕工、画工提供工作(“美垄墓,所以文明也”),打造巨大的棺椁可以振兴木工(“巨棺椁,所以起木工也”),织造陪葬纺织品可以振兴纺织业(“多衣衾,所以起女工也”),通过这些需求和生产,可以让人民“作此相食”“然后民相利”。[9]《侈靡》的作者认为,通过这些奢侈品的生产和消费可以让国家强大,让国家做到“守战之备合矣”[10]。值得注意的是,《侈靡》篇在上述例子中只提到了奢侈品的生产和消费对于制造业的促进作用,并且将这些由奢侈需求促进的制造业看作国家“守战之备”的基础。可见,《侈靡》是重工商的。《侈靡》篇专门提到,促进商人“徙邑移市”是治国策略之一,因

---

[1] 胡寄窗:《中国经济思想史》下卷,上海财经大学出版社 1998 年版,第 717 页。
[2] 胡寄窗:《中国经济思想史》下卷,上海财经大学出版社 1998 年版,第 717—718 页。
[3] 胡寄窗:《中国经济思想史》上卷,上海财经大学出版社 1998 年版,第 314 页。
[4] 《管子》卷 35,《侈靡》。
[5] 《管子》卷 35,《侈靡》。
[6] 《管子》卷 35,《侈靡》。
[7] 《管子》卷 35,《侈靡》。
[8] 《管子》卷 35,《侈靡》。
[9] 《管子》卷 35,《侈靡》。
[10] 《管子》卷 35,《侈靡》。

为商人的存在可以促进国内奢侈的需求("上侈而下靡")、和睦君臣关系("君臣相上下相亲")、促进君臣的财富流通("君臣之财不私藏"),因此贫民可以通过劳动获得收入("贪动枳而得食")。[1]《侈靡》篇对于奢侈和工商业的重视,可能是因为它看到了不同经济活动之间"通功易事"即互相提供需求的意义。《侈靡》明确将不同经济活动之间的交换视为促进这些经济活动的机制:"市也者,劝也。"[2]市场上制造业与农业的交换可以促进农业:"劝者,所以起本善""不侈,本事不得立"。[3]奢侈需求不仅可以促进制造业中的就业和财富的增加,还可以刺激农业的发展。总而言之,《侈靡》的作者认为,积累了财富的人应当消费奢侈品("积者立余日而侈,美车马而驰,多酒醴而靡"),这样财富就可以流通,财富的流通是国家建立的基础("利然后能通,通然后成国");如果财富静止不流通("利静而不化"),那么应当检查财富凝滞的地方,然后疏通这些凝滞("观其所出,从而移之")。[4]胡寄窗认为,《管子》中主张鼓励奢侈的《侈靡》篇与反奢侈的其他篇章本质上是统一的。"《管子》的消费论既主张崇俭又鼓励侈靡,乃是对不同情况提出的不同要求,而不是一种矛盾。两者应用的场合和所要达到的目的迥然不同。"[5]胡寄窗认为,在《管子》中,鼓励奢侈的条件是社会生产不振且有积蓄的时候。[6]虽然《侈靡》篇与近代欧洲为奢侈辩护的思想相距近两千年,但二者对于奢侈品生产和消费对经济的积极作用有相似的基本观点:对奢侈品的需求,可以促进制造业中的就业和财富增加;对奢侈品的生产和需求,可以通过市场交换刺激农业的发展;在富裕的社会中鼓励奢侈品的生产和消费,可以促进财富的流通;财富流通和人民就业的增加,是国家财富和实力增加的重要促进力量。

"桑弘羊的消费概念片面而直接地继承了《管子》侈靡的消费观。"[7]胡寄窗认为,桑弘羊的思想"轻视节俭而强调侈靡"[8]。在"盐铁会议"中,"贤良""文学"一派批评桑弘羊的经济政策的理由就是,桑弘羊的政策促进了西汉经济

---

[1] 《管子》卷 35,《侈靡》。

[2] 《管子》卷 35,《侈靡》。

[3] 《管子》卷 35,《侈靡》。

[4] 《管子》卷 35,《侈靡》。

[5] 胡寄窗:《中国经济思想史》上卷,上海财经大学出版社 1998 年版,第 312 页。

[6] 胡寄窗:《中国经济思想史》上卷,上海财经大学出版社 1998 年版,第 315—316 页。

[7] 胡寄窗:《中国经济思想史》中卷,上海财经大学出版社 1998 年版,第 89 页。

[8] 胡寄窗:《中国经济思想史》下卷,上海财经大学出版社 1998 年版,第 717 页。

中的制造业和奢侈品的生产和消费。“文学”说道:“今世俗坏而竞于淫靡,女极纤微,工极技巧,雕素朴而尚珍怪,钻山石而求金银,没深渊求珠玑,设机陷求犀象,张网罗求翡翠,求蛮貉之物以眩中国,徙邛筰之货,致之东海,交万里之财,旷日费功,无益于用。”[1]“贤良”甚至详细描述了当时西汉在桑弘羊经济政策的影响下,在饮食、居住、家具、车马、服饰、仪式方面出现的奢侈。[2]“贤良”特别提到,桑弘羊的政策导致新奇的制造业产品出现,而这与他们所知的古代静态的经济情况相反:“古者,凶年不备,丰年补败,仍旧贯而不改作。今工异变而吏殊心,坏败成功,以匿厥意。”[3]在这种情况下,“贤良”主张“民奢,示之以俭”。[4] 面对“贤良文学”的批评,桑弘羊用以下理由为奢侈品的生产和消费辩护。首先,桑弘羊认为奢侈品的消费可以促进就业的增加并为制造业提供需求,而这些又可以为农业提供需求。桑弘羊引用《管子》说道:“不饰宫室,则材木不可胜用,不充庖厨,则禽兽不损其寿。无末利,则本业无所出,无黼黻,则女工不施。”[5]这段话并不是今天流传的《管子》中的原文,而是对于《管子》中《侈靡》篇的大意概括。[6] 在引用《管子》对奢侈进行辩护之后,桑弘羊说了上一章已经引用过的对于制造业和贸易辩护的那番话,即“故工商梓匠,邦国之用,器械之备也,自古有之,非独于此”[7]。接着,桑弘羊又提到了不同经济活动之间交换的意义,“农商交易,以利本末”,“财物流通,有以均之”,“是以多者不独衍,少者不独馑”。[8] 由此可见,桑弘羊也看到了奢侈品的生产和消费与制造业和流通的繁荣之间的联系。其次,桑弘羊认为,君主需要使用奢侈品以炫耀国威:“饰几杖,修樽俎,为宾,非为主也。炫耀奇怪,所以陈四夷,非为民也。夫家人有客,尚有倡优奇变之乐,而况县官乎?故列羽旄,陈戎马,所以示威武,奇虫珍怪,所以示怀广远、明盛德,远国莫不至也。”[9]

如果按照本章之前建立的对于近代欧洲经济政策思想的理解框架,16—18世纪支配中国经济政策的重农主义思想主张维持以报酬递减经济活动(农业)

---

[1] 桓宽:《盐铁论》卷1,《通有》。
[2] 桓宽:《盐铁论》卷6,《散不足》。
[3] 桓宽:《盐铁论》卷6,《散不足》。
[4] 桓宽:《盐铁论》卷6,《救匮》。
[5] 桓宽:《盐铁论》卷1,《通有》。
[6] 胡寄窗:《中国经济思想史》中卷,上海财经大学出版社1998年版,第90页。
[7] 桓宽:《盐铁论》卷1,《通有》。
[8] 桓宽:《盐铁论》卷1,《通有》。
[9] 桓宽:《盐铁论》卷37,《崇礼》。

为核心的经济,这与主张建立报酬递增经济活动的同时代的欧洲经济政策思想相反。中国的重农主义者们注意到,当时农业中的生产率已经很低。他们注意到,当时"农桑劳苦",而且农业劳动者们"一年间辛辛苦苦种出来的粮食卖不上几两银子",支付了税收和各种费用之后"羡余无几"。这种很低的生产率和收入令中国的重农主义者们认为,农业劳动者们的农产品供给并不稳定,需要注意勤劳和节俭,否则很容易因为歉收而破产和贫困,因此,满足人们生存需要的剩余农产品的积累变得非常重要,甚至成为财富的同义词和国家经济政策的目标。但是,这些重农主义者们没有提到农业中的报酬递减,即农业的生产率并不会随着劳动力投入的增加而增加,因此,为了增加农业产出,中国的重农主义者们主张尽量增加农业中的劳动力投入,尽量减少非农业活动中的劳动力。他们劝诫农业人口不要迁往城市,不要被生产率和收入更高的经济活动吸引,要满足于低微的收入和生产率,努力节俭,尽量储蓄以积累财富。因此,虽然中国的重农主义者们与欧洲的"工业主义"者们一样注意到制造业和商业的财富生产率和提供的收入更高(雍正皇帝提到"奇赢倍利";周雄基提到"工何不省力,趁钱又多;商贾何等安享,趁钱又多"),但是中国的重农主义者们为了保证剩余农产品的积累,选择舍弃对于这些报酬递增活动的关照。因此,技艺的提高、发明创新的产生以及作为产品创新载体的奢侈品的生产和消费等增强报酬递增力量的事情,对于中国的重农主义者们主张的经济策略来说是几乎没有用处的,甚至是有害的,比如对于奢侈品的追求会有损于剩余农产品的积累。因此,对于中国的重农主义者们来说,圣贤没有创制的器物是没有必要发明的,技艺过于巧妙会成为有害的"淫巧",奢侈品的生产和消费是需要限制甚至禁止的。

彭慕兰认为,18 世纪的中国和欧洲都面临土地密集型产品或者报酬递减产品的供给刚性问题。"无论是在西欧还是在东亚,到 18 世纪后期,如果没有重大制度变革、节约土地的新技术和/或土地密集型商品进口的巨大增长,都几乎不会出现进一步广阔发展的余地。"[1]如果这种供给刚性问题不解决,则不得不将大量劳动力投入报酬递减活动,通过"支持总体而不是人均增长的极端劳动密集的方式",牺牲生产率以换取报酬递减产业总产量的微薄扩张来缓解土

---

〔1〕[美]彭慕兰:《大分流:欧洲、中国及现代世界经济的发展》,史建云译,江苏人民出版社 2003 年版,第 197—198 页。

地密集型产品供给的刚性。[1] 西欧和中欧的一些国家对于这一问题的解决办法是,在国外寻找土地密集型产品的供应来源,将本国的经济专业化于制造业产品的出口,以换取东欧和美洲大陆的土地密集型产品。[2] 同时代的中国没有找到类似的解决办法,因此不得不走上在本国报酬递减产业中增加劳动力投入的、彭慕兰所谓的"劳动密集型"的经济死胡同。[3] 但是,通过本章与上一章的内容可以看到,欧洲和中国各自的应对土地密集型产品供给刚性的策略,是由对于各自的经济政策有影响力的经济思想有意识地主张呼吁的。16—18 世纪的欧洲"工业主义"思想家、"培根计划"的设计者以及奢侈的辩护者主张建立一种本国的报酬递增产业和国内外的报酬递减产业之间的协作关系,促进本国劳动力在报酬递增产业中的集中,限制劳动力在本国报酬递减产业中的投入,加强报酬递增力量的作用,以报酬递增产业中产出的产品和赚取的货币收入来交换人口密度稀薄、报酬递减的作用更弱、土地资源更充足的东欧和美洲的报酬递减产品。

同时代的中国重农主义思想家们没有提到从外国或者国内土地资源更充足的地区获得报酬递减产品的可能性。他们主张,将劳动力集中在本国的报酬递减产业中,将供应报酬递减产品的希望放在国内,将积累剩余农产品视为重要的目标。他们也意识到,这意味着劳动力将被困在生产率和收入更低的产业中,但是他们似乎认为这是必需的牺牲,并且劝诫人民保持节俭以适应低生产率和低收入。他们看到了城市制造业和商业利润更高、生产率更高、对人民更有吸引力,但是他们并没有提到可以通过这些产业的扩张交换到报酬递减产品的可能性,因此他们没有打算建立专业化的大规模城市制造业中心,以吸收劳动力并交换国内外生产率更高的报酬递减产品。正如黄仁宇提出:"中国的官僚主义,是亚洲大陆主体(land mass)的产物。其政治体系既要管束亿万农民,又要对付森林地带和草原地带的少数民族,就只能注重数量无法提高效率,不容易改变而成为一种轻而驾巧带商业性的组织。"[4]这些中国重农主义者们的

---

〔1〕[美]彭慕兰:《大分流:欧洲、中国及现代世界经济的发展》,史建云译,江苏人民出版社 2003 年版,第 2 页、第 7 页。

〔2〕[美]彭慕兰:《大分流:欧洲、中国及现代世界经济的发展》,史建云译,江苏人民出版社 2003 年版,第 20 页、第 237—252 页。

〔3〕[美]彭慕兰:《大分流:欧洲、中国及现代世界经济的发展》,史建云译,江苏人民出版社 2003 年版,第 211—227 页。

〔4〕[美]黄仁宇:《赫逊河畔谈中国历史》,生活·读书·新知三联书店 1992 年版,第 161 页。

思想在很大程度上印证了马尔萨斯(Thomas Malthus,1766—1834)对于当时中国情况的判断。马尔萨斯认为,18 世纪的中国劳动者的生产率和收入都非常低:"其[中国的]人口持续不断增加,而生活资料却没有增加,其人口就它同生活资料的比例来说如此众多,以至于其平均产量仅能维持居民生命",因此饥馑经常发生,"时令不好所造成的任何短缺必然会产生严重后果",人民不得不坚持节俭。[1] 马尔萨斯认为,如果 18 世纪的中国像欧洲一样重视制造业和贸易,情况也不会好转,因为"由于其所需的食物数额巨大,由于其领土面积大得惊人,中国无论进口多少食物,也不会使其每年的食物总量有明显增加"[2]。在当时的中国,"土地提供所能提供的最高食物产量",如果大规模地建立制造业,将农业劳动力转移到制造业中,农业总产出会下降,但是因为不能通过制造业的产出获得足够的农产品,因此农产品会出现短缺,食物价格会上涨,情况会更加恶化。[3] 但是,很可能现实情况并不像马尔萨斯与 16—18 世纪中国重农主义者们的判断一样绝望。彭慕兰提到,农业劳动力短缺的东南亚可以从国外为当时的中国提供土地密集型产品;弗里斯提到当时基本尚未开发的中国东北地区也可以是土地密集型产品的国内新供应来源。但是,当时明朝和清朝政府频繁执行的"锁海"和"禁耕"政策阻碍了通过国内外这两条渠道解决问题的可能。[4] 总而言之,通过上一章与本章的内容,可以看到在 16—18 世纪,对于各自经济政策有影响的欧洲和中国的经济思想有意识地主张各自的经济走上两种相反的道路:一种是"工业主义"和报酬递增的,另一种是重农主义和报酬递减的。这两种道路与"大分流"过程中欧洲和中国各自走上的发展道路相一致。

---

〔1〕[英]马尔萨斯:《人口原理》,朱泱、胡企林、朱和中译,商务印书馆 2011 年版,第 51 页。

〔2〕[英]马尔萨斯:《人口原理》,朱泱、胡企林、朱和中译,商务印书馆 2011 年版,第 123 页。

〔3〕[英]马尔萨斯:《人口原理》,朱泱、胡企林、朱和中译,商务印书馆 2011 年版,第 122—123 页。

〔4〕[美]彭慕兰:《大分流:欧洲、中国及现代世界经济的发展》,史建云译,江苏人民出版社 2003 年版,第 189—193 页。[荷]皮尔·弗里斯:《国家、经济与大分流:17 世纪 80 年代到 19 世纪 50 年代的英国和中国》,郭金兴译,中信出版集团 2018 年版,第 375—377 页。侯家驹:《中国经济史》下卷,新星出版社 2010 年版,第 613—616 页。

第五章　传统中国与近代欧洲经济思想中的国家干预

如第三章和第四章所述，指导近代欧洲经济政策的思想主张“工业主义”与报酬递增的经济战略，而指导同时代中国经济政策的思想则主张重农主义与报酬递减的经济战略。对于前现代经济而言，欧洲的经济战略意味着经济结构转变，将中世纪的农业经济转变为近现代的制造业经济，将经济中起支配作用的规律从报酬递减转变为报酬递增。这种经济结构转变的实现往往与特定类型的国家干预有密切关系。在当代经济理论中，这类国家干预通常被称为“发展型国家”(developmental state)。“发展型国家”最初被用来称呼第二次世界大战之后日本政府对于经济发展的干预，这种干预政策成功促进日本从一个在国际市场上专业于纺织工业的国家升级为一个专业于机械和化学工业的国家。[1] 之后，“发展型国家”被认为在 20 世纪多个快速实现工业化的后发国家和地区存在。[2] 关于“发展型国家”的构思可以至少追溯到弗里德里希·李斯特的思想[3]，而李斯特的思想又是建立在对于 16－18 世纪欧洲各国“工业主

---

〔1〕 参见：[美]查默斯·约翰逊：《通产省与日本奇迹：产业政策的成长(1925－1975)》，许鸿艳、唐吉洪译，曾海军校，吉林出版集团有限责任公司 2010 年版。

〔2〕 Peter Evans, *Embedded Autonomy: States and Industrial Transformation*, Princeton: Princeton University Press, 1995. Leftwich, Adrian, “Bringing Politics back in: Towards a Model of the developmental state”, *The Journal of Development Studies*, 1995, vol. 31, no. 3, p. 404. [美]禹贞恩编：《发展型国家》，曹海军译，吉林出版集团有限责任公司 2008 年版。

〔3〕 Leftwich, Adrian, “Bringing Politics back in: Towards a Model of the Developmental State”, *The Journal of Development Studies*, 1995, vol. 31, no. 3, pp. 401－402.

义”的经济政策及其思想总结的基础上。[1] 因此,可以说在近代欧洲“工业主义”经济政策及其思想中包含“发展型国家”的成分。“发展型国家”可以被定义为:“在政治中心集中了足够权力、自主权和执行能力以塑造、追求与促进特定发展目标实现的国家,不论这些目标的实现方式是通过建立和促进经济增长的条件和方向,或是由国家直接组织经济增长,或是通过两种手段的各种组合。”[2]国家干预经济有两种基本方式:“管理”型或监管型(regulatory)与“扶持”型或发展型(developmental)。“管理型或市场引导型(market-rational)国家关心经济竞争的形式、程序和规则,但不过问经济活动的具体实务;相反,扶持或计划引导型(plan-rational)国家的主要功能就在于制订社会和经济发展的具体计划。”[3]“发展型国家”的核心特征之一是对于产业政策的重视。“计划引导型国家[即发展型国家]首先考虑的是产业政策,即关注本国的产业结构并注重完善能加强国际竞争力的产业结构;相反,市场引导型国家一般没有产业政策,或根本不承认有产业政策。”[4]产业政策中有两个基本类型:产业合理化政策与产业结构政策。对于“发展型国家”而言,更重要的是产业结构政策,即通过政策在整个经济中调整农业、矿业、制造业、服务业之间的比例和关系,在制造业中调整技术密集型产业、资本密集型产业、劳动力密集型产业、资源密集型产业之间的比例和关系。[5] 最早提出“发展型国家”的概念以解释第二次世界大战后日本产业政策的美国学者查默斯·约翰逊(Chalmers Johnson)认为,下面一段论述中提出的私营企业的“缺乏结构弹性”问题,可以为“发展型国家”的产业结构政策提供依据:

> 公司习惯于投资特定产业部门或特定产品,即使它们可能已呈衰退趋势。也就是说,这些部门逐渐丧失创新能力,在工业社会里不再是领军部门。为了应对日趋激烈的国外竞争和相对的企业衰退,公司往往趋向

---

〔1〕[德]弗里德里希·李斯特:《政治经济学的国民体系》,陈万煦译,蔡受百校,商务印书馆 1983 年版,第 9—105 页。

〔2〕Leftwich, Adrian, “Bringing Politics back in: Towards a Model of the Developmental State”, *The Journal of Development Studies*, 1995, vol. 31, no. 3, p. 401.

〔3〕[美]查默斯·约翰逊:《通产省与日本奇迹:产业政策的成长(1925—1975)》,许鸿艳、唐吉洪译,曾海军校,吉林出版集团有限责任公司 2010 年版,第 20 页。

〔4〕[美]查默斯·约翰逊:《通产省与日本奇迹:产业政策的成长(1925—1975)》,许鸿艳、唐吉洪译,曾海军校,吉林出版集团有限责任公司 2010 年版,第 20—21 页。

〔5〕[美]查默斯·约翰逊:《通产省与日本奇迹:产业政策的成长(1925—1975)》,许鸿艳、唐吉洪译,曾海军校,吉林出版集团有限责任公司 2010 年版,第 28—29 页。

> 于要么保护它们在国内的市场,要么在国外为它们过时的产品寻找新市场。缺乏结构弹性还意味着这样一种情况:对于任何公司,它的经验、不动产和技术限制了它投资的范围。因此,企业的本能反应就是保护现有的资产。结果是,在经济活动中没有大的利益集团愿意向新行业和新经济领域大规模地转移精力和资源。[1]

这种私营企业中的"缺乏结构弹性"使得单纯依靠市场和企业自己的力量很难实现产业结构升级,产业结构政策的空间由此出现:具有强烈发展意愿和坚定产业结构目标的国家可以通过对于经济的强力而自主的干预,顶住已有产业结构中主张维持现存结构的利益集团的压力,培育愿意将资源和精力投入新产业中的企业,将经济利益格局重新塑造为以新产业结构为核心,由此实现发展目标。[2] 这就是"发展型国家"的职能。

产业结构转变的过程是新产业兴起与旧产业衰落,各产业之间的比例和关系发生变化,这是一个典型的"熊彼特式"的经济发展过程。熊彼特的理论本身就可以为"发展型国家"提供依据。熊彼特认为,改变经济结构的创新行动与在已有经济结构中的惯常行动性质不同。在已有经济结构中行动如同在已经熟悉的经济循环流转中"顺着流向游泳",但是创新行动如同"逆着流向游泳":"从前作为帮助的力量现在变成了阻力,过去熟知的资料现在变成未知的了。"[3] 创新行动与惯常行动性质不同的原因是创新的困难,"例行事务边界以外的每一步都是有困难的"[4]。创新的困难集中在以下三个方面。第一,创新者对于创新缺乏经验,许多决策只能靠猜测和直觉。[5] 第二,创新者需要克服习惯对自身的影响。"做一件新的事情,不仅在客观上比做熟悉的事和已经由经验验证的事更困难,而且个人也会感到不愿意接受它,即使客观上的困难不存在,他

---

〔1〕 引自:[美]查默斯·约翰逊:《通产省与日本奇迹:产业政策的成长(1925—1975)》,许鸿艳、唐吉洪译,曾海军校,吉林出版集团有限责任公司 2010 年版,第 29—30 页。

〔2〕 [美]查默斯·约翰逊:《通产省与日本奇迹:产业政策的成长(1925—1975)》,许鸿艳、唐吉洪译,曾海军校,吉林出版集团有限责任公司 2010 年版,第 30 页。Leftwich, Adrian, "Bringing Politics back in: Towards a Model of the Developmental State", *The Journal of Development Studies*, 1995, vol. 31, no. 3, pp. 405—420.

〔3〕 [美]约瑟夫·阿洛伊斯·熊彼特:《经济发展理论——对于利润、资本、信贷、利息和经济周期的考察》,叶华译,中国社会科学出版社 2009 年版,第 101—102 页。

〔4〕 [美]约瑟夫·阿洛伊斯·熊彼特:《经济发展理论——对于利润、资本、信贷、利息和经济周期的考察》,叶华译,中国社会科学出版社 2009 年版,第 108 页。

〔5〕 [美]约瑟夫·阿洛伊斯·熊彼特:《经济发展理论——对于利润、资本、信贷、利息和经济周期的考察》,叶华译,中国社会科学出版社 2009 年版,第 108—110 页。

也不愿意做。”[1]哪怕习惯的行动方式已经不再合适，“思想还是反反复复回到习惯的轨道”，习惯此时会成为创新的障碍。[2] 第三，社会环境会抵制创新行为。创新者会受到社会的质疑与排挤，会受到现存经济结构的打压，会难以找到合适的合作者、劳动力、投资者与消费者。[3] 熊彼特写道：“现存经济结构……痛恨[来自创新的]威胁，并且会发现防御的机会而非通过激烈斗争进行的适应的机会，这种斗争一般意味着许多经济单位的死亡。”[4]总之，已有的经济结构会抵制创新对于它的改造。

为了克服这些困难，创新行动必须不同于寻常经济行动。首先，创新行动与寻常经济行动的动机不同。在已有产业结构中受到习惯支配的厂商受“享乐主义”动机驱动，即“为满足某个人的需要和愿望”而行动。[5] “在循环流转中，每个人都使自己适应他所处的环境，以便尽其所能地最好地满足某种给定的需求——他自己的或者其他人的需求。”[6]在静态循环流转中，“经济行为的意义就是满足需求，其含义就是，如果没有需求，就没有经济行为”[7]。厂商的行为完全受市场支配。相比之下，执行创新的企业家不受“享乐主义”动机支配。创

[1] [美]约瑟夫·阿洛伊斯·熊彼特：《经济发展理论——对于利润、资本、信贷、利息和经济周期的考察》，叶华译，中国社会科学出版社 2009 年版，第 110 页。Joseph Schumpeter, *Business Cycles: A Theoretical, Historical, and Statistical Analysis of the Capitalist Process*, vol. 1. New York and London: McGraw Hill, 1939, p. 99.

[2] Joseph Schumpeter, *Theorie der wirtschaftlichen Entwicklung*, Leipzig: Duncker & Humblot, 1911, p. 119. [美]约瑟夫·阿洛伊斯·熊彼特：《经济发展理论——对于利润、资本、信贷、利息和经济周期的考察》，叶华译，中国社会科学出版社 2009 年版，第 110 页。Joseph Schumpeter, *Business Cycles: A Theoretical, Historical, and Statistical Analysis of the Capitalist Process*, vol. 1. New York and London: McGraw Hill, 1939, p. 99.

[3] Joseph Schumpeter, *Theorie der wirtschaftlichen Entwicklung*, Leipzig: Duncker & Humblot, 1911, p. 118. [美]约瑟夫·阿洛伊斯·熊彼特：《经济发展理论——对于利润、资本、信贷、利息和经济周期的考察》，叶华译，中国社会科学出版社 2009 年版，第 111－112 页。Joseph Schumpeter, *Business Cycles: A Theoretical, Historical, and Statistical Analysis of the Capitalist Process*, vol. 1. New York and London: McGraw Hill, 1939, p. 99.

[4] Joseph Schumpeter, *Business Cycles: A Theoretical, Historical, and Statistical Analysis of the Capitalist Process*, vol. 1. New York and London: McGraw Hill, 1939, p. 108.

[5] [美]约瑟夫·阿洛伊斯·熊彼特：《经济发展理论——对于利润、资本、信贷、利息和经济周期的考察》，叶华译，中国社会科学出版社 2009 年版，第 117 页。

[6] [美]约瑟夫·阿洛伊斯·熊彼特：《经济发展理论——对于利润、资本、信贷、利息和经济周期的考察》，叶华译，中国社会科学出版社 2009 年版，第 117 页。

[7] [美]约瑟夫·阿洛伊斯·熊彼特：《经济发展理论——对于利润、资本、信贷、利息和经济周期的考察》，叶华译，中国社会科学出版社 2009 年版，第 117 页。

新者"的特殊动机丝毫没有享乐主义那类含义"[1]。熊彼特认为,创新者至少受三个动机驱动:为实现自己的梦想创造一个"私人空间"或者一个"王朝";为了成功和胜利本身,"追求成功不是为了成功的果实,而是为了成功本身";为了创造的愉悦,"做成事情的快乐"。[2] 创新者会从成功的创新中收获大量财富,但是这些财富对于他们来说,"意味着社会和经济的权力地位,而不仅仅是大规模消费满足的可能性"[3]。创新者不是为了满足市场上已有的需求而行动,因为新产品在成功进入市场之前,市场上不存在对于它们的需求,这些需求是由创新者开辟出来的。熊彼特写道:"一项创新想要成功,必须存在一些尚待满足的'客观需求'和特定'客观条件';但是光靠它们,基本没法决定以何种创新满足它们,而且通常有很多种不同的方式满足它们。最重要的是,它们可能在无限期内保持不被满足的状态,这体现出仅靠它们是不足以产生创新的。"[4]在创新成功之前,这些需求"一定是潜意识的,并且不是现存经济价值体系中的一部分","在经济上有意义的'需求'"是由新产品激发的。[5] 创新者的行动不是满足需求,而是创造需求。"他[创新者]让市场需要他的产品。"[6]"当一种新产品需要被引进市场,他要说服,甚至有些时候强迫人们去使用这些产品。"[7]

其次,因为行为的动机不同,所以行动者的基本逻辑不同。因为在已有产业中遵守习惯的行动者以满足自己和他人的需求为目的,所以他们在每一步行动中考虑的是需求的强度与满足需求付出的代价。[8] 最终他们会找到一个需求满足与付出代价的均衡点,从这一点开始他们会停止行动,因为更多工作付

---

[1] [美]约瑟夫·阿洛伊斯·熊彼特:《经济发展理论——对于利润、资本、信贷、利息和经济周期的考察》,叶华译,中国社会科学出版社 2009 年版,第 117 页。

[2] [美]约瑟夫·阿洛伊斯·熊彼特:《经济发展理论——对于利润、资本、信贷、利息和经济周期的考察》,叶华译,中国社会科学出版社 2009 年版,第 119—120 页。

[3] Joseph Schumpeter, *Theorie der wirtschaftlichen Entwicklung*, Leipzig: Duncker & Humblot, 1911, p. 138.

[4] Joseph Schumpeter, *Business Cycles: A Theoretical, Historical, and Statistical Analysis of the Capitalist Process*, vol. 1. New York and London: McGraw Hill, 1939, p. 85, footnote.

[5] Joseph Schumpeter, *Business Cycles: A Theoretical, Historical, and Statistical Analysis of the Capitalist Process*, vol. 1. New York and London: McGraw Hill, 1939, p. 85, footnote.

[6] Joseph Schumpeter, *Theorie der wirtschaftlichen Entwicklung*, Leipzig: Duncker & Humblot, 1911, p. 133.

[7] Joseph Schumpeter, *Theorie der wirtschaftlichen Entwicklung*, Leipzig: Duncker & Humblot, 1911, p. 133.

[8] Joseph Schumpeter, *Theorie der wirtschaftlichen Entwicklung*, Leipzig: Duncker & Humblot, 1911, p. 135.

出的代价会超过需求从工作中获得的满足。[1] 相比之下,创新者行动的目标不是满足已有的需求,而是克服各种困难在经济中引进创新。因此,创新者不会计较需求满足与付出的代价。熊彼特写道:"那些创造了现代工业的人们都是'真好汉们'(ganze Kerle),而并非总是不安地计较是否每次付出的努力都能带来足够需求满足的可悲之人。他们很少为他们行为的享乐主义成果担忧。从一开始,他们就不打算闲着享受他们的成就,他们不为此而活。"[2]所以,创新者不会在"均衡点"停止行动。"典型的企业家只是在——并因为他们的精力已经耗尽——感到不能再胜任他的工作时,才退出舞台。"[3]

因此,熊彼特明确指出,创新者的行动模式"看起来似乎并不能证实对于经济人的描绘"[4]。熊彼特的理论支持,产业结构的转变不是单纯依靠市场的力量进行,即不是依靠"经济人"的行为模式和作为"无形之手"的均衡力量进行。相反,以创新为动力的经济发展是对市场均衡的破坏,"它完全不同于我们在循环流转中或者均衡趋势中所观察到的现象。它是在流转渠道中的自发的和间断的变化,它打破了均衡,并且永远改变着和替代着先前存在的均衡状态"[5]。在熊彼特的理论中,产业结构转变的关键是经济行动者具备成功执行创新所需要的精神力量,至于执行创新的方式是依赖市场还是借助政策,执行创新的行动者是私营企业还是政府官员,这些并不是起决定作用的因素。因此,正如第一章提到的,如果私营企业普遍缺乏执行创新的精神力量而国家具备这些精神力量,那么实现产业结构转变和以创新为动力的经济发展必然需要"发展型国

---

〔1〕 Joseph Schumpeter, *Theorie der wirtschaftlichen Entwicklung*, Leipzig: Duncker & Humblot, 1911, p. 135. [美]约瑟夫·阿洛伊斯·熊彼特:《经济发展理论——对于利润、资本、信贷、利息和经济周期的考察》,叶华译,中国社会科学出版社 2009 年版,第 118 页。

〔2〕 Joseph Schumpeter, *Theorie der wirtschaftlichen Entwicklung*, Leipzig: Duncker & Humblot, 1911, pp. 137—138.

〔3〕 [美]约瑟夫·阿洛伊斯·熊彼特:《经济发展理论——对于利润、资本、信贷、利息和经济周期的考察》,叶华译,中国社会科学出版社 2009 年版,第 118 页。

〔4〕 [美]约瑟夫·阿洛伊斯·熊彼特:《经济发展理论——对于利润、资本、信贷、利息和经济周期的考察》,叶华译,中国社会科学出版社 2009 年版,第 118 页。

〔5〕 [美]约瑟夫·阿洛伊斯·熊彼特:《经济发展理论——对于利润、资本、信贷、利息和经济周期的考察》,叶华译,中国社会科学出版社 2009 年版,第 83 页。

家”式的干预政策。[1]

近代欧洲的“工业主义”经济思想家们普遍意识到，为了执行他们主张的“工业主义”和报酬递增的经济战略，需要一种“发展型国家”式的、国家对于经济的强力干预以推动经济结构转变。安东尼奥·舍拉明确将“有效的政府干预”(provisione di colui che governa)作为四种使没有金银矿藏的国家金银丰足的因素之一。[2] 舍拉将这一因素定义为：“统治者考虑其国家的情况、国内现有各种[使金银丰足]因素的情况、已经有贸易或者可能进行贸易的邻近或远方国家的情况，并且研究使其国内金银丰足的原因以及阻碍金银丰足的原因，之后根据想要实现的效果，采取各种措施，消灭妨碍那些效果产生的障碍。”[3]舍拉将有效的政府干预视为四种使国家金银丰足或者财富积累的因素(其余三种为制造业的大规模与多样性、人民的企业家精神以及对外贸易的广阔)中最重要的一种。他写道：“当有效的政府干预这种因素在任何国家发展到完美的时候，这种因素无疑将会是让一个国家金银丰足的最有力的因素，这一因素可以被认为是高于其他一切因素的有效因素；它可以促进其他因素形成、保持其他因素良好运行、创造各种其他因素发挥作用的机会、消除影响其他因素起效的障碍，不仅在对于那些使金银丰足的因素条件有利的国家会产生效果，在条件不利的、那些因素都不存在的国家同样会产生效果。”[4]总而言之，舍拉将“有效的政府干预”视为建立制造业、开辟海外贸易、培养有企业家精神的人民并促进这些事业进步的力量，是改变产业结构的力量。

---

[1] Joseph Schumpeter, *Business Cycles: A Theoretical, Historical, and Statistical Analysis of the Capitalist Process*, vol. 1. New York and London: McGraw Hill, 1939, pp. 234—235, pp. 283—284. 值得注意的是，“发展型国家”理论也强调，“发展型国家”的领袖与官僚必须具备有坚定的发展目标、稳定执行发展计划的意志与充分的行政与技术能力以克服产业结构转变中的困难。Leftwich, Adrian, “Bringing Politics back in: Towards a Model of the Developmental State”, *The Journal of Development Studies*, 1995, vol. 31, no. 3, pp. 405—414.

[2] Antonio Serra, ed. & intro. by Sophus Reinert, trans. by Johathan Hunt, *A Short Treatise on the Causes that Can Make Kingdoms Abound in Gold and Silver even in the Absence of Mines (1613)*, London: Anthem, 2011, pp. 126—127.

[3] Antonio Serra, ed. & intro. by Sophus Reinert, trans. by Johathan Hunt, *A Short Treatise on the Causes that Can Make Kingdoms Abound in Gold and Silver even in the Absence of Mines (1613)*, London: Anthem, 2011, pp. 127—129.

[4] Antonio Serra, ed. & intro. by Sophus Reinert, trans. by Johathan Hunt, *A Short Treatise on the Causes that Can Make Kingdoms Abound in Gold and Silver even in the Absence of Mines (1613)*, London: Anthem, 2011, pp. 129—131.

科尔贝也明确将他的产业政策的意义视为克服创新的困难,克服私营企业对创新的抵制,促进经济结构调整。在第二章提到,科尔贝的制造业政策中一个重要的组成部分是,制定对于制造业产品质量与生产工艺的国家规章。科尔贝希望通过制造业规章统一并提高国内各制造业行业产品的质量:只要是法国产的同类产品,国内外的消费者可以不问产地和厂商就能信任产品的质量,由此扩大产品在国内外的销路并使人民不受欺诈。[1] 威廉·罗雪尔对国家制造业规章的功能提供了一个解释:在近代欧洲,许多小规模厂商为距离很远的国际市场制造产品,小厂商往往疏于技术进步,消费者往往不了解远方的厂商,在这种背景下,制造业规章就是国家弥合制造商与消费者之间信息差、制造商与技术进步前沿之间信息差的手段。[2] 根据桑巴特的记载,科尔贝曾经说道,没有比国家制造业规章更重要的产业政策。[3] 国家制造业规章体现了科尔贝利用政策克服私营企业在接受创新方面惰性的意志。李斯特对于科尔贝的这一政策有以下评价:“如果说他[科尔贝]对工业规定了一套新的措施,以命令强制实行,违背时加以惩罚,因而认为他违反了政治家的开明风度,那么要晓得,这样的措施是适应时机的,在他所处的时代也还是最有利、最适当的,那时人民处于长期专制统治之下,意志消沉,对一切都漠不关心,即使对于有进步意义的革新也抱着反对态度,科尔贝所应付的就是这样一种人民。”[4]李斯特的评论可以得到科尔贝本人观点的支持。在 1671 年写给下属的一封信中,科尔贝说道:

> 在王国境内,我一直发现,制造商们总是固执地重复他们生产过程中的错误和恶习。然而,一旦通过权威强迫他们执行关于布匹的长度与宽度、可靠地制造与印染的新规章,他们将发现他们的制造业显著增长,外国人购买他们产品的数量远多于过去,因此,我们必须做好利用坚定和权威去克服制造商的固执(l'opiniatreté des manufacturiers)。[5]

科尔贝所说的“克服制造商的固执”,正是熊彼特定义的作为经济发展原动力的、在经济中执行创新的“企业家”的职能。熊彼特写道:“在熟悉的标志灯的

---

[1] [德]维尔纳·桑巴特:《现代资本主义》第一卷,李季译,商务印书馆 1958 年版,第 257 页。

[2] Roscher, *National-Oekonomik*, pp. 408—409.

[3] [德]维尔纳·桑巴特:《现代资本主义》第一卷,李季译,商务印书馆 1958 年版,第 257 页。

[4] [德]弗里德里希·李斯特:《政治经济学的国民体系》,陈万煦译,蔡受百校,商务印书馆 1983 年版,第 67 页。

[5] Jean-Baptiste Colbert, ed. by Pierre Clément, *Letters, Instructions et Mémoires de Colbert*, tome 2, partie 2, Paris: Imprerie Impériale, 1863, pp. 614—615.

照明范围之外,满怀信心地敢作敢为,并克服那种[社会对于创新的]抗拒,需要目前只有少数人具有的显示企业家风格和企业家职能的智力与才能。这个职能主要不在于发明某种东西或创造供企业利用的条件,而在于有办法促使人们去完成这些事情。"[1]因此,按照熊彼特的标准,科尔贝的产业政策的性质是利用国家力量执行"企业家"的职能,克服已有经济结构对于创新的抵制,在经济中引进创新,促进产业结构转变。

在《关于制造业的报告》中,汉密尔顿认为,美国联邦政府必须通过补贴和关税保护促进制造业的建立和发展。汉密尔顿反对"自由放任"的观点,即如果国家放任各产业自行其是而不进行干预,那么各产业将会自行按照对自身和社会最有利的方式发展。[2] 汉密尔顿认为,国家干预对于在美国建立制造业经济是必需的,因为私营企业需要激励才会在风险比旧产业高的新产业中积极投资,而且后发国家的制造业需要帮助才能在国际市场追赶发达国家的制造业。但是,汉密尔顿认为经济结构转变需要国家干预的第一个原因是私营企业中的"缺乏结构弹性"。汉密尔顿写道:

> 经验告诉我们,人总是受其已经习惯事物的制约,以至于在最寻常的工作中,哪怕最简单与最明显的改进都会在犹豫与勉强中迟缓地进行。一个已经长期习惯于不同产业的社会向新产业的自发转换可能会遇到更大的困难。当旧产业停止产生足够从业者维生的利润时,或者当劳动人手过剩,旧产业无法提供足够就业时,改变势必发生。但是,这些改变发生的速度会比对个人和社会都有利的速度更慢。在很多时候它们甚至不会发生,尽管投身更有利的产业是可行的,但是对旧产业的坚持就足以阻碍改变。为了促进需要的改变以最有利的速度发生,政府的激励与支持就成为必需。[3]

近代欧洲最重要的关于国家干预的理论,由前文提到的德国自然法哲学家克里斯蒂安·沃尔夫提出。德国自然法哲学是启蒙运动在德国思想界的核心体现,自然法的文献"可以说构成了启蒙运动,特别是德意志的启蒙运动在道德

---

[1] [美]约瑟夫·熊彼特:《资本主义、社会主义与民主》,吴良健译,商务印书馆 1999 年版,第 211 页。

[2] Alexander Hamilton, *Report of the Secretary of the Treasury of the United States on the Subject of Manufactures*, Dublin: P. Byrne, 1792, p. 27.

[3] Alexander Hamilton, *Report of the Secretary of the Treasury of the United States on the Subject of Manufactures*, Dublin: P. Byrne, 1792, p. 27.

和政治思想方面的主要文献”[1]。德意志自然法哲学深刻地影响了18世纪的德意志邦国以及其他一些欧洲大陆国家的政治实践。自中世纪以来，作为西罗马帝国的继承者，德意志民族的封建国家——神圣罗马帝国——采用的道德与法律体系是罗马法体系。[2] 在“三十年战争”结束之后，神圣罗马帝国的中央权威没落，德意志各邦国获得了很大程度上的独立，并开始增强自身领土上的中央集权，而诞生于此时的德意志自然法为德意志各邦国君主提供了不依赖于罗马法而是来源于“自然”的统治合法性。因此，在近代德意志，“自然法支持君主拥有对其疆域的统治权……这样一来，自然法就成为一种反对罗马法学家要求建立帝国体制的工具”[3]。德意志自然法哲学是德意志各邦国和很多其他欧洲大陆国家在启蒙运动时期的政治实践——开明专制——的政治哲学基础。[4] 在这些国家，比如普鲁士、奥地利、瑞典、丹麦，“在起草宪法的过程中，以及对君主和统治精英阶层的教育过程中，自然法扮演了作为根本性的意识形态的角色”[5]。“由于自然法在政治上和法律上的重要性日益突出”，德国自然法逐渐成为一门大学学科：自17世纪60年代以来，自然法作为一门大学学科“被引入德语世界乃至欧洲其他地区的几乎所有的大学及各种教育机构”[6]。

德意志的自然法哲学在18世纪分成由沃尔夫与克里斯蒂安·托马修斯为代表的两派。[7] 简单地说，普芬道夫－托马修斯流派和莱布尼茨－沃尔夫流派在政治经济思想上的关键分歧在于：莱布尼茨和沃尔夫认为，人的天性是理性的和追求身心状态完美的，所以“法律和政治在本质上关注的是……人性的

---

[1] [英]克努兹·哈康森：《德意志自然法》，引自[英]马克·戈尔迪、罗伯特·沃克勒主编：《剑桥十八世纪政治思想史》，商务印书馆2017年版，第248页。

[2] [英]克努兹·哈康森：《德意志自然法》，引自[英]马克·戈尔迪、罗伯特·沃克勒主编：《剑桥十八世纪政治思想史》，商务印书馆2017年版，第246页。

[3] [英]克努兹·哈康森：《德意志自然法》，引自[英]马克·戈尔迪、罗伯特·沃克勒主编：《剑桥十八世纪政治思想史》，商务印书馆2017年版，第247页。

[4] Schneiders, Werner, “Die Philosophie des Aufgeklärten Absolutismus: Zum Verhältnis von Philosophie und Politik, nicht nur im 18. Jahrhundert”, *Der Staat*, 1985, vol. 24, no. 3, pp. 383－406.

[5] [英]克努兹·哈康森：《德意志自然法》，引自[英]马克·戈尔迪、罗伯特·沃克勒主编：《剑桥十八世纪政治思想史》，商务印书馆2017年版，第247－248页。

[6] [英]克努兹·哈康森：《德意志自然法》，引自[英]马克·戈尔迪、罗伯特·沃克勒主编：《剑桥十八世纪政治思想史》，商务印书馆2017年版，第248页。

[7] [英]克努兹·哈康森：《德意志自然法》，引自[英]马克·戈尔迪、罗伯特·沃克勒主编：《剑桥十八世纪政治思想史》，商务印书馆2017年版，第249页。

完善”,因此国家政治的目标是积极采取各种措施使人类的“幸福”最大化,即人类各方面的“完美”最大化;而在普芬道夫和托马修斯看来,人的本性是自私的和不理性的,所以“法律和政治关注的是限制和安抚本来就受激情支配并且往往会狂放不羁的人性”,因此国家政治的目标仅限于维持社会的和平和秩序。[1] 这种分歧导致的两个流派在经济政策思想中的对比就是:“托马修斯被视为自由主义的先驱,而沃尔夫被视为国家干预主义的哲学家。”[2]

“自然法”(英文:Natural Law;拉丁文:jus naturale;德文:Naturrecht)是一种至今有两千多年历史的欧洲哲学类型。20 世纪德国政治学者 Franz Neumann(1898—1979)对自然法哲学的一般形式做出了如下定义:

> 自然法学说的讨论始于断言存在一种自然状态以及一种特定的人类天性。人类天性可以是善的或恶的、羊或狼、社交的或孤立的、和平的或好战的、信神的或不信神的。从这一自然状态可以推论出人类社会的特征。人类社会可以是自由的或专制的、民主制的或贵族制的、共和制的或君主制的、社会主义性质的或基于私有产权的。同样,从这一被定义的自然状态可以衍生出国家和法律的关系。国家可能会吞没法律,法律可能会湮灭国家;即国家可能会高于、低于或平等于法律。[3]

沃尔夫的自然法哲学即是依此形式展开。在沃尔夫的自然法哲学中,“幸福”是最核心的概念。人的“幸福”(德文:Glückseligkeit)源自“持续的快乐”(beständige Freude),而“持续的快乐”又是“至高的幸福”(Seligkeit)带来的结果。[4] “至高的幸福”同时又是“至高的善”(höchstes Gut)的同义词,而“至高的善”就是“人类按照自然法安排其行动与意志”。[5] 沃尔夫认为,人类的“自由行为”,即那些因为意志的选择而非因为必需的强迫而采取的行为,要么会作

---

[1] [英]克努兹·哈康森:《德意志自然法》,引自[英]马克·戈尔迪、罗伯特·沃克勒主编:《剑桥十八世纪政治思想史》,商务印书馆 2017 年版,第 250 页。

[2] Jutta Brückner, *Staatswissenschaften, Kameralismus und Naturrecht: Ein Beitrag zur Geschichte derPolitischen Wissenschaft im Deutschland des späten 17. und frühen 18. Jahrhunderts*, Munich: C. H. Beck, 1977, p. 216.

[3] Franz Neumann, “Types of Natural Law”, in *The Democratic and the Authoitarian State: Essays in Political and Legal Theory*, ed. by Herbert Marcuse, Glencoe: The Falcon's Wing Press, 1957, p. 70.

[4] Christian Wolff, *Vernünftigen Gedanken von der Menschen Thun und Lassen*, Frankfurt and Leipzig: Renger, 1736, p. 35.

[5] Christian Wolff, *Vernünftigen Gedanken von der Menschen Thun und Lassen*, Frankfurt and Leipzig: Renger, 1736, p. 32.

用于人自己的“内部状态”，即人的灵魂和身体，要么会作用于人的“外部状态”，即人的物质财富和社会关系。[1] 当人的内外状态符合人类的自然天性时，人的内外状态就达到了“完美”(Vollkommenheit)。[2] 能够使人的内外状态完美的，就是“善”或“好”(Gut，既是“善”的意思也是“好”的意思)；使人的内外状态不完美的，就是“恶”或“坏”(Böse)。[3] 人的自然天性是做“善”的或“好”的事情而避免“恶”的或“坏”的事情[4]。因此，基于人的此种自然天性，一条最基本的关于个人行为的自然法就可以被推演出来，即“做让你和你的内外状态完美的事情，避免让你和你的内外状态不完美的事情”[5]。因此，使人的内外状态完美就成为由上述自然法规定的“自然义务”(die natürliche Pflicht)。[6] 履行“自然义务”，使内外状态完美也成为“美德”。[7] 人之所以会受到“自然义务”的束缚，是因为人的天性具有分辨“善”与“恶”或者“好”与“坏”的能力；而“善”或者“好”可以为人带来内外状态的完美，也就是“幸福”，这是一种激励，可以激励人追求“善”或者“好”。而“恶”或者“坏”会让人远离“幸福”，这是一种惩罚，可以提醒人避免“恶”或者“坏”。因此，人的本性是趋善避恶的；而这就是一种根植于人的天性中的“自然力量”(die Kräfte der Natur)，这种“自然力量”保证了“自然义务”对于人的约束力，并且为基于“自然义务”的自然法提供了最根本的效力。[8] 在沃尔夫看来，这种自然力量的根源是人的天性中的理性，而这种理性是人之所以为人的神圣的独特特征。[9]

---

[1] Christian Wolff, *Vernünftigen Gedanken von der Menschen Thun und Lassen*, Frankfurt and Leipzig: Renger, 1736, pp. 2—3.

[2] Christian Wolff, *Vernünftigen Gedanken von der Menschen Thun und Lassen*, Frankfurt and Leipzig: Renger, 1736, p. 5.

[3] Christian Wolff, *Vernünftigen Gedanken von der Menschen Thun und Lassen*, Frankfurt and Leipzig: Renger, 1736, p. 6.

[4] Christian Wolff, *Vernünftigen Gedanken von der Menschen Thun und Lassen*, Frankfurt and Leipzig: Renger, 1736, pp. 7—8.

[5] Christian Wolff, *Vernünftigen Gedanken von der Menschen Thun und Lassen*, Frankfurt and Leipzig: Renger, 1736, p. 16.

[6] Christian Wolff, *Vernünftigen Gedanken von der Menschen Thun und Lassen*, Frankfurt and Leipzig: Renger, 1736, p. 144.

[7] Christian Wolff, *Vernünftigen Gedanken von der Menschen Thun und Lassen*, Frankfurt and Leipzig: Renger, 1736, p. 43.

[8] Christian Wolff, *Vernünftigen Gedanken von der Menschen Thun und Lassen*, Frankfurt and Leipzig: Renger, 1736, pp. 16—31.

[9] [英]克努兹・哈康森：《德意志自然法》，引自[英]马克・戈尔迪、罗伯特・沃克勒主编：《剑桥十八世纪政治思想史》，商务印书馆 2017 年版，第 260 页。

人的天性想要得到“好”或者“善”,因此人会采取使得其内外状态完美的行为,但“人的天性就是,有些行为会比其他行为使人的内外状态更加完美”,这些行为就会带来“更好”或“更善”(Besser),而又因为人的天性追求“好”或“善”,所以人会更加乐意追求“更好”或“更善”,所以,如果“好”或“善”是驱动人使其内外状态完美的动机,那么“更好”或“更善”就是驱动人使其内外状态更加完美的更强的动机。[1] 因此,“当人按照自然法安排其行为与意志的时候,人总是会向更加完美进步”[2]。所以,当“人类按照自然法安排其行动与意志”时实现的“至高的幸福”或者“至高的善”,就应当被定义为人的内外状态的“一种不受阻碍的向更加完美的进步”(einer ungehinderter Fortgang zu grösseren Vollkommenheiten)。[3]

如上文所述,人的内外状态共有四个方面:灵魂、身体、物质财富、社会关系。而幸福的实现就是这四个方面的完美以及不受阻碍的、向更加完美的进步。灵魂的完美由两个部分组成:智力(Verstand)的完美和意志(Willen)的完美。[4] 智力的完美通过以下两种方式实现:丰富的知识以及由丰富的知识带来的精神品质,即人应当接受教育以学习现有的知识以及推动科学进步、发明创造和探索未知以增加新的知识,并在知识的基础上形成聪慧、谨慎、明辨和理性等品质。[5] 意志的完美由智力的完美产生,主要体现为明辨善恶是非的能力。[6] 身体的完美也由两个部分组成:身体各部分的健康以及掌握丰富的技能。[7] 丰富的技能的掌握与智力的完美有关,并通过训练和教育实现。[8] 身

[1] Christian Wolff, *Vernünftigen Gedanken von der Menschen Thun und Lassen*, Frankfurt and Leipzig: Renger, 1736, p. 10.

[2] Christian Wolff, *Vernünftigen Gedanken von der Menschen Thun und Lassen*, Frankfurt and Leipzig: Renger, 1736, p. 32.

[3] Christian Wolff, *Vernünftigen Gedanken von der Menschen Thun und Lassen*, Frankfurt and Leipzig: Renger, 1736, p. 32.

[4] Christian Wolff, *Vernünftigen Gedanken von der Menschen Thun und Lassen*, Frankfurt and Leipzig: Renger, 1736, p. 164.

[5] Christian Wolff, *Vernünftigen Gedanken von der Menschen Thun und Lassen*, Frankfurt and Leipzig: Renger, 1736, pp. 165—245.

[6] Christian Wolff, *Vernünftigen Gedanken von der Menschen Thun und Lassen*, Frankfurt and Leipzig: Renger, 1736, pp. 246—249, p. 258.

[7] Christian Wolff, *Vernünftigen Gedanken von der Menschen Thun und Lassen*, Frankfurt and Leipzig: Renger, 1736, p. 303.

[8] Christian Wolff, *Vernünftigen Gedanken von der Menschen Thun und Lassen*, Frankfurt and Leipzig: Renger, 1736, p. 302, pp. 304—305.

体各部分的健康由以下措施实现:健康且充足的饮食供应、节制的生活方式、规律的饮食、充足的休息、避免过度劳动(die übermäßiger Arbeit)、温暖舒适的衣服的供应、身体各器官的保护、感知力的保护、舒适的居住条件、医治疾病、缓解疲劳等。[1] 为了实现社会关系的完美,人需要做出能够获得他人尊重的行为。[2] 为了实现物质财富条件的完美,人需要获得舒适且丰裕的物质生活条件。沃尔夫写道:"人需要保证拥有不仅仅能满足生存必需而且能符合愉悦和丰裕的生活需要的饮食和衣服。人还需要努力获得所有有利于掌握科学和技艺的物品。这就需要很多种与很大量的物品,所以人需要那些我们习惯于称为财富(Vermögen)的外物的积累。一般被我们称为财富的那些东西是指人们可以用来满足生活必需以及实现愉悦和丰裕(Wohlstand)的生活的那些物品的积累。"[3]这也就意味着,"人需要努力避免必需品、便利品与享乐品的充足供应的缺乏,不论这些物品是由自然在人类劳作的干预下产生的物品,还是由人类的技艺生产的物品"[4]。为了获得充足的产品供应,人应当勤奋地劳动,避免闲散,但是也要避免以牺牲健康为代价的过度劳动。[5]

人不仅有义务使本人的内外状态都完美,而且有义务使他人的内外状态都完美,因为当一个人对幸福的实现已经超过了其本人的能力范围的时候,其幸福的实现只能依靠其他人的帮助。[6] 这种情况经常发生,因为人的幸福需要的劳动的种类太多了,远超过一个人的能力范围。[7] 因此,一个人对于自己内外状态的自然义务与其对于别人内外状态的自然义务一样,所有人类都有义务帮助彼此实现彼此的幸福。[8] 所以,在沃尔夫的自然法哲学中,在自然自由的

---

〔1〕 Christian Wolff, *Vernünftigen Gedanken von der Menschen Thun und Lassen*, Frankfurt and Leipzig: Renger, 1736, pp. 304—349.

〔2〕 Christian Wolff, *Vernünftigen Gedanken von der Menschen Thun und Lassen*, Frankfurt and Leipzig: Renger, 1736, pp. 404—450.

〔3〕 Christian Wolff, *Vernünftigen Gedanken von der Menschen Thun und Lassen*, Frankfurt and Leipzig: Renger, 1736, p. 350.

〔4〕 Christian Wolff, *Jus Naturae*, pars. 1, Frankfurt and Leipzig: Renger, 1741, p. 335.

〔5〕 Christian Wolff, *Jus Naturae*, pars. 1, Frankfurt and Leipzig: Renger, 1741, pp. 337—340.

〔6〕 Christian Wolff, *Vernünftigen Gedanken von der Menschen Thun und Lassen*, Frankfurt and Leipzig: Renger, 1736, pp. 540—545.

〔7〕 Christian Wolff, *Vernünftigen Gedanken von der Menschen Thun und Lassen*, Frankfurt and Leipzig: Renger, 1736, p. 357. Christian Wolff, *Jus Naturae*, pars. 1, Frankfurt and Leipzig: Renger, 1741, p. 347.

〔8〕 Christian Wolff, *Vernünftigen Gedanken von der Menschen Thun und Lassen*, Frankfurt and Leipzig: Renger, pp. 545—546.

状态下,即人类行为仅由自然法则限制而不由其他人限制的情况下,人类具有互相促进彼此福利的社会性。因此,在沃尔夫哲学中,共同体(gemeine Wesen)的组建并不是自然自由状态的废除,而是一种"保持在自然自由状态中难以保持的事物的便利方式"[1]。所以,沃尔夫哲学中的共同体是自然自由状态更好的表现形式,而且共同体应当以自然自由状态中的法则为一切行为的准绳。[2]这种对于人类天性中的亲社会性的认识,是德国自然法相比较以霍布斯为代表的英格兰自然法的一个显著特点。[3]霍布斯对于人类天性和自然自由状态是悲观的,认为自然自由状态下人和人的关系就是"狼对狼"的关系,社会秩序的来源不是人的天性而是外部强制力,共同体的建立就是取消自然自由状态和压制人类的天性。[4]但是,对于莱布尼茨—沃尔夫流派的自然法来说,建立良好社会的希望根植于人类天性中,释放人类天性的自然自由状态也不是"狼对狼"的状态,而是基于理性的团结互助的状态。[5]

因此,在沃尔夫哲学中,共同体源于人类互相之间的自然义务。为了实现一个人的内外状态的完美,"很多种需要的工作必须在很多人之间分工完成",并且"工作的规模和多样性体现了为了实现内外状态的完美需要多么多样化的人类生计和工作的种类"。[6]因此,"单个家庭是无法为其自身提供充足的必需品、便利品和享乐品的"[7]。同时,"单个家庭没有能力保护自己免于各种侵害"[8]。因此,人的需求将不可能在人的"孤立状态"(die Einsamkeit)中被满足。[9]因为人类有义务在其幸福的实现超过其能力时互相帮助,所以"很多家

[1] Christian Wolff, *Vernünftigen Gedanken von der Menschen Thun und Lassen*, Frankfurt and Leipzig: Renger, pp. 601—602.

[2] Christian Wolff, *Vernünftigen Gedanken von der Menschen Thun und Lassen*, Frankfurt and Leipzig: Renger, p. 602.

[3] [英]克努兹·哈康森:《德意志自然法》,引自[英]马克·戈尔迪、罗伯特·沃克勒主编:《剑桥十八世纪政治思想史》,商务印书馆2017年版,第242页。

[4] 参见:[英]霍布斯:《利维坦》,黎思复、黎廷弼译,杨昌裕校,商务印书馆1986年版。

[5] Backhaus, Jürgen, "Christian Wolff on Subsidiarity, the Division of Labor, and Social Welfare", *European Journal of Law and Economics*, 1997, vol. 4, p. 130.

[6] Christian Wolff, *Vernünfftige Gedancken von dem Gesellschafftlichen Leben der Menschen*, Frankfurt and Leipzig: Renger, 1736, p. 156.

[7] Christian Wolff, *Grundsäße des Natur-und Völkerrechts*, Halle: Renger, 1769, p. 685.

[8] Christian Wolff, *Vernünfftige Gedancken von dem Gesellschafftlichen Leben der Menschen*, Frankfurt and Leipzig: Renger, 1736, p. 161.

[9] Christian Wolff, *Vernünfftige Gedancken von dem Gesellschafftlichen Leben der Menschen*, Frankfurt and Leipzig: Renger, 1736, pp. 1—2.

庭必须联合起来，凭借团结的力量促进他们的福利，这样他们才能为他们的生活提供各种便利，促进他们的内外状态的完美按照自然义务的要求无限制地进步到更高状态的完美，以及在各种伤害面前保护他们彼此”，而这种由很多家庭组成的“社会”(die Gesellschaft)就叫做“共同体”(gemeine Wesen)。[1] 因此，共同体的建立是为了实现两个目标：维护公共安全；利用联合的力量促进“社会的福利”(die Wohlfahrt der Gesellschaft)。[2] 按照上文所述的人的“幸福”或“至高的幸福”和“至高的善”的定义以及“共同体”的定义，“社会的福利”同时也是“一个社会可以达到至高的善”也就可以被定义为“不受阻碍的向更高的[各个家庭内外条件的]完美的进步”。[3] 而这种“社会的福利”就是“幸福”在社会层面的定义。不论是在个人层面还是在社会层面，“幸福”都并不意味着静态地保持人的良好的内外状态而是人的良好的内外状态的无尽进步。

自柏拉图开始到启蒙运动时期，欧洲思想家们都持续用“幸福”这个词来指代政治和国家的目标。[4] 在18世纪德国自然法的两个派别中，“幸福”都被视为国家和政治应当实现的目标。[5] 但是，对于托马修斯而言，“幸福”主要指“内在灵魂的安宁”；相比之下，对于沃尔夫而言，“幸福”意味着“不仅仅为了人类需要的满足而且为了国家经济的增长而生产产品的永不停息(rastlos)的经济努力”。[6] 沃尔夫对于“幸福”——尤其是社会层面的“幸福”——的定义，在18世纪被官房主义者们接纳。[7] 因此，“幸福是一种官房主义的国家哲学的关键概念”，并且“对于所有官房主义者而言，国家的目标在于实现臣民与整个国

---

〔1〕 Christian Wolff, *Vernünfftige Gedancken von dem Gesellschafftlichen Leben der Menschen*, Frankfurt and Leipzig: Renger, 1736, p. 162.

〔2〕 Christian Wolff, *Vernünfftige Gedancken von dem Gesellschafftlichen Leben der Menschen*, Frankfurt and Leipzig: Renger, 1736, p. 162.

〔3〕 Christian Wolff, *Vernünfftige Gedancken von dem Gesellschafftlichen Leben der Menschen*, Frankfurt and Leipzig: Renger, 1736, p. 3.

〔4〕 Engelhart, Ulrich, “Zum Begriff der Glückseligkeit in der Kameralistischen Staatslehre des 18. Jahrhunderts”, *Zeitschrift für Historische Forschung*, 1982, vol. 8, no. 1, pp. 37—41.

〔5〕 Schneiders, Werner, “Die Philosophie des Aufgeklärten Absolutismus: Zum Verhältnis von Philosophie und Politik, nicht nur im 18. Jahrhundert”, *Der Staat*, 1985, vol. 24, no. 3, p. 388.

〔6〕 Jutta Brückner, *Staatswissenschaften, Kameralismus und Naturrecht: Ein Beitrag zur Geschichte derPolitischen Wissenschaft im Deutschland des späten 17. und frühen 18. Jahrhunderts*, Munich: C. H. Beck, 1977, pp. 227—228.

〔7〕 Zhao, Xuan, “Public Happiness through Manufacturing and Innovation: The Theory of Industrialization of Johann Heinrich Gottlob von Justi”, *History of Political Economy*, 2021, vol. 53, iss. 3, p. 464.

家的共同幸福”。[1] 如上所述,沃尔夫的幸福在社会层面的定义是社会成员内外状态的完美的不断进步,即社会中科学的持续进步、创新发明的持续产生、人民知识水平和技能水平的持续进步、人民的智慧与理性的持续提高、人民健康水平的持续提高、社会财富积累的持续增加,以及社会的持续和睦。而官房主义中通用的“公共幸福”(die gemeinschaftliche Glückseligkeit 或 die allgemeine Glückseligkeit)的定义为,“大量有技能的人口、人民的理性自由、繁荣的经济、公共安全、国家独立”。[2] 可以清楚地看到,官房主义的“公共幸福”与沃尔夫的社会层面的“幸福”在定义上高度一致。也同样可以清楚地看到,沃尔夫的经济思想和官房主义的经济思想的核心关切都包含经济的持续发展和增长。

“共同体”或者人类社会的本质是人民之间形成的为了以联合力量促进其幸福的一种契约。[3] 这种社会契约是由自然法的力量形成的,因此,这一社会契约的内容以及每一个缔约方都必须遵守自然法,又因为自然法规定人有义务推进自己和他人的内外状态的完美的不断进步,所以,如果有人破坏了社会的福利或者损害了他人的利益,那么契约就失效了,受害的一方有权利打破契约。[4] 因此,尽管如上文所述,沃尔夫被认为是18世纪欧洲大陆“开明专制”制度的哲学基础,但是他的哲学公开承认了人民反抗暴政的权利。[5] 在这种社会契约的约束之下,人民有义务将他们的行为指向于公共福利(die gemeine Wohlfahrt)的促进,并且无人有权利将自己的特殊利益凌驾于公共福利之上。[6] 对于沃尔夫而言,自然法是永恒的和完美的,因此人为制定的公民法(das bürgerliche Gesetze)必须源于自然法,并且用于在不同场景中诠释自然法

---

〔1〕 Engelhart, Ulrich, “Zum Begriff der Glückseligkeit in der Kameralistischen Staatslehre des 18. Jahrhunderts”, *Zeitschrift für Historische Forschung*, 1982, vol. 8, no. 1, p. 44, pp. 47—48.

〔2〕 Engelhart, Ulrich, “Zum Begriff der Glückseligkeit in der Kameralistischen Staatslehre des 18. Jahrhunderts”, *Zeitschrift für Historische Forschung*, 1982, vol. 8, no. 1, pp. 52—53. Zhao, Xuan, “Public Happiness through Manufacturing and Innovation: The Theory of Industrialization of Johann Heinrich Gottlob von Justi”, *History of Political Economy*, 2021, vol. 53, iss. 3, p. 464.

〔3〕 Christian Wolff, *Vernünfftige Gedancken von dem Gesellschafftlichen Leben der Menschen*, Frankfurt and Leipzig: Renger, 1736, p. 3.

〔4〕 Christian Wolff, *Vernünfftige Gedancken von dem Gesellschafftlichen Leben der Menschen*, Frankfurt and Leipzig: Renger, 1736, pp. 3—6.

〔5〕 Hartmuth Bech, “Justi's Concrete Utopia”, in *The State as Utopia: Continental Approaches*, ed. by Jürgen Georg Backhaus, London: Springer, 2010, p. 44.

〔6〕 Christian Wolff, *Vernünfftige Gedancken von dem Gesellschafftlichen Leben der Menschen*, Frankfurt and Leipzig: Renger, 1736, pp. 163—164.

以及明确人民的自然义务。[1] 为了帮助人民遵守自然法履行自然义务以及为了避免人民违反自然法无视自然义务,共同体必须被治理,而那些被委托治理共同体的人们就组成了共同体的"政权"(Obrigkeiten)。[2] 政权可以有三种基本形式:君主制、贵族制、民主制。[3] 这是自古希腊以来欧洲关于政体的基本分类法。沃尔夫并不推崇任何一种政体,他认为各种政体都有优劣:君主政体可以迅速而机密地做决策,但是依赖君主本人的素质;贵族政体可以避免个人的专断,但是可能会导致执政者之间的党争和内斗;民主政体可以让广大人民参政,但是会让决策过程因为不同人民的特殊利益之间的斗争而变得拖延且充满纠纷。[4] 所以,沃尔夫不认为有最好的政体,而只有对于各个社会来说最合适的政体。最好的共同体是有最大数量的人民幸福而安全地生活在一起的共同体。[5] 最好的政体是能够最高效和最牢固地实现公共福利与公共安全的那种政体。[6]

沃尔夫认为,为了履行自然义务,即为了实现公共福利与公共安全,人民必须接受政权的领导。这是因为:第一,人民缺乏对于整个共同体的认识,所以他们并不总是能判断公共福利需要什么;第二,人民总是从自身利益出发行动,但经常发生的情况是,部分人民的利益与公共福利是相悖的;第三,人民并不总是充分明白他们的自然义务。[7] 政权与人民之间也存在社会契约,契约的内容是:政权有命令人民做可以促进公共福利与公共安全的事情的权力,而人民必须服从政权的命令,除非命令违反自然法。[8] 但是,这并不意味着政权的权力

[1] Christian Wolff, *Vernünfftige Gedancken von dem Gesellschafftlichen Leben der Menschen*, Frankfurt and Leipzig: Renger, 1736, pp. 415—419.

[2] Christian Wolff, *Vernünfftige Gedancken von dem Gesellschafftlichen Leben der Menschen*, Frankfurt and Leipzig: Renger, 1736, pp. 171—173.

[3] Christian Wolff, *Vernünfftige Gedancken von dem Gesellschafftlichen Leben der Menschen*, Frankfurt and Leipzig: Renger, 1736, pp. 175—177.

[4] Christian Wolff, *Vernünfftige Gedancken von dem Gesellschafftlichen Leben der Menschen*, Frankfurt and Leipzig: Renger, 1736, pp. 192—200.

[5] Christian Wolff, *Vernünfftige Gedancken von dem Gesellschafftlichen Leben der Menschen*, Frankfurt and Leipzig: Renger, 1736, p. 166.

[6] Christian Wolff, *Vernünfftige Gedancken von dem Gesellschafftlichen Leben der Menschen*, Frankfurt and Leipzig: Renger, 1736, pp. 178—179.

[7] Christian Wolff, *Vernünfftige Gedancken von dem Gesellschafftlichen Leben der Menschen*, Frankfurt and Leipzig: Renger, 1736, pp. 460—461.

[8] Christian Wolff, *Vernünfftige Gedancken von dem Gesellschafftlichen Leben der Menschen*, Frankfurt and Leipzig: Renger, 1736, pp. 459—463.

是无限的。政权的管辖范围不超过那些促进公共福利和公共安全需要的公民的行为,而仅仅在这样的范围内,个人的自然自由才会被限制。[1] 但是,在促进公共福利与公共安全的领域,政权的权力是无限的。[2] 利用这些几乎无限制的权力,政权应当实现的任务是:“必须建立那些每个人都可以在其中获得所有对于实现自然义务来说必需的机会和手段的设置(die Anstalten)。”[3]因此,沃尔夫哲学中的国家必须是一个“福利国家”与“干预主义国家”,即国家有义务照顾并推动人民在智力、意志、身体以及财富等方面的完美的持续进步,即照顾人民的福利;同时,国家在促进公共福利与公共安全方面必须是强大的和有领导力的,而且国家必须利用这些强大的权力全面地干预社会和经济,充分建立各种制度和设施。

需要注意的是,在沃尔夫的哲学中,这种“福利与干预主义国家”与人的自然自由状态是不冲突的。在共同体中建立一个上述“福利与干预主义国家”并不是废除而是维护人的自然自由状态。[4] 这是因为,沃尔夫的哲学定义人的自然自由(die natürliche Freiheit)状态是“人的行为不依赖于任何其他人或者没有人有权随意限制其他人的自由的状态”,而并不是拥有免于自然法和自然义务的自由的状态。[5] 人在自然自由状态中依然被自然义务约束,而如上所述,一个强大的“福利与干预主义国家”又是人民履行自然义务必需的。因此,“自由”在沃尔夫哲学中的含义不是免于国家干预和人的内外状态的完美的不断进步的自由,而是免于国家在促进公共福利与公共安全的必要范围之外的干预的自由,以及免于来自其他人的干预和破坏的自由。因此,在沃尔夫的哲学中,人的自然权利不是“放纵”和“漠视道德”,而是“让人类有能力追求自然法所设定的目标——自然义务”。[6] 沃尔夫的这种自由观也是 18 世纪官房主义经

[1] Christian Wolff, *Grundsäße des Natur-und Völkerrechts*, Halle: Renger, 1769, p. 690.

[2] Christian Wolff, *Vernünfftige Gedancken von dem Gesellschafftlichen Leben der Menschen*, Frankfurt and Leipzig: Renger, 1736, p. 464.

[3] Christian Wolff, *Vernünfftige Gedancken von dem Gesellschafftlichen Leben der Menschen*, Frankfurt and Leipzig: Renger, 1736, p. 208.

[4] Christian Wolff, *Vernünftigen Gedanken von der Menschen Thun und Lassen*, Frankfurt and Leipzig: Renger, 1736, pp. 601—602.

[5] Christian Wolff, *Vernünftigen Gedanken von der Menschen Thun und Lassen*, Frankfurt and Leipzig: Renger, 1736, pp. 600—601.

[6] [英]克努兹·哈康森:《德意志自然法》,引自[英]马克·戈尔迪、罗伯特·沃克勒主编:《剑桥十八世纪政治思想史》,商务印书馆 2017 年版,第 261 页.

济思想的自由观,即“自由”不是免于国家干预的自由,而是免于君主暴政和垄断、寻租、腐败等破坏的自由,而且人只有在其行为符合公共福利要求的条件下才是自由的。〔1〕

这里可以注意到,沃尔夫哲学与英格兰自然法的第二个显著分歧。与沃尔夫大约同时代的、被视为古典自由主义创始人之一的约翰·洛克(John Locke,1632—1704),同样也提出了一套将建立良好社会秩序的希望寄托于人类天性和理性的自然法哲学。〔2〕但是在洛克的哲学中,共同体的起源是,人类为了“保护他们的财产”的欲望。〔3〕在自然状态中,人类享有其自然权利,而洛克的自然权利本质上是“自我所有权”(righ of self-ownership)〔4〕。洛克认为,人的自然权利是一种“处理他的人身或财产的无限自由”,但是不包括毁灭其人身或财产的权力。〔5〕人在自然状态下的义务是,“任何人不得侵害他人的生命、健康、自由或财产”〔6〕。在这样的自然状态中,政府起源于人民将他们保卫自我所有权和惩罚侵犯者的权力的让渡。〔7〕因此,在洛克的自然法中,国家的职能是为了保护财产权立法、执法以及保卫国家免受侵害的权力。〔8〕相比于沃尔夫的“福利与干预主义国家”,洛克的国家是仅以司法和国防为核心职能的国家。〔9〕在洛克的自然法中,人民自由享用其自我所有权,就足以使一个社会幸福,但沃尔夫提出了一系列实现社会的幸福必须履行的自然义务。综上所述,洛克的自然法没有提供沃尔夫式的“福利与干预主义国家”可以存在的空间。这种现代社会形成初期不同思想体系在设计未来社会时就已经存在的哲学差异,可能奠定了盎格鲁—美利坚传统的经济思想和以德国为代表的欧洲大陆经济传统的思想关于自由和国家干预的观点的根本性差异,而这种观点的差异是

〔1〕Priddat, Birger P., “Kameralismus als paradoxe Konzeption der gleichzeitigen Stärkung von Markt und Staat. Komplexe Theorielagen im deutschen 18. Jahrhundert”, *Berichte zur Wissenschaftsgeschichte: History of Science of Humanities*, 2008, vol. 31, pp. 249—263.

〔2〕Ruth W. Grant, *John Locke's Liberalism*, The University of Chicago Press, 1987; Alan Ryan, *The Making of Modern Liberalism*, Princeton University Press, 2012.

〔3〕[英]洛克:《政府论》下篇,叶启芳、瞿菊农译,商务印书馆1996年版,第77页。

〔4〕D. A. Lloyd Thomas, *Routledge philosophy guidebook to Locke on government*, London: Routledge, 1995, p. 18.

〔5〕[英]洛克:《政府论》下篇,叶启芳、瞿菊农译,商务印书馆1996年版,第6页。

〔6〕[英]洛克:《政府论》下篇,叶启芳、瞿菊农译,商务印书馆1996年版,第6页。

〔7〕[英]洛克:《政府论》下篇,叶启芳、瞿菊农译,商务印书馆1996年版,第77—80页。

〔8〕[英]洛克:《政府论》下篇,叶启芳、瞿菊农译,商务印书馆1996年版,第4页。

〔9〕[英]洛克:《政府论》下篇,叶启芳、瞿菊农译,商务印书馆1996年版,第54页。

现代通行于英国和美国的"盎格鲁－美利坚资本主义"与欧洲大陆和日本流行的"莱茵资本主义"之间的根本差异之一。[1] 这种差异在18世纪时就已经为人所感知。在18世纪的德语区，洛克的哲学"遭到了来自莱布尼茨－沃尔夫学派的几乎不可能克服的障碍"[2]。

在沃尔夫的哲学中，"他在理论上没有为国家追求公民福利设置任何障碍"[3]。"他并没有通过区分法律与道德、公共领域与私人领域，来给国家活动设置任何障碍。"[4]对沃尔夫来说，"对国家只存在谨慎性的限制，而不存在原则性的限制"[5]。沃尔夫提出了旨在推动公共福利的全面的经济与社会政策体系，以指导他所提出的强大的"福利与干预主义国家"。所有这些经济与社会政策中的首要政策是增加人口。沃尔夫认为："共同体需要有足够规模的人口，才能促进公共福利和公共安全。"[6]这一政策原则带有强烈的"三十年战争"影响的背景。这场战争大约造成了德意志境内40%的农村人口和33%的城市人口的减少。[7] 因此，对德意志诸邦国来说，"在1648年之后，恢复人口是当务之急"[8]。因此，对于"三十年战争"之后的德国自然法经济思想和德国官房主义经济思想而言，如何增加人口以及为养活大规模人口而增加就业是长期的关注点。[9] 20世纪初对官房主义经济思想的一种诠释甚至认为，增加并养活人

[1] [法]米歇尔·阿尔贝尔：《资本主义反对资本主义》，杨祖功、杨齐、海鹰译，社会科学文献出版社1999年版。[英]罗纳德·多尔：《股票资本主义：福利资本主义－英美模式vs日德模式》，李岩、李晓桦译，郑秉文审校，社会科学文献出版社2000年版。

[2] Fischer, Klaus P., "John Locke in the German Enlightenment: An Interpretation", *Jounral of the History of Ideas*, 1975, vol. 36, iss. 3, p. 431.

[3] [英]克努兹·哈康森：《德意志自然法》，引自[英]马克·戈尔迪、罗伯特·沃克勒主编：《剑桥十八世纪政治思想史》，商务印书馆2017年版，第262页。

[4] [英]克努兹·哈康森：《德意志自然法》，引自[英]马克·戈尔迪、罗伯特·沃克勒主编：《剑桥十八世纪政治思想史》，商务印书馆2017年版，第262页。

[5] [英]克努兹·哈康森：《德意志自然法》，引自[英]马克·戈尔迪、罗伯特·沃克勒主编：《剑桥十八世纪政治思想史》，商务印书馆2017年版，第263页。

[6] Christian Wolff, *Vernünfftige Gedancken von dem Gesellschafftlichen Leben der Menschen*, Frankfurt and Leipzig: Renger, 1736, 209.

[7] E. A. Beller, "The Thirty Years War", in *The New Cambridge Modern History, vol. 4, The Decline of Spain and the Thirty Years War, 1609－48/59*, ed. by J. P. Cooper, Cambridge: Cambridge University Press, 1971, p. 357.

[8] Joachim Whaley, *Germany and Holy Roman Empire, vol. 2, The Peace of Westphalia to the Dissolution of the Reich, 1648－1806*, Oxford: Oxford University Press, 2012, p. 262.

[9] [挪威]埃里克·S. 赖纳特：《作为发展经济学的德国经济学：从"三十年战争"到第二次世界大战》，引自[挪威]埃里克·S. 赖纳特、[中国]贾根良主编：《穷国的国富论：演化发展经济学论文选》下卷，高等教育出版社2007年版，第227页。

口是官房主义的最核心关切。[1] 为了鼓励人口增长,经济必须发展,因为"一国的人口不可能超过该国内可以提供的收入[das Auskommen]的限制"[2]。为了促进经济发展,国家必须研究土地可以生长的作物、人民可以制造的产品,以及什么产品是必须从国外进口的。[3]

沃尔夫认为,共同体需要通过对外贸易顺差吸收贵金属货币,并且将贵金属货币在共同体内部充分循环,只有这样,政权才能获得财政收入这一重要的治理共同体的资源(其他治理共同体的资源还包括士兵和公务人员),人民才能变得富裕。[4] 尽管贸易顺差是重要的,但是只要出口可以增加,禁止和限制进口的措施就是不必需的。[5] 共同体的对外贸易顺差应当由出口制造业产品实现,因为制造业产品的附加值更高,所以制造业产品的出口可以比原材料的出口带来更多的贵金属货币,制造业产品的扩张和出口应当被鼓励。[6] 而制造业的出口竞争力主要来源于其产品的高质量和低价格[7],所以,生产低质量产品必须被禁止[8]。为了实现低价格,生产过程的机械化必须被鼓励,因为机械化可以提高生产率并降低价格。[9] 此外,为了实现低价格,农业和矿业等生产制造业原料和饮食的产业也需要被促进。[10] 很明显,沃尔夫的经济政策体系总结了近代欧洲各国流行的"工业主义"政策,沃尔夫实现"公共幸福"的经济策

---

[1] Albion Small, *The Cameralists: The Pioneers of German Social Polity*, Chicago: The University of Chicago Press, 1909, pp. 593-594.

[2] Christian Wolff, *Vernünfftige Gedancken von dem Gesellschafftlichen Leben der Menschen*, Frankfurt and Leipzig: Renger, 1736, p. 212.

[3] Christian Wolff, *Vernünfftige Gedancken von dem Gesellschafftlichen Leben der Menschen*, Frankfurt and Leipzig: Renger, 1736, p. 212.

[4] Christian Wolff, *Vernünfftige Gedancken von dem Gesellschafftlichen Leben der Menschen*, Frankfurt and Leipzig: Renger, 1736, pp. 475-477, p. 579, p. 585.

[5] Christian Wolff, *Vernünfftige Gedancken von dem Gesellschafftlichen Leben der Menschen*, Frankfurt and Leipzig: Renger, 1736, pp. 551-553.

[6] Christian Wolff, *Vernünfftige Gedancken von dem Gesellschafftlichen Leben der Menschen*, Frankfurt and Leipzig: Renger, 1736, p. 260.

[7] Christian Wolff, *Vernünfftige Gedancken von dem Gesellschafftlichen Leben der Menschen*, Frankfurt and Leipzig: Renger, 1736, p. 581.

[8] Christian Wolff, *Vernünfftige Gedancken von dem Gesellschafftlichen Leben der Menschen*, Frankfurt and Leipzig: Renger, 1736, p. 260.

[9] Christian Wolff, *Vernünfftige Gedancken von dem Gesellschafftlichen Leben der Menschen*, Frankfurt and Leipzig: Renger, 1736, pp. 582-583.

[10] Christian Wolff, *Vernünfftige Gedancken von dem Gesellschafftlichen Leben der Menschen*, Frankfurt and Leipzig: Renger, 1736, pp. 583.

略依然是“工业主义”的。

通过制造业产品出口积累的贵金属货币必须在共同体内部的市场中循环起来，只有这样人民才能获得就业并变得富裕。[1] 所以，货币必须“被以一个良好的比例(eine gute Proportion) 分配在国家的居民之中，这样货币才能循环起来”[2]。具体来说，为了鼓励货币的循环，富人需要被鼓励在饮食、居住和其他产品上消费，这样富人就可以为失业的人民提供生计；政府需要执行慷慨的财政支出政策，将积累的货币重新注入经济；制造业与农矿业必须尽可能地扩张，这样货币就不会因为出口而流出，就业机会也会增加；为保证工资水平，“每种工作必须被设置一个合适的(geziemend)价格，这样穷人才能有动力去工作”；利息率必须被降低，以确保没有人可以靠利息维生。[3] 以上就是沃尔夫提出的经济政策体系。

除了经济政策之外，沃尔夫还提出一套为了促进公共福利的社会政策。沃尔夫认为，当国家聚集了充足的人口并且建立了养活这些人口的经济之后，国家首先要建立科学院、工艺院、工艺学校以促进社会中有用知识的进步和传播。[4] 关于沃尔夫对于科学院的理论，上一章已经详细讨论，此处不再赘述。由此可见，国家通过政策促进科学和技术进步、创新的产生与扩散等增强报酬递增的力量也被纳入促进“公共幸福”的全面经济社会政策体系。在建立了“工业主义”与报酬递增的经济结构之后，国家需要采取促进人民的品德和社会公德的措施，包括：(1)建立基础教育学校和教堂以传播美德和基本的知识；(2)出版优质图书以传播美德和知识；(3)公开惩罚犯罪以警示教育人民；(4)建立教堂神庙并且管制宗教活动；(5)制作优质的喜剧和悲剧以培养人民灵魂的完美。[5] 在这之后，国家需要采取促进人民身体条件完美的政策，包括：(1)禁止决斗、复仇、酗酒和自杀；(2)设置最低工资和最长工作时间(zu bestimmen die

---

[1] Christian Wolff, *Vernünfftige Gedancken von dem Gesellschafftlichen Leben der Menschen*, Frankfurt and Leipzig: Renger, 1736, p. 585.

[2] Christian Wolff, *Vernünfftige Gedancken von dem Gesellschafftlichen Leben der Menschen*, Frankfurt and Leipzig: Renger, 1736, p. 585.

[3] Christian Wolff, *Vernünfftige Gedancken von dem Gesellschafftlichen Leben der Menschen*, Frankfurt and Leipzig: Renger, 1736, pp. 280—282, pp. 588—590.

[4] Christian Wolff, *Vernünfftige Gedancken von dem Gesellschafftlichen Leben der Menschen*, Frankfurt and Leipzig: Renger, 1736, pp. 241—260.

[5] Christian Wolff, *Vernünfftige Gedancken von dem Gesellschafftlichen Leben der Menschen*, Frankfurt and Leipzig: Renger, 1736, pp. 260—278.

Zeit zur Arbeit und das Tage-Lohn)以避免过度工作;(3)建立公共仓库以保证食物供应并维持食物价格稳定;(4)控制饮食质量;(5)建立医院,特别是为贫穷的病人提供必须照顾的医院,训练医生,研究药物,在人民中预防疾病;(6)建立兽医院医治动物;(7)建立体育场以便人民运动和锻炼;(8)管制衣服的价格和质量;(9)建立劳动福利机构,为穷人提供就业;(10)建立孤儿院;(11)建立美丽而舒适的公共建筑、道路和景观,美化人民的居住空间;(12)管制私人住房的设计和质量以防火;(13)制作好的喜剧和音乐以娱乐人民。[1] 以上就是沃尔夫提出的社会政策体系。

沃尔夫为18世纪启蒙运动时代欧洲国家对于经济和社会的全面干预提供了理论支持。他最重要的政治哲学专著《关于人类社会生活的理性思考》(*Vernünfftige Gedancken von dem Gesellschafftlichen Leben der Menschen*, 1721)"本质上是一本写给君主及其顾问们的手册,可以被叫做统治者的哲学"[2]。沃尔夫从理性的人类天性中推导出国家全面促进经济与社会发展的职能。他将个人和社会的最高目标"幸福"视为经济与社会不断进步和发展,将欧洲近代"工业主义"者们主张的以城市制造业为中心的报酬递增经济发展道路视为整个社会的"公共幸福"的一部分,视为国家应当通过积极而全面的干预以实现的国家目标。

沃尔夫的政治哲学对18世纪的欧洲大陆各国政府产生了深远的影响。这本身符合沃尔夫的理想。"沃尔夫学派要求,大学的哲学系能够挑战传统的法律和神学的'高级'学院,成为培养新官僚精英的场所,或者要求把沃尔夫哲学至少纳入法律训练。在这一点上,沃尔夫及其追随者们是相当成功的。"[3]普鲁士国王腓特烈二世、神圣罗马帝国皇帝兼中欧哈布斯堡王朝首脑的列奥波德二世以及瑞典国王古斯塔夫三世都是沃尔夫哲学的爱好者。[4] 在普鲁士宪法性法典和哈布斯堡王朝的法典的编纂都参考了沃尔夫的哲学。[5] 在1794年

---

[1] Christian Wolff, *Vernünfftige Gedancken von dem Gesellschafftlichen Leben der Menschen*, Frankfurt and Leipzig: Renger, 1736, pp. 337—415.

[2] Werner Frauendienst, *Christian Wolff als Staatsdenker*, Berlin: Emil Ebering, 1927, p. 23.

[3] [英]克努兹·哈康森:《德意志自然法》,引自[英]马克·戈尔迪、罗伯特·沃克勒主编:《剑桥十八世纪政治思想史》,商务印书馆2017年版,第250页。

[4] [英]克努兹·哈康森:《德意志自然法》,引自[英]马克·戈尔迪、罗伯特·沃克勒主编:《剑桥十八世纪政治思想史》,商务印书馆2017年版,第247—248页。

[5] [英]克努兹·哈康森:《德意志自然法》,引自[英]马克·戈尔迪、罗伯特·沃克勒主编:《剑桥十八世纪政治思想史》,商务印书馆2017年版,第247—248页。

颁布的《普鲁士全国基本法》，规定了沃尔夫式的国家职能。在这部法典中，国家的职能被规定为“保卫外部与内部的和平与安全”与“建立机构和制度向人民提供手段和机会以发展他们的能力并促进他们的繁荣”，而且仅为了这两个目标，国家领导机构才获得了所有必需的权力。[1] 这些条款与沃尔夫哲学的基本观点一致。沃尔夫的哲学还影响了德意志官房主义。1727 年，普鲁士国王腓特烈·威廉一世在普鲁士境内的哈勒大学与奥德河畔的法兰克福大学设置了官房主义大学教席，以培养财政与经济管理官员。自此以后，德意志官房主义开始以名为“官房科学”(Kameralwissenschaften)的大学学科的形式存在。到 18 世纪末，在欧洲德语区 50 余所大学中，有 36 所大学建立了官房科学教席。[2] 沃尔夫的政治哲学与国家干预理论成为 18 世纪德意志官房科学的哲学基础。沃尔夫被视为“对于官房主义的人类观和世界观最有影响力的哲学家”[3]。沃尔夫关于“公共幸福”的理论“被 18 世纪的官房主义采纳并被分化为一种对于国家及其目标的全面定义”[4]。因此，在 18 世纪的官房科学形成的时候，“在将官房科学建立在新哲学基础之上时，起主要作用的并不是普芬道夫和托马修斯的哲学，而是由克里斯蒂安·沃尔夫传播的莱布尼茨的哲学”[5]。随着沃尔夫的理论对德意志君主与官员的影响以及德意志官房主义在欧洲大陆的传播，沃尔夫的国家干预理论成为 18 世纪普鲁士、奥地利、俄罗斯等欧洲大陆国家经济社会政策的理论基础，这些国家的政府按着沃尔夫设计的框架积极干预经济与社会以促进经济效率的提高、产业结构的转变以及社会秩序的合理化。[6]

---

[1] ——(未注明作者)，*Allgemeines Landrecht für die Preussischen Staaten*, Berlin: Gottfried Carl Nauck, 1804, p. 208.

[2] Keith Tribe, *Governing Economy: The Reformation of German Economic Discourse, 1750—1840*, Cambridge: Cambridge University Press, 1988, pp. 42—44, p. 116.

[3] Engelhart, Ulrich, “Zum Begriff der Glückseligkeit in der Kameralistischen Staatslehre des 18. Jahrhunderts”, *Zeitschrift für Historische Forschung*, 1982, vol. 8, no. 1, p. 41.

[4] Engelhart, Ulrich, “Zum Begriff der Glückseligkeit in der Kameralistischen Staatslehre des 18. Jahrhunderts”, *Zeitschrift für Historische Forschung*, 1982, vol. 8, no. 1, p. 43.

[5] Axel Nielsen, *Die Entstehung der deutschen Kameralwissenschaft im 17. Jahrhundert*, Jena: Gustav Fischer, 1911, p. 117.

[6] Raeff, Marc, “The Well-Ordered Police State and the Development of Modernity in Seventeenth-and Eighteenth-Century Europe: An Attempt at a Comparative Approach”, *The American Historical Review*, vol. 80, iss. 5, 1975, pp. 1221—1243. Marc Raeff, *The Well-Ordered Police State: Social and Institutional Change through Law in the Germanies and Russia 1600—1800*, London: Yale University Press, 1983.

通过以上例子可以看到，在 17－18 世纪的欧洲经济政策思想中，通过“工业主义”和报酬递增的经济发展策略与通过国家积极干预经济以实现产业结构转变密切连接了起来，以城市制造业和报酬递增力量为主导的经济结构被认为需要通过国家的强力干预促进建立。因此，一种带有“发展型国家”色彩的思想在近代欧洲的背景下出现。在 18 世纪的欧洲大陆，这种促进“工业主义”和报酬递增的产业结构的经济干预已经被视为实现国家政治的最高目标“公共幸福”的重要组成部分，由此成为国家必须执行的一种职能。

在传统中国的经济思想中，《管子》提供了非常重要的关于国家干预的思想，它在秦汉时代到 19 世纪之间的两千年里“发挥了相当作用”〔1〕。《管子》中记载的“轻重之术”及其背后的“轻重论”从秦汉时代到鸦片战争前一直是传统中国理财家利用的基本策略。〔2〕在传统中国，“历史上重要的改革家，很少不以管子的财政思想为蓝本”〔3〕。《管子》中的“轻重之术”主要包括国家在以下方面对经济的干预：国家获得关于人口、就业、产出、物价、供需等方面的经济统计，并以此建立经济政策计划；国家垄断货币铸造与发行，通过货币的散发与回笼，调节各种产品在国内市场上的价格与供需；国家控制生产资料与生活资料，在青黄不接的时候向农民赊贷，使农民免于被民间豪强兼并；在各种产品供给超过市场需求的时候收购产品，在需求超过供给的时候出售产品，稳定价格，获得财政收入；提高重要物资在国内市场的价格，促进重要物资在国内集聚；降低本国过剩物资的价格，促进过剩物资出口换取国内需要的物资；对于盐的生产与销售、铁制品的生产与销售、山林湖泽的开发执行不同程度的国家垄断，以掌握重要物资，获得财政收入。〔4〕

《管子》主张国家执行“轻重之术”的目标是，建立国家对于经济的领导和控制。《管子》中的《国蓄》篇写道：如果没有轻重之术，那么就无法领导人民（“不通于轻重，不可为笼以守民”）；如果不能利用轻重之术控制经济利益的分配和变动，那么就无法实现好的治理（“不能调通民利，不可以语大治”）。〔5〕人的天

〔1〕胡寄窗：《中国经济思想史》上卷，上海财经大学出版社 1998 年版，第 367 页。

〔2〕赵靖主编：《中国经济思想通史》第 1 卷，北京大学出版社 2002 年版，第 591 页。

〔3〕胡寄窗：《中国经济思想史》上卷，上海财经大学出版社 1998 年版，第 352－353 页。

〔4〕胡寄窗：《中国经济思想史》上卷，上海财经大学出版社 1998 年版，第 309－366 页。赵靖主编：《中国经济思想通史》第 1 卷，北京大学出版社 2002 年版，第 574－588 页。

〔5〕《管子》卷 73，《国蓄》。

性是拼命追求利益(“死利”),被给予会喜悦(“予则喜”),被剥夺会愤怒(“夺则怒”)。[1] 如果君主能够控制国内的经济利益分配,如果人民将君主视为获得经济利益的希望与失去经济利益的畏惧(“予之在君,夺之在君,贫之在君,富之在君”),那么人民对待君主“如日月”,亲近君主“若父母”。[2] 因此,只有能够控制经济利益分配的君主、能够从富有的人那里剥夺经济利益并将经济利益补贴给贫穷的人,才能治理天下(“夫富能夺,贫能予,乃可以为天下”[3])。如果全天下都能被如此治理,那么“天下可壹”[4]。君主必须掌握国家的实质权力,而私人的意志必须服从君主的法度,因为君主的法度是“制天下而禁奸邪”的工具,但是私人的意志会“生乱长奸而害公正”。[5]

为了能够控制经济利益分配,国家必须做到以下几点。第一,国家要控制经济中大部分财富的积蓄,这样人民控制的财富少,而渴望财富的人民就会为君主效力;第二,国家必须调节市场上的物价高低与供需丰歉,以平稳物价与供需,这样富商巨贾就不能通过操纵市场积累财富;第三,国家必须调节贫富差距,使得人民不能太富裕也不能太贫困,因为太富裕“则不可以禄使”,而太贫困“则不可以罚威”,所以君主的法令不能执行,人民难以治理,都是“贫富不齐”的结果;第四,国家要利用积累的财富控制向人民的借贷,“故大贾蓄家不得豪夺吾民矣”;第五,国家要利用积累的财富补贴人民的特定活动,比如奖励仁孝行为以及善于农耕、畜牧、树艺、园艺、桑蚕、医药等行为,通过分配财富以资鼓励,然后再用轻重之术将财富集中到国家,接着再将财富用补贴,持续鼓励,“如日月之终复”,这是“长有天下之道”,是一种“教数”;在“诸侯不服”时,国家应当利用“轻重”与“教数”“以出战”,在“诸侯宾服”时,国家应当利用“轻重”与“教数”“以行仁义”;第六,国家要慎重向人民的各种活动直接征税,因为征税会打击人民活动的积极性,向房屋征税等于使人拆毁房屋,向牲畜征税等于使人不敢放牧,向田亩征税等于使人不敢耕作,按人头征税等于使人不敢结婚生子;第七,国家的财政收入主要从调节物价、借贷、垄断盐铁等自然资源获得,盐铁和自然资源的垄断可以为国家提供财政收入并且控制经济的财富积累;第八,货币是

---

[1] 《管子》卷73,《国蓄》。
[2] 《管子》卷73,《国蓄》。
[3] 《管子》卷78,《揆度》。
[4] 《管子》卷78,《揆度》。
[5] 《管子》卷67,《明法解》。

人民希望得到的财富,国家应当控制货币的供应和收回"以守财物,以御民事,而平天下";第九,国家要防备水旱灾害,照顾鳏寡孤独等社会弱势群体,纠正懒散闲荡等行为,使"百事皆举,无留力失时之民",避免贫富分化,避免贫民依附于富人。[1] 总之,"轻重之术"的应用效果应当是实现"利出一孔"的局面。《国蓄》篇写道:"利出一孔者,其国无敌;出二孔者,其兵不诎;出三孔者,不可以举兵;出四孔者,其国必亡。"[2]《管子》中设计的国家干预旨在使国家通过掌握社会中大部分财富的积蓄、流向与分配以控制社会中经济利益的分配,实现国家对于经济的领导和控制;通过给予或剥夺经济利益的方式,鼓励一些行为、惩罚另一些行为。国家执行"轻重之术"的手段是直接参加市场经营活动:购买和出售商品、向人民借贷,以及部分或全部专营盐铁和其他自然资源的生产与销售。胡寄窗对此评价道:"《管子》作者心目中的封建王国,是以商人的经营方式充作处理国家经济活动的基本方法的一个王国。"[3]

《管子》记载的"轻重之术"在桑弘羊管理西汉财政与经济时期得到了大规模执行。"轻重论在汉武帝时代得到了大规模、全面的推行,在实践上获得了巨大的成功。"[4]桑弘羊的经济思想主要来自《管子》。[5] 桑弘羊主要执行了以下经济政策:第一,盐专卖,即盐由产盐区人民生产出后卖给国家,再由国家统一出售;第二,铁专卖,即铁的开采、冶炼、加工、销售全部由国家直接组织;第三,酒专卖,即酒的酿造由国家组织,但是销售由商人办理;第四,均输制度,即将各郡上缴朝廷的实物贡赋不必送缴首都,可以在本郡折合成郡内剩余廉价产品,交给朝廷的均输官,由均输官在合适的市场出售,获得财政收入,并且调节各地物产丰歉多寡;第五,平准制度,即在首都的市场设置官营缓冲库存,在货物供过于求时收购货物,在供不应求时出售,以此稳定物价与供需,获得财政收入,防止富商巨贾控制首都市场;第六,屯田,即由国家组织人民在边境屯垦,开发边境经济;第七,统一币制,由中央政府垄断钱币铸造与发行。[6] 这些政策显然都是对于"轻重之术"的应用。

根据桑弘羊自己的解释,执行以上政策主要有以下目的:第一,为汉朝抵抗

---

[1] 《管子》卷72,《海王》;卷73,《国蓄》;卷78,《揆度》。

[2] 《管子》卷73,《国蓄》。

[3] 胡寄窗:《中国经济思想史》上卷,上海财经大学出版社1998年版,第334页。

[4] 赵靖主编:《中国经济思想通史》第1卷,北京大学出版社2002年版,第590页。

[5] 胡寄窗:《中国经济思想史》中卷,上海财经大学出版社1998年版,第76页。

[6] 胡寄窗:《中国经济思想史》中卷,上海财经大学出版社1998年版,第92—105页。

匈奴的战争和应对四方邻国的侵扰提供财政支持。[1] 第二,为国家的社会救济提供财政支持。[2] 第三,为促进国内各地物资流通和贸易扩张,“致远穷深,所以交庶物而便百姓”[3]。将南方“不可胜用”的木材运到缺少木材的中原,将湖海沿岸的鱼获运到只能吃野菜的中原。[4] 第四,调节“贮百年之余”的富人与“不厌糟糠”的穷人之间的贫富差距,因为“民大富,则不可以禄使;大强,则不可以罚威”。[5] 第五,削弱诸侯国的经济实力,增强中央政府对于经济的控制,避免汉景帝朝吴王刘濞凭借垄断铜钱铸造反叛的情况;防止豪强富商控制经济,避免“豪民擅其[山海资源]用而专其利”[6]。这些目的也与《管子》关于“轻重之术”的意义的设计一致。

“轻重之术”也被吸收进作为儒家“十三经”之一的《周礼》。《周礼》记载了一个理想的儒家君主国的章典制度蓝图。[7] 在这个理想的君主国中,负责经济管理的是“大司徒”和“大司空”,但是关于“大司空”的记载已经遗失。在“大司徒”的下属中有一个叫“泉府”的机构,负责执行“轻重之术”。其职能包括:在市场中征税(“市之征布”);收购市场上的滞销产品,再出售给短缺者(“敛市之不售,货之滞于民用者,以其贾买之,以待不时而买者”);向民众提供贷款(“凡赊者”),按照税率偿还利息(“以国服为之息”);提供财政支出(“凡国事之财用取具焉”)。[8]《周礼》中记载的国家经济干预措施不仅限于“轻重之术”。“泉府”的上级机构叫“司市”。“司市”负责以下职能:安排市场的地理位置和货物陈列(“以次叙分地而经市”“以陈肆辨物而平市”);禁止销售侈靡商品(“禁物靡”);招徕商贾以繁荣市场(“以商贾阜货而行布”);统一度量衡、评定商品价格以招徕买主(“以量度成贾而征儥”);禁止欺诈、维持市场秩序(“禁伪而除诈”“禁暴而去盗”);管理“泉府”。[9] “大司徒”还下辖名为“遂人”的机构,负责掌管土地的分配与行政区的划分(“以土地之图经田野”)。[10] “遂人”将土地按质

[1] 桓宽:《盐铁论》卷 1,《本议》;卷 7,《备胡》。
[2] 桓宽:《盐铁论》卷 1,《力耕》。
[3] 桓宽:《盐铁论》卷 1,《本议》。
[4] 桓宽:《盐铁论》卷 1,《通有》。
[5] 桓宽:《盐铁论》卷 1,《错币》。
[6] 桓宽:《盐铁论》卷 1,《禁耕》。
[7] 赵靖主编:《中国经济思想通史》第 1 卷,北京大学出版社 2002 年版,第 380 页。
[8]《周礼》,《地官司徒第二》。
[9]《周礼》,《地官司徒第二》。
[10]《周礼》,《地官司徒第二》。

量划分“上地”“中地”“下地”三等土地，之后将耕地、草荒地、宅地分给国内的男丁（“颁地”）；不论土地的等级，每名男丁都分一份宅地、一百亩耕地；如果是上等土地，每名男丁分草荒地五十亩；如果是中等土地，分草荒地一百亩；如果是下等土地，分草荒地二百亩。[1]“遂人”还负责修建基础设施，在耕地之间修筑水渠（“遂”“沟”“洫”“浍”“川”）和道路（“径”“畛”“涂”“道”“路”）：每名男丁的耕地旁边有“遂”和“径”；每十名男丁的耕地旁边有“沟”和“畛”；每百名男丁的耕地旁边有“洫”和“涂”；每千名男丁的耕地旁边有“浍”和“道”；每万名男丁的耕地旁边有“川”和“路”；“川”和“路”可以直达首都地区（“以达于王畿”）。[2]《周礼》将国家全面干预城市和乡村经济视为儒家政治理想的一部分。在汉朝之后，《周礼》时常被传统中国拥护国家干预的经济思想家和改革家当作参照蓝图。

以《周礼》为蓝图的首次大规模经济政策实践是王莽（公元前 46—公元 23）篡汉建政。王莽重视《周礼》。他将《周礼》列为官方承认的经典。[3] 王莽曾经执行的经济政策主要包括以下内容。首先，在王莽建政元年，宣布将全国土地收归皇帝所有，禁止私人买卖；按照“一夫一妇田百亩”的理想，限制男丁不超过八口的家庭最多占有土地九百亩，超限土地需要分给宗族乡邻；国家按照“一夫一妇田百亩”的标准向无地农民授予土地。[4] 其次，从其建政第二年开始，王莽陆续颁布“五均六筦”政策。[5]“五均六筦”是国家对于六个领域的管制和垄断：盐、铁、酒、铸钱、“名山大泽”“五均赊贷”。“五均六筦”具体包括以下政策。效仿汉武帝时期桑弘羊等人的政策，盐、铁和酒被收归国家专卖。[6] 铸造新钱币，禁止民间盗铸，禁止“列侯”爵位以下的人持有黄金。[7] 私人在“名山大泽”中开采的金银等宝物不得在市场上自由销售，只能卖给官府；“名山大泽”中的一般林业和渔业产品可以在市场出售，官府征收赢利的十分之一。[8] 按照《周

[1]《周礼》，《地官司徒第二》。

[2]《周礼》，《地官司徒第二》。

[3] 赵靖主编：《中国经济思想通史》第 1 卷，北京大学出版社 2002 年版，第 378 页。

[4] 胡寄窗：《中国经济思想史》中卷，上海财经大学出版社 1998 年版，第 154—156 页。赵靖主编：《中国经济思想通史》第 1 卷，北京大学出版社 2002 年版，第 720—725 页。

[5] 胡寄窗：《中国经济思想史》中卷，上海财经大学出版社 1998 年版，第 162—163 页。

[6] 胡寄窗：《中国经济思想史》中卷，上海财经大学出版社 1998 年版，第 163 页。赵靖主编：《中国经济思想通史》第 2 卷，北京大学出版社 2002 年版，第 733 页。

[7] 胡寄窗：《中国经济思想史》中卷，上海财经大学出版社 1998 年版，第 169—174 页。赵靖主编：《中国经济思想通史》第 2 卷，北京大学出版社 2002 年版，第 737—743 页。

[8] 胡寄窗：《中国经济思想史》中卷，上海财经大学出版社 1998 年版，第 166—167 页。赵靖主编：《中国经济思想通史》第 2 卷，北京大学出版社 2002 年版，第 733—734 页。

礼》中“司市”与“泉府”的记载，将长安的东市和西市、洛阳、邯郸、临淄、成都、宛城六个城市的七个市场改为“五均市”，由“五均司市师”管理；“五均司市师”要根据商品的质量设定标准价格；在“五均市”中对五谷、布、帛、丝、绵等生活必需品执行“平准”政策，即在货物滞销时收购货物，在物价高于标准价格时按标准价格出售货物；设置“钱府”，向人民发放贷款，用于非生产性用途的贷款无息，生产性用途的贷款按生产所得赢利的十分之一征税。[1] 王莽的政策显然是对于《周礼》和《管子》的实践，《周礼》中的“遂人”“司市”“泉府”，《管子》中的“轻重之术”“官山海”都被执行。在王莽的政策中，土地再分配政策在执行三年后因为强烈反对而取消，土地恢复自由买卖。[2] 铸钱政策混乱失败，币制复杂常变，是王莽政权覆灭的原因之一。[3] “五均六筦”政策执行了 13 年，直到王莽败亡。[4]

王莽之后，《周礼》继续被当作古代中国国家机构的建设蓝图。唐玄宗时期(712－756)由宰相张九龄(673/678－740)和李林甫(?－752)相继编写的行政法典《唐六典》就是以《周礼》为参照。《唐六典》中记载，“户部尚书”起源于“周之地官卿”，并且北周“依《周官》[即《周礼》]，置地官府大司徒卿……皇朝因之”。[5] 户部尚书“掌天下户口井田之政令”，即分配土地。[6] 土地的分配方法是：耕地按照“肥、瘠、宽、狭”的情况分配；每名男丁分配耕地一百亩；衰老病残者分配耕地四十亩；“寡妻妾”分配耕地三十亩；耕地的二成是“永业田”，一般用于种植桑枣，可以世代继承，可以买卖；八成是“口分田”，用于种植谷物，不得买卖，受田人老死后交还国家。[7] 可见，《唐六典》依然按照《周礼》中“遂人”的“一丁百亩”原则分配土地。《唐六典》还规定了“掌邦国财货之政令”的“太府寺”。[8] 太府寺下辖“两京诸市署”，以《周礼》中的“司市”为参照。[9] 两京诸

---

〔1〕 胡寄窗：《中国经济思想史》中卷，上海财经大学出版社 1998 年版，第 163－166 页。赵靖主编：《中国经济思想通史》第 2 卷，北京大学出版社 2002 年版，第 731－733 页。

〔2〕 胡寄窗：《中国经济思想史》中卷，上海财经大学出版社 1998 年版，第 156－167 页。赵靖主编：《中国经济思想通史》第 2 卷，北京大学出版社 2002 年版，第 725 页。

〔3〕 胡寄窗：《中国经济思想史》中卷，上海财经大学出版社 1998 年版，第 172－173 页。

〔4〕 胡寄窗：《中国经济思想史》中卷，上海财经大学出版社 1998 年版，第 163 页。

〔5〕 张九龄、李林甫：《唐六典》卷 3，《户部尚书》。

〔6〕 张九龄、李林甫：《唐六典》卷 3，《户部尚书》。

〔7〕 张九龄、李林甫：《唐六典》卷 3，《户部尚书》。袁文兴、潘寅生主编：《唐六典全译》，甘肃人民出版社 1997 年版，第 101 页。

〔8〕 张九龄、李林甫：《唐六典》卷 20，《太府寺》。

〔9〕 张九龄、李林甫：《唐六典》卷 20，《太府寺》。

市署"掌百族交易之事",负责建立市场、陈列货物、评定货物价格、检查货物质量、禁止欺诈交易和伪劣货物。[1]《唐六典》还规定,在各都督府、州、县设置"市令",负责"市廛交易,禁斥非违之事"。[2] 太府寺还下辖"平准署",以汉朝的平准政策为参照。[3] 平准署职掌"供官市易之事",官府不用的物资与查没的物资都可以通过平准署"以时出货"。[4] 调控市场价格和供需的职能没有明确规定在平准署的职掌范围内,但是"以时出货"的表达也包括了履行上述职能的可能性。太府寺还下辖"常平署",《唐六典》明确指出其起源是《管子》中的"通轻重之权"。[5] 常平署职掌丰年收购谷物、歉年出售谷物,以稳定谷物的价格与供求。[6] 最后,《唐六典》还规定了隶属"少府监"的"掌冶署",参照汉朝盐铁官营政策,掌管"熔铸铜铁器物之事",但是没有规定垄断全国铜铁生产,只是在西部和北部的边境各州,铜铁器物由国家供应;还有负责管理水利基础设施的"都水监"。[7]《唐六典》以《周礼》为蓝图,大体上规定了一个负责分配土地、维持市场秩序、稳定物价与供需、建设基础设施以及经营一些关键生产领域的国家。相比《周礼》中的规划,《唐六典》中的国家在调控除粮食以外商品的物价和供需方面有所削弱,没有负责赊贷的职能。相比《管子》中的"轻重之术",《唐六典》中没有国家对于盐铁等关键生产领域的国家垄断或专卖。

安史之乱之后,唐朝政府无力再执行《唐六典》中规划的国家干预政策,政府从土地分配和市场管制中撤出,再次参照《周礼》的大规模经济政策实践要等到由王安石发动的熙丰变法(1068－1085)。[8] 熙丰变法的经济政策主要包括:"青苗法",即将没有得到充分运用的官府常平仓和广惠仓中的谷物和钱币借给青黄不接的农民,每五户农民互相作保向官府抵押借款,借款在五户农民中互相分配,年利息率最高 20%;"免役法",即官府从民间征调劳役,调整为向人民征收免役钱,用免役钱雇佣需要的劳役;"农田利害条约",即各县官府制订

---

[1] 张九龄、李林甫:《唐六典》卷 20,《太府寺》。

[2] 张九龄、李林甫:《唐六典》卷 30,《三府督护州县官吏》。

[3] 张九龄、李林甫:《唐六典》卷 20,《太府寺》。

[4] 张九龄、李林甫:《唐六典》卷 20,《太府寺》。

[5] 张九龄、李林甫:《唐六典》卷 20,《太府寺》。

[6] 张九龄、李林甫:《唐六典》卷 20,《太府寺》。

[7] 张九龄、李林甫:《唐六典》卷 22,《少府监北都军器监》;卷 23,《将作监都水监》。

[8] Zhao, Xuan and Wolfgang Drechsler, "Wang Anshi's Economic Reforms: Proto-Keynesian Economic Policy in Song Dynasty China", *Cambridge Journal of Economics*, 2018, vol. 42, iss. 5, pp. 1240－1241.

水利设施建设与土地开垦的计划，计划由各路官府批准后，由从计划中受益的农户出资出力，不足者可以按“青苗法”借钱；“均输法”，与桑弘羊的“均输法”内容相同，但是贡赋的调整范围仅限于东南方六个最富足的路；“市易法”，在大商业城市的市场建立缓冲库存，以调整各种商品的价格和供需，同时向城市商户提供抵押贷款，年利息率20%。[1] 熙丰变法的经济政策大体以《周礼》中的“泉府”为参照。[2]

王安石认为，北宋中期面对经济与财政困难的原因，是政府没有充分管理经济。王安石在上奏宋仁宗(1022－1063)的“万言书”中写道：“自古治世未尝以不足为天下之公患也，患在治财无其道耳。”[3]而北宋中期之所以“公私常以穷困为患”，是因为“理财未得其道”。[4] 王安石认为，这种因为“理财未得其道”导致的“天下之才力日以穷困”，是当时北宋整个国家治理“无法度”的一部分。[5] 这种“无法度”指的是“今之法度多不合于先王之法度”，因此王安石认为，解决北宋的问题“当法其[先王]之意”。[6] 而王安石认为，最理想、最值得学习的“先王之法”记载在《周礼》中。王安石写道：

> 其贵贱有位，其后先有序，其多寡有数，其迟数有时。制而用之存乎法，推而行之存乎人。其人足以任官，其官足以行法，莫盛于成周之时。其法可施于后世，其文有见于载籍，莫具于《周官》之书[即《周礼》]。[7]

而且，王安石认为：“一部《周礼》，理财居其半。”[8]因此，王安石的经济政策也是以《周礼》为蓝本的。王安石对于“先王”经济政策原则的领悟体现在他写的几首古诗中。王安石在古诗《寓言九首第四》中，简单列举了“先王”经济政策应当覆盖的领域：

> 婚丧孰不供，贷钱免尔萦。耕收孰不给，倾粟助之生。

---

[1] Zhao, Xuan and Wolfgang Drechsler, “Wang Anshi's Economic Reforms: Proto-Keynesian Economic Policy in Song Dynasty China”, *Cambridge Journal of Economics*, 2018, vol. 42, iss. 5, pp. 1242－1244.

[2] 陈邦瞻：《宋史纪事本末》卷37，《王安石变法》。王安石：《临川先生文集》卷41，《上五事劄子》。

[3] 王安石：《临川先生文集》卷39，《上仁宗皇帝言事书》。

[4] 王安石：《临川先生文集》卷39，《上仁宗皇帝言事书》。

[5] 王安石：《临川先生文集》卷41，《拟上殿劄子》。

[6] 王安石：《临川先生文集》卷41，《拟上殿劄子》。

[7] 王安石：《周官新义》，《自序》。

[8] 王安石：《临川先生文集》卷73，《答曾公立书》。

物赢我收之，物窘出使营。后世不务此，区区挫兼并。[1]

由此可见，王安石认为，国家应当至少为人民的生产和非生产需要提供贷款，通过直接参与市场交易的方式调节物价和供求。这些都是《周礼》中“泉府”的职能。

王安石认为，在当时北宋的财政和经济困难中，国家的农业凋敝、农民负担沉重、水利基础设施投资不足、土地荒芜、农民逃亡，但是乡村中的“兼并之家”趁机通过高利贷剥削农民；城市中市场价格不稳定，商业往来凋敝，但是城市中的“兼并之家”操纵物价、囤积居奇、牟取暴利。[2] 王安石认为，这种局面是“理财未得其道”的结果。他认为，在“先王”统治的时代，君主及其朝廷才是掌握经济控制权的人，后世放任私人即“兼并之家”篡夺经济控制权，使他们有机会剥削人民，这导致人民不仅要接受“兼并之家”剥削，还要负担国家经费，由此导致人民苦难。王安石有一首题为《兼并》的诗：

三代子百姓，公私无异财。人主擅操柄，如天持斗魁。
赋予皆自我，兼并乃奸回。奸回法有诛，势亦无自来。
后世始倒持，黔首遂难裁。秦王不知此，更筑怀清台。
礼义日已偷，圣经久堙埃。法尚有存者，欲言时所咍。
俗吏不知方，掊克乃为材。俗儒不知变，兼并可无摧。
利孔至百出，小人私阖开。有司与之争，民愈可怜哉。[3]

王安石甚至认为，这种放任“兼并之家”操纵经济会危及天子的统治。王安石写道：

夫合天下之众者财，理天下之财者法，守天下之法者吏也。吏不良则有法而莫守，法不善则有财而莫理。有财而莫理，则阡陌闾巷之贱人，皆能私取予之势，擅万物之利，以与人主争黔首，而放其无穷之欲，非必贵强桀大而后能。如是，而天子犹为不失其民者，盖特号而已耳。虽欲食蔬衣敝，憔悴其身，愁思其心，以幸天下之给足，而安吾政，吾知其犹不得也。[4]

---

[1] 王安石：《临川先生文集》卷4，《寓言九首第四》。

[2] Zhao, Xuan and Wolfgang Drechsler, “Wang Anshi's Economic Reforms: Proto-Keynesian Economic Policy in Song Dynasty China”, *Cambridge Journal of Economics*, 2018, vol. 42, iss. 5, pp. 1241—1242.

[3] 王安石：《临川先生文集》卷4，《兼并》。

[4] 王安石：《临川先生文集》卷82，《度支副使厅壁题名记》。

王安石认为，如果国家不能通过"善法"和"良吏"管理经济，使"有财而莫理"，那么即便"阡陌闾巷之贱人"也会篡夺经济控制权，夺取利润，进而控制人民，"放其无穷之欲"，此时的天子将仅是名义上不失其民而已。因此，"抑兼并"成了王安石变法的一个重要目标，他发动变法的目标就是通过国家向人民贷款以及稳定物价和供需，将经济的控制权从"兼并之家"手中收归国家，将人民从"兼并之家"的剥削下解放，再通过国家提供的稳定市场环境和低息贷款，巩固农业生产、修建水利设施，为商业繁荣提供空间，提高整个经济生产财富的能力，通过国家财富的增加带来财政收入的增加，由此解决北宋的财政和经济困难。[1] 如上文所述，《管子》中"轻重之术"的目标之一就是建立国家对于经济的领导，避免富商巨贾控制经济和人民。

但是，熙丰变法建立的政策终究没有在北宋和南宋的历史上一直执行。在南宋建立之后，宋高宗(1107－1187)为了给北宋灭亡寻找借口，为了推卸北宋末代皇帝们的责任，将北宋灭亡的责任归咎于王安石变法。[2] 南宋官方将王安石变法的经济政策视为"剥民兴利"的"聚敛之术"。[3] 南宋对于王安石变法的官方观点对后世影响很大，一直到晚清都是传统中国对待王安石变法的正统观点，南宋对于王安石经济政策的官方观点"自南宋至晚清仍是绝大多数史家和思想家评议王安石新法的基本观点之一"[4]。朱元璋曾明确表达过对于王安石经济政策的反感："昔汉武帝用东郭咸阳、孔仅之徒为聚敛之臣，剥民取利，海内苦之。宋神宗用王安石理财，小人竞进，天下骚然，此可为戒。"[5]朱元璋对王安石的反感甚至影响了明朝的财政政策。黄仁宇认为："[王安石变法]300年后明太祖朱元璋放弃第二帝国[即唐宋时代]开放性的财政设施，而采取一种保守性和收敛性的体制，与他个人对王安石的反感有关。"[6]朱元璋的曾孙宣德皇帝也将王安石变法视为北宋灭亡的原因，他说道："靖康之耻……若究祸之根本，盖是自熙宁至宣和五六十年，小人用事，变易法度，民苦征徭，军无纪律，

[1] Zhao, Xuan and Wolfgang Drechsler, "Wang Anshi's Economic Reforms: Proto-Keynesian Economic Policy in Song Dynasty China", *Cambridge Journal of Economics*, 2018, vol. 42, iss. 5, pp. 1245－1247.

[2] 李华瑞：《王安石变法研究史》，人民出版社 2004 年版，"代绪论"第 4－6 页。

[3] 李华瑞：《王安石变法研究史》，人民出版社 2004 年版，"代绪论"，第 9 页。

[4] 李华瑞：《王安石变法研究史》，人民出版社 2004 年版，"代绪论"，第 9 页。

[5] 引自李华瑞：《王安石变法研究史》，人民出版社 2004 年版，第 269 页。

[6] [美]黄仁宇：《赫逊河畔谈中国历史》，生活・读书・新知三联书店 1992 年版，第 160－161 页。

国家政事，日凌月替，遂为夷狄所侮，致有此祸。”[1]到了清朝，乾隆皇帝也非常反感王安石及其经济政策。他将王安石视为“聚敛之臣”，将王安石以《周礼》为蓝本的经济政策视为“巧说以乱经”的“剥民财以增利禄”。[2] 乾隆皇帝对王安石的总体评价是：“以六艺文奸言者，王莽也；安石继之，莽流毒百姓二十余年，光武起而拯之，遂以宁谧。安石则祸肇熙宁，讫徽钦犹未艾，北狩南渡皆一人兆其机，即谓其罪浮于莽可也。”[3]在皇帝的这种态度的影响下，自南宋之后，直到本书重点关注的16—18世纪，类似王安石变法的、在国家层面对于“轻重之术”和《周礼》所主张的国家干预原则的大规模经济政策实践再也没有出现。

在公元前81年举行的史称“盐铁会议”的西汉最高经济政策会议上，作为桑弘羊反对者的“贤良”与“文学”们提出了反对桑弘羊的“轻重之术”的经济观点。这些“贤良”与“文学”是没有经济政策实务经验的民间代表，他们在与桑弘羊同为汉武帝（公元前156—前87）托孤重臣的霍光（公元前?—前68）的支持下，在“盐铁会议”上攻击桑弘羊的经济政策，以此为机会意图在政治上扳倒桑弘羊。[4] 根据胡寄窗的总结，这些“贤良”与“文学”们的观点主要包括以下内容：第一，“坚持儒家讲道德、说仁义而反对言‘利’的传统观点”；第二，将农业视为唯一的重要生产部门；第三，将农业视为唯一生产财富的部门，认为“非力本农无以富邦”；第四，轻视工商业部门，认为工商业发展会妨碍农业，“工商上通伤农”；第五，“反对即所谓经济干涉主义”，认为“经济活动不加人力干涉，反而可以顺利进行”，“百姓各得其便，而上无事焉”；第六，认为抑制富商巨贾的关键在于维护社会等级秩序，而非由国家管制和经营关键经济部门以及稳定物价和供需；第七，主张恢复井田制；第八，反对对外贸易，认为西汉已经可以自给自足，对外贸易成本高昂而没有用处；第九，主张以物易物，反对国家垄断货币铸造，因为货币流通会促进工商业发展，诱使人民放弃农业；第十，反对奢侈，主张节俭，认为节俭是积累财富的关键；第十一，将财政收入仅限于种植业和农村家庭手工业的布帛生产的产出的十分之一。[5] 胡寄窗认为，这些经济观点反映

---

〔1〕 引自李华瑞：《王安石变法研究史》，人民出版社2004年版，第269页。

〔2〕 引自李华瑞：《王安石变法研究史》，人民出版社2004年版，第270页。

〔3〕 引自李华瑞：《王安石变法研究史》，人民出版社2004年版，第271页。

〔4〕 胡寄窗：《中国经济思想史》中卷，上海财经大学出版社1998年版，第106页。

〔5〕 胡寄窗：《中国经济思想史》中卷，上海财经大学出版社1998年版，第107—111页。桓宽：《盐铁论》卷3，《轻重》；卷6，《散不足》。

了当时大地主阶级的利益。[1] “贤良”与“文学”的观点代表着传统中国的正统经济思想的早期形式。“在[‘盐铁会议’]以后两千年的封建社会中,[‘贤良’与‘文学’们的]贵义贱利论、重本抑末论和黜奢崇俭论,就成了封建正统经济思想的三个主要教条。”[2]在“盐铁会议”之后,“[传统中国的]经济思想基本上是在前一时期形成的框架中缓慢地发展着,在许多方面仍有所前进和提高,却没有根本的、质的变化。这种根本的、质的变化,是在1840年鸦片战争后随着封建制度的解体而逐渐发生的”[3]。在南宋之后,当“轻重之术”及《周礼》式的经济干预政策在国家层面的大规模实践被否定之后,占支配地位的国家经济政策原则就是“贤良”与“文学”在“盐铁会议”上提出的自由放任。

在丘浚的《大学衍义补》中明确反对“轻重之术”和《周礼》式的国家干预。丘浚认为,“管商功利之术”对于增加国家财富而言是无用的,保持节俭,减少对于剩余农产品积累的消耗,就可以增加财富。丘浚写道:“所谓生财者必有因天分地之源,所谓有道者必非管商功利之术,而究其所以为生财之道者,则生者众食者寡、为者疾用者舒而已。”[4]丘浚认为,国家的“理财之法”就是前文提到的“生之者众,食之者寡,为之者疾,用之者舒,则财恒足矣”[5]。因此,依靠这种节俭的大道,国家的财富就可以积累,主张国家干预的“理财之人”即“聚敛之臣”是不能任用的。[6] 在丘浚看来,“不用聚敛之臣而行崇本节用之道”,这就是国家经济政策的基本原则。[7] 对于上述“轻重之术”与《周礼》中的国家干预手段——分配土地、修建水利基础设施、管理市场、通过买卖稳定物价与供需、提供赊贷、国家专营关键经济部门,丘浚只主张水利基础设施修建一项。丘浚认为,像“遂人”一样由国家分配土地已经不可能,官员对于农业“能不扰之足矣”,所以君主“不必泥古以求复井田”,只要做到“不至妨害于斯三者[稼穑、树艺、牧畜三者]”就算“得古人之意”。[8] 对于《周礼》中详细管理市场的“司市”,丘浚评价其为“王政之一端也”,但没有提到这是一种值得模仿和复制的政

---

[1] 胡寄窗:《中国经济思想史》中卷,上海财经大学出版社1998年版,第111页。
[2] 赵靖主编:《中国经济思想通史》第2卷,北京大学出版社2002年版,第679页。
[3] 赵靖主编:《中国经济思想通史》第2卷,北京大学出版社2002年版,第681页。
[4] 丘浚:《大学衍义补》卷20,《总论理财之道上》。
[5] 丘浚:《大学衍义补》卷20,《总论理财之道上》。
[6] 丘浚:《大学衍义补》卷20,《总论理财之道上》。
[7] 丘浚:《大学衍义补》卷20,《总论理财之道上》。
[8] 丘浚:《大学衍义补》卷14,《制民之产》。

策。[1] 同样，丘浚也将“泉府”视为“无非以阜民之财、济民之急而上之人无分毫之利焉”的好政策。[2] 但是，他又将桑弘羊的“平准”、王莽的“五均”、王安石的“市易法”和“青苗法”都视为“以万乘为匹夫之事”“以万乘之尊牟商贾之利”“以人君而争商贾之利”。[3] 丘浚的这种厚此薄彼令人难以理解。例如，如上文所述，“泉府”职掌负责提供国家财政支出，《周礼》对“泉府”的描述中也没有禁止其通过市场交易和发放贷款筹集财政经费的表述，但是王安石特别强调“青苗法”收到的贷款利息仅用于补充“青苗钱”而不用于支付财政开支，并且为了防止“青苗钱”被挪用，特别将“青苗法”的执行交给独立于国家财政部门的司农寺。[4] 丘浚还认为，国家不应该像“轻重之术”提出的目标一样进行财富的再分配以调整贫富分化情况。丘浚写道：“天生众民，有贫有富，为天下王者惟省力役、薄税敛、平物价，使富者安其富，贫者不至于贫，各安其分，止其所得矣。乃欲夺富与贫以为天下，乌有是理哉?”[5]丘浚支持国家垄断盐铁以防私人专擅其利润，但是也反对国家专擅盐铁专卖的利润。[6] 丘浚唯独对于国家建设水利工程非常重视，因为“民之所资以为养者土也，而土必滋于水然后物得以生，苟水之多而至于荡焉则为害大矣”，所以“天地间利于民者莫大乎水，害于民者亦莫大于水”。[7] 因此，修建与维护水利工程几乎成了丘浚设计的国家经济政策蓝图中国家唯一积极干预的领域。丘浚对于除了水利工程外自由放任的经济政策的设计，在清朝继续作为正统的经济政策设计存在。在《圣谕广训》中，雍正皇帝在对于“重农桑以重衣食”的解释中，仅仅将“勿夺民时，勿妨民事，浮惰者惩之，勤苦者劳之”作为“地方文武官僚”在促进农业经济方面的施政原则。[8]

20 世纪的德国汉学家福兰阁(Otto Franke，1863－1946)将王莽与王安石的经济政策视为中国经济史上突出的两项“国家社会主义式市场管制的试验”

---

〔1〕 丘浚：《大学衍义补》卷 25，《市籴之令》。

〔2〕 丘浚：《大学衍义补》卷 25，《市籴之令》。

〔3〕 丘浚：《大学衍义补》卷 25，《市籴之令》。

〔4〕 Zhao，Xuan and Wolfgang Drechsler，“Wang Anshi's Economic Reforms：Proto-Keynesian Economic Policy in Song Dynasty China”，*Cambridge Journal of Economics*，2018，vol. 42，iss. 5，p. 1251.

〔5〕 丘浚：《大学衍义补》卷 25，《市籴之令》。

〔6〕 丘浚：《大学衍义补》卷 28，《山泽之利上》；卷 29，《山泽之利下》。

〔7〕 丘浚：《大学衍义补》卷 17，《除民之害》。

〔8〕 周振鹤撰集，顾美华点校：《圣谕广训：集解与研究》，上海书店出版社 2006 年版，第 39 页、第 42 页。

(Versuche staatssozialistischer Marktregulierung)。[1] “国家社会主义”(Staatssozialismus)并非一种社会主义,也不是历史上欧洲工人运动的一部分,而是19世纪后期德国经济干预主义者借当时在欧洲大陆流行的“社会主义”一词创造的一个意识形态标签。[2] 按照一种相当宽泛的定义,“所有干预‘经济力量自由运动’的——特别是在劳工问题领域——‘积极社会政策’”都可以被称为“国家社会主义”。[3] 这种“国家社会主义”的典型实践案例是第一次世界大战之前由俾斯麦(Otto von Bismarck)和威廉二世(Wilhelm II)治理之下的德国(1871—1913年),当时的主要经济社会政策包括:改善劳动条件的工厂立法、社会保障制度、具有再分配功能的税收制度、关税保护、促进海外贸易扩大、扩大国有化产业的范围。[4] 王莽和王安石的经济政策也是一种干预主义政策,包括国家负责土地分配、参与市场交易、稳定物价和供需、向人民提供生产性与非生产性贷款、关键产业专营和管制。这些政策在思想上的源头是《管子》中的“轻重之术”和《周礼》中的“遂人”和“泉府”。这些政策的目标是建立国家对于经济的控制、筹集财政收入、抑制私人垄断、抑制贫富分化。这些政策背后的思想是传统中国主要的干预主义经济思想。这类思想在南宋之后被传统中国的统治集团视为剥削人民的“聚敛之术”而遭到压制。到了明清时代,占支配地位的关于国家干预的经济思想是自由放任的,主张国家通过减少对经济的打扰以促进财富的积累,国家唯一需要积极干预的领域似乎是修建和维护水利工程。

由此可见,在本书主要关注的16—18世纪,影响欧洲经济政策的思想主张积极的国家干预,这种国家干预的性质是“发展主义式”的,即国家干预的目标是促进经济结构转变,克服新经济结构形成中的困难,促进农业经济向以报酬递增力量主导的制造业经济转型。影响同时代中国经济政策的思想主张的经济政策原则是自由放任,国家经济政策的主要目标是稳定农业经济结构,减少

---

[1] Otto Franke, *Staatssozialistische Versuche im Alten und Mittelalterlichen China*, Berlin: Walter de Gruyter, 1931.

[2] Wolfgang Drechsler, “State Socialism and Political Philosophy”, in *Essays on Social Security and Taxation: Gustav von Schmoller and Adolph Wagner Reconsidered*, ed. by Jürgen Backhaus, Marburg: Metropolis, 1997, pp. 319—320.

[3] Wolfgang Drechsler, “State Socialism and Political Philosophy”, in *Essays on Social Security and Taxation: Gustav von Schmoller and Adolph Wagner Reconsidered*, ed. by Jürgen Backhaus, Marburg: Metropolis, 1997, pp. 322—323.

[4] William Harbutt Dawson, *Bismarck and State Socialism*, London: Swan Sonnenschein & Co., 1891, p. 14.

对于农业经济的打扰与破坏，并积极维护农业经济正常运行需要的条件，比如修建水利工程。传统中国的干预主义经济思想是"国家社会主义式"的，但是这种经济思想在 12 世纪之后不再具有影响国家经济政策的地位。通过这种比较可以发现，相比 16－18 世纪的欧洲经济政策思想，传统中国的自由放任与"国家社会主义式"的经济政策思想都不具有为了促进经济结构转变而进行干预的内容。这种"发展国家式"的干预主义思想对于 16－18 世纪主张"重农主义"与报酬递减经济战略的明清中国来说也没有用处，因为当时的中国已经处在那条经济道路上，国家需要做的只是维持已经存在的经济结构。

第六章　结　论

至此,本书详细比较了 16 世纪后期到 18 世纪后期欧洲主要国家与中国的国家经济政策指导思想在制造业、创新以及国家干预方面的观点。这一比较研究显示:至少从 16 世纪后期开始到 18 世纪后期,欧洲各主要国家的经济思想与中国的经济思想分别主张国家执行两类不同的经济政策,这两种不同的经济政策回应的现实政治经济问题非常类似,都旨在解决以下问题:为政府提供充足的财政收入、为经济获得充足的贵金属货币供应、为大量人口提供尽可能多的就业机会和收入。但是,欧洲各国和中国的两类不同的经济政策分别引导欧洲和中国经济走上不同的发展道路。

指导近代欧洲各国经济政策的思想主张建立以报酬递增的经济活动为核心的经济结构,即以多样化的城市制造业为主要核心的经济结构。近代欧洲经济政策思想注意到,城市制造业中存在生产过程的专业化分工、规模经济、密集的创新、人类施展技艺和才智的空间,以及由不完全竞争带来的高利润。近代欧洲经济政策思想意识到,科学是促进经济进步的力量,因此为了增强报酬递增的力量,近代欧洲经济政策思想主张执行“培根计划”,以有组织的实验研究促进科学进步,将科学进步应用于产生有用的创新发明。近代欧洲经济政策思想鼓励奢侈品的生产和消费,因为奢侈品往往是产品创新的表现形式,是科学和技术进步的成果,是需求弹性高的产品,是产业结构演化的方向,可以扩大制造业产品的市场,为报酬递增力量的发挥创造空间。为了建立以报酬递增产业为核心的经济结构,近代欧洲经济政策思想主张政府执行积极的干预,克服经济中产业结构升级面对的刚性和阻力,扮演熊彼特意义上“企业家”的角色,并且将促进产业结构升级的干预视作政府创造公共幸福的全面的经济社会政策的一部分。指导近代欧洲经济政策的思想是“工业主义”的、“熊彼特式”的、主张发展型国家干预的。在这种经济政策的指导下,近代欧洲流行的经济政策是鼓励城市制造业与航运业(上文提到,马歇尔认为运输业也是报酬递增产业)发展的政策,即鼓励报酬递增经济活动的政策。

相比之下,同时代的指导中国经济政策的思想主张巩固以报酬递减的经济活动为核心的经济结构,即以农业和乡村家庭手工业为核心的经济结构。传统中国的经济政策思想将剩余农业产品的积累视为财富积累的表现形式,将制造业和商业等对于剩余农业产品的消耗视为非生产性的,因此为了最大化剩余农业产品的积累,必须将农业劳动者的数量最大化,将从事其他经济活动的人口数量最小化。传统中国的经济政策思想往往注意到,城市制造业和商业相比农业有更高的财富生产率和利润率,可以提供更高的收入,但是传统中国的经济政策思想将剩余农产品的重要性置于财富生产率和利润率之上,主张人民不要被城市制造业和商业的高生产率与高利润率吸引,安于农业和乡村家庭手工业的低生产率和低收入水平。因此,剩余农业产品积累的增长,即农业产品总产量的增长,将以牺牲生产率的方式进行。传统中国的经济政策思想不鼓励奢侈品的生产与消费,因为奢侈品生产会减少农业中的劳动力投入,对于奢侈品的消费会增加剩余农业产品的损耗,因此会减少财富的积累。传统中国的经济政策思想也注意到奢侈与创新之间的联系。因此,出于不鼓励奢侈品的原因,创新也不被鼓励,连过去的“圣贤”都没有发明的器物是后人没有必要发明的,技巧如果超越过去“圣贤”的水平,就成为多余的技巧,即“淫巧”,而这些多余且新奇的器物会刺激不必要的消费,因此表现为,奢侈品的创新就是有害的,擅自创新的人也应当受到惩罚。奢侈消费唯一可以被接受的原因是作为君主至高无上地位的装饰,维护封建君主国内部的政治等级秩序。巩固和保存以报酬递减产业为核心的经济结构不需要很多政府的强力干预,除了修建水利设施之外,政府需要做的仅是不干扰经济结构的正常运行、尽量减少其负担,并为维护其正常运行提供诸如社会救济措施之类的支持性措施。指导传统中国经济政策的思想是“重农主义”的、“马尔萨斯式”的,以及主张管理型国家干预的。在这种思想的指导下,明清时期中国的经济政策是鼓励种植业和乡村家庭手工业发展的政策,即鼓励报酬递减与报酬递增特征很弱的经济活动的政策。

需要注意的是,在两千多年以前的西汉时期,在桑弘羊领导中国经济政策的时代,指导经济政策的思想是另一种形式,一种与近代欧洲经济政策思想更类似的形式。桑弘羊的经济政策主要受到先秦时期《管子》经济思想的指导。桑弘羊的经济政策思想重视城市产业,重视不同经济活动之间的交易对于财富增长的促进,注意到以出口制造业产品交换农产品作为国家财富增加的重要方式。桑弘羊的经济政策思想继承了《管子》经济思想中对于奢侈品生产与消费的重视,看到了需要复杂技能的制造业与奢侈品生产之间的关系,看到了奢侈品的生产和消费与经济繁荣之间的联系。在这些方面,代表商人阶级的桑弘羊的经济政策思想与近代欧洲代表新兴工业资产阶级的近代欧洲经济政策思想有很多相似之处。桑弘羊的经济政策思想主张积极的政府干预,这种政府干预的目的是通过扩大国家直接经营经济活动的范围,以增加国家控制的经济资源、限制财富在私人手中集中、为国家的军事开支和社会救济开支提供财政支持。这种政府干预与近代欧洲经济政策思想主张的、以促进经济结构升级为目标的政府干预有本质不同。桑弘羊重视城市产业和奢侈的经济政策思想在传统中国后来的经济政策思想中再未出现,桑弘羊主张积极政府干预的思想在王安石之后也再未被传统中国经济政策思想接受。

本书比较详细地研究了那些被现代学者认为促使工业资本主义与"工业革命"产生的国家干预背后的指导思想,为理解这些国家干预提供依据,并且强调这些思想与同一时代的传统中国经济政策的指导思想之间的显著差异。这种显著差异的揭示提供了一种对于工业资本主义和"工业革命"诞生于18世纪的欧洲而非中国的经济思想层面的解释。第一章提到,本书在对于"大分流"现象的理解中采取了与皮尔·弗里斯一致的立场,即国家在经济中发挥的不同作用是解释"大分流"现象的关键因素之一。本书的研究对这一立场提供了一些补充。在"大分流"现象发生之前欧洲各国和中国的政府采取不同经济政策的更深层的原因是,决定政策的统治集团信奉不同的经济思想,对于类似的政治经济问题的解决方案做出了不同的选择,将解决问题的根本希望寄托在不同的经济活动上。至于帕特里克·奥布莱恩对于"大分流"的解释,一方面,本书的研究支持奥布莱恩关于明清时期的中国逐渐陷入农业中的报酬递减的观点,并且本书的研究还显示,这种陷入报酬递减的局面是明清的经济思想家们有意识选择的结果,明清的经济思想家们似乎看不到社会必需的报酬递减产品的更有效率的供应来源,因此只能选择牺牲生产率将更多劳动力投入报酬递减产业中以换取总产量的增加;另一方面,本书的研究不能支持奥布莱恩关于明清时期的中国可以通过增加税收与基础设施投资以及鼓励创新就可以在以农业为核心的经济结构内获得发展的观点。本书的研究实质上突出了“大分流”现象的本质是以报酬递增为核心的经济结构超越以报酬递减为核心的经济结构,如果明清时期的中国继续停留在报酬递减的经济结构之内,依然无法避免“大分流”现象的产生。

本书的研究也无法支持大卫·兰德斯的“欧洲中心主义”观点。明清时期中国的经济政策思想对于创新的确存在有意识的压制,但是这种压制的来源并非兰德斯所说的“东方专制主义”,而是坚持以报酬递减产业为核心的经济结构所带来的必然结果。在以报酬递减为核心、以追求剩余农业产品积累的经济结构中,创新是没有需求的,相反可能是有害的。按照同样的道理,创新在欧洲获得了更多的鼓励,也未必是因为欧洲的宗教意识形态对于创新的格外鼓励,而是建立以报酬递增产业为核心的经济结构带来的必然需要。而且,在明清时期中国的经济政策思想中,并没有兰德斯所描述的“东方专制主义”,更多的是自由放任主义;相反,同时代的欧洲经济政策思想表现出更多关于加强国家对于经济干预和控制的兴趣。

本书的研究对于“加州学派”关于“大分流”的理解同样提供了一些补充。本书的研究支持彭慕兰对于“大分流”现象产生机制的解释,即欧洲各国通过海外掠夺和贸易获得了充足的报酬递减产品的供给,因此避免了本国陷入报酬递减困境的局面,但是同时代中国因为没有找到报酬递减产品的高效供给,因此不得不走上劳动密集/报酬递减道路。但是,本书的研究显示,这种不同的发展道路是欧洲各国和中国有意识地选择的结果。近代欧洲各国有意识地采取政策避免报酬递减的经济活动,有意识地将本国经济结构集中在报酬递增产业中。但是,同时代的中国却有意识地巩固报酬递减活动在国内经济中的支配性地位,有意识地将本国经济结构集中在报酬递减产业中。因此,本书认为,“大分流”现象的发生并非如彭慕兰所描述的一样,是一种由欧洲获得海外“生态横财”的意外运气导致的偶然结果,而是一种有意识的政策安排的结果。同样地,本书的研究虽然同意王国斌和罗森塔尔关于城市制造业是“大分流”现象中起到关键作用的因素,但是本书的研究显示,近代欧洲城市制造业的发展也并非因为频发的战争导致的偶然结果,而同样是一种有意识的政策安排的结果。

本书研究的重点是提供一种对于“大分流”发生之前欧洲和中国经济政策思想之间存在的差异的观察。从这种观察中可以得出的结论大体是:“大分流”

现象是一种国家经济发展战略设计导致的结果，16－18 世纪的欧洲在经济上超过中国是因为采取了能够更有效创造财富的经济战略。充分论证这种观点并非本书的研究重点，但是在本书的最后一部分，可以为支持这种观点提供一些证据。

第一，中国与欧洲的经济表现早在“大分流”发生之前就已经出现了差距。据统计，在 18 世纪末，中国的人均白银存量大约不到英格兰的 1/3(中国人均约 140 克，英格兰人均约 440 克)。[1] 1700 年，中国人均 GDP 大约是英国的 1/3，是法国的 2/3，不到荷兰的 1/3；1820 年，中国的人均 GDP 大约是英国和法国的一半，是荷兰的 1/3。[2] 1750 年，中国人均制造业产出大约是英国的 80%，比法国低大约 10%；1800 年，中国的人均制造业产值不到英国的一半，相当于法国的 2/3。[3] 如果以经济表现衡量经济政策的实施效果，那么可以说当时中国的重农主义经济政策远非完美，而相比之下，欧洲的经济政策似乎更有效地促进了财富扩张。因此，当时中国的重农主义经济政策具有改进空间。

第二，16－18 世纪中国在现实中确实面对着一些支持其改变经济战略的机会以使中国有可能通过效仿其欧洲贸易对象的政策，将本国的经济结构向报酬递增经济活动集中，在国外找到报酬递减产品更高效供应来源。如上文提到的，彭慕兰认为东南亚是 16－18 世纪中国通过对外贸易获得报酬递减产品的一个可能的来源，而弗里斯认为中国东北地区的开发可以在中国国内获得一个报酬递减产品更高效的供应来源。[4] 对于这两个区域的更大规模贸易和开发，可以缓解当时明清政府对于报酬递减产品的总产量——剩余农业产品积累——存在的焦虑。从 16 世纪开始，中国在丝织业、棉纺织业、陶瓷制造业、造纸业、制糖业、冶铁业领域出现了官营和私营的工场手工业。[5] 这些制造工场

---

〔1〕 [荷]皮尔·弗里斯：《国家、经济与大分流：17 世纪 80 年代到 19 世纪 50 年代的英国和中国》，郭金兴译，中信出版集团 2018 年版，第 222 页、第 226 页。

〔2〕 [英]安格斯·麦迪森：《世界经济千年史》，伍晓鹰、许宪春、叶燕斐、施发启译，北京大学出版社 2003 年版，第 82 页。

〔3〕 Bairoch, Paul, "International Industrialization Levels from 1750 to 1980", *Journal of European Economic History*, 1982, vol. 11, iss. 2, p. 281.

〔4〕 [美]彭慕兰：《大分流：欧洲、中国及现代世界经济的发展》，史建云译，江苏人民出版社 2003 年版，第 189－193 页。[荷]皮尔·弗里斯：《国家、经济与大分流：17 世纪 80 年代到 19 世纪 50 年代的英国和中国》，郭金兴译，中信出版集团 2018 年版，第 375－377 页。

〔5〕 吴海若编著：《中国资本主义生产的萌芽》，湖北人民出版社 1957 年版，第 11－45 页。南京大学历史系明清史研究室编：《明清资本主义萌芽研究论文集》，上海人民出版社 1981 年版。何晓明：《世界眼光与本土特色——中国资本主义萌芽研究》，河南大学出版社 2009 年版。

中雇佣的工人数量往往达到上百甚至数百人，并集中了多个生产工序。这类制造工场为明清中国提供了集中吸收劳动力的报酬递增经济活动。在国内外具有更高效率的报酬递减产品供应来源的支持下，大规模的城市制造工场可能带动明清时期的中国经济结构更加靠近以报酬递增产业为核心的形态。早在15世纪初，郑和率领的前往非洲和印度洋的远航舰队最多的时候有249艘船，船员与护航部队总计最多的时候有将近3万人，最少的时候也有40艘船。[1] 相比之下，1670年荷兰用于亚洲贸易的商船队只有大约100艘船，不到1万名船员。[2] 因此，大规模的主动海外贸易以及国家对于主动海外贸易的领导和促进，对于明清中国并非不可想象。大规模主动派遣商船进行海外贸易可以成为增强明清时代中国经济中报酬递增力量以及获得效率更高的报酬递减产品供应的机会。

因此，如果参照同时代作为贸易对象的欧洲各国流行的经济政策，明清时期的中国至少在以下方面存在效仿或者追赶欧洲的政策以改善财政状况、白银供应水平以及经济表现的政策空间：将郑和率领的远洋舰队改为由国家支持的、常规出航的远洋贸易舰队，增加向东方太平洋方向的航线，提高舰队中本来已经允许的私人携带商品的规模限制，增加舰队的贸易活动和贸易范围；组织本国商船队向欧美各国直接运输茶叶并运回白银；禁止未经加工的生丝出口；鼓励以工场形式组织的棉纺织业和丝织业的发展和扩张，提高它们的市场竞争力；用本国的商船队向欧洲和美洲直接出口丝织品和18世纪之后在欧洲逐渐受到消费者欢迎、在市场上排挤其他商品、中国早在元代就开始大量生产的棉织品。[3]

第三，虽然上述政策改进在历史上没有实际执行，但是当时的一些思想家已经开始看到通过此类政策促进中国经济发展的可能性。亚当·斯密认为，当时的中国存在采取以城市制造业和海外贸易为财富增长引擎的政策以改善其

---

[1] 吴慧、夏秀瑞、张雪慧：《中国商业通史》第3卷，中国财政经济出版社2005年版，第682—683页。[英]安格斯·麦迪森：《世界经济千年史》，伍晓鹰、许宪春、叶燕斐、施发启译，北京大学出版社2003年版，第58页。

[2] [英]安格斯·麦迪森：《世界经济千年史》，伍晓鹰、许宪春、叶燕斐、施发启译，北京大学出版社2003年版，第69—70页。

[3] 关于这些政策的可能性，参见：吴慧、夏秀瑞、张雪慧：《中国商业通史》第3卷，中国财政经济出版社2005年版，第685—686页。[美]斯文·贝克特：《棉花帝国：一部资本主义全球史》，徐轶杰、杨燕译，民主与建设出版社2019年版，第28—56页。

经济表现的可能性。斯密写道：

> 中国的政策，就特别爱护农业。在欧洲，大部分地方的工匠的境遇优于农业劳动者，而在中国，据说农业劳动者的境遇却优于技工。在中国，每个人都很想占有若干土地，或是拥有所有权，或是租地……中国人不重视国外贸易……除对日本，中国人很少或完全没有由自己或用自己船只经营的国外贸易。允许外国船只出入的海港，也不过一两个。所以，在中国，国外贸易就被局限在狭窄的范围，要是本国船只或外国船只能比较自由地经营国外贸易，这种范围当然就会大得多。
>
> ……中国幅员那么广大，居民那么多，气候各种各样，因此各地方有各种各样的产物，各省间的水运交通，大部分又是极其便利，所以单单这个广大国内市场，就够支持很大的制造业，并且容许很客观的分工程度。就面积而言，中国的国内市场，也许并不小于欧洲各国的市场。假设能在国内市场之外，再加上世界其余各地的国外市场，那么更广大的国外贸易，必能大大增加中国制造品，大大改进其制造业的生产力。如果这种国外贸易大部分由中国经营，则尤有这种结果。通过更广泛的航行，中国人自会学得外国所用各种机械的使用术与建造术，以及世界其他各国技术上、产业上的其他各种改良。但在今日中国的情况下，他们除了模仿他们的邻国日本以外，却几乎没有机会模仿其他国家的先例，来改良他们自己。〔1〕

在明清时期的中国也出现了类似的观点。黄仁宇提到，崇祯朝(1628—1644)的户部尚书曾经建议在中国的中部或者南部建立一个工商业基地以增加财政收入。〔2〕但是这个计划没有执行。1639 年，在崇祯朝廷担任给事中的傅元初向皇帝提交了《请开洋禁疏》。〔3〕在这份奏疏中，傅元初写道，“大西洋”即中南半岛诸国，盛产胡椒、苏木、犀角、象牙，这些是中国所需要的物资；而“东

---

〔1〕［英］亚当·斯密：《国民财富的性质和原因的研究》下卷，郭大力、王亚南译，商务印书馆 1983 年版，第 246—247 页。

〔2〕［美］黄仁宇：《十六世纪明代中国之财政与税收》，生活·读书·新知三联书店 2001 年版，第 390 页。

〔3〕巫宝三、李普国编：《中国经济思想史资料选辑(明清部分)》，中国社会科学出版社 1990 年版，第 224 页。

洋”即菲律宾群岛，盛产白银（其实应当是西班牙人从美洲运向菲律宾的白银）。[1] 如果中国的货物运往这两个地区，就可以得到本国需要的物资与白银。而在这些地区，由于“其土不蚕”，中国的丝织品占据有利的市场竞争地位，向这两个地区出口丝织品可以赚取高附加值：一百斤湖州丝绸在国内价值一百两白银，但是在这两个地区可以卖到二百两白银。[2] 中国的“百工技艺”的产品卖到这些地区，“民争趋之”。[3] 傅元初认为，海禁政策会使明朝政府每年丧失价值“二万金”可以用作军饷的经费，反倒使走私客从中取利。[4] 傅元初认为，朝廷应当放开与东南亚的贸易，并征收关税，由此每年可以获得“二万余金”到五六万金的经费以资军饷，可以使得“沿海贫民多资以为生计，不至饥寒穷困，聚而为盗”，并且可以断绝走私的罪行。[5]

在清朝康熙年间的海禁时期，康熙年间的江苏巡抚慕天颜（1624—1696）曾经向康熙皇帝上奏《请开海禁疏》。慕天颜注意到，当时的中国已经是以白银为货币的经济体，而白银的来源只有两种：“矿砾之银”与“番舶之银”。[6] 慕天颜认为，当时清朝政府已经停止白银开采，同时也执行了海禁政策，这使得国内的白银供应量停滞不增，“凡官司所支计，商贾所贸市，人民所持变通，总不出此”[7]，由此会带来经济困难，如同“塞水之源”[8]。慕天颜认为，在当时的情况之下，清朝政府应当放开海禁，出口中国的产品，这样可以增加白银的供应、增加国内就业、鼓励技艺：“唯番舶之往来，以吾岁出之货，而易其岁入之财，岁有所出，则于我毫无所损，而殖产交易，愈足以鼓艺业之勤。岁有所入，则在我

---

〔1〕 巫宝三、李普国编：《中国经济思想史资料选辑（明清部分）》，中国社会科学出版社 1990 年版，第 224 页。

〔2〕 巫宝三、李普国编：《中国经济思想史资料选辑（明清部分）》，中国社会科学出版社 1990 年版，第 224 页。

〔3〕 巫宝三、李普国编：《中国经济思想史资料选辑（明清部分）》，中国社会科学出版社 1990 年版，第 224—225 页。

〔4〕 巫宝三、李普国编：《中国经济思想史资料选辑（明清部分）》，中国社会科学出版社 1990 年版，第 225 页。

〔5〕 巫宝三、李普国编：《中国经济思想史资料选辑（明清部分）》，中国社会科学出版社 1990 年版，第 225 页。

〔6〕 巫宝三、李普国编：《中国经济思想史资料选辑（明清部分）》，中国社会科学出版社 1990 年版，第 367 页。

〔7〕 巫宝三、李普国编：《中国经济思想史资料选辑（明清部分）》，中国社会科学出版社 1990 年版，第 367 页。

〔8〕 巫宝三、李普国编：《中国经济思想史资料选辑（明清部分）》，中国社会科学出版社 1990 年版，第 367 页。

日见其赢,而货贿会通,立可以祛贫寡之患。"[1]

雍正朝曾任广州知府的蓝鼎元(1680—1733)在1724年写《论南洋事宜书》,反对当时清朝限制中国与东南亚贸易的政策。1717年,康熙皇帝发布命令禁止中国商人前往马尼拉与雅加达贸易。[2] 蓝鼎元认为这项政策有害无利。蓝鼎元注意到:闽广地区"人稠地狭",农业不足以养活全部人口,人民当中十之五六"望海谋生";而且,对外贸易使得中国出产的"贱菲无足轻重"的"小巧技艺"与"女红针业"出口到东南亚以后如同"珍贝"一样出售,可以赚取很高的附加值,每年从东南亚赚取的银钱货物价值"百十万";海关在这项贸易中征收了不少关税。[3] 中国与东南亚之间的主动贸易促使闽广地区"家给人足","游手无赖"都前往东南亚贸易,没有在国内失业穷困、为非作歹的。[4] 但是,在这项贸易禁止之后,"民生日蹙":生产者们"艺能罔用";商人们无法出海,曾经的商船被闲置在海岸朽烂;船工海员们无处维生,只能"走险海中",沦为海盗;"游手无赖"们闲散失业,要么前往台湾谋生,要么作乱为害。[5] 这项政策导致"富者贫,贫者困,驱工商为游手,驱游手为盗贼"[6]。此外,闽广地区本身没有银矿,产米不多,需要从东南亚获取货币和粮食,中国的主动贸易被禁绝之后,这些必需品的供应也都出现问题。[7] 蓝鼎元认为,应当取消这项禁令,与东南亚的主动贸易可以"外通货财,内消奸宄,百万生灵仰事俯畜有资,各处钞关,且可多征税课,以足民裕国"[8]。蓝鼎元重视制造业,他同意《中庸》一篇中提到的"来百工则财用足"。他甚至提出:"生财之大道在百工。"[9]蓝鼎元重视制造业的原因是"通功易事",即制造业与农业之间的分工和贸易,"农无余粟,女无余布,则劝者日劝而常有,以养天下之欲"。[10]

上述明清时期的经济思想与同时代的欧洲"工业主义"经济思想主张相同

[1] 巫宝三、李普国编:《中国经济思想史资料选辑(明清部分)》,中国社会科学出版社1990年版,第367页。

[2] 赵靖主编:《中国经济思想通史》第4卷,北京大学出版社2002年版,第2016页。

[3] 蓝鼎元:《鹿洲全集》上卷,厦门大学出版社1995年版,第55页。

[4] 蓝鼎元:《鹿洲全集》上卷,厦门大学出版社1995年版,第55页。

[5] 蓝鼎元:《鹿洲全集》上卷,厦门大学出版社1995年版,第55页。

[6] 蓝鼎元:《鹿洲全集》上卷,厦门大学出版社1995年版,第55页。

[7] 蓝鼎元:《鹿洲全集》上卷,厦门大学出版社1995年版,第55页、第56页。

[8] 蓝鼎元:《鹿洲全集》上卷,厦门大学出版社1995年版,第55—56页。

[9] 蓝鼎元:《鹿洲全集》下卷,厦门大学出版社1995年版,第885页。

[10] 蓝鼎元:《鹿洲全集》下卷,厦门大学出版社1995年版,第885页。赵靖主编:《中国经济思想通史》第4卷,北京大学出版社2002年版,第2014页。

的经济战略:出口在国际市场上有竞争优势的制造业产品,赚取制造业出口中的附加值,进口贵金属货币与农产品,在此过程中积累财富、创造就业。虽然上述明清时代的经济思想在当时始终没有成为指导国家经济政策的意志,但是这些思想的存在意味着当时已经有思想家注意到了占统治地位的重农主义经济战略的不足,并且主张有所改变。18 世纪欧洲与中国经济上的差距、当时可能存在的改变中国经济政策的空间,以及上述明清时期经济思想的存在都有助于证明,16－18 世纪的中国具有通过调整经济战略、鼓励与东南亚和欧美国家主动贸易、在海外获得更高效率的报酬递减产品供给、将自身的经济结构向报酬递增产业集中的可能性。而这种可能性的存在有助于加强本书所观察到的近代欧洲与同时代的传统中国经济政策思想之间存在差异的价值,即在 16－18 世纪的欧洲与中国,由于指导国家经济政策的思想的差异,16－18 世纪的欧洲与中国执行了不同的经济政策,最终欧洲与中国走上了两条不同的发展道路,这两条不同的发展道路最终导向了“大分流”现象。

参考文献

中文原始文献

《大明太祖高皇帝实录》。

《管子》。

《尚书》。

《说文解字》。

《周礼》。

班固:《汉书》。

陈邦瞻:《宋史纪事本末》。

桓宽:《盐铁论》。

孔安国、孔颖达:《尚书正义》。

蓝鼎元:《鹿洲全集》上卷,厦门大学出版社 1995 年版。

蓝鼎元:《鹿洲全集》下卷,厦门大学出版社 1995 年版。

孟轲等:《孟子》。

丘浚:《大学衍义补》。

商鞅等:《商君书》。

司马迁:《史记》。

王安石:《临川先生文集》。

王安石:《周官新义》。

巫宝三、李普国编:《中国经济思想史资料选辑(明清部分)》,中国社会科学出版社 1990 年版。

荀况:《荀子》。

张九龄、李林甫:《唐六典》。

张廷玉等:《明史》。

周振鹤撰集,顾美华点校:《圣谕广训:集解与研究》,上海书店出版社 2006

年版。

子思:《中庸》。

左丘明:《国语》。

[德]弗里德里希·李斯特:《政治经济学的国民体系》,陈万煦译,蔡受百校,商务印书馆 1983 年版。

[德]弗里德里希·李斯特:《政治经济学的自然体系》,杨春学译,王进邦校,商务印书馆 1997 年版。

[德]马克思、恩格斯:《共产党宣言》,引自[德]马克思、恩格斯:《马克思恩格斯全集》第 4 卷,人民出版社 2016 年版。

[德]马克思:《资本论》第一卷,引自[德]马克思、恩格斯:《马克思恩格斯全集》第 23 卷,人民出版社 2016 年版。

[意]尼科洛·马基雅维利:《君主论》,潘汉典译,商务印书馆 1986 年版。

[意]马基雅维利:《论李维罗马史》,吕健忠译,商务印书馆 2013 年版。

[法]伏尔泰:《路易十四时代》,吴模信、沈怀洁、梁守锵译,吴模信校,商务印书馆 1996 年版。

[法]卢梭:《论科学与艺术》,何兆武译,商务印书馆 1963 年版。

[法]孟德斯鸠:《论法的精神》下卷,张雁深译,商务印书馆 1995 年版。

[法]杜尔阁:《关于财富的形成和分配的考察》,南开大学经济系经济学说史教研组译,商务印书馆 1961 年版。

[法]萨伊:《政治经济学概论:财富生产、分配和消费》,陈福生、陈振骅译,商务印书馆 1997 年版。

[美]A. E. 门罗编:《早期经济思想——亚当·斯密以前的经济文献选集》,蔡受百等译,商务印书馆 1985 年版。

[英]托马斯·孟:《英国得自对外贸易的财富》,袁南宇译,商务印书馆 1981 年版。

[英]亚当·斯密:《国民财富的性质和原因的研究》上卷,郭大力、王亚南译,商务印书馆 1983 年版。

[英]亚当·斯密:《国民财富的性质和原因的研究》下卷,郭大力、王亚南译,商务印书馆 1983 年版。

[英]伯纳德·曼德维尔:《蜜蜂的寓言》,肖聿译,中国社会科学出版社 2002 年版,第 84 页。

[英]大卫·休谟:《休谟经济论文选》,陈玮译,商务印书馆 1984 年版。

[英]托马斯·孟:《论英国东印度贸易:答对这项贸易的常见的各种反对意见》,引自[英]托马斯·孟、尼古拉斯·巴尔本、达德利·诺斯:《贸易论(三种)》,商务印书馆 1982 年版,第 5—41 页。

[英]洛克:《政府论》下篇,叶启芳、瞿菊农译,商务印书馆 1996 年版。

[英]霍布斯:《利维坦》,黎思复、黎廷弼译,杨昌裕校,商务印书馆 1986 年版。

[英]马尔萨斯:《人口原理》,朱泱、胡企林、朱和中译,商务印书馆 2011 年版。

中文二次文献

陈锋:《中国财政通史(第七卷):清代财政史(上)》,湖南人民出版社 2013 年版。

陈光燊:《中国财政通史:明代卷》,中国财政经济出版社 2006 年版。

陈光燊:《中国财政通史:清代卷》,中国财政经济出版社 2006 年版。

陈家锟编:《中国工业史》,上海中国图书公司 1917 年版。

范中义、王兆春、张文才、冯东礼:《中国军事通史(第 15 卷):明代军事史》,军事科学出版社 1998 年版。

何晓明:《世界眼光与本土特色——中国资本主义萌芽研究》,河南大学出版社 2009 年版。

侯家驹:《中国经济史》下卷,新星出版社 2010 年版。

胡寄窗:《中国经济思想史》上卷,上海财经大学出版社 1998 年版。

胡寄窗:《中国经济思想史》中卷,上海财经大学出版社 1998 年版。

胡寄窗:《中国经济思想史》下卷,上海财经大学出版社 1998 年版。

李华瑞:《王安石变法研究史》,人民出版社 2004 年版。

蒙文通:《古史甄微》,巴蜀书社 1999 年版。

南京大学历史系明清史研究室编:《明清资本主义萌芽研究论文集》,上海人民出版社 1981 年版。

彭信威:《中国货币史》,上海人民出版社 2015 年版。

谈敏:《法国重农学派学说的中国渊源》,上海人民出版社 2014 年版。

童书业:《中国手工业商业发展史》,中华书局 2005 年版。

王利器:《盐铁论校注》,中华书局2015年版。

魏明孔:《隋唐手工业与城市建设之进步》,《中国经济史研究》,2020年第6期,第5—14页。

吴海若编著:《中国资本主义生产的萌芽》,湖北人民出版社1957年版,第11—45页。

吴慧、刘秀生、夏秀瑞等:《中国商业通史》第4卷,中国财政经济出版社2008年版。

吴慧、夏秀瑞、张雪慧:《中国商业通史》第3卷,中国财政经济出版社2005年版。

许嘉璐主编、安平秋副主编:《二十四史全译:史记》第二册,汉语大词典出版社2004年版。

杨宽:《战国史》,上海人民出版社2003年版。

袁文兴、潘寅生主编:《唐六典全译》,甘肃人民出版社1997年版。

张守军:《中国历史上的重本抑末思想》,中国商业出版社1988年版。

赵靖:《中国古代经济管理思想概论》,广西人民出版社1986年版。

赵靖主编:《中国经济思想通史》第1卷,北京大学出版社2002年版。

赵靖主编:《中国经济思想通史》第4卷,北京大学出版社2002年版。

中国有色金属工业协会专家委员会:《中国白银》,冶金工业出版社2015年版。

朱伯康、施正康:《中国经济史》下卷,复旦大学出版社2005年版。

[丹麦]克里斯托夫·格莱曼:《1500—1750年欧洲的贸易》,引自[意]卡洛·M.奇波拉主编:《欧洲经济史(第二卷):十六和十七世纪》,商务印书馆1988年版,第365—441页。

[丹麦]克里斯托夫·格莱曼:《改变中的商业模式》,引自[英]E. E. 里奇、C. H. 威尔逊编:《剑桥欧洲经济史(第五卷):近代早期的欧洲经济组织》,经济科学出版社2002年版,第183—270页。

[德]弗里德里希·迈内克:《马基雅维里主义》,时殷弘译,商务印书馆2008年版。

[德]古斯塔夫·冯·施穆勒:《国民经济、国民经济学及其方法》,黎岗译,商务印书馆2017年版。

[德]赫尔曼·凯伦班兹:《1500—1700年科学革命时代的技术》,引自[意]

卡洛·M. 奇波拉主编:《欧洲经济史(第二卷):十六和十七世纪》,商务印书馆1988年版,第154—237页。

[德]赫尔曼·凯伦本茨:《工业生产的组织》,引自[英]E. E. 里奇、C. H. 威尔逊:《剑桥欧洲经济史(第五卷):近代早期的欧洲经济组织》,经济科学出版社2002年版,第416—503页。

[德]马克斯·韦伯:《经济通史》,姚曾廙译,韦森校订,上海三联书店2006年版。

[德]马克斯·韦伯:《经济与社会》第二卷(上册),阎克文译,上海人民出版社2010年版。

[德]马克斯·韦伯:《新教伦理与资本主义精神》,袁志英译,上海译文出版社2018年版。

[德]维尔纳·桑巴特:《奢侈与资本主义》,王燕平、侯小河译,刘北成校,上海人民出版社2000年版。

[德]维尔纳·桑巴特:《现代资本主义》第一卷,李季译,商务印书馆1958年版。

[法]保尔·芒图:《十八世纪产业革命》,杨人楩、陈希秦、吴绪译,商务印书馆1983年版。

[法]法共中央经济部等:《国家垄断资本主义》上、下册,宇泉、沈一民等译,商务印书馆1983年版。

[法]费尔南·布罗代尔:《15至18世纪的物质文明、经济和资本主义(第三卷):世界的时间》,施康强、顾良译,生活·读书·新知三联书店2002年版。

[法]费尔南·布罗代尔:《菲利普二世时代的地中海和地中海世界》第一卷,唐家龙、曾培耿等译,吴模信校,商务印书馆1996年版。

[法]费尔南·布罗代尔:《资本主义的动力》,杨起译,生活·读书·新知三联书店1997年版。

[法]米歇尔·阿尔贝尔:《资本主义反对资本主义》,杨祖功、杨齐、海鹰译,社会科学文献出版社1999年版。

[法]让·里瓦尔:《货币史》,任婉筠、任驰译,商务印书馆2001年版,第23—25页。

[法]伊奈丝·谬拉:《科尔贝:法国重商主义之父》,梅俊杰译,上海远东出版社2012年版。

[荷]马尔滕·波拉:《黄金时代的荷兰共和国》,金海译,中国社会科学出版社2013年版。

[荷]皮尔·弗里斯:《国家、经济与大分流:17世纪80年代到19世纪50年代的英国和中国》,郭金兴译,中信出版集团2018年版。

[加]蒂莫西·布鲁克:《交通通信和商业》,引自[美]牟复礼、[英]崔瑞德编:《剑桥中国明代史:1368—1644年》下卷,中国社会科学出版社2006年版,第557—673页。

[美]约瑟夫·熊彼特:《经济分析史》第一卷,朱泱、孙鸿敞、李宏、陈锡龄译,商务印书馆1990年版。

[美]J. H. 帕里:《运输与贸易线路》,引自[英]E. E. 里奇、C. H. 威尔逊编:《剑桥欧洲经济史(第四卷):16世纪、17世纪不断扩张的欧洲经济》,经济科学出版社2003年版,第138—199页。

[美]R. E. 杜派、T. N. 杜派:《哈珀—柯林斯世界军事历史全书》,传海等译,中国友谊出版公司2005年版。

[美]S. R. 爱泼斯坦:《自由与增长:1300—1750年欧洲国家与市场的兴起》,宋丙涛译,商务印书馆2011年版。

[美]保罗·萨缪尔森、威廉·诺德豪斯:《经济学》(第18版),萧琛主译,人民邮电出版社2007年版。

[美]曾小萍:《雍正朝》,引自[美]裴德生编:《剑桥中国清代前中期史:1644—1800年》上卷,中国社会科学出版社2020年版,第187—231页。

[美]查默斯·约翰逊:《通产省与日本奇迹:产业政策的成长(1925—1975)》,许鸿艳、唐吉洪译,曾海军校,吉林出版集团有限责任公司2010年版。

[美]陈学霖:《建文、永乐、洪熙和宣德之治:1399—1435年》,引自[美]牟复礼、[英]崔瑞德编:《剑桥中国明代史:1368—1644年》上卷,中国社会科学出版社1992年版,第201—336页。

[美]多梅尼克·塞拉:《1500—1700年的欧洲工业》,引自[意]卡洛·M. 奇波拉主编:《欧洲经济史(第二卷):十六和十七世纪》,商务印书馆1988年版,第305—364页。

[美]房龙:《荷兰共和国兴衰史》,施诚译,河北教育出版社2001年版。

[美]安德烈·贡德·弗兰克:《白银资本:重视经济全球化中的东方》,刘北成译,中央编译出版社1998年版。

[美]哈罗德·福克讷:《美国经济史》上卷,王锟译,许乃炯校,商务印书馆1989年版。

[美]黄仁宇:《赫逊河畔谈中国历史》,生活·读书·新知三联书店1992年版。

[美]黄仁宇:《隆庆和万历时期,1567—1620年》,引自[美]牟复礼、[英]崔瑞德编:《剑桥中国明代史:1368—1644年》上卷,中国社会科学出版社1992年版,第554—631页。

[美]黄仁宇:《明代的财政管理》,引自[美]牟复礼、[英]崔瑞德编:《剑桥中国明代史:1368—1644年》下卷,中国社会科学出版社2006年版,第93—154页。

[美]黄仁宇:《十六世纪明代中国之财政与税收》,生活·读书·新知三联书店2001年版。

[美]黄仁宇:《中国大历史》,生活·读书·新知三联书店1997年版。

[美]加里·M.沃尔顿、休·罗考夫:《美国经济史》(第10版),王珏、钟红英、何富彩、李昊、周嘉舟译,王珏、钟红英、高梦沉校,王珏总译校,中国人民大学出版社2011年版。

[美]理查德·富兰克林·本塞尔:《美国工业化的政治经济学:1877—1900》,吴亮、张安、商超、田启家译,长春出版社2008年版。

[美]刘易斯·芒福德:《技术与文明》,陈允明、王克仁、李华山译,李伟格、石光校,中国建筑工业出版社2009年版。

[美]马丁·海德拉:《明代中国农村的社会经济发展》,引自[美]牟复礼、[英]崔瑞德编:《剑桥中国明代史:1368—1644年》下卷,中国社会科学出版社2006年版,第401—556页。

[美]马若孟、[中国]王业键:《经济发展(1644—1800)》,引自[美]裴德生编:《剑桥中国清代前中期史:1644—1800年》上卷,中国社会科学出版社2020年版,第563—652页。

[美]迈克尔·赫德森:《保护主义:美国经济崛起的秘诀(1815—1914)》,贾根良、马学亮、邓郎、黄阳华等译校,中国人民大学出版社2010年版。

[美]彭慕兰:《大分流:欧洲、中国及现代世界经济的发展》,史建云译,江苏人民出版社2003年版。

[美]乔·莫基尔:《启蒙经济:英国经济史新论》,曾鑫、熊跃根译,中信出版

集团 2020 年版。

[美]斯文・贝克特:《棉花帝国:一部资本主义全球史》,徐轶杰、杨燕译,民主与建设出版社 2019 年版。

[美]王国斌、罗森塔尔:《大分流之外:中国和欧洲经济变迁的政治》,周琳译,王国斌、张萌审校,江苏人民出版社 2018 年版。

[美]王国斌:《转变的中国:历史变迁与欧洲经验的困局》,李伯重、连玲玲译,江苏人民出版社 2005 年版。

[美]威廉・阿特威尔:《明代中国与新兴的世界经济:约 1470—1650 年》,引自[美]牟复礼、[英]崔瑞德编:《剑桥中国明代史:1368—1644 年》下卷,中国社会科学出版社 2006 年版,第 354—400 页。

[美]威廉・艾伦:《重商主义》,引自[英]约翰・伊特韦尔、默里・米尔盖特、彼得・纽曼:《新帕尔格雷夫经济学大辞典》第三卷,经济科学出版社 1996 年版,第 477—481 页。

[美]西奥多・舒尔茨:《报酬递增的源泉》,姚志勇、刘群艺译,北京大学出版社 2001 年版。

[美]西蒙・库兹涅茨:《各国的经济增长》,常勋等译,石景云校,商务印书馆 2005 年版。

[美]小阿尔弗雷德・D. 钱德勒:《规模与范围:工业资本主义的原动力》,张逸人等译,中国社会科学出版社 1999 年版。

[美]小阿尔弗雷德・D. 钱德勒:《看得见的手——美国企业的管理革命》,重武译,王铁生校,商务印书馆 2004 年版。

[美]伊曼纽尔・沃勒斯坦:《现代世界体系(第二卷):重商主义与欧洲世界经济体的巩固(1600—1750)》,吕丹、刘海龙、侯树栋、王勇译,庞卓恒主译兼总审校,高等教育出版社 1997 年版。

[美]伊曼纽尔・沃勒斯坦:《现代世界体系(第一卷):16 世纪的资本主义农业与欧洲世界经济体的起源》,尤来寅、路爱国等译,黄席群、宋蜀碧初校,罗荣渠审校,高等教育出版社 1998 年版。

[美]禹贞恩编:《发展型国家》,曹海军译,吉林出版集团有限责任公司 2008 年版。

[美]约瑟夫・阿洛伊斯・熊彼特:《经济发展理论——对于利润、资本、信贷、利息和经济周期的考察》,叶华译,中国社会科学出版社 2009 年版。

[美]约瑟夫·熊彼特:《资本主义、社会主义与民主》,吴良健译,商务印书馆 1999 年版。

[美]詹姆斯·W. 汤普逊:《中世纪晚期欧洲经济社会史》,徐家玲等译,商务印书馆 1996 年版。

[挪威]埃里克·S. 赖纳特、[美]索菲斯·赖纳特:《重商主义与经济发展:熊彼特动态、制度建设与国际评价基准》,引自[挪威]埃里克·S. 赖纳特、[中国]贾根良主编:《穷国的国富论:演化发展经济学论文选》下卷,高等教育出版社 2007 年版,第 33—69 页。

[挪威]埃里克·S. 赖纳特、[中国]贾根良主编:《穷国的国富论:演化发展经济学论文选》上、下卷,高等教育出版社 2007 年版。

[挪威]埃里克·S. 赖纳特、阿诺·曼·达斯特:《经济创新起源探究:作为经济增长前提的宗教格式塔转换及发明责任》,引自[挪威]埃里克·S. 赖纳特、[中国]贾根良主编:《穷国的国富论:演化发展经济学论文选》上卷,高等教育出版社 2007 年版,第 75—134 页。

[挪威]埃里克·S. 赖纳特、阿诺·曼·达斯特:《替代性教规:文艺复兴经济学史——论以非物质和生产为基础的教规在经济思想史和经济政策史中的作用》,引自[挪威]埃里克·S. 赖纳特、[中国]贾根良主编:《穷国的国富论:演化发展经济学论文选》上卷,高等教育出版社 2007 年版,第 2—54 页。

[挪威]埃里克·S. 赖纳特:《评价成功的基准:同时代的欧洲经济学家对荷兰共和国(1500—1750)的观点》,引自[挪威]埃里克·S. 赖纳特、[中国]贾根良主编:《穷国的国富论:演化发展经济学论文选》下卷,高等教育出版社 2007 年版,第 70—113 页。

[挪威]埃里克·S. 赖纳特:《作为发展经济学的德国经济学:从"三十年战争"到第二次世界大战》,引自[挪威]埃里克·S. 赖纳特、[中国]贾根良主编:《穷国的国富论:演化发展经济学论文选》下卷,高等教育出版社 2007 年版。

[挪威]埃里克·S. 赖纳特:《富国为什么富,穷国为什么穷》,杨虎涛、陈国涛等译,杨虎涛校,贾根良审订,中国人民大学出版社 2010 年版。

[挪威]埃里克·S. 赖纳特:《国家在经济增长中的作用》,引自[英]杰弗里·M. 霍奇逊主编:《制度与演化经济学现代文选:关键性概念》,贾根良、徐尚、王晓蓉、马国旺译,贾根良校,高等教育出版社 2005 年版,第 220—290 页。

[日]金指基:《熊彼特经济学》,林俊男、金全民编译,北京大学出版社 1996

年版。

[希腊]斯皮罗斯·瓦西莱基斯:《规模报酬递增》,引自[英]约翰·伊特韦尔、默里·米尔盖特、彼得·纽曼:《新帕尔格雷夫经济学大辞典》第二卷,经济科学出版社 1987 年版,第 821—825 页。

[英] D. C. 科尔曼:《柯尔培尔主义》[即“科尔贝主义”],引自[英]约翰·伊特韦尔、默里·米尔盖特、彼得·纽曼:《新帕尔格雷夫经济学大辞典》第一卷,经济科学出版社 1996 年版,第 514—515 页。

[英]A. C. 克龙比、迈克尔·霍斯金:《科学运动与科学思想的传播:1688—1751 年》,引自[英]J. S. 布朗伯利编:《新编剑桥世界近代史(第 6 卷):大不列颠和俄国的崛起(1688—1725 年)》,中国社会科学出版社 2008 年版,第 52—99 页。

[英]C. H. 威尔逊:《海外贸易的增长和欧洲制造业的发展》,引自[英]J. O. 林赛编:《新编剑桥世界近代史(第 7 卷):旧制度(1713—1763 年)》,中国社会科学出版社 1999 年版,第 34—62 页。

[英]J. D. 贝尔纳:《科学的社会功能》,陈体芳译,张今校,商务印书馆 1982 年版。

[英]J. F. C. 富勒:《战争指导》,绽旭译,周驰校,解放军出版社 2005 年版。

[英]J. W. 斯托伊:《奥地利的哈布斯堡家族》,引自[英]J. S. 布朗伯利编:《新编剑桥世界近代史(第 6 卷):大不列颠和俄国的崛起(1688—1725 年)》,中国社会科学出版社 2008 年版,第 766—815 页。

[英]P. 斯普弗德:《硬币与通货》,引自[英]M. M. 波斯坦、E. E. 里奇、爱德华·米勒编:《剑桥欧洲经济史(第三卷):中世纪的经济组织和经济政策》,经济科学出版社 2002 年版,第 499—529 页。

[英]W. H. 布拉福德:《普鲁士的组成与崛起》,引自[英]J. O. 林赛编:《新编剑桥世界近代史(第 7 卷):旧制度(1713—1763 年)》,中国社会科学出版社 1999 年版,第 371—404 页。

[英]阿尔弗雷德·马歇尔:《经济学原理》上卷,朱志泰译,商务印书馆 1964 年版。

[英]阿尔弗雷德·马歇尔:《经济学原理》下卷,朱志泰译,商务印书馆 1964 年版。

[英]埃里克·罗布森:《武装力量与战争艺术》,引自[英]J. O. 林赛编:《新

编剑桥世界近代史(第7卷):旧制度(1713—1763年)》,中国社会科学出版社1999年版,第210—244页。

[英]安格斯·麦迪森:《世界经济千年史》,伍晓鹰、许宪春、叶燕斐、施发启译,北京大学出版社2003年版。

[英]保罗·肯尼迪:《大国的兴衰:1500—2000年的经济变迁与军事冲突》,国际文化出版社2005年版。

[英]彼得·施普福特:《铸币与通货》,引自[英]M. M. 波斯坦、爱德华·米勒主编:《剑桥欧洲经济史(第二卷):中世纪的贸易和工业》,经济科学出版社2003年版,第654—719页。

[英]大卫·兰德斯:《国富国穷》,门洪华等译,程克雄译校,新华出版社2010年版。

[英]大卫·兰德斯:《解除束缚的普罗米修斯》,谢怀筑译,华夏出版社2007年版。

[英]德里克·比尔斯:《哲学王与开明专制》,引自[英]马克·戈尔迪、罗伯特·沃克勒主编:《剑桥十八世纪政治思想史》,商务印书馆2017年版,第479—506页。

[英]杰里米·阿塔克、彼得·帕塞尔:《新美国经济史:从殖民地时期到1940年》上卷,罗涛等译,罗涛校,中国社会科学出版社2000年版。

[英]克里斯·弗里曼、[葡]弗朗西斯科·卢桑:《光阴似箭——从工业革命到信息革命》,沈宏亮主译,沈宏亮、沈由佳校,中国人民大学出版社2007年版。

[英]克里斯托夫·弗里曼:《技术政策与经济绩效:日本国家创新系统的经验》,张宇轩译,东南大学出版社2008年版。

[英]克利斯·弗里曼、罗克·苏特:《工业创新经济学》,华宏勋、华宏慈等译,柳卸林审校,北京大学出版社2004年版。

[英]克努兹·哈康森:《德意志自然法》,引自[英]马克·戈尔迪、罗伯特·沃克勒主编:《剑桥十八世纪政治思想史》,商务印书馆2017年版,第241—280页。

[英]鲁珀特·霍尔:《科学方法与技术进步》,引自[英]E. E. 里奇、C. H. 威尔逊主编:《剑桥欧洲经济史(第四卷):十六与十七世纪的欧洲经济扩张》,经济科学出版社2002年版,第85—137页。

[英]罗伯特·艾伦:《近代英国工业革命揭秘:放眼全球的深度透视》,毛立

坤译,浙江大学出版社 2012 年版。

[英]罗纳德·多尔:《股票资本主义:福利资本主义——英美模式 vs. 日德模式》,李岩、李晓桦译,郑秉文审校,社会科学文献出版社 2000 年版。

[英]玛丽安妮·马祖卡托:《创新型政府:构建公共与私人部门共生共赢关系》,李磊、束东新、程单剑译,中信出版集团 2019 年版。

[英]威廉·阿瑟·肖:《货币大历史(1252—1894):金融霸权与大国兴衰六百年》,张杰译,华文出版社 2020 年版。

[英]亚·沃尔夫:《十六、十七世纪科学、技术和哲学史》,周昌忠等译,周昌忠校,商务印书馆 1991 年版。

[英]伊斯特万·洪特:《早期启蒙运动关于商业和奢侈的争论》,引自[英]马克·戈尔迪、罗伯特·沃克勒主编:《剑桥十八世纪政治思想史》,商务印书馆 2017 年版,第 365—403 页。

[英]约翰·F. 乔恩:《货币史:从公元 800 年起》,李广乾译,商务印书馆 2002 年版。

[英]约翰·梅纳德·凯恩斯:《就业、利息和货币通论》,高鸿业译,商务印书馆 1999 年版。

[英]张夏准:《富国的伪善:自由贸易的迷思与资本主义秘史》,严荣译,社会科学文献出版社 2009 年版。

[英]张夏准:《富国陷阱:发达国家为何踢开梯子》,肖炼、倪延硕等译,社会科学文献出版社 2009 年版。

[英]张夏准:《经济学的谎言:为什么不能迷信自由市场主义》,孙建中译,新华出版社 2015 年版。

外文原始文献

Alexander Hamilton,*Report of the Secretary of the Treasury of the United States on the Subject of Manufactures*,Dublin:P. Byrne,1792.

Antonio Serra,ed. & intro. by Sophus Reinert,trans. by Johathan Hunt,*A Short Treatise on the Causes that Can Make Kingdoms Abound in Gold and Silver even in the Absence of Mines (1613)*,London:Anthem,2011.

Barthélemy de Laffemas,"General Regulation for the Establishment of Manufactures",in *Fronsperger and Laffemas:Sixteenth-Century Precursors of Modern Economic Ideas*, Leonhard Fronsperger and Barthélemy de Laffemas, eds. by Erik S. Reinert and Philipp Robinson Rössner, London: Anthem, 2023.

Bernard Mandeville, *The Fable of the Bees*, London: Pengui Books, 1970.

Christian Wolff, *Grundsäße des Natur-und Völkerrechts*, Halle: Renger, 1769.

Christian Wolff, *Jus Naturae*, pars. 1, Frankfurt and Leipzig: Renger, 1741.

Christian Wolff, *Jus Naturae*, pars. 8, Halle: Renger, 1748.

Christian Wolff, *Vernünfftige Gedancken von dem Gesellschafftlichen Leben der Menschen*, Frankfurt and Leipzig: Renger, 1736.

Christian Wolff, *Vernünftigen Gedanken von der Menschen Thun und Lassen*, Frankfurt and Leipzig: Renger, 1736.

Daniel Defoe, *A Plan of the English Comm*erce, London: Charles Rivington, 1728.

David Hume, *Political Discourses*, Edinburgh: R. Fleming, 1752.

Denis Diderot, trans. by John Hope Mason and Robert Wokler, *Political Writings*, Cambridge: Cambridge University Press, 1992.

Francis Bacon, *New Atlantis*, London: Clarendon Press, 1915.

Friedrich II of Prussia, ed. by Gustav Berthold Volz, *Die Werke Friedrichs des Großen*, bd. 7, Berlin: Reimar Hobbing, 1913.

Friedrich II of Prussia, ed. by Gustav Berthold Volz, *Die Werke Friedrichs des Großen*, bd. 8, Berlin: Reimar Hobbing, 1913.

Friedrich II of Prussia, trans. by Paul Sonnino, *Anti-Machiavel*, Athens: Ohio University Press, 1981.

Friedrich List, *Das nationale System der Politischen Oekonomie*, Stuttgart and Tübingen: J. G. Cotta, 1841.

Georg Küntzel and Hass Martin, eds. *Die Politischen Testamente der Hohenzollern*, bd. 1, Leipzig and Berlin: Druck und B. G. Teubner, 1911.

Giovanni Botero, trans. by Robert Peterson, *The Reason of State and The Greatness of Cities (1606)*, New Haven: Yale University Press, 1956.

Herren der Academie der Wissenschaften zu Paris, trans. by Johann Heinrich Gottlob von Justi, *Schauplatz der Künste und Handwerke*, Berlin, Stettin and Leipzig: Johann Heinrich Rüdigern, 1762.

James Steuart, *An Inquiry into the Principles of Political Economy: Being an Essay on the Science of Domestic Policy in Free Nations*, vol. 1, London: A. Millar and T. Cadeel, 1767.

Jean Bodin, trans. by M. J. Tooley, *Six Books of Commonwealth*, Oxford: Basil Blackwell, 1967.

Jean François Melon, trans. by David Bindon, *A Political Essay upon Commerce*, Dublin: Philip Crampton: 1738.

Jean-Baptiste Colbert, ed. by Pierre Clément, *Letters, Instructions et Mémoires de Colbert*, tome 2, partie 2, Paris: Imprerie Impériale, 1863.

Jean-Baptiste Colbert, ed. by Pierre Clément, *Letters, Instructions et Mémoires de Colbert*, tome 5, Paris: Imprerie Impériale, 1868.

Jean-Baptiste Colbert, *Testament Politique*, Haye: Henri van Bulderen, 1694.

Joachim Georg Darjes, *Erste Gründe der Cameral-Wissenschaften*, Jena: Johann Adam Melchiors Wittwe, 1756.

Johann Heinrich Gottlob von Justi, *Abhandlung von denen Manufactur- und Fabriken-Reglements*, Berlin: Buchladens der Real Schule, 1762.

Johann Heinrich Gottlob von Justi, *Das Entdeckte Geheimniß der neuen Sächischen Farben*, Vienna: Kaußischen Buchladen, 1761.

Johann Heinrich Gottlob von Justi, *Die Grundfeste Macht und Glückseeligkeit der Staaten*, bd. 2, Königsberg and Leipzig: seel. Gebhard Ludwig Wöltersdorfs Wittwe., 1761.

Johann Heinrich Gottlob von Justi, *Die Grundfeste Macht und Glückseeligkeit der Staaten*, bd. 1, Königsberg and Leipzig: seeligen Johann Heinrich Hartungs Erben, 1760.

Johann Heinrich Gottlob von Justi, *Grundsätze der Policey-Wissenschaft*, Göttingen: Abraham van den Hoecks seel. Witbe, 1756.

Johann Heinrich Gottlob von Justi, *Staatswirthschaft, oder Systema-*

tische Abhandlung aller Oeconomischen und Cameral-Wissenschaft, bd. 1, Leipzig: Bernhard Christoph Breitkopf, 1755.

Johann Heinrich Gottlob von Justi, *Systematischer Grundriß aller Oeconomischen und Cameral-Wissenschaften*, Frankfurt and Leipzig: ——(未注明出版商), 1759.

Johann Heinrich Gottlob von Justi, *Vollständige Abhandlung von denen Manufacturen und Fabriken*, bd. 1, Copenhagen: Rothenschen Buchhandlung.

Johann Heinrich Gottlob von Justi, *Vollständigen Abhandlung von denen Manufacturen und Fabriken*, bd. 2, Copenhagen: Rothenschen Buchhandlung, 1761.

Joshua Gee, *The Trade and Navigation of Great-Britain Considered*, London: Sam Buckley, 1729.

Leibniz, Wilhelm, trans. by Johan Chambless, "Outline of A Memorandum on the Establishment of a Society in Germany for the Promotion of the Arts and Sciences (1671)", *Fidlio*, 1991, vol. 1, no. 2, pp. 63—69.

Leopold Ranke, *Neun Bücher Preußischer Geschichte*, bd. 1, Berlin: Veit und Comp, 1847.

Leopold Ranke, *Neun Bücher Preußischer Geschichte*, bd. 2, Berlin: Veit und Comp, 1848.

Philipp Wilhelm Hörnigk, ed. by Philipp R. Rössner, trans. by Keith Tribe, *Austria Supreme (If It So Wishes) (1684)*, London: Anthem, 2018.

Philipp Wilhelm Hörnigk, *Oesterreich über Alles, wann es nur will*, Frankfurt and Leipzig: P. W. v. H. , 1750.

Thomas Mun, "A Discourse of Trade from England unto the East Indies", in *A Select Collection of Early English Tracts on Commerce*, ed. by J. R. McCulloch, London: Political Economy Club, 1856.

Thomas Mun, *England's Treasure by Forraign Trade*, Oxford: Basil Blackwell, 1959.

Voltaire, *Anti-Machiavel*, Amsterdam: Jaques la Caze, 1741.

William Schröder, *Fürstliche Schatz-und Rent-Kammer*, Leipzig: Jacobus Gerdesius, 1686.

——(未注明作者),*Allgemeines Landrecht für die Preussischen Staaten*, Berlin:Gottfried Carl Nauck,1804.

外文二次文献

A. J. Sargent, *The Economic Policy of Colbert*, London: Longmans, Green and Co. ,1899.

Alan Ryan, *The Making of Modern Liberalism*, Princeton University Press,2012.

Albion Small, *The Cameralists: the Pioneers of German Social Polity*, London: T. Fisher Unwin,1909.

Andrew S. Skinner, "Introduction", in *The Economics of James Steuart*, ed. by Ramón Tortajada, London and New York: Routledge, 1999, pp. 1—23.

Annie Ashley, *The Social Policy of Bismarck*, New York: Longmans, Green and Co. ,1912.

Anto Zottmann, *Die Wirtschaftspolitik Friedericks des Großen*, Leipzig and Vienna: Franz Deuticke,1937.

Arthur Eli Monroe, ed. *Early Economic Thought: Selections from Economic Literature Prior to Adam Smith*, Cambridge: Harvard University Press,1951.

Axel Nielsen, *Die Entstehung der deutschen Kameralwissenschaft im 17. Jahrhundert*, Jena: Gustav Fischer,1911.

Backhaus, Jürgen, "Christian Wolff on Subsidiarity, the Division of Labor, and Social Welfare", *European Journal of Law and Economics*, 1997, vol. 4, pp. 129—146.

Bairoch, Paul, "International Industrialization Levels from 1750 to 1980", *Journal of European Economic History*, 1982, vol. 11, iss. 2, pp. 269—333.

Bayerischen Akademie der Wissenschaften, *Neue deutsche Biographie*, bd. 23, Berlin: Duncker & Humblot, 2007, pp. 191—212.

Bengt-Åke Lundvall, "Introduction", in *National Systems of Innovation: Toward a Theory of Innovation and Interactive Learning*, ed. by Bengt-Åke Lundvall, London: Anthem, 2010, pp. 1—19.

Bengt-Åke Lundvall, "National Innovation Systems: From List to Freeman", *Elgar Companion to Neo-Schumpeterian Economics*, eds. by Horst Hanusch and Andreas Pyka, Cheltenham: Edward Elgar, 2007, pp. 872—881.

Bertram Schefold, "Glückseligkeit und Wirtschaftspolitik: Zu Justis Grundsätze der Policey-Wissenschaft", in *J. H. G. von Justis Grundsätze der Policey-Wissenschaft*, ed. by Bertram Schefold, Düsseldorf: Verlag Wirtschaft und Finanzen, 1993, pp. 5—32.

Bertram Schefold, "History of Economic Thought and Economic History: Who Will Bring the Past to Life?", in *Economic Thought and History: An Unresolved Relationship*, eds. by Monika Poettinger and Gianfranco Tussent, London: Routledge, 2016, pp. 17—42.

Birgitte Gregersen, "The Public Sector as a Pacer in National Systems of Innovation", in *National Systems of Innovation: Toward a Theory of Innovation and Interactive Learning*, ed. by Bengt-Åke Lundvall, London: Anthem, 2010, pp. 133—150.

Brewer, Anthony, "Luxury and Economic Development: David Hume and Adam Smith", *Scottish Journal of Political Economy*, 1998, vol. 45, no. 1, pp. 78—98.

Bruce D. Porter, *War and the Rise of the State: The Military Foundations of Modern Politics*, New York: The Free Press, 1994.

Campagnolo, Gilles and Christel Vivel, "Before Schumpeter: Forerunners of the Theory of the Entrepreneur in 1900s German Political Economy—Werner Sombart, Friedrich von Wieser", *The European Journal of the History of Economic Thought*, 2012, iss. 19, no. 6, pp. 908—943.

Carl Hinrichs, *Die Wollindustrie in Preußen unter Friedrich Wilhelm I.*, Berlin and Hamburg: Paul Parey, 1933.

Charles Woolsey Cole, *Colbert and A Century of French Mercantilism*, vol. I, New York: Columbia University Press, 1939.

Charles Woolsey Cole, *Colbert and A Century of French Mercantilism*, vol. II, New York: Columbia University Press, 1939.

Christopher Freeman, "Formal Scientific and Technical Institutions in the

National System of Innovation", in *National Systems of Innovation: Toward a Theory of Innovation and Interactive Learning*, ed. by Bengt-Åke Lundvall, London: Anthem, 2010, pp. 173—192.

Conrad Matschoss, *Friedrich der Grosse als Beförderer des Gewerbfleisses*, Berlin: Leonhard Simion, 1912.

D. A. Lloyd Thomas, *Routledge philosophy guidebook to Locke on government*, London: Routledge, 1995.

David Levine, *Family Formation in an Age of Nascent Capitalism*, Cambridge: Academic Press, 1977.

Dorn, Walter L., "The Prussian Bureaucracy in Eighteenth Century, I", *Political Science Quarterly*, 1931, vol. 46, iss. 3, pp. 403—423.

E. Lipson, *The Economic History of England, vol. Ⅱ, The Age of Mercantilism*, London: Adam and Charles Black, 1943.

E. Lipson, *The Economic History of England, vol. Ⅲ, The Age of Mercantilism*, London: Adam and Charles Black, 1943.

E. A. Beller, "The Thirty Years War", in *The New Cambridge Modern History, vol. 4, The Decline of Spain and the Thirty Years War, 1609—48/59*, ed. by J. P. Cooper, Cambridge: Cambridge University Press, 1971, pp. 306—358.

Eli F. Heckscher, *Mercantilism*, 2 vols., London: Routledge, 1935.

Engelhart, Ulrich, "Zum Begriff der Glückseligkeit in der Kameralistischen Staatslehre des 18. Jahrhunderts", *Zeitschrift für Historische Forschung*, 1982, vol. 8, no. 1, pp. 37—79.

Ere Nokkala, *From Natural Law to Political Economy: J. H. G. von Justi on State, Commerce and International Order*, Vienna: LIT, 2019.

Eric Dorn Brose, *The Politics of Technological Change in Prussia*, Princeton: Princeton University Press, 1992.

Erik Reinert, "Increasing Poverty in a Globalised World: Marshall Plans and Morgenthau Plan as Mechanisms of Polarisation of World Incomes", in *Rethinking Development Economics*, ed. by Ha-Joon Chang, London: Anthem, 2003, pp. 453—478.

Erik S. Reinert and Hugo Reinert, "A Bibliography of J. H. G. von Justi", in *The Beginnings of Political Economy: Johann Heinrich Gottlob von Justi*, ed. by Jürgen Georg Backhaus, New York: Springer, 2009, pp. 19—31.

Erik S. Reinert and Ingrid Harvold Kvangraven, eds. *A Modern Guide to Uneven Economic Development*, Cheltenham: Edward Elgar, 2023.

Erik S. Reinert and Kenneth E. Carpenter, "German Language Economic Bestsellers before 1850, also Introducing Giovanni Botero As a Common Reference Point of Cameralism and Mercanitlism", in *Economic Growth and the Origins of Modern Political Economy: Economic Reasons of State, 1500—2000*, ed. by Philipp R. Rössner, London: Routledge, pp. 26—53.

Erik S. Reinert and Philipp Robinson Rössner, "Barthélemy de Laffemas (1545—ca. 1611) as an Early Economist: Context and Scholarly Voices in the English-language Literature", in *Fronsperger and Laffemas: Sixteenth-Century Precursors of Modern Economic Ideas, Leonhard Fronsperger and Barthélemy de Laffemas*, eds. by Erik S. Reinert and Philipp Robinson Rössner, London: Anthem, 2023, pp. 1—16.

Erik S. Reinert, ed. *Globalization, Economic Development and Inequality*, Cheltenham: Edward Elgar, 2004.

Erik S. Reinert, "Giovanni Botero (1588) and Antonio Serra (1613): Italy and the Birth of Development Economics", in *Handbook of Alternative Theories of Economic Development*, eds. by Erik S. Reinert, Jayati Ghosh, and Rainer Kattel, Cheltenham: Edward Edgar, 2016, pp. 3—41.

Erik S. Reinert, "Johann Heinrich Gottlob von Justi—The Life and Times of an Economist Adventurer", in *The Beginnings of Political Economy: Johann Heinrich Gottlob von Justi*, ed. by Jürgen Georg Backhaus, New York: Springer, 2009, pp. 33—74.

Erik S. Reinert, Jayati Ghosh, Rainer Kattel, eds. *Handbook Alternative Theories of Economic Development*, Cheltenham: Edward Elgar, 2016.

Erik S. Reinert, *The Visionary Realism of German Economics*, London: Anthem, 2019.

Erika Herzfeld, *Preußische Manufakturen*, Berlin: Verlag der Nation,

1994.

Étienne Laspeyres, *Der Volkswirtschaftlichen Anschauungen der Niederländer und Ihrer Litteratur zur Zeit der Republik*, Leipzig: S. Hirzel, 1863.

F. C. Spooner, "The European Economy, 1609—50", in *The Cambridge Modern History*, *vol.* 4, *The Decline of Spain and the Thirty Years War*, *1609—48/59*, ed. by J. P. Cooper, Cambridge: Cambridge University Press, 1971, pp. 67—103.

F. L. Carsten, "The Rise of Brandenburg", in *The New Cambridge Modern History*, *vol.* 5, *The Ascendancy of France*, *1648—88*, ed. by F. L. Carsten, Cambridge: Cambridge University Press, 1961, pp. 543—558.

Ferdinand Frensdorff, "Uber Das Leben und Die Schriften Des Nationalokonomen J. H. G. von Justi", *Nachrichten von der König. Gesellschaft der Wissenschaften zu Göttingen*, *phil.* —*historische Klasse*, 1903, bd. 4, pp. 355—503.

Fischer, Klaus P., "John Locke in the German Enlightenment: An Interpretation", *Jounral of the History of Ideas*, 1975, vol. 36, iss. 3, pp. 431—446.

François Cardarelli, trans. by M. J. Shields, *Encyclopaedia of Scientific Units*, *Weights and Measures*: *Their SI Equivalences and Origins*, London: Springer, 1997.

Franz Neumann, "Types of Natural Law", in *The Democratic and the Authoitarian State*: *Essays in Political and Legal Theory*, ed. by Herbert Marcuse, Glencoe: The Falcon's Wing Press, 1957, pp. 69—95.

Freeman, Chris, "The 'National System of Innovation' in historical perspective", *Cambridge Journal of Economics*, 1995, no. 19, iss. 1, pp. 5—24.

Friedrich-Wilhelm Henning, *Handbuch der Wirtschafts-und Sozialgeschichte Deutschlands*, bd. 1, Paderborn: Ferdinand Schöningh.

G. Schmoller and O. Hintze, *Die Behördenorganisation und die allgemeine Staatsverwaltung Preußens im 18. Jahrhundert*, bd. 7, Berlin: Paul Parey, 1904.

G. Schmoller, D. Krauske, and D. Loewe, *Die Behördenorganisation und die allgemeine Staatsverwaltung Preußens im 18. Jahrhundert*, bd. 3, Berlin: Paul Parey, 1901.

G. T. Jones, *Increasing Return: A Study of the Relation between the Size and Efficiency of Industries with Special Reference to the History of Selected British & American Industries, 1850—1910*, Cambridge: Cambridge University Press, 1933.

Galindo-Rueda, F. and F. Verger, "OECD Taxonomy of Economic Activities Based on R&D Intensity", *OECD Science, Technology and Industry Working Papers*, no. 2016/04, 2016.

Gilbert, Felix, "Intellectual History: Its Aims and Methods", *Daedalus*, 1971, vol. 100, iss. 1, pp. 80—97.

Gould, J. D., "The Trade Crisis of the Early 1620's and English Economic Thought", *The Journal of Economic History*, 1955, vol. 15, no. 2, pp. 121—133.

Gould, J. D., "The Trade Depression of the Early 1620's", *The Economic History Review*, 1954, vol. 7, iss. 1, pp. 81—90.

Graham, Frank D., "Some Aspects of Protection Further Considered", *The Quarterly Journal of Economics*, 1923, vol. 37, no. 2, pp. 199—227.

Gustav Schmoller, *The Mercantile System and Its Historical Significance*, New York: Macmillan, 1896.

Gustav von Schmoller, *Grundriß der Allgemeinen Volkswirtschaftslehre*, bd. 2, Leipzig: Duncker & Humblot, 1904.

Gustav von Schmoller, *Grundriß der Allgemeinen Volkswirtschaftslehre*, bd. 1, Leipzig: Duncker & Humblot, 1908, p. 295.

H. M. Scott, "Introduction: The Problem of Enlightened Absolutism", in *Enlightened Absolutism: Reform and Reformers in Later Eighteenth-Century Europe*, ed. by H. M. Scott, London: Macmillan, 1990, pp. 1—35.

Hankins, James, "Cosimo de' Medici and the 'Platonic Academy'", *Journal of the Warburg and Courtauld Institutes*, 1990, vol. 53, pp. 144—162.

Hans J. Hatschek, *Das Manufacturhaus auf dem Tabor in Wien*, Leipzig: Duncker & Humblot, 1886.

Hanusch, Horst and Andreas Pyka, "Principles of Neo-Schumpeterian Economics", *Cambridge Journal of Economics*, 2007, no. 31, iss. 2, pp. 275—289.

Harald Hagemann, "German, American and French Influences on List's Ideas of Economic Development", in *The Economic Thought of Friedrich List*, eds. by Harald Hagemann, Stephan Seiter, and Eugen Wendler, London and New York: Routledge, 2019, pp. 58—73.

Hartmuth Bech, "Justi's Concrete Utopia", in *The State as Utopia: Continental Approaches*, ed. by Jürgen Georg Backhaus, London: Springer, 2010, pp. 41—56.

Heinrich Dietzel, *Bedeutet Export von Produktionsmitteln volkswirtschaftlichen Selbstmord*? Berlin: Leonhard Simion, 1907.

Holowchak, M. Andrew, "Jefferson's Moral Agrarianism: Poetic Fiction or Normative Vision", *Agriculture and Human Values*, 2011, vol. 28, pp. 497—506.

Jan de Vries, *European Urbanization 1500—1800*, London: Methuen and Co., 1984.

Jean-Jacques Gislain, "James Steuart: Economy and Population", in *The Economics of James Steuart*, ed. by Ramón Tortajada, London: Routledge, 1999, pp. 169—185.

Jennings, Jeremy, "The Debate about Luxury in Eighteenth-and Nineteenth-Century French Political Thought", *Journal of the History of Ideas*, 2007, vol. 68, no. 1, pp. 79—105.

Joachim Whaley, *Germany and Holy Roman Empire, vol. 2, The Peace of Westphalia to the Dissolution of the Reich, 1648—1806*, Oxford: Oxford University Press, 2012.

Joel Mokyr, *The Gifts of Athena: Historical Origins of the Knowledge Economy*, Oxford: Princeton University Press, 2002.

Joel Mokyr, "The Intellectual Origins of Modern Economic Growth", *The Journal of Economic History*, 2005, vol. 65, iss. 2, pp. 285—351.

John E. Wills Jr. and John L. Cranmer-Bying, "Ch'ing Relations with

Maritime Europea", in *The Cambridge History of China, vol. 9, Part. 2: The Ch'ing Dynasty to 1800*, ed. by Willard J. Peterson, Cambridge: Cambridge University Press, 2016, pp. 264—328.

John G. Gagliardo, *Enlightened Despotism*, London: Routledge, 1968.

José Menudo, ed. *The Economic Thought of Sir James Steuart: First Economist of the Scottish Enlightenment*, London: Routledge, 2020.

Joseph Schumpeter, *Business Cycles: A Theoretical, Historical, and Statistical Analysis of the Capitalist Process*, vol. 1. New York and London: McGraw Hill, 1939.

Joseph Schumpeter, *Essays of J. A. Schumpeter*, Cambridge: Addison-Wesley Press, 1951.

Joseph Schumpeter, *Theorie der wirtschaftlichen Entwicklung*, Leipzig: Duncker & Humblot, 1911.

Jutta Brückner, *Staatswissenschaften, Kameralismus und Naturrecht: Ein Beitrag zur Geschichte der Politischen Wissenschaft im Deutschland des späten 17. und frühen 18. Jahrhunderts*, Munich: C. H. Beck, 1977.

Kaldor, Nicholas, "Notes on Allyn Young's LSE Lectures, 1927—29", *Journal of Economic Studies*, 1990, vol. 17, iss. 3/4, pp. 18—114.

Karl Kaufhold, "Preußische Staatswirtschaft-Konzept und Realität, 1640—1806: Zum Gedenken an Wilhelm Treue", *Jahrbuch für Wirtschaftsgeschichte*, bd. 35, no. 2, 1994, pp. 33—70.

Keith Tribe, *Governing Economy: The Reformation of German Economic Discourse, 1750—1840*, Cambridge: Cambridge University Press, 1988.

Königlich Akademie der Wissenschaften, *Allgemeine Deutsch Biographie*, bd. 23, Leipzig: Duncker & Humblot, 1891, pp. 530—531.

Kurt Zielenziger, *Die alten deutschen Kameralisten*, Jena: Gustav Fischer, 1914.

Lars Magnusson, "Was Cameralism Really the German Version of Mercantilism?", in *Economic Growth and the Origins of Modern Political Economy: Economic Reasons of State, 1500—2000*, ed. by Philipp R. Rössner, London: Routledge, 2016, pp. 57—71.

Lars Magnusson, *Mercantilism: The Shaping of an Economic Language*, London and New York: Routledge, 1994.

Lars Magnusson, *Nation, State and the Industrial Revolution: The Visible Hand*, London: Routledge, 2009.

Lars Magnusson, *The Political Economy of Mercantilism*, London and New York: Routledge, 2015.

Lars Magnusson, *The Political Economy of Mercantilism*, London and New York: Routledge, 2015.

Leftwich, Adrian, "Bringing Politics back in: Towards a Model of the Developmental State", *The Journal of Development Studies*, 1995, vol. 31, no. 3, pp. 400—427.

Louis M. Hacker, *Alexander Hamilton in the American Tradition*, New York: McGraw Hill, 1957.

Louise Sommer, *Die Österreichischen Kameralisten*, bd. 2, Vienna: Carl Konegen, 1920.

M. J. Tooley, "Introduction", in *Six Books of Commonwealth*, by Jean Bodin, trans. by M. J. Tooley, Oxford: Basil Blackwell, 1967.

Marc Raeff, *The Well-Ordered Police State: Social and Institutional Change through Law in Germanies and Russia 1600—1800*, London: Yale University Press, 1983.

Mariana Mazzucato, *The Entrepreneurial State: Debunking Public vs. Private Sector Myths*, London: Anthem Press, 2013.

Marten Seppel and Keith Tribe, eds. *Cameralism in Practice: State Administration and Economy in Early Modern Europe*, Woodbridge: The Boydell Press, 2017.

Maurice Crosland, *Science under Control: The French Academy of Sciences 1795—1914*, Cambridge: Cambridge University Press, 1992.

Nicholas Kaldor, *Causes of Growth and Stagnation in the World Economy*, New York: Cambridge University Press, 1996.

Nicholas Kaldor, *Strategic Factors in Economic Development*, New York: Cornell University, 1967.

Norris A. Brisco, *The Economic Policy of Robert Walpole*, New York: The Columbia University Press, 1907.

Otto Franke, *Staatssozialistische Versuche im Alten und Mittelalterlichen China*, Berlin: Walter de Gruyter, 1931.

Otto Hintz, *Die Preußische Seidenindustrie im 18. Jahrhundert*, bd. 3. Berlin: Paul Parey, 1892.

Patrick Karl O' Brien, *The Economies of Imperial China and Western Europe*, London: Palgrave Macmillan, 2020.

Paul Sonnino, "Introduction", in *Anti-Machiavel*, by Friedrich II of Prussia, trans. by Paul Sonnino, Athens: Ohio University Press, 1981.

Peaucelle, Jean-Louis, "Adam Smith' s Use of Multiple References for His Pin Making Example", *European Journal History of Economic Thought*, 2006, vol. 13, no. 4, pp. 489—512.

Peer Vries, *Escaping Poverty: The Origins of Modern Economic Growth*, Vienna: Vienna University Press, 2013.

Peter Evans, *Embedded Autonomy: States and Industrial Transformation*, Princeton: Princeton University Press, 1995.

Peter H. Wilson, *Absolutism in Central Europe*, London: Routledge, 2000.

Philipp R. Rössner, ed. *Economic Growth and the Origins of Modern Political Economy: Economic Reasons of State, 1500 — 2000*, London: Routledge, 2016.

Philipp Robinson Rössner, "Manufacturing Matters: From Giovanni Botero (c. 1544—1617) to Friedrich List (1789—1846), or: The History of an Old Idea", in *The Economic Thought of Friedrich List*, eds. by Harad Hagemann, Stephan Seiter and Eugen Wendler, London: Routledge, 2019, pp. 102—121.

Philipp Robinson Rössner, "Philipp Wilhelm von Hörnigk-His Life, Times and Place in History", in *Austria Supreme (If It So Wishes) (1684)*, by Philipp Wilhelm von Hörnigk, trans. by Keith Tribe, intro. by Philipp Robinson Rössner, London: Anthem, 2018, pp. 1—18.

Philipp Robinson Rössner, *Freedom and Capitalism in Early Modern Europe: Mercantilism and the Making of the Modern Economic Mind*, London:Palgrave,2020.

Philipp Robinson Rössner, *Managing the Wealth of Nations: Political Economies of Change in Preindustrial Europe*, Bristol: Bristol University Press, 2023.

Priddat, Birger P., "Kameralismus als paradoxe Konzeption der gleichzeitigen Stärkung von Markt und Staat. Komplexe Theorielagen im deutschen 18. Jahrhundert", *Berichte zur Wissenschaftsgeschichte: History of Science of Humanities*, 2008, vol. 31, pp. 249—263.

R. Bin Wong, *China Transformed: Historical Change and the Limits of European Experience*, London: Cornell University Press, 1997.

R. Mousnier, "The Exponents and Critics of Absolutism", in *The New Cambridge Modern History, vol. 4, The Decline of Spain and the Thirty Years War, 1609—48/59*, ed. by J. P. Cooper, Cambridge: Cambridge University Press, 1971, pp. 104—131.

Raeff, Marc, "The Well-Ordered Police State and the Development of Modernity in Seventeenth-and Eighteenth-Century Europe: An Attempt at a Comparative Approach", The American Historical Review, vol. 80, iss. 5, 1975, pp. 1221—1243.

Ragip Ege, "The New Interpretation of Steuart by Paul Chamley", in *The Economics of James Steuart*, ed. by Ramón Tortajada, London: Routledge, 1999, pp. 84—101.

Ragnar Nurkse, *Problems of Capital Formation in Underdeveloped Countries*, Oxford: Basil Blackwell, 1964.

Redman, Deborah, "Sir James Steuart's Statesman Revisited in Light of the Continental Influence", *Scottish Journal of Political Economy*, 1996, vol. 43, iss. 1, pp. 48—68.

Richard v. Clemence, *The Schumpeterian System*, New York: Augustus M. Kelley, 1966.

Robert Bireley, "Introduction", in *The Reason of State*, by Giovanni Botero, trans. by Robert Bireley, Cambridge: Cambridge University Press, 2017, pp. xiv—xxxvi.

Ron Chernow, *Alexander Hamilton*, New York: Penguin Books, 2005.

Rössner, Philipp Robinson, "The Political Economies of Happiness: Cameralism, Capitalism, and the Making of the Modern Economic Mind", *History of Political Economy*, 2021, vol. 53, iss. 3, pp. 371—387.

Rudolf Braun, "Taxation, Sociopolitical Structure, and State-Building: Great Britain and Brandenburg-Prussia", in *The Formation of National States in Western Europe*, ed. by Charles Tilly, Princeton: Princeton University Press, 1975, pp. 243—327.

Ruth W. Grant, *John Locke's Liberalism*, The University of Chicago Press, 1987.

Samuels, Warren J., "The History of Economic Thought as Intellectual History", *History of Political Economy*, 1973, vol. 6, iss. 3, pp. 305—323.

Schefold, Bertram, "Economics without Political Economy: Is the Discipline Undergoing Another Revolution?" *Social Research: An International Quarterly*, 2014, vol. 81, iss. 3, pp. 613—636.

Schmoller, Gustav von, "Studien über die wirtschaftliche Politik Friedrichs des Großen und Preußens überhaupt von 1680—1786, Ⅰ und Ⅱ", *Jahrbuch für Gesetzgebung, Verwaltung und Volkswirtschaft im Deutschen Reich*, 1884, bd. 8, pp. 15—61.

Schneiders, Werner, "Die Philosophie des Aufgeklärten Absolutismus: Zum Verhältnis von Philosophie und Politik, nicht nur im 18. Jahrhundert", *Der Staat*, 1985, vol. 24, no. 3, pp. 383—406.

Sidney Lee, ed. *Dictionary of National Biography: vol. XIII, Masquerier-Myles*, London: Smith Elder, 1909, pp. 1183—1186.

Silvia A. Conca Messina, *A History of States and Economic Policies in Early Modern Europe*, London: Routledge, 2019.

Skinner, A. S., "Sir James Steuart: Author of A System", *Scottish Journal of Political Economy*, 1981, vol. 28, no. 1, pp. 20—40.

Skinner, Quentin, "Meaning and Understanding in the History of Ideas", *History and Theory*, 1969, vol. 8, iss. 1, pp. 3—53.

Sophus Reinert, "Introduction", in *A Short Treatise on the Causes that*

Can Make Kingdoms Abound in Gold and Silver even in the Absence of Mines (1613), by Antonio Serra, ed. & intro. by Sophus Reinert, trans. by Johathan Hunt, London: Anthem, 2011, pp. 1—85.

Stafford, J. Martin, "Hume on Luxury: A Response to John Dennis", *History of Political Thought*, 1999, vol. 20, no. 4, pp. 646—648.

Stephan R. Epstein, "The Late Medieval Crisis as an 'Integration Crisis'", in *Early Modern Capitalism: Economic and Social Change in Europe*, ed. by Maarten Prak, London: Routledge, 2000, pp. 25—50.

Supple, B. E. , "Thomas Mun and the Commercial Crisis, 1623", *Bulletin of the Institute of Historical Research*, 1954, vol. 27, iss. 75, pp. 91—94.

Tan, Chung, "The Britain-China-India Trade Triangle (1771—1840)", *The Indian Economic & Social History Review*, 1974, vol. 11, iss. 4, pp. 411—431.

Ulrich Adam, *The Political Economy of J. H. G. Justi*, Oxford: Peter Lang, 2007.

Ulrich Peter Ritter, *Die Rolle des Staates in den Frühstadien der Industrialisierung: Die preußische Industriebeförderung in der ersten Hälfte des 19. Jahrhunderts*, Berlin: Duncker & Humbolt, 1961.

W. Cunningham, *The Growth of English Industry and Commerce*, 2 vols. , Cambridge: Cambridge University Press, 1882.

W. Windelband, *A History of Philosophy*, London: Macmillan, 1907.

W. O. Henderson, "Die Struktur der Preussischen Wirtschaft um 1786", *Zeitschrift für die gesamte Staatswissenschaft*, 1961, vol. 117, iss. 2, pp. 292—319.

W. O. Henderson, *Economic Policy of Frederick the Great*, London: Frank Cass & Co. LTD. , 1963.

W. O. Henderson, *Studies in the Economic Policy of Frederick the Great*, New York: Augustus M. Kelley, 1965.

Watts, George B. , "The Encyclopédie and the Descriptions des arts et métiers", *The French Review*, 1952, vol. 25, iss. 6, pp. 444—454.

Weis, Eberhard, "Enlightenment and Absolutism in the Holy Roman Empire: Thoughts on Enlightened Absolutism in Germany", *The Journal of*

Modern History, 1986, vol. 58, pp. 181—197.

Werner Frauendienst, *Christian Wolff als Staatsdenker*, Berlin: Emil Ebering, 1927.

Werner Sombart, *Der moderne Kapitalismus*, bd. 1, teil. 2, Münichen und Leipzig: Duncker & Humblot, 1919.

Werner Sombart, *Der moderne Kapitalismus*, bd. 2, teil. 2, Münichen und Leipzig: Duncker & Humblot, 1919.

Werner Sombart, *Krieg und Kapitalismus*, Munich: Duncker & Humblot, 1913.

Wilhelm Roscher, "Der sächsische Nationalökonom Johann Gottlob von Justi", in *Archiv für die Sächsische Geschichte*, 1868, bd. 6, pp. 76—112.

Wilhelm Roscher, *Geschichte der National-Oekonomik in Deutschland*, Munich: R. Oldenbourg, 1874.

Wilhelm Roscher, *Politik: Geschichtliche Naturlehre der Monarchie, Aristokratie und Demokratie*, Stuttgart: J. C. Cotta, 1908.

Wilhelm Treue, *Wirtschafts-und Technik-Geschichte Preussens*, Berlin: Walter de Gruyter, 1984.

William Harbutt Dawson, *Bismarck and State Socialism*, London: Swan Sonnenschein & Co., 1891.

William O. Henderson, *Studies in the Economic Policy of Frederick the Great*, London: Routledge, 1963.

William O. Henderson, *The Industrial Revolution in Europe: Germany, France, Russia*, Chicago: Quadrangle.

William O. Henderson, *The State and the Industrial Revolution in Prussia, 1740—1870*, Liverpool: Liverpool University Press, 1958.

Wolfgang Drechsler, "State Socialism and Political Philosophy", in *Essays on Social Security and Taxation: Gustav von Schmoller and Adolph Wagner Reconsidered*, ed. by Jürgen Backhaus, Marburg: Metropolis, 1997, pp. 319—339.

Wolfgang Radkte, *Die Preussische Seehandlung*, Berlin: Nicolai, 1987.

Young, Allyn, "Contributions to the Encyclopaedia Britannica, 1929",

Journal of Economic Studies, 1990, vol. 17, iss. 3/4, pp. 115—160.

Young, Allyn, "Increasing Returns and Economic Progress", *The Economic Journal*, 1928, vol. 38, no. 152, pp. 527—542.

Zhao, Xuan and Wolfgang Drechsler, "Wang Anshi's Economic Reforms: Proto-Keynesian Economic Policy in Song Dynasty China", *Cambridge Journal of Economics*, 2018, vol. 42, iss. 5, pp. 1239—1254.

Zhao, Xuan, "Cameralism in Practice and Prussian Industrialization Policies", *History of Political Economy*, vol. 55, iss. 4, pp. 963—997.

Zhao, Xuan, "Public Happiness through Manufacturing and Innovation: The Theory of Industrialization of Johann Heinrich Gottlob von Justi", *History of Political Economy*, 2021, vol. 53, iss. 3, pp. 461—478.